南华大学出版基金资助

冯刚 高山 等著

新时代高校思想政治教育治理论

中国社会科学出版社

图书在版编目（CIP）数据

新时代高校思想政治教育治理论/冯刚等著. —北京：中国社会科学出版社，2021.7（2022.6 重印）

ISBN 978 - 7 - 5203 - 8439 - 1

Ⅰ.①新… Ⅱ.①冯… Ⅲ.①高等学校—思想政治教育—研究—中国 Ⅳ.①G641

中国版本图书馆 CIP 数据核字（2021）第 143487 号

出 版 人	赵剑英
责任编辑	王　琪
责任校对	季　静
责任印制	王　超

出　　版	中国社会科学出版社
社　　址	北京鼓楼西大街甲 158 号
邮　　编	100720
网　　址	http://www.csspw.cn
发 行 部	010 - 84083685
门 市 部	010 - 84029450
经　　销	新华书店及其他书店
印　　刷	北京明恒达印务有限公司
装　　订	廊坊市广阳区广增装订厂
版　　次	2021 年 7 月第 1 版
印　　次	2022 年 6 月第 2 次印刷
开　　本	710×1000　1/16
印　　张	22
插　　页	2
字　　数	350 千字
定　　价	118.00 元

凡购买中国社会科学出版社图书，如有质量问题请与本社营销中心联系调换
电话：010 - 84083683
版权所有　侵权必究

目 录

导 论 …………………………………………………………（1）

第一章 新时代高校思想政治教育治理的理论遵循 …………（11）
  第一节 以习近平新时代中国特色社会主义思想为根本指导 ……（11）
  第二节 以现代治理理论为重要依托 …………………………（18）
  第三节 以新时代思想政治教育创新理论为科学指引 …………（31）

第二章 新时代高校思想政治教育治理的研究述论 …………（40）
  第一节 高校思想政治教育治理研究的缘起 …………………（41）
  第二节 高校思想政治教育治理研究的现状 …………………（48）
  第三节 高校思想政治教育治理研究的重点 …………………（58）

第三章 新时代高校思想政治教育治理的意蕴阐释 …………（65）
  第一节 高校思想政治教育治理的基本意涵 …………………（66）
  第二节 高校思想政治教育治理的本质属性 …………………（73）
  第三节 高校思想政治教育治理的基本特征 …………………（81）

第四章 新时代高校思想政治教育治理的价值要义 …………（91）
  第一节 国家治理体系和治理能力现代化的应有之义 …………（91）
  第二节 提升思想政治教育科学化水平的内在要求 ……………（98）
  第三节 激发思想政治教育内生动力的关键因素 ……………（106）
  第四节 构建中国特色高校思想政治教育体系的重要保证 ……（111）

第五章 新时代高校思想政治教育治理的实践展开 ……………（117）
第一节 治理价值理念在新时代高校思想政治教育中的融入 …（117）
第二节 治理方法载体在新时代思想政治教育实践中的运用 …（127）
第三节 新时代高校思想政治教育治理制度机制形成 …………（133）

第六章 新时代高校思想政治教育治理的载体运用 ……………（143）
第一节 高校思想政治教育治理中活动载体的运用 ……………（143）
第二节 高校思想政治教育治理中管理载体的运用 ……………（150）
第三节 高校思想政治教育治理中传媒载体的运用 ……………（158）
第四节 高校思想政治教育治理中文化载体的运用 ……………（165）

第七章 新时代高校思想政治教育治理中的课程建设 …………（172）
第一节 思政课课程的整体性功能建构 …………………………（172）
第二节 思政课教学中主导性与主体性统一 ……………………（181）
第三节 思政课与日常思想教育的协同互动 ……………………（189）

第八章 新时代高校思想政治教育治理中的队伍建设 …………（196）
第一节 高校思想政治教育治理中队伍建设的意义和价值 ……（196）
第二节 高校思想政治教育治理中队伍建设的特点和结构 ……（199）
第三节 高校思想政治教育治理中队伍建设的数量和素质 ……（207）

第九章 新时代高校思想政治教育治理的质量评价 ……………（219）
第一节 高校思想政治教育治理的质量评价内涵 ………………（219）
第二节 高校思想政治教育治理的质量评价路径 ………………（225）
第三节 高校思想政治教育治理的质量评价维度 ………………（231）
第四节 高校思想政治教育治理的质量评价方法 ………………（238）

第十章 新时代高校思想政治教育治理的风险防控 ……………（244）
第一节 高校思想政治教育治理的风险点 ………………………（244）
第二节 高校思想政治教育治理的风险评估 ……………………（254）
第三节 高校思想政治教育治理的风险应对 ……………………（264）

第十一章 新时代高校思想政治教育的治理环境 …………… (275)
 第一节 高校思想政治教育治理环境的内涵 …………… (276)
 第二节 高校思想政治教育治理环境的层次与体系 ………… (282)
 第三节 高校思想政治教育治理现代化环境构建的实施路径 … (289)

第十二章 新时代高校思想政治教育治理的发展展望 …………… (308)
 第一节 把握新时代高校思想政治教育治理的发展规律 ……… (308)
 第二节 推动新时代高校思想政治教育治理的系统化发展 …… (314)
 第三节 完善新时代高校思想政治教育治理的制度化发展 …… (320)
 第四节 增强新时代高校思想政治教育治理的效能化发展 …… (326)

参考文献 ………………………………………………………… (334)

后　记 …………………………………………………………… (343)

导　　论

党的十九届四中全会指出："坚持和完善中国特色社会主义制度、推进国家治理体系和治理能力现代化，是全党的一项重大战略任务。"[①] 这不仅为国家治理指明了方向，同时也为高校思想政治教育治理提出了新的要求。思想政治教育治理现代化是国家治理现代化的应有之义，包括治理体系和治理能力两方面的现代化。其中，思想政治教育治理体系的现代化是前提和基础。思想政治教育治理体系现代化是指要建立系统完备的思想政治教育政策体系，并不断提高政策执行的效力和质量。以党的十九届四中全会精神为指导，进一步完善高校思想政治教育治理体系，推进新时代高校思想政治教育治理体系现代化，是高校思想政治教育内涵式发展的必由之路。

一　新时代高校思想政治教育治理的新任务新要求

国家治理现代化对高校思想政治教育治理提出了新的要求，具体体现在以下三个方面。

一是高校思想政治教育治理要依照中国特色社会主义制度展开。党的十九届四中全会指出，中国特色社会主义制度是党和人民在长期实践探索中形成的科学制度体系，我国国家治理一切工作和活动都依照中国特色社会主义制度展开。[②] 中国特色社会主义制度是我国国家治理的根本

[①]《中共中央关于坚持和完善中国特色社会主义制度　推进国家治理体系和治理能力现代化若干重大问题的决定》，《人民日报》2019年11月6日第1版。

[②]《中共中央关于坚持和完善中国特色社会主义制度　推进国家治理体系和治理能力现代化若干重大问题的决定》，《人民日报》2019年11月6日第1版。

依据，规定了各领域推进治理现代化，包括高校思想政治教育治理现代化的根本方向。实际上，高校思想政治教育治理体系本身就是中国特色社会主义制度在高等教育治理领域的具体化。任何一个国家的高等教育都是依照该国制度展开的，满足该国制度对人才的根本要求。我国高校思想政治教育治理实践必须遵循中国特色社会主义制度，保证我国高等教育事业的社会主义方向，体现中国特色、民族特色和时代特色。因此，高校思想政治教育治理是国家治理工作中的重要方面，既关涉中国特色教育现代化目标的实现进程，又密切关联中国社会发展所需的合格建设者和可靠接班人的培养过程，是确保高校坚定社会主义办学方向、保障我国后备人才资源不变质的重要环节。习近平总书记强调："必须完整理解和把握全面深化改革的总目标，这是两句话组成的一个整体，即完善和发展中国特色社会主义制度、推进国家治理体系和治理能力现代化。这里面有一个前一句和后一句的关系问题。前一句，规定了根本方向，我们的方向就是中国特色社会主义道路，而不是其他什么道路……后一句，规定了在根本方向指引下完善和发展中国特色社会主义制度的鲜明指向。两句话都讲，才是完整的。"[1] 这段重要论述提示我们，在推进高校思想政治教育治理现代化的过程中，要辩证地掌握以下两方面关系：一方面，完善和发展中国特色社会主义制度，必然要求推进国家治理体系和治理能力现代化，唯有推进国家治理现代化，才能在新的历史时期完善和发展中国特色社会主义制度。另一方面，推进国家治理现代化是为了完善和发展中国特色社会主义制度，不坚持这一根本方向就会走入歧途，全面深化改革的结果就会南辕北辙。完善和发展是在坚持和巩固已有的成熟定型的根本制度、基本制度和重要制度的基础之上。所以，加强和完善高校思想政治教育治理，需要遵循中国特色社会主义根本制度、基本制度和重要制度，使高校思想政治教育治理在中国特色社会主义制度的支持和保障下，实现治理体系的现代化。

二是高校思想政治教育治理要体现国家制度和国家治理体系优势。党的十九届四中全会强调，要把我国制度优势更好转化为国家治理效能。

---

[1] 《习近平关于协调推进"四个全面"战略布局论述摘编》，中央文献出版社2015年版，第82页。

高校思想政治教育治理实践的创新发展，要深刻把握我国国家制度和国家治理体系的内在优势，并在此基础上积极将这些优势转化为自身的治理效能。

一方面，在高校思想政治教育治理中理解和展现国家制度和国家治理体系的优势。我国国家制度和国家治理体系具有多方面的显著优势，在确保国家始终沿着社会主义方向前进、依靠人民推动国家发展、切实保障社会公平正义和人民权利等方面优势显著，要深刻理解这些优势在高校思想政治教育治理中的价值和内涵，同时通过高校思想政治教育治理实践积极展现这些优势，使青年学生在育人实践中进一步理解和真切体会这些优势，从而增强制度认同、提高制度自信。要言之，高校思想政治教育治理必须完成党的十九届四中全会提出的重要任务："加强制度理论研究和宣传教育，引导全党全社会充分认识中国特色社会主义制度的本质特征和优越性，坚定制度自信。"[1] 换一个视角看，"中国之治"的一条宝贵经验是"坚持把思想政治工作贯穿改革全过程"[2]。思想政治工作是我们党的优良传统和政治优势，推动着我国政治文明建设，在包括政治进步在内的全方位的社会发展过程中发挥着不可替代、不可缺少、不容忽视的重要作用，本身就是发挥我国政治制度优势的重要力量，所以展现我国国家制度和国家治理体系的优势是思想政治教育治理的职责，思想政治教育治理效能是国家治理效能的重要组成部分。高校思想政治教育治理既要对国家治理理念进行解读和阐释，又要体现和运用国家治理智慧和实践成果，把国家制度和治理体系的优势转化为推动高校思想政治教育治理现代化的重要支撑和宝贵资源，积极将这些优势转换为高校思想政治教育的治理效能。

另一方面，在高校思想政治教育治理中有效运用国家制度和国家治理体系的优势。国家制度和国家治理体系的优势是高校思想政治教育治理体系现代化的有力支持和宝贵资源，要积极将这些优势转换为高校思想政治教育治理效能，有效运用这些显著优势和宝贵经验，推进高校思

---

[1] 《中共中央关于坚持和完善中国特色社会主义制度 推进国家治理体系和治理能力现代化若干重大问题的决定》，《人民日报》2019年11月6日第1版。

[2] 《习近平谈治国理政》（第三卷），外文出版社2020年版，第106页。

想政治教育治理体系现代化。高校思想政治教育治理要因势而新，既指要符合社会变化的形势、跟上社会主义现代化发展的趋势，也指借力国家制度和国家治理体系的显著优势。中国共产党的领导是中国特色社会主义最本质的特征，是中国特色社会主义制度的最大优势，习近平总书记指出，"要建立党委统一领导、党政齐抓共管、有关部门各负其责、全社会协同配合的工作格局，推动形成全党全社会努力办好思政课、教师认真讲好思政课、学生积极学好思政课的良好氛围"，要求"学校党委书记、校长要带头走进课堂，带头推动思政课建设，带头联系思政课教师"[①]，就是将我国制度的最大优势转化为思想政治教育治理的实际效能。

三是高校思想政治教育治理要更加注重系统性和综合性。党的十九届四中全会强调，要加强系统治理、依法治理、综合治理、源头治理。对于高校思想政治教育而言，要更加注重治理的系统性和综合性。"在现代这样一个高度组织起来的社会里，复杂的系统几乎是无所不在的，任何一种社会活动都会形成一个系统，这个系统的组织建立、有效运转就成为一项系统工程。"[②]治理更加强调站位于高校思想政治教育整个有机系统的宏观性战略本质，不仅映现在高校思想政治教育治理的顶层设计与谋篇布局上，表现出治理的整体性和系统性的特征；而且也映现在高校思想政治教育治理的手段选择、主体建构与方式运用上，表现出治理的综合性与协同性。高校思想政治教育工作就是一项复杂的系统工程，既包括思想政治理论课这一主渠道，又包括日常思想政治教育这一主阵地；既包括思想政治教育专职力量，又包括思想政治教育的兼职力量；既包括学校和家庭，又包括政府和社会。高校思想政治教育致力于人才培养，同时人才培养中的各个环节又都需要加强思想政治教育。此外，高校思想政治教育工作中的各种要素之间具有密切的联系，相互影响，环环相扣，在实践推进中往往具有牵一发而动全身的作用。概言之，高校思想政治教育治理涉及多个领域、多个环节、多个层级，并非一项单

---

① 习近平：《思政课是落实立德树人根本任务的关键课程》，人民出版社2020年版，第24页。

② 钱学森等：《论系统工程》，湖南科学技术出版社1982年版，第180页。

一性、单向性工作，而是呈现出相互重叠交织和嵌套、复杂性和多变性的特征，高校思想政治教育治理主体的多元性、运行的多向性都要求重视体系建构和协同联动。高校思想政治教育治理基于对高校思想政治教育全局的把握，在尊重高校思想政治教育实践的基础上，遵循高校思想政治教育工作规律、学生成长发展规律和教书育人三大规律，贯彻国家治理现代化的价值理念和科学方式，对高校思想政治教育过程中各个要素和环节进行规范引导，诠释高校思想政治教育治理的科学性与系统性。因此，新时代高校思想政治教育治理需要立足时代特征、中国国情和高校发展实际，深刻把握高校思想政治教育的丰富内涵和内在结构，进一步增强治理实践的系统性和综合性。

二　推进高校思想政治教育治理体系现代化的基本思路

首先，要明确高校思想政治教育治理体系现代化的内涵。明确高校思想政治教育治理的内涵是整个高校思想政治教育治理研究的奠基性工作。只有明确了高校思想政治教育治理的基本内涵，才可能回答高校思想政治教育为什么需要治理、治理目标是什么、怎样治理、治理得怎么样等一系列问题，才可能真正划定高校思想政治教育治理的外延，进一步了解它的基本特征、构成要素、价值要义等。高校思想政治教育治理体系现代化既是一个理论命题，又是一个实践命题。"理论在一个国家实现的程度，总是取决于理论满足这个国家的需要的程度。"[①] 作为一个理论命题，涉及的重点问题包括：高校思想政治教育为什么需要治理现代化；高校思想政治教育治理现代化的理论支撑、基本内涵、价值意蕴是什么；高校思想政治教育需要实现什么样的现代化；等等。科学回答这些理论问题，准确把握其中的理论蕴含，需要有科学的指导思想。作为一个实践命题，需要有丰厚的科学理论作指引。高校思想政治教育治理实践的复杂性和系统性，要求它的现代化进程必须以高校思想政治教育实践为导向，聚焦实践前沿，把握实践需求，并寻求与之相对应的科学理论作支撑。开展高校思想政治教育治理实践的运行研究自然是高校思想政治教育治理研究的重要构成。其中，高校思想政治教育治理的载体

---

① 《马克思恩格斯选集》（第一卷），人民出版社2012年版，第11页。

运用、危机应对、质量评价、队伍建设、外部环境等应该是研究的重点内容。因此，无论是理论命题还是实践命题，高校思想政治教育治理体系现代化要求必须聚焦新时代新任务，以习近平新时代中国特色社会主义思想为指导，提升高校思想政治教育治理体系的科学性、系统性和可操作性。

其次，推进高校思想政治教育治理体系现代化需要完善制度机制。国家治理体系和治理能力是制度及其执行能力的集中体现。高校思想政治工作体系的"四梁八柱"构筑起来后，应当加强制度、规则、机制等"软环境"建设，用制度筑牢体系根基、推动体系规范运行。高校思想政治教育治理体系的现代化进程，离不开系统完备、科学规范、运行有效的制度机制。习近平总书记指出："相比过去，新时代改革开放具有许多新的内涵和特点，其中很重要的一点就是制度建设分量更重。"[①] 现代治理理论认为，权力运行的制度化、规范化是衡量治理体系是否现代化的一个主要标准。现代化的思想政治教育治理需要完备的制度安排和规范的工作程序。对新时代思想政治教育治理来说，制度机制建设有两大重要意义：一是保证思想政治教育治理活动的常态化和规范化，避免随意性，保证党和政府对思想政治教育治理的新要求得到落实，避免政策执行的选择性；二是把党和政府对思想政治教育治理的重视和支持、把国家制度的显著优势转化为激发教育主体积极性、主动性和创造性的现实资源。系统化治理是一项持续性的实践活动，需要有完善的体制机制作为强有力的保障，实现高校思想政治教育治理的连续性和持续性。一方面，完善高校思想政治教育治理系统化的体制主要包括领导体制、组织体制等。另一方面，也包括保障机制、协调机制和监督机制。建立健全科学完备的制度体系和机制是推进高校思想政治教育治理的前提和根本，高校思想政治教育治理制度体系的基本路径和思路是指，在国家治理现代化视域下，遵循"三大规律"，既要制定、出台原则性和灵活性相结合的高校思想政治教育治理政策，又要制定具有权威性和稳定性的高校思想政治教育治理法律、规章，最终建立健全层级衔接、层层递进、协调一致的新时代高校思想政治教育治理制度体系。总之，随着中

---

① 《习近平谈治国理政》（第三卷），外文出版社2020年版，第112页。

国特色社会主义实践的深入发展，我们越来越认识到制度机制建设在国家各项事业发展中的重要意义。对于高校思想政治教育治理也是如此。面对中国改革发展大势、高校创新发展实际以及思想政治教育实践特征，进一步丰富和完善高校思想政治教育制度机制，使高校思想政治教育实践更加符合规律，满足高校思想政治教育实践的发展要求，规范高校思想政治教育实践活动，都是高校思想政治教育治理体系现代化的应有之义。

最后，推进高校思想政治教育治理体系现代化需要完善质量评价。有效的国家治理涉及三个基本问题：谁治理、如何治理、治理得怎么样，即治理主体、治理机制和治理效果。高校思想政治教育质量评价体系就是回答治理得怎么样的问题，回答这一问题是为了不断反思改进，提高治理效果。"实践发展永无止境，解放思想永无止境，改革开放永无止境。"[①] 习近平总书记的这段论述深刻体现了马克思主义辩证法的核心精神，即辩证法终结了有关人的认识和行动有终结的看法。同理，思想政治教育治理活动的任务不可能一成不变，治理目标的完成不可能一蹴而就，治理效能也不可能一劳永逸，思想政治教育治理是一个不断运行、循环往复的过程。所以，思想政治教育治理要以持续性、动态性、反思性的视角全面审视整个体系现代化建设的过程，这就需要完善质量评价体系，充分发挥质量评价的激励（任务导向）和反思（问题导向）功能。因为质量评价是实践工作的标尺和指引，高校思想政治教育治理体系的现代化离不开科学有效的质量评价。高校思想政治教育治理体系的质量评价，是通过树立科学的评价目标、制定科学的评价指标体系和标准、运用科学的评价方法等评估思想政治教育治理工作，以此检验和推进高校思想政治教育治理体系的现代化。高校思想政治教育治理体系的质量评价要充分展现和检验治理活动的科学性、有效性和实效性，思想政治教育治理质量评价是对运用治理理念和方式推动思想政治教育改进发展的评估和判断，高校思想政治教育治理质量评价不是为评价而评价，而是通过治理评价最终实现思想政治教育的育人功能，因此，高校思想政治教育治理体系的质量评价要满足党和国家事业发展需要和大学生成长

---

① 《中共中央关于全面深化改革若干重大问题的决定》，人民出版社2013年版，第2页。

发展需求。高校思想政治教育治理质量评价不仅可以掌握治理基本情况，发现存在的问题和不足，推动治理工作健全完善，还可以通过评价引领高校思想政治教育治理向前发展。质量评价工作的完善和发展，都将进一步反映高校思想政治教育治理实践中存在的问题，为其创新发展提供问题导向，进而推进高校思想政治教育治理体系的现代化进程。

三 高校思想政治教育治理体系现代化重点要加强协同联动

治理是各种公共的或私人的个人和机构管理其共同事务的诸多方式的总和。它是使相互冲突的或不同的利益得以调和并且采取联合行动的持续的过程。现代治理强调利益相关者的权能分治、分工协作、共同治理。高校思想政治工作体系要发挥整体功能，必须统筹系统内外各领域、各环节、各方面的资源和力量，形成网络型多元治理模式。[①] 相较于管理，治理的主体呈现多元性、治理活动突出协同性、运行的方式强调多向性，所以新时代高校思想政治教育治理从主体上讲，强调全员育人，打造育人合力；从时间上讲，强调全程育人，建构进阶式的育人时序；从空间上讲，强调全方位育人，满足人全面发展的需要。质言之，通过加强协同联动打造"三全育人"的立体化的有机体系。现代思想政治教育治理体系应是一个有机的政策体系，高校思想政治教育治理应是纵横两向协同联动的有机格局。

首先，高校思想政治教育治理在现代化发展中需要加强横向协同联动。高校思想政治教育治理体系是一项复杂的系统工程，就横向而言，既包括校内各部门间的协同，也包括校内与校外相关部门、组织的协同。

一方面，高校思想政治教育治理体系现代化需要加强校内各部门之间的协同。高校思想政治教育内涵丰富，既包括主渠道思想政治理论课，也包括主阵地日常思想政治教育。对于日常思想政治教育而言，又涉及党委宣传部、学生处、团委等多个部门。高校思想政治教育治理体系的现代化进程，需要积极构建制度机制，加强各部门、各项具体育人工作间的沟通合作，形成思想政治教育育人合力。另一方面，高校思想政治教育治理体系现代化需要加强校内与校外相关部门、组织的协同。高校

---

① 俞可平：《治理和善治：一种新的政治分析框架》，《南京社会科学》2001年第9期。

在大学生思想政治教育工作中扮演重要角色，但绝不是唯一角色，社会相关部门、家庭在大学生思想政治教育工作中都承担重要职责。高校思想政治教育治理体系现代化要有效整合校内与校外育人资源，加强校内与校外育人资源的交流与合作，形成科学有效的全过程、全方位育人体系。要言之，高校思想政治教育治理体系要推动构建政府、社会、学校、家庭协同联动的育人共同体，任何一方的缺席都是高校思想政治教育木桶上的短板，直接影响治理效能的发挥。

其次，高校思想政治教育治理在现代化发展中需要加强纵向联动。高校思想政治教育体系包括不同的层级，高校思想政治教育治理体系现代化进程需要加强和完善不同层级的协同联动，既包括校内各部门的协同，也包括校内和校外的合作。一方面，加强校内思想政治教育各层级的协同联动。从学校到院系、从校党委到各职能部门，需要统一思想，坚持问题导向，将思想政治教育工作融入人才培养的各个环节，完善协同攻关、联动协作的工作机制。另一方面，加强校外思想政治教育各层级的协同联动。高校思想政治教育治理包括不同的层级，不同层级之间的双向互动和联动需要加强和完善。从国家到省市、从部委到高校，需要在相关政策制定、文件落实、问题聚焦、难题解决等方面加强协同联动，为高校思想政治教育治理提供与时俱进、遵循规律、科学有效的政策支持和制度保障。这也是前述将我国制度优势转换为高校思想政治教育治理效能的要求和具体体现。

最后，高校思想政治教育治理要发挥纵横结合的联动作用。新时代高校思想政治教育治理以现代治理理论为重要依托，国家治理现代化对高校思想政治教育充满要求和期待，高校思想政治教育治理在国家治理现代化宏观理论的指导下有着特殊学科的定位与延伸。中国特色的国家治理实践是高校思想政治教育治理的实践场域与发展背景，中国特色的国家治理理论是高校思想政治教育治理的理论底色与重要借鉴。一方面，在高校思想政治教育治理的纵横协同运行过程之中，要深刻融入国家治理的科学理念和价值导向，保证思想政治教育治理的方向不偏不倚，与国家治理现代化同向同行。另一方面，要将国家治理的系统规划和整体规划的思想运用到高校思想政治教育治理之中，以一种站位于高校思想政治教育整个有机系统的宏观性战略，以一体化的视角进行纵横结合，发挥协同联动作用，加强高校思想政治教育治理过程中的载体运用、危机应对、课程设置、队伍建设、质量评价、环境建设以及规律把握等多个维度的综合运用，着眼于高校思想政治教育工作的全局和整体，统筹考虑、科学规划、合理调配丰富多样的高校思想政治教育资源，以保障高校思想政治教育资源储备的丰富性、资源利用的高效性，以及资源交互所产生影响的正相关性。

总之，高校思想政治教育治理要在育人理念和实践行动、在政策体系和执行能力上跟上党中央的新要求，跟上时代前进的步伐，跟上高校思想政治教育事业、我国高等教育事业发展的需要。在国家治理现代化的宏观背景之下，高校思想政治教育要及时呼应国家治理现代化的时代潮流、深刻解答制约学科长效发展的现实问题以及整体把握高校思想政治教育的实践导向，在遵循高校思想政治教育工作的规律中进行工作开展和体系构建，在此基础上从激发内生动力和加强外源动力两个方面持续推动高校思想政治教育治理体系实现现代化，从而使高校思想政治教育治理能够真正体现时代性、把握规律性、富于创造性。

第 一 章

新时代高校思想政治教育治理的理论遵循

马克思指出:"理论在一个国家实现的程度,总是取决于理论满足这个国家的需要的程度。"① 高校思想政治教育实现由"管理"向"治理"的现代性转型,充分发挥其"资政育人"功能为国家治理现代化赋能,离不开科学理论的指导。首先,习近平新时代中国特色社会主义思想是坚持和发展中国特色社会主义的科学指南,是指导实践、推动实践的强大武器,为新时代思想政治教育治理提供方向指引、方法指导和思维启迪。其次,治理现代化理论是新时代高校思想政治教育治理的重要理论来源。西方公共治理理念具有一定的借鉴价值,国家治理现代化理论、教育现代化和教育治理现代化理论为高校思想政治教育治理提供了宏观分析图景和丰厚的基础理论滋养。最后,新时代思想政治教育理论创新的最新成果,为新时代思想政治教育治理提供直接的理论支撑。思想政治教育治理通过更新思想政治教育观念,汲取新时期思想政治教育管理理论精华,凝练新时代思想政治教育治理有益成果,推进思想政治教育治理理论的创新和实践发展。

第一节 以习近平新时代中国特色社会主义思想为根本指导

党的十九大把习近平新时代中国特色社会主义思想确立为党必须长

---

① 《马克思恩格斯选集》(第一卷),人民出版社2012年版,第11页。

期坚持的指导思想,实现了党的指导思想的与时俱进。习近平新时代中国特色社会主义思想,是马克思主义中国化的最新理论成果,是党和人民实践经验和集体智慧的结晶,是当代中国化的马克思主义,是国家政治生活和社会生活的根本指针,① 也是指导高校思想政治教育创新发展的科学行动指南。

一 习近平新时代中国特色社会主义思想是指导实践的科学真理

习近平新时代中国特色社会主义思想坚持人民立场、植根伟大实践、深化规律认识、引领事业发展,具有深厚的理论基础、实践基础和群众基础,体现出鲜明的科学性、时代性、实践性、革命性,开辟了马克思主义新境界,开辟了中国特色社会主义新境界,开辟了治国理政新境界,开辟了管党治党新境界,是当代中国马克思主义、21世纪马克思主义。

(一) 主观与客观相统一

真理是标志主观同客观相符合的哲学范畴。作为主观对客观的正确反映,真理以思想、理论、观念的形式表现出来,其形式虽是主观的,但内容却是客观的。真理最根本的特征在于对客观事物本质和规律的正确揭示,在于思想与客观事物本质和规律的一致性。马克思主义之所以被称为放之四海而皆准的真理,就在于它正确地揭示了自然界、人类社会和人的思维发展的一般规律。

习近平新时代中国特色社会主义思想,是以习近平同志为主要代表的中国共产党人坚持辩证唯物主义和历史唯物主义,紧密结合新的时代条件和实践要求,以全新的视野深化对共产党执政规律、社会主义建设规律、人类社会发展规律的认识,取得的重大理论创新成果。其思想深刻、彻底,内容科学、完备,阐述客观、严谨,系统回答了"新时代坚持和发展什么样的中国特色社会主义、怎样坚持和发展中国特色社会主义"这个重大时代课题,对新时代我国社会主要矛盾的变化作出了科学判断,就新时代坚持和发展中国特色社会主义的总目标、总任务、总体布局、战略布局和发展方向、发展方式、发展动力、战略步骤、外部条件、政治保证等基本问题作出了科学阐述,成为马克思主义中国化的最

---

① 《习近平新时代中国特色社会主义思想三十讲》,学习出版社2018年版,第1页。

新成果，在实践中充分展现了 21 世纪中国马克思主义强大的、极具说服力的真理力量。

（二）科学性与革命性相统一

马克思主义具有强大而持久的生命力，根源在于以实践为基础的科学性与革命性的统一。其科学性在于，它把辩证唯物主义和历史唯物主义作为理论基础，植根于哲学、自然科学和社会科学的最新成就，形成深刻且完备的理论学说。其革命性在于，它始终站在最广大人民的立场上，公开声明自己的理论是为无产阶级和人民大众服务的，始终致力于无产阶级和全人类的解放。

习近平新时代中国特色社会主义思想，作为一种科学思想，不是"价值中立"的抽象观念，而是着眼于人的全面发展和社会全面进步，坚持以人民为中心这个根本立场，把为中国人民谋幸福、为中华民族谋复兴作为初心和使命，把人民对美好生活的向往作为奋斗目标，把全心全意为人民服务作为根本宗旨，把实现好、维护好、发展好最广大人民利益作为开展一切工作的根本出发点和落脚点，把人民拥护不拥护、赞成不赞成、高兴不高兴、答应不答应作为衡量一切工作得失的根本标准，坚持一切为了人民、一切依靠人民，诚心诚意为人民谋利益。正因为如此，习近平新时代中国特色社会主义思想一经提出，立即得到最广大人民的高度认同、衷心拥护和真心支持，并顺理成章地载入党章和宪法，自觉成为引领广大人民群众奋力实现中华民族伟大复兴的行动指南。

（三）理论与实践相统一

理论与实践的统一，是马克思主义的一个最基本的原则。马克思指出："人的思维是否具有客观的真理性，这不是一个理论的问题，而是一个实践的问题。人应该在实践中证明自己思维的真理性，即自己思维的现实性和力量，自己思维的此岸性。"[1] 马克思主义从来不是一种脱离实际的抽象理论，而是为无产阶级和人类解放服务的行动纲领。不和实践相结合的理论是空洞的理论，没有理论指导的实践则会变成盲动。实践是理论的源泉，理论又要到实践中验证。

党的十八大以来，以习近平同志为核心的党中央以巨大的政治勇气

---

[1]《马克思恩格斯选集》（第一卷），人民出版社 2012 年版，第 134 页。

和强烈的责任担当,着眼于我国仍处于并将长期处于社会主义初级阶段的基本国情,着眼于我国是世界最大发展中国家的国际地位,全面审视当今世界和当代中国发展大势,全面把握我国发展新要求和人民群众新期待,提出了一系列新理念新思想新战略,形成了习近平新时代中国特色社会主义思想,引领党和国家事业取得了全方位的、开创性的成就,进行了深层次的、根本性的变革,解决了许多长期想解决而没有解决的难题,办成了许多过去想办而没有办成的大事,推动党和国家事业发生历史性变革。实践充分证明,习近平新时代中国特色社会主义思想是引领全党全国人民为实现中华民族伟大复兴而奋斗的行动纲领、制胜法宝。

(四)坚持与发展相统一

马克思主义之所以能够历久不衰,170多年来始终保持蓬勃生命力,其根本原因就在于它能够与时俱进,在坚持中发展,在发展中坚持。与时俱进,就是在实践的基础上不断推进理论创新,使党的全部理论和工作体现时代性、把握规律性、富于创造性。习近平总书记指出:"坚持马克思主义,坚持社会主义,一定要有发展的观点,一定要以我国改革开放和现代化建设的实际问题、以我们正在做的事情为中心,着眼于马克思主义理论的运用,着眼于对实际问题的理论思考,着眼于新的实践和新的发展。"[①] 实践没有止境,理论创新也没有止境。党的十八大以来,以习近平同志为核心的党中央坚持以马克思主义为指导,坚持理论创新和实践创新相统一,以党领导人民推进改革开放和社会主义现代化建设的生动实践和新鲜经验为理论创新的源泉,以为中国人民谋幸福、为中华民族谋复兴为理论创新的目的,以研究和解决党、国家在前进中面临的重大核心问题为理论创新的着力点,聆听时代声音,汲取实践智慧,勇于坚持真理、修正错误,不断拓展新视野、作出新概括,取得了马克思主义基本原理同中国具体实际相结合的历史性飞跃。习近平新时代中国特色社会主义思想,开拓了认识真理、发展真理的新进程,开辟了马克思主义发展新境界,使马克思主义在当代中国放射出更加灿烂的真理光芒和更加蓬勃的生机活力。

---

① 习近平:《关于坚持和发展中国特色社会主义的几个问题》,《求是》2019年第7期。

二 坚持以习近平新时代中国特色社会主义思想为指引

习近平新时代中国特色社会主义思想是一个科学严谨的理论体系。高校思想政治教育治理坚持以习近平新时代中国特色社会主义思想为指导，必须深刻理解这一思想体系的立场、观念和方法，从整体上加以把握和遵循。

（一）坚持习近平新时代中国特色社会主义思想的科学理论体系

习近平新时代中国特色社会主义思想从理论和实践结合上创造性地回答了新时代坚持和发展什么样的中国特色社会主义、怎样坚持和发展中国特色社会主义这一重大时代课题，体系完备、思想深刻、内涵丰富、逻辑严密、博大精深。这一思想体系的核心要义，集中体现为"8个明确"和"14个坚持"。其中，"8个明确"清晰阐明了坚持和发展中国特色社会主义的总任务、主要矛盾、总体布局、战略布局等内容，是习近平新时代中国特色社会主义思想最为核心、关键的组成部分，可以比作"四梁八柱"。"14个坚持"的基本方略，涵盖了坚持党的领导和"五位一体"总体布局、"四个全面"战略布局，涵盖了内政外交国防、治党治国治军各个方面，是实现"两个百年"奋斗目标的总方略，好比"施工图"。"8个明确"和"14个坚持"有机融合、有机统一，凝结着我们党坚持和发展中国特色社会主义的经验总结，特别是凝结着以习近平同志为核心的党中央对中国特色社会主义规律性认识的深化、拓展和升华。这一思想贯通了马克思主义哲学、政治经济学、科学社会主义，贯通了历史、现实与未来，贯通了治国理政的方方面面，使我们党对共产党执政规律、社会主义建设规律、人类社会发展规律的认识达到了新高度，为发展马克思主义作出了重大原创新贡献。[①]

"8个明确"和"14个坚持"为新时代高校思想政治教育治理既指明了维度指向，也提供了具体思路。[②] 例如，明确新时代坚持和发展中国特

---

① 《习近平新时代中国特色社会主义思想学习纲要》，学习出版社、人民出版社2019年版，第10—11页。

② 骆郁廷、项敬尧：《论新时代思想政治教育创新发展的基本遵循》，《思想理论教育》2018年第1期。

色社会主义的总任务是实现社会主义现代化和中华民族伟大复兴，对新时代思想政治教育任务目标提出新要求，为高校思想政治教育治理指明了目标和方向；明确新时代我国社会的主要矛盾是人民日益增长的美好生活需要和不平衡不充分的发展之间的矛盾，对分析高校思想政治教育主要矛盾提供了新方向和新判断，为高校思想政治教育治理提供了内在动力；坚持党对一切工作的领导，对新时代高校思想政治教育治理的领导核心作出了清晰安排，明确了高校思想政治教育治理的本质特征和最大优势，确保了高校思想政治教育的社会主义方向；坚持以人民为中心的发展思想，对新时代思想政治教育治理的核心理念和根本目标提出新的要求，突出坚持人民主体地位、把人民对美好生活的向往作为奋斗目标的理念。新时代高校思想政治教育治理坚持以习近平新时代中国特色社会主义思想为指导，就是要以这一新思想的核心要义为指引，始终围绕坚持和发展中国特色社会主义这一主题，立足中国特色社会主义这一历史方位，从我国社会主要矛盾的新变化中抓住自身的矛盾表现形式，围绕新时代赋予高校思想政治教育的新任务和新要求，及时调整目标任务、思路理念和行动策略，推进高校思想政治教育治理。

（二）坚持习近平新时代中国特色社会主义思想的科学方法论

习近平新时代中国特色社会主义思想，作为马克思主义中国化最新理论成果，是坚持和运用辩证唯物主义和历史唯物主义的典范，蕴含着丰富的马克思主义思想方法和工作方法，既是世界观、历史观，也是认识论、方法论；既讲是什么、怎么看，又讲怎么办；既部署"过河"的任务，又指导解决"桥或船"的问题，为推进党和国家事业发展提供了锐利思想武器，为高校思想政治教育治理提供了方法指引。习近平新时代中国特色社会主义思想蕴含的科学方法论，可以概括为"八个坚持"，即坚持实事求是、坚持战略定力、坚持问题导向、坚持全面协调、坚持底线思维、坚持调查研究、坚持抓铁有痕、坚持历史担当。[1]

上述八种思想方法和工作方法，为提升高校思想政治教育治理能力提供了遵循。例如，坚持实事求是，就是要立足实际，从实际出发，解放思想，这是认识世界、改造世界的根本要求。这一方法要求高校思想

---

[1] 《习近平新时代中国特色社会主义思想三十讲》，学习出版社2018年版，第326—339页。

政治教育治理必须从客观存在的实际出发，充分发挥主观能动性，努力探求客观规律，坚持按客观规律办事。坚持战略定力，就是要在战略上判断准确、谋划科学、赢得主动，始终如一朝着既定目标和方向前进。这一方法要求高校思想政治教育治理坚持马克思主义在意识形态领域的指导地位，坚持"四为"方针，坚持社会主义办学方向，聚焦立德树人根本任务，毫不动摇地坚持和维护党的领导核心地位。坚持问题导向，就是要从解决现实问题出发，树立问题意识，科学分析问题，深入研究问题，有效解决问题。这一方法要求高校思想政治教育治理聚焦教育现实问题，对症下药，靶向施策。坚持全面协调，就是要运用辩证方法观察和处理问题，统筹兼顾、协调推进。这一方法要求高校思想政治教育治理增强整体性、协同性，充分激活各方治理主体的活力，构建全员、全过程、全方位育人工作格局。

（三）坚持习近平新时代中国特色社会主义思想的科学思维方式

恩格斯说："一个民族要想站在科学的最高峰，就一刻也不能没有理论思维。"[①] 习近平总书记指出："我们党在中国这样一个有着13亿人口的大国执政，面对着十分复杂的国内外环境，肩负着繁重的执政使命，如果缺乏理论思维的有力支撑，是难以战胜各种风险和困难的，也是难以不断前进的。"[②] 理论思维是认识世界和改造世界的抽象思维方式。习近平新时代中国特色社会主义思想蕴含了战略思维、历史思维、辩证思维、创新思维、法治思维、底线思维、精准思维等一系列科学思维。这些科学思维是习近平新时代中国特色社会主义思想对马克思主义哲学的思想方法和工作方法的继承与发展，包含了深刻的辩证唯物主义和历史唯物主义思想，是新时代中国共产党人发现问题、分析问题与解决问题的锐利武器，[③] 也是新时代高校思想政治教育治理的思想武器。

战略思维，就是高瞻远瞩、统揽全局，善于把握事物发展总体趋势和方向；历史思维，就是以史为鉴、知古鉴今，善于运用马克思主义唯

[①] 《马克思恩格斯全集》（第二十六卷），人民出版社2014年版，第500页。

[②] 习近平：《坚持历史唯物主义不断开辟当代中国马克思主义发展新境界》，《求是》2020年第2期。

[③] 冯颜利：《系统掌握新时代的科学思想方法与工作方法》，《马克思主义研究》2019年第7期。

物史观认识发展规律、把握前进方向、指导现实工作；辩证思维，就是承认矛盾、分析矛盾、解决矛盾，善于抓住关键、找准重点、洞察事物发展规律；创新思维，就是破除迷信、超越常规，善于因时制宜、知难而进、开拓创新；法治思维，就是增强尊法学法守法用法意识，善于运用法治方式治国理政；底线思维，就是客观地设定最低目标，立足最低点，争取最大期望值；[1] 精准思维，就是对准焦距、找准穴位、抓住要害，从细节处着手，精准施策、精准推进、精准配合、精准发力、精准治理。思维决定行为，高校思想政治教育治理应当树立科学的思维方式，从纷繁复杂的矛盾中把握规律，增强治理的科学性、预见性、主动性和创造性。

第二节　以现代治理理论为重要依托

高校思想政治教育治理作为一个实践命题，具有动态性、复杂性和系统性，要求它的现代化进程必须以思想政治教育实践为导向，聚焦实践前沿，把握实践需求，并寻求与之相对应的科学理论作支撑。[2]

一　国家治理现代化理论

国家治理现代化理论，是中国共产党提出的马克思主义原创性理论，表明中国共产党对社会政治发展规律有了新的认识，是马克思主义国家理论的重要创新，也是中国共产党成为成熟执政党的重要标志。2013年11月，党的十八届三中全会作出全面深化改革若干重大问题的决定，明确提出将"完善和发展中国特色社会主义制度，推进国家治理体系和治理能力现代化"作为全面深化改革的总目标，正式开启推进国家治理现代化的进程。2019年10月，党的十九届四中全会审议通过了《中共中央关于坚持和完善中国特色社会主义制度　推进国家治理体系和治理能力

---

[1]《习近平新时代中国特色社会主义思想学习纲要》，学习出版社、人民出版社2019年版，第244—246页。

[2] 冯刚：《推进新时代思想政治教育治理体系现代化》，《中国教育报》2020年3月19日第5版。

现代化若干重大问题的决定》（以下简称《决定》）。《决定》系统回答了在我国国家制度和国家治理体系上应该坚持和巩固什么、完善和发展什么这个重大政治问题，全面总结了党领导人民在我国国家制度建设和国家治理方面取得的成就、积累的经验、形成的原则，重点阐述了坚持和完善支撑中国特色社会主义制度的根本制度、基本制度、重要制度，部署需要深化的重大体制机制改革、需要推进的重点工作任务，是中国共产党国家治理现代化理论创新的集大成，是指引新时代中国治理现代化的纲领性文献。

习近平总书记指出："中国特色社会主义制度和国家治理体系是以马克思主义为指导、植根中国大地、具有深厚中华文化根基、深得人民拥护的制度和治理体系，是党和人民长期奋斗、接力探索、历尽千辛万苦、付出巨大代价取得的根本成就。"[1] 从这一论断中，我们可以准确把握中国国家治理现代化理论的核心特质。其一，中国国家治理现代化理论是坚持以马克思主义理论为指导的，遵循了马克思主义国家理论逻辑，把马克思主义基本原理同中国具体实践相结合，用中国化的马克思主义、发展着的马克思主义指导国家制度和治理体系形成发展的科学理论，这一理论不是西方现代治理理论在中国的简单套用和移植复制，与西方现代治理理论有着根本区别。其二，中国国家治理现代化理论植根于深厚的中华文化，具有深厚的历史底蕴。在中华传统优秀文化中蕴含了大量国家制度和国家治理的思想精华，在社会主义革命、建设和改革过程中，中国共产党团结带领人民开创了中国特色社会主义，不断完善国家制度和治理体系，积累了丰硕的宝贵经验。其三，中国国家治理现代化理论富含显著优势。《决定》从13个方面梳理了我国国家制度和国家治理体系的显著优势。这其中，最主要的优势又有四条：一是坚持党的领导的优势；二是保证人民当家作主的优势；三是坚持全面依法治国的优势；四是实行民主集中制的优势。[2] 其四，中国国家治理现代化理论彰显了社会主义的本质属性。"始终代表最广大人民根本利益，保证人民当家作

---

[1] 《习近平谈治国理政》（第三卷），外文出版社2020年版，第121页。
[2] 《习近平在中央政治局第十七次集体学习时强调　继续沿着党和人民开辟的正确道路前进　不断推进国家治理体系和治理能力现代化》，《人民日报》2019年9月25日第1版。

主，体现人民共同意志，维护人民合法权益，是我国国家制度和国家治理体系的本质属性，也是我国国家制度和国家治理体系有效运行、充满活力的根本所在。我国国家制度和国家治理体系始终着眼于实现好、维护好、发展好最广大人民根本利益，着力保障和改善民生，使改革发展成果更多更公平惠及全体人民，因而可以有效避免出现党派纷争、利益集团偏私、少数政治'精英'操弄等现象，具有无可比拟的先进性。"① 坚持以人民为中心，是中国共产党治国理政的根本政治立场，是中国国家治理现代化理论永葆先进性的密码。

在治理主体上，强调坚持党的领导与人民主体地位有机统一。习近平总书记指出，中国共产党是执政党，党的领导是做好党和国家各项工作的根本保证，是我国政治稳定、经济发展、民族团结、社会稳定的根本点。在国家治理体系的大棋局中，党中央是坐镇中军帐的"帅"，车马炮各展其长，一盘棋大局分明。如果中国出现了各自为政、一盘散沙的局面，不仅我们确定的目标不能实现，而且必定会产生灾难性后果。② 在国家治理体系中，要坚持中国共产党的领导核心地位，确保党始终在国家治理体系中处于总揽全局、协调各方的地位。中国共产党的领导，就是支持和保证人民实现当家作主。人民当家作主是社会主义民主政治的本质和核心。③ 坚持人民主体地位，要把党的群众路线贯彻到治国理政全部活动之中，把人民对美好生活的向往作为治国理政的目标，坚持和完善人民代表大会制度、中国共产党领导的多党合作和政治协商制度、民族区域自治制度、基层群众自治制度，发展社会主义协商民主，健全民主制度，丰富民主形式，拓宽民主渠道，保证人民当家作主落实到国家政治生活和社会生活之中。

在治理内容上，国家治理现代化主要围绕治理体系现代化和治理能力现代化展开。"国家治理体系是在党领导下管理国家的制度体系，包括经济、政治、文化、社会、生态文明和党的建设等各领域体制机制、法

---

① 《习近平谈治国理政》（第三卷），外文出版社2020年版，第123页。
② 习近平：《中国共产党领导是中国特色社会主义最本质的特征》，《求是》2020年第14期。
③ 习近平：《在庆祝全国人民代表大会成立60周年大会上的讲话》，《人民日报》2014年9月6日第2版。

律法规安排，也就是一整套紧密相连、相互协调的国家制度；国家治理能力则是运用国家制度管理社会各方面事务的能力，包括改革发展稳定、内政外交国防、治党治国治军等各个方面。国家治理体系和治理能力是一个有机整体，相辅相成，有了好的国家治理体系才能提高治理能力，提高国家治理能力才能充分发挥国家治理体系的效能。"[1] 推进国家治理体系和治理能力现代化，一方面要加强体制机制、法律法规建设，实现党、国家、社会各项事务治理制度化、规范化、程序化；另一方面要注重治理能力建设，善于运用制度和法律治理国家，把各方面制度优势转化为管理国家的效能，提高党科学执政、民主执政、依法执政水平。

在治理方式上，强调加强系统治理、依法治理、综合治理、源头治理。系统治理，是运用系统性的原则和方法进行治理，强调系统谋划、顶层设计，增进治理的整体性、协同性。依法治理，是运用法治的原则和方法进行治理，保证治理的各项工作都依法进行，实现国家治理的制度化、法治化。综合治理，是多个组织部门联手，运用多种方法手段对某一领域或某一专项工作开展治理。源头治理，是对治理对象抓住其本源问题进行彻底的整治，治本为主、标本兼治。[2]

高校思想政治教育是国家意识形态建设的重要途径，国家治理现代化内在地包含着意识形态建设的现代化，高校思想政治教育治理是国家治理现代化不可或缺的重要组成部分。国家治理现代化理论为推进高校思想政治教育治理提供了整体分析框架和行动方案，高校思想政治教育应当自觉遵循国家治理体系和治理能力现代化的目标任务、本质规定、实践路径，推进其治理体系和治理能力的现代化。思想政治教育治理要依照中国特色社会主义制度展开，遵循中国特色社会主义根本制度、基本制度和重要制度，使高校思想政治教育的治理在中国特色社会主义制度的支持和保障下，实现高校思想政治教育顶层设计、政策执行、机制构建、评价质量等方面的治理体系现代化发展，构建和完善新时代中国特色高校思想政治教育制度体系。另外，高校思想政治教育治理要体现

---

[1] 《十八大以来重要文献选编》（上），中央文献出版社2014年版，第548页。
[2] 许耀桐：《国家治理现代化理论的创新成果》，《中国社会科学报》2020年6月18日第1版。

国家制度和国家治理体系优势。高校思想政治教育治理实践的创新发展，要深刻把握我国国家制度和国家治理体系的内在优势，并在此基础上积极将这些优势转化为自身的治理效能，[①] 不断提升治理能力和水平，推动立德树人根本任务更好落实。

二 教育治理现代化理论

教育现代化是国家现代化的重要组成部分，教育治理现代化则是实现教育现代化的重要任务，同时又统筹于国家治理现代化总体布局。在推进教育现代化进程中，高校思想政治教育治理要与教育现代化保持一致的节奏，遵循教育现代化及教育治理现代理念，创造性运用和创新性发展教育现代化、教育治理现代化相关理论成果，同时，高校思想政治教育治理现代化应该走在教育现代化的前列，在教育现代化过程中发挥出先导性、基础性作用。[②]

（一）教育现代化理论

自近代以降，中国教育现代化作为社会现代化和强国之梦的重要组成部分就一直不断向前推进。新中国成立以来，党领导人民基于不同历史时期的现实国情以实现现代化为目标擘画出一幅宏伟蓝图，始终将教育现代化与国家富强、民族振兴及人民幸福紧密联系在一起。尤其是改革开放以来，教育现代化成为教育改革发展的重要方向。1983年9月，邓小平同志为北京景山学校题词，提出"教育要面向现代化，面向世界，面向未来"，标志着"教育现代化"开始正式登上新时期我国教育改革和发展的舞台。[③] 1985年5月，在《中共中央关于教育体制改革的决定》中，"三个面向"被写入国家教育政策文本之中，"教育为社会主义现代化建设服务"也成为新时期的党的教育工作方针。2010年7月，《国家中长期教育改革和发展规划纲要（2010—2020年）》发布实施，明确提出了"到2020年，基本实现教育现代化，基本形成学习型社会，进入人力

[①] 冯刚：《推进新时代思想政治教育治理体系现代化》，《中国教育报》2020年3月19日第5版。

[②] 徐艳国：《思想政治教育治理体系和治理能力现代化探析》，《清华大学学报》（哲学社会科学版）2014年第3期。

[③] 程天君、陈南：《中国教育现代化的百年书写》，《教育研究》2020年第1期。

资源强国行列"的战略目标。党的十八大以来，以习近平同志为核心的党中央高度重视教育事业的发展，着力于推进教育公平及教育质量的提升，在全面深化改革进程中作出了优先发展教育、实现教育现代化和建设教育强国的战略部署，开启了教育现代化理论创新和实践探索的新征程。2018年9月，习近平总书记在全国教育大会的重要讲话中提出了"九个坚持"的规律性认识，系统回答了关系教育现代化的重大理论问题和实践问题。2019年2月，中共中央、国务院印发《中国教育现代化2035》，中共中央办公厅印发了《加快推进教育现代化实施方案（2018—2022年）》，这是我国第一个以教育现代化为主题的中长期战略规划，是新时代推进教育现代化、建设教育强国的纲领性文件，面向未来描绘教育发展图景，系统勾画我国教育现代化的战略愿景，明确教育现代化的战略目标、战略任务和实施路径。[1]

教育现代化是教育高水平的发展状态，是对传统教育的超越，是教育发展理念、发展方式、体系制度等全方位的转变。[2] 顾明远认为，教育现代化包括教育的民主性和公平性、教育的终身性和全时空性、教育的生产性和社会性、教育的个性化和创造性、教育的多样性和差异性、教育的信息化和创造性、教育的国际性和开放性、教育的科学性和法制性八个方面的特征。[3] 教育是培养人的活动，教育现代化的实质和核心是人的现代化，促进人的全面发展。习近平总书记在全国教育大会上的讲话中强调："浇花浇心，育人育心。我们讲不忘初心、牢记使命，推进教育现代化不能忘记初心，要健全全员育人、全过程育人、全方位育人的体制机制，不断培养一代又一代社会主义建设者和接班人。这是教育工作的根本任务，也是教育现代化的方向目标。"[4] 有学者指出，中国教育现代化突出体现为：以人的现代化为核心的教育理念现代化，以人的全面发展为宗旨的人才培养模式现代化，以办好人民满意的教育为引领的教

---

[1]《绘制新时代加快推进教育现代化建设教育强国的宏伟蓝图》，《人民教育》2019年第5期。
[2]《绘制新时代加快推进教育现代化建设教育强国的宏伟蓝图》，《人民教育》2019年第5期。
[3] 顾明远：《试论教育现代化的基本特征》，《教育研究》2012年第9期。
[4]《十九大以来重要文献选编》（上），中央文献出版社2019年版，第46页。

育体系现代化，以人民为中心发展教育为导向的教育治理体系和治理能力现代化。①

教育现代化要实现指导思想的现代化。《中国教育现代化2035》明确提出了推进教育现代化的指导思想。其中，党的坚强领导是办好我国教育的根本保证；全面贯彻党的教育方针、坚持马克思主义指导地位、坚持中国特色社会主义教育发展道路、坚持社会主义办学方向，是不可偏离的根本方向；立足基本国情、遵循教育规律、坚持改革创新，是兴教办学的原则思路；凝聚人心、完善人格、开发人力、培育人才、造福人民，是事业发展的工作目标；培养德智体美劳全面发展的社会主义建设者和接班人，是教育工作的根本任务；加快推进教育现代化、建设教育强国、办好人民满意的教育，是贯穿教育改革发展的主题主线；提高教育质量，促进教育公平，优化教育结构是推进教育现代化的重要着力点。②

教育现代化要实现教育理念和原则的现代化。《中国教育现代化2035》提出了推进教育现代化的八大基本理念：更加注重以德为先，更加注重全面发展，更加注重面向人人，更加注重终身学习，更加注重因材施教，更加注重知行合一，更加注重融合发展，更加注重共建共享。明确了推进教育现代化的基本原则：坚持党的领导，坚持中国特色，坚持优先发展，坚持服务人民，坚持改革创新，坚持依法治教，坚持统筹推进。这些理念和原则，继承了中国三千年的教育经验和智慧，立足于中国教育改革发展实践，吸收国际先进教育经验，遵循教育规律和人才成长规律，具有很强的先进性、针对性、创造性。

（二）教育治理现代化理论

教育治理是指党政机关、社会组织和公民个体等，依据一定的制度安排共同管理教育公共事务的过程。教育治理理念要回答好三个方面的基本问题，即谁治理、治理什么、如何治理。"谁治理"指的是教育治理的主体，如政府、学校和社会；"治理什么"指的是教育治

---

① 程天君、陈南：《中国教育现代化的百年书写》，《教育研究》2020年第1期。
② 《绘制新时代加快推进教育现代化建设教育强国的宏伟蓝图》，《人民教育》2019年第5期。

理的内容，主要是协调政府、学校、社会的关系，协调各级各类教育的关系；"如何治理"指的是教育治理的方法，涉及治理理念、治理原则、治理策略等问题。概言之，教育治理是一种多元参与的教育管理形态。教育治理的显性特征是多元参与，而其实质特征是教育管理的民主化，其目标是办成"好教育"，使教育领域公共利益最大化，形成高效、公平、自由、有序的新教育格局。[1] 教育治理并不意味着弱化政府作用，在教育治理变革中，政府改革至关重要，善政是通向善治的关键；教育治理的关键是增强学校自治，提高学校活力，保障学校的办学自主权。[2]

"教育治理现代化是教育现代化的有机内涵，是达成教育现代化目标不可或缺的重要支撑。"[3] 教育治理现代化是国家治理现代化总体部署在教育领域的具体展开，与国家治理具有同构性，包括教育治理体系和治理能力现代化两个方面。推进教育治理现代化，要适应国家治理体系和治理能力建设，根据教育发展的自身规律和教育现代化的基本要求，以构建政府、学校、社会新型关系为核心，以推进管办评分离为基本要求，以转变政府职能为突破口，建立系统完备、科学规范、运行有效的制度体系，形成政府宏观管理、学校自主办学、社会广泛参与的格局，更好地调动中央和地方两个积极性，更好地激发每个学校的活力，更好地发挥全社会的作用。[4]《中国教育现代化2035》明确提出了推进教育治理体系和治理能力现代化的战略任务，从提高教育法治化水平、健全教育法律实施和监管机制、提升政府管理服务水平、健全教育督导体制机制、提高学校自主管理能力、推动社会参与教育治理常态化等方面对教育治理现代化作出了系统性安排。

高等教育作为教育的重要组成部分，应当主动回应高等教育发展趋势，遵循高等教育治理的理论逻辑与实践机理，推进现代大学制度建设，提升治理现代化水平。在高等教育治理理论建构上，主要有伯顿·克拉

---

[1] 褚宏启：《教育治理：以共治求善治》，《教育研究》2014年第10期。
[2] 褚宏启：《关于教育治理的几个关键问题》，《人民教育》2014年第22期。
[3] 杨东平：《2035：迈向教育治理现代化》，人民出版社2019年版，第1页。
[4] 袁贵仁：《深化教育领域综合改革 加快推进教育治理体系和治理能力现代化》，《中国高等教育》2014年第5期。

克的"协调三角"模型、委托代理理论、法人治理结构理论、多中心治理理论及利益相关者理论等。在高等教育治理实践探索中,主要有如下四种治理模式:一是高校自治权限较大的美国模式,强调高校自主性;二是政府指导、借助社会组织参与大学治理的英国模式;三是政府集权型的法国、德国模式,政府在大学治理中居于主导地位;四是加拿大的分权治理模式,主要依靠法律法规按照教育层级分权、分工治理。

中国高等教育扎根于中国大地,具有鲜明属性。习近平总书记强调,我国有独特的历史、独特的文化、独特的国情,决定了我国必须走自己的高等教育发展道路,扎实办好中国特色社会主义高校。① 因此,中国高等教育治理既要注重吸收西方现代大学治理的先进理念,更要立足中国实际、体现中国特色,置于国家治理体系和治理能力现代化宏观背景下进行统筹安排。坚持以马克思主义为指导,抓好马克思主义理论教育,认真落实意识形态工作责任制,把马克思主义作为我国大学最鲜亮的底色;坚持不懈培育和弘扬社会主义核心价值观;坚持立德树人根本任务,努力构建德智体美劳全面培养的教育体系,形成更高水平的人才培养体系;坚持党对高等教育的领导,牢牢掌握党对高校工作的领导权,确保高校成为坚持党的领导的坚强阵地;坚持和完善党委领导下的校长负责制,实现党委领导、校长负责、教授治学、民主管理,健全高校内部治理体系。

三 西方公共治理理论

"治理"一词在英语国家作为日常用语使用已有很长历史,但它在20世纪80年代重新受到关注却开始于国际金融领域。1989年,世界银行在阐述自己对非洲援助成效极其微弱的原因时,使用了"治理危机"(crisis in governance)的概念,认为"非洲发展问题的反复出现"是治理的问题,非洲的"治理危机"造成了援助的失效。② 其表述可以从两个层面理解:非洲发展问题难以解决,本身是一场治理危机;治理危机又带来了

---

① 《习近平在全国高校思想政治工作会议上强调 把思想政治工作贯穿教育教学全过程 开创我国高等教育事业发展新局面》,《人民日报》2016年12月9日第1版。
② World Bank, "Sub-Saharan Africa: From Crisis to Sustainable Growth", 1989, pp. 60–61.

非洲发展问题的不断呈现。1992 年，世界银行又将"治理与发展"（Governance and Development）作为年度报告的标题，从自身视域阐述所关注领域的治理问题。同年，联合国成立了"全球治理委员会"（Commission on Global Governance），该委员会于 1995 年发表《天涯成比邻》（*Our Global Neighborhood*）的研究报告，系统阐述了全球治理的概念、价值以及全球治理同全球安全、经济全球化、改革联合国和加强全世界法治的关系，探讨实现国际事务有效治理的路径。1996 年，经济合作与发展组织（OECD）进行了一项有关善治的项目评估，对优等治理表达了关注。时至今日，在经济合作与发展组织中文官网的自我介绍中"治理"已是关键性词汇，作为政府间国际经济组织，它将自己的宗旨表述为共同应对全球化带来的经济、社会和政府治理等方面的挑战，并把握全球化带来的机遇。[①] 化解国际环境变化引发的治理问题和矛盾已然成为经济合作与发展组织的重要工作内容。1996 年，联合国开发计划署（UNDP）发布《人类可持续发展的治理、管理的发展和治理的分工》的年度报告，有效治理、合理善治推进人类可持续发展，成为其当年关注的焦点。1997 年，联合国教科文组织（UNESCO）通过文件《治理与联合国教科文组织》表达其在事务处理过程中融入治理理念和运用治理方式的意图。

无论是世界银行首次使用了"治理危机"概念的《撒哈拉以南非洲：从危机到可持续增长》（*Sub-Saharan Africa: From Crisis to Sustainable Growth*）报告和 1992 年的《治理与发展》年度报告，还是经济合作与发展组织的自我宗旨阐述、联合国开发计划署《人类可持续发展的治理、管理的发展和治理的分工》年度报告、联合国教科文组织《治理与联合国教科文组织》文件，以及全球治理委员会《天涯成比邻》报告，都不仅仅是简单的政策性文本，其撰写形成过程必然融入了相应国际组织和机构对所涉领域国际事务治理的理解和看法，力图寻求对国际问题的解答，是对国际事务治理研判的重要成果，以相关的理论研究为基本支撑，是国外国际事务治理研究的重要体现。

随着西方政治学和经济学领域研究的不断深入，治理不断被赋予新的内涵和功用，学者们开始更多关注国家经济社会治理问题。詹姆斯·

---

① OECD 中文官方网站（http://www.oecdchina.org/）。

罗西瑙（James N. Rosenau）在其代表作《没有政府统治的治理》和《21世纪的治理》等文章中，将治理概括为在没有强权力的情况下，各相关行动者克服分歧、达成共识，以实现某一共同目标，统治是依靠正式权力，而治理则基于共同目标的协商与共识。就是说治理是一种由共同的目标支持的活动，这些管理活动的主体未必是政府，也无须依靠国家的强制力量来实现。[①] 换言之，政府只是众多治理主体中的一元。詹·库伊曼（J. Kooiman）则指出，治理所要创造的结构或秩序不能由外部强加；它之发挥作用，是要依靠多种进行统治的以及互相发生影响的行为者的互动。[②] 治理主体的多元性带来了治理责任的结构性和治理运行的互动性。

罗伯特·罗茨（R. A. W. Rhodes）也认为，治理意味着统治的含义有了变化，意味着一种新的统治过程，意味着有序统治的条件已经不同于以前，或是以新的方法来统治社会。他详细列举了治理的六种不同用法：作为最小国家的管理活动的治理；作为公司管理的治理；作为新公共管理的治理；作为善治的治理；作为社会—控制体系的治理；作为自组织网络的治理。格里·斯托克（Gerry Stoker）认为，治理的本质在于它所偏重的统治机制并不依靠政府的权威或制裁。他梳理了五种具有代表性的治理论点：（1）治理指出自政府，但又不限于政府的一套社会公共机构和行为者；（2）治理明确指出在为社会和经济问题寻求解答的过程中存在的界线和责任方面的模糊之点；（3）治理明确肯定涉及集体行为的各个社会公共机构之间存在的权力依赖；（4）治理指行为者网络的自主自治；（5）治理认定，办好事情的能力并不在于政府的权力，不在于政府下命令或运用其权威。这些定义和论点都是对治理在国家经济社会运行中作用方式和相关机制的解读，进而呈现对治理的理解。弗朗索瓦—格扎维尔·梅理安（Francois-Xavier Merrien）阐述的治理特征为"不再是监督，而是合同包工；不再是中央集权，而是权力分散；不再是行政部门的管理，而是根据市场原则的管理；不再是由国家'指导'，而是由国

---

① ［美］詹姆斯·N. 罗西瑙主编：《没有政府的治理——世界政治中的秩序与变革》，张胜军等译，江西人民出版社2001年版，第5页。

② 俞可平：《治理与善治》，社会科学文献出版社2000年版，第3页。

家和私营部门合作"①，实质也是对国家经济社会运行特征的描述。1995年，全球治理委员会提出，治理是各种公共的或私人的个人和机构管理其共同事务的诸多方式的总和。它是使相互冲突的或不同的利益得以调和并且采取联合行动的持续的过程。它既包括有权迫使人们服从的正式制度和规则，也包括各种人们同意或认为符合其利益的非正式的制度安排。②这一定义得到了国际社会的广泛认同，成为最具权威性的治理定义。

综上，一般认为治理是相对于统治的管理学概念，我们可以通过与统治的比较来把握治理的核心特征。其一，治理主体具有多元性。从以上定义可以得出，治理的主体未必一定是政府，治理的主体和对象适用于政府、公共组织、私人机构及个人。因此，治理比统治具有更为宽泛的适应性，可以运用于政府管理、公共事务，也可以运用于高校、公司、私人部门。其二，治理权威来源具有多样性。治理主体的多元性决定了权威来源的多样性。治理也需要权威，但是这个权威并非一定来自政党组织或政府机关，并不必须靠国家的强制力量来实现。治理更加强调利益相关者的契约、协作和约束。其三，治理权力运行方式具有多向性。统治总是自上而下的、强制性的、单向度的，它运用政府的政治权威，对社会公共事务实行单一向度的管理；治理则不同，治理过程的基础不是控制而是协调，其实质是建立在市场原则、公共利益和认同之上的合作，它是一个上下互动的管理过程。其四，治理方式和手段多元化。统治主要通过发号施令、制定政策和实施政策等方式，手段比较单一、刚性；治理主要通过合作、协商、伙伴关系、确立认同和共同的目标等方式实施对公共事务的管理，既有刚性又有柔性。③治理的核心要义在于多元利益主体以契约或协商方式达成共识，通过共同决策来承担组织管理责任，且共同享有组织发展成果。从"统治""管理"向"治理"转型，体现了现代管理中的契约观念、法治精神和效率意识，是管理现代化发

---

① ［美］弗朗索瓦—格扎维尔·梅理安：《治理问题与现代福利国家》，肖孝毛译，《国际社会科学杂志（中文版）》1999年第1期。
② 俞可平：《治理与善治》，社会科学出版社2000年版，第4页。
③ 俞可平：《治理与善治》，社会科学出版社2000年版，第6页。

展的普遍趋势。

当前西方公共治理主要有五大前沿理论：一是新公共服务理论，主要以美国学者赖特（Light）、登哈特（Denhardnt）夫妇等为代表，提倡民主、公民权、公共利益、公民参与治理和共同领导等理念，认为公共管理者是服务而非掌舵。二是网络化治理理论，主要以美国学者斯蒂芬·戈德史密斯（Stephen Goldsmith）和威廉·D. 埃格斯（William D. Eggers）为代表，提倡在网络结构中多元主体共同参与治理，将公民参与、协商对话等精神融入公共管理中，并借助网络技术实施有效管理。三是整体性治理理论，主要以英国学者佩里·希克斯（Perry Hicks）等为代表，提倡机构间的协调、政府功能的整合、行动的紧密化和提供整体性的公共服务，强调主体以合作的方式联合起来，组成紧密化的共同体，集体行动。四是数字治理理论，以英国学者帕却克·邓利维（Patrick Dunleavy）等为代表，提倡重新整合、整体的、协同的决策方式以及电子行政运作广泛数字化。五是公共价值管理理论，主要以美国学者马克·穆尔（Mark H. Moore）等为代表，提倡公共管理者的目的是创造公共价值，整合效率与民主的关系，实现以效率为基础的民主。[①] 以上五大公共治理理论在产生背景、理论基础、核心理念、价值取向、组织方式等方面既有相同之处也有明显差异，各具特色和优势，又都具有一定的局限性，尚存在较多的争论。

西方公共治理理论历史悠久、体系完整、积淀深厚，具有普适性的成分，对高校思想政治教育治理具有一定的借鉴意义。但值得注意的是，西方公共治理理论并非尽善尽美，其理论本身仍存在诸多局限性，而且中西方高校思想政治教育在价值目标、表现形态等方面存在显著差异，如果直接将成长于西方土壤的公共治理理论嫁接于我国高校思想政治教育治理实践，必然出现"水土不服"的现象。因此，我们需要立足中国高校思想政治教育实践，对西方公共治理理论展开深入的分析和甄别，取其精华、去其糟粕，提取西方公共治理理论的优秀元素与我国高校思想政治教育治理相结合，打造中国化的高校思想政治教育治理理论。

---

① 韩兆柱、翟文康：《西方公共治理前沿理论述评》，《甘肃行政学院学报》2016 年第 4 期。

第三节 以新时代思想政治教育创新理论为科学指引

党的十八大以来，以习近平同志为核心的党中央高度重视高校思想政治教育工作，先后召开全国高校思想政治工作会议、全国教育大会、学校思想政治理论课教师座谈会，就高校思想政治教育发表系列重要讲话、作出系列重要指示批示。习近平总书记关于高校思想政治教育的重要论述，是新时代高校思想政治教育理论创新的最新成果，是指引高校思想政治教育治理实践的科学理论。

一 新时代思想政治教育理论创新

习近平总书记根据时代变化和我国社会发展，对高校思想政治教育在新形势下的目标任务、核心内容、理念原则等提出了一系列新思想新理念新论断，进一步深化了高校思想政治教育的理性认识。深入理解和把握新时代高校思想政治教育的新理念新任务新要求，是高校思想政治教育治理的前提和基础。

（一）明晰高校思想政治教育的目标和方向

明确提出新时代党的教育方针。教育是国之大计、党之大计。党的教育方针是党和国家有关教育事业发展基本政策的总概括，是教育决策、教育管理、教育活动的政策依据、行动纲领。习近平总书记强调，新时代贯彻党的教育方针，要坚持马克思主义指导地位，贯彻新时代中国特色社会主义思想，坚持社会主义办学方向，落实立德树人的根本任务，坚持教育为人民服务、为中国共产党治国理政服务、为巩固和发展中国特色社会主义制度服务、为改革开放和社会主义现代化建设服务，扎根中国大地办教育，同生产劳动和社会实践相结合，加快推进教育现代化、建设教育强国、办好人民满意的教育，努力培养担当民族复兴大任的时代新人，培养德智体美劳全面发展的社会主义建设者和接班人。[①] 这一方

[①] 习近平：《用新时代中国特色社会主义思想铸魂育人 贯彻党的教育方针落实立德树人根本任务——在学校思想政治理论课教师座谈会上的讲话》，《人民日报》2019年3月19日第1版。

针规定了新时代党和国家教育事业发展的根本任务、指导思想、发展方向、价值取向、主要任务与教育目的,具有很强的方向性、针对性和强制性。

明确提出高校立身之本在于立德树人。习近平总书记强调,教育是立德树人的事业,要旗帜鲜明加强思想政治教育、品德教育,加强社会主义核心价值观教育,引导学生自尊自信自立自强。① 人才培养一定是育人和育才相统一的过程,而育人是本。人无德不立,育人的根本在于立德。这是人才培养的辩证法。办学就要尊重这个规律,否则就办不好学。高校要把立德树人的成效作为检验学校一切工作的根本标准,② 只有培养出一流人才的高校,才能够成为世界一流大学。要坚持把立德树人作为中心环节,把立德树人内化到大学建设和管理各领域、各方面、各环节,③ 立德树人融入思想道德教育、文化知识教育、社会实践教育各环节,贯穿基础教育、职业教育、高等教育各领域,④ 把思想政治理论课作为落实立德树人根本任务的关键课程,把思想政治工作贯穿教育教学全过程。

(二)明确高校思想政治教育的任务与内容

培养什么人、怎样培养人、为谁培养人是教育的根本问题,这一问题的答案指向教育的根本任务。其中,培养什么人的问题是教育的首要问题。习近平总书记指出,我国是中国共产党领导的社会主义国家,这就决定了我们的教育必须把培养社会主义建设者和接班人作为根本任务,培养一代又一代拥护中国共产党领导和我国社会主义制度、立志为中国特色社会主义奋斗终身的有用人才,⑤ 明确了教育工作的根本任务和教育现代化的方向目标。思想政治教育本质上是一个释疑解惑的过程,为学

---

① 《习近平在北京市八一学校考察时强调 全面贯彻落实党的教育方针 努力把我国基础教育越办越好》,《人民日报》2016 年 9 月 10 日第 1 版。
② 习近平:《在北京大学师生座谈会上的讲话》,《人民日报》2018 年 5 月 3 日第 2 版。
③ 《习近平在全国高校思想政治工作会议上强调 把思想政治工作贯穿教育教学全过程 开创我国高等教育事业发展新局面》,《人民日报》2016 年 12 月 9 日第 1 版。
④ 《习近平在全国教育大会上强调 坚持中国特色社会主义教育发展道路 培养德智体美劳全面发展的社会主义建设者和接班人》,《人民日报》2018 年 9 月 11 日第 1 版。
⑤ 《习近平在全国教育大会上强调 坚持中国特色社会主义教育发展道路 培养德智体美劳全面发展的社会主义建设者和接班人》,《人民日报》2018 年 9 月 11 日第 1 版。

生解答人生应该在哪用力、对谁用情、如何用心、做什么样的人的根本问题。高校思想政治教育必须把培养社会主义建设者和接班人作为根本任务，着力于"四个坚持不懈""四个教育引导""六个下功夫"。

"四个坚持不懈"，就是要坚持不懈传播马克思主义科学理论，抓好马克思主义理论教育，为学生一生成长奠定科学的思想基础；坚持不懈培育和弘扬社会主义核心价值观，引导广大师生做社会主义核心价值观的坚定信仰者、积极传播者、模范践行者；坚持不懈促进高校和谐稳定，培育理性平和的健康心态，加强人文关怀和心理疏导，把高校建设成为安定团结的模范之地；坚持不懈培育优良校风和学风，使高校发展做到治理有方、管理到位、风清气正。"四个教育引导"，即教育引导学生正确认识世界和中国发展大势，正确认识中国特色和国际比较，正确认识时代责任和历史使命，正确认识远大抱负和脚踏实地。[①]"六个下功夫"，指教育在坚定理想信念上下功夫、在厚植爱国主义情怀上下功夫、在加强品德修养上下功夫、在增长知识见识上下功夫、在培养奋斗精神上下功夫、在增强综合素质上下功夫。[②] 其中，"四个坚持不懈"指明了高校思想政治教育的主要任务，"四个教育引导"明确了高校思想政治教育的着力点，"六个下功夫"阐明了高校思想政治教育的主要内容。

（三）创新高校思想政治教育的思路和方法

习近平总书记指出，思想政治工作从根本上说是做人的工作，必须围绕学生、关照学生、服务学生，不断提高学生思想水平、政治觉悟、道德品质、文化素养，让学生成为德才兼备、全面发展的人才；做好高校思想政治工作，要因事而化、因时而进、因势而新；要遵循思想政治工作规律，遵循教书育人规律，遵循学生成长规律，不断提高工作能力和水平。[③] 这一系列重要论述深刻把握了思想政治教育的本质，为新时代

[①] 《习近平在全国高校思想政治工作会议上强调 把思想政治工作贯穿教育教学全过程 开创我国高等教育事业发展新局面》，《人民日报》2016年12月9日第1版。
[②] 《习近平在全国教育大会上强调 坚持中国特色社会主义教育发展道路 培养德智体美劳全面发展的社会主义建设者和接班人》，《人民日报》2018年9月11日第1版。
[③] 《习近平在全国高校思想政治工作会议上强调 把思想政治工作贯穿教育教学全过程 开创我国高等教育事业发展新局面》，《人民日报》2016年12月9日第1版。

高校思想政治教育治理提供了思路引领和方法指导。

围绕学生，就是要立足于学生的成长成才、全面发展。高校思想政治教育的根本任务是促进大学生全面发展，把促进全面发展作为思想政治教育的根本出发点和落脚点。关照学生，就是要关注学生的发展需要，掌握学生的思想状况，帮助学生解决实际困难、思想困惑，始终心系学生。服务学生，就是牢固树立服务理念，尊重学生的主体地位，平等对待学生、真心爱护学生、积极帮助学生。坚持以学生为中心，要改变以往将学生视为教育客体、工作对象的认识，将学生当作发展的主体、参与思想政治工作的主体对待，把工作重点放在育人成效上。

政治性、教育性、主体性是高校思想政治教育的三个显著特性，这要求高校思想政治教育必须遵循思想政治工作规律、教书育人规律和学生成长规律。其中，思想政治工作规律回答的是"培养什么人"的问题，强调要坚持真理性和价值性的统一、坚持社会价值与个体价值的统一，这是做好高校思想政治教育的大前提；教书育人规律回答的是"如何培养人"的问题，强调要坚持知识教育与价值引导相统一、言传与身教相统一，这是建立高校思想政治工作长效机制的基础；学生成长规律回答的是在高校"如何培养人"的问题，强调要注重理论教育和实践活动相结合、普遍要求和分类指导相结合，提高工作科学化精细化水平，这是提升高校思想政治教育亲和力和针对性的前提。[①]

因事而化，就是根据中国特色社会主义伟大事业面临的时代任务与历史使命、改革开放伟大实践所取得巨大成就与严峻挑战，以及微观的思想政治教育实践过程中需要处理的具体问题守正创新，化育思想政治教育对象的思想，化成思想政治教育对象的行为，以实现铸魂育人目标。因时而进，就是要以时间为轴来把握思想政治教育的根本特性，以时代为基回应人民群众精神诉求，以时序为线及时深化思想政治教育，推进思想政治教育的创新和发展。因势而新，就是要因循所处时代的变迁、科学技术手段的变革、人民群众思想政治观念的变化等具体情况，创新思想政治教育方法、革新思想政治教育手段、拓展思想政治教育载体，

---

① 李辉：《新时期高校思想政治工作"三个规律"的内在逻辑》，《中国高校社会科学》2017年第3期。

使思想政治教育在保持其前瞻性的过程中提升实效性、吸引力和感染力。"因事而化,因时而进,因势而新"是针对新时代思想政治教育面临的形势与任务提出的新理念和新要求。

二 新时代思想政治教育管理创新

思想政治教育管理是指思想政治教育领导部门、主管机构及其人员,运用计划、组织、指挥、协调和控制等管理手段,对思想政治教育资源进行有效整合,以达到思想政治教育目的、完成思想政治教育任务的创造性行动过程。[①] 治理本质上仍是管理,高校思想政治教育治理顺应了现代管理科学化、民主化、法治化的趋势。高校思想政治教育治理应从思想政治教育管理理论创新中汲取养分。

(一) 加强党对高校思想政治教育的领导

坚持党的领导是办好中国特色社会主义大学的本质要求和根本保证。习近平总书记强调,办好我国高等教育,必须坚持党的领导,牢牢掌握党对高校工作的领导权。[②] 高校思想政治教育是党领导高校工作的具体体现,也是开展高校党的建设的重要抓手。高校思想政治教育是高校一切其他工作的生命线,既要为加强党对高校的全面领导提供坚强思想政治保证,也要坚持党的领导。党委要保证高校正确办学方向,掌握高校思想政治工作主导权,保证高校始终成为培养社会主义事业建设者和接班人的坚强阵地。各级党委、各级教育主管部门、学校党组织都必须把思想政治工作紧紧抓在手上,要把高校思想政治工作摆在重要位置,加强领导和指导,形成党委统一领导、各部门各方面齐抓共管的工作格局。[③] 高校党委要承担管党治党、办学治校主体责任,要把思想政治教育摆在重要位置,建立党委领导、部门协作、齐抓共管的工作格局,书记、校长要带头抓思想政治工作,班子成员要履行思想政治教育"一岗双责",结合业务分工抓好思想政治教育工作。

---

① 陈万柏、张耀灿:《思想政治教育学原理》,高等教育出版社2015年版,第268页。
② 《习近平在全国高校思想政治工作会议上强调 把思想政治工作贯穿教育教学全过程 开创我国高等教育事业发展新局面》,《人民日报》2016年12月9日第1版。
③ 《习近平在全国高校思想政治工作会议上强调 把思想政治工作贯穿教育教学全过程 开创我国高等教育事业发展新局面》,《人民日报》2016年12月9日第1版。

(二) 加强高校思想政治教育队伍建设

高校思想政治工作的治理主体是一个全员的范畴，不仅包括思想政治理论课教师和辅导员这两支一线专职工作力量，还包括其他课程教师、学校党政干部和共青团干部、管理辅助人员，同时还应积极吸纳学生家庭、社会等方面的力量，充分调动各方面人员共同参与高校思想政治工作，实现多元主体协同合作、同向同行。

坚定不移地把师德建设放在首位。教师承载着传播知识、传播思想、传播真理，塑造灵魂、塑造生命、塑造新人的时代重任。[1] 教师思想政治状况对学生具有很强的示范性。党的十八大以来，习近平总书记先后提出"四有""四个引路人""四个相统一""六要"等好教师标准。"四有"就是要"有理想信念""有道德情操""有扎实学识""有仁爱之心"；"四个引路人"强调广大教师要做学生锤炼品格的引路人，做学生学习知识的引路人，做学生创新思维的引路人，做学生奉献祖国的引路人；"四个相统一"就是要坚持教书和育人相统一，坚持言传和身教相统一，坚持潜心问道和关注社会相统一，坚持学术自由和学术规范相统一；"六要"主要是对思想政治理论课教师提出的，就是做到政治要强、情怀要深、思维要新、视野要广、自律要严、人格要正。习近平总书记强调，评价教师队伍素质的第一标准应该是师德师风。师德师风建设应该是每一所学校常抓不懈的工作，既要有严格制度规定，也要有日常教育督导。要引导教师把教书育人和自我修养结合起来，做到以德立身、以德立学、以德施教。[2]

加强思想政治教育队伍的建设与管理。进入新时代，高校思想政治教育队伍受到高度重视，对队伍的身份定位、教育培养等不断深化。习近平总书记强调，长期以来，高校思想政治工作队伍兢兢业业、甘于奉献、奋发有为，为高等教育事业发展作出了重要贡献。要拓展选拔视野，抓好教育培训，强化实践锻炼，健全激励机制，整体推进高校思想政治

---

[1] 《习近平在全国教育大会上强调　坚持中国特色社会主义教育发展道路　培养德智体美劳全面发展的社会主义建设者和接班人》，《人民日报》2018年9月11日第1版。
[2] 习近平：《在北京大学师生座谈会上的讲话》，《人民日报》2018年5月3日第2版。

教育队伍建设，保证这支队伍后继有人、源源不断。① 明确高校思想政治教育队伍具有教师和管理人员双重身份，纳入高校人才队伍建设总体规划，完善选拔、培养、激励机制。对高校思想政治教育队伍配备标准作出明确规定，要求专职思想政治工作队伍和党务人员不低于全校师生人数的1%，按照师生比不低于1∶200的比例设置专职辅导员岗位，师生比不低于1∶350的比例设置专职思想政治理论课教师岗位。推动高校思想政治教育工作队伍专业化、职业化建设，探索职务职级"双线"晋升办法和保障激励机制，实行"职务（职称）评审单列计划、单设标准、单独评审"②。

（三）加强高校思想政治教育协同机制建设

健全"三全育人"体制机制。2016年12月，中共中央、国务院印发《关于加强和改进新形势下高校思想政治工作的意见》，将"坚持全员全过程全方位育人"作为加强和改进高校思想政治工作的五项基本原则之一。党的十九届四中全会明确提出了"改进学校思想政治教育，建立全员、全过程、全方位育人体制机制"的安排，将"三全育人"体制机制建设作为坚持和完善中国特色社会主义制度、推进国家治理体系和治理能力现代化的一项重大任务提出。"全员"是针对育人的主体而言，强调高校中人人皆育人之人，皆负育人职责，皆要参与育人工作；"全过程"是针对育人的时间而言，强调时时皆育人之机，突出育人的衔接性、延续性、递进性，将思想政治工作贯穿教育教学全过程、各环节；"全方位"是针对育人的空间而言，强调处处皆育人之地，将思想政治工作贯通学科体系、教学体系、教材体系、管理体系，使各块工作、各项资源、各个领域都服务于育人工作，发挥育人功能。构建"三全育人"体制机制是人的发展的全面性、整体性和立德树人工作的系统性、复杂性的内在要求，也是新时代高校思想政治教育治理的重要方向。

构建高校思想政治教育工作体系。习近平总书记指出，人才培养体系涉及学科体系、教学体系、教材体系、管理体系等，而贯通其中的是

---

① 《习近平在全国高校思想政治工作会议上强调 把思想政治工作贯穿教育教学全过程 开创我国高等教育事业发展新局面》，《人民日报》2016年12月9日第1版。

② 《十八大以来重要文献选编》（下），中央文献出版社2018年版，第487页。

思想政治工作体系。加强党的领导和党的建设，加强思想政治工作体系建设，是形成高水平人才培养体系的重要内容。[①] 体系构建具有抓总的作用。高校思想政治工作体系是高校思想政治工作各要素围绕落实立德树人根本任务，依照一定的理念、规则、程序和方法构成的整体，是高校思想政治工作实践的全面展开和系统反映，是高校思想政治工作治理的总体模式。实现高校思想政治工作治理体系和治理能力现代化，主要围绕高校思想政治工作体系展开。2017年12月，教育部党组印发的《高校思想政治工作质量提升工程实施纲要》提出，要全面统筹办学治校各领域、教育教学各环节、人才培养各方面的育人资源和育人力量，构建课程、科研、实践、文化、网络、心理、管理、服务、资助、组织十大育人体系，一体化构建内容完善、标准健全、运行科学、保障有力、成效显著的高校思想政治工作质量体系，形成全员、全过程、全方位育人格局。2020年4月，教育部等八部门联合出台《关于加快构建高校思想政治工作体系的意见》，提出要健全立德树人体制机制，把立德树人融入思想道德、文化知识、社会实践教育各环节，加快构建目标明确、内容完善、标准健全、保障有力、成效显著的高校思想政治工作体系，提出理论武装、学科教学、日常教育、管理服务等"七位一体"的思想政治工作体系。

科学理论在实践发展过程中扮演着重要角色，是指导实践创新发展的重要支撑。高校思想政治教育由"传统"向"现代"转型、由"管理"向"治理"转向，需要以科学理论为指导，而科学理论又在新的实践中得以检验、完善和发展。高校思想政治教育治理理论的形成本身即积淀、融合和发展的过程，应当秉持开放、包容、批判、继承的原则，深化理论研究，积极吸收借鉴其他相关学科理论成果，不断为高校思想政治教育治理提供丰厚的理论滋养。要坚持以习近平新时代中国特色社会主义思想为根本遵循，以教育现代化和治理现代化理论为重要依托，以新时代高校思想政治教育创新理论为科学指引，来构筑自身的理论体系，为高校思想政治教育治理实践提供理论依据。要进一步深化思想政治教育治理中的基础理论研究，围绕高校思想政治教育与现代治理的逻

---

① 习近平：《在北京大学师生座谈会上的讲话》，《人民日报》2018年5月3日第2版。

辑关联、理论自洽等展开深入分析，就高校思想政治教育治理的基本原理、内在机理、方法载体、运行机制、治理体系和治理能力等展开深入探索。要坚持以实践为导向，聚焦思想政治教育治理实践的重点、难点问题，把握思想政治教育治理实践发展现实中的实际需求，在理论与实践的结合中推进思想政治教育研究成果转化。[①] 要注重将实践成果和工作经验上升为理性认识，积极总结经验，丰富、充实到思想政治教育治理理论当中，使基础理论能够更加有效地为高校思想政治治理实践服务。

[①] 冯刚：《坚持思想政治教育热点研究的实践导向》，《思想教育研究》2020年第3期。

第二章

新时代高校思想政治教育治理的研究述论

中国特色社会主义进入新时代，治理的意义和价值也愈加显现，特别是党的十八届三中全会将"完善和发展中国特色社会主义制度，推进国家治理体系和治理能力现代化"作为全面深化改革的总目标后，有关国家治理现代化的论题更是成为学界关注的焦点。对思想政治教育治理现代化，乃至高校思想政治教育治理现代化的理论诉求蕴含其中，相关研究成果在学界逐渐增加。2019年，党的十九届四中全会审议通过《中共中央关于坚持和完善中国特色社会主义制度 推进国家治理体系和治理能力现代化若干重大问题的决定》，明确了发挥中国特色社会主义制度优势，推进国家治理现代化的部署安排，既拓展了高校思想政治教育治理研究的视域，也使高校思想政治教育治理现代化研究有了直接的理论遵循。新时代高校思想政治教育治理研究正是在上述背景下迅速展开，并有了一定的成果积累，为高校思想政治教育工作体系结构的完善优化，充分释放育人效能，切实落实立德树人根本任务，更好培养中国特色社会主义合格建设者和可靠接班人提供相应的理论支撑。全面回溯新时代高校思想政治教育治理研究的缘起，梳理国内外研究的相关理论成果，把握研究的现实状况和基本动态，明确新时代高校思想政治教育治理研究的重点，有助于推动高校思想政治教育治理理论体系的构建，引领新时代高校思想政治教育治理实践的发展。

第一节　高校思想政治教育治理研究的缘起

新时代高校思想政治教育治理研究从无到有，逐渐成为高校思想政治教育研究的内容构成。作为思想政治教育学科发展新的增长点，新时代高校思想政治教育治理研究要走得远、行得稳，必须奠定坚实的理论基础，回溯研究的缘起，很好地回答为什么开展新时代高校思想政治教育治理研究是基础性理论工作。遵循国家治理体系和治理能力现代化建设的战略部署，适应新时代思想政治教育理念政策的创新发展，回应思想政治教育实践的现实需求，是推动新时代高校思想政治教育治理研究兴起的重要因素。

一　国家治理体系和治理能力现代化建设的战略部署

从党的十八届三中全会到党的十九届四中全会，国家治理体系和治理能力现代化从目标方向逐渐转换成任务安排，形成了整体的战略部署。《中共中央关于坚持和完善中国特色社会主义制度　推进国家治理体系和治理能力现代化若干重大问题的决定》明确了我国国家制度和国家治理体系13个显著优势，并将国家治理体系和治理能力现代化的要求具体到了党建、政治、经济、文化、社会等治国理政的各领域、各方面，也对高校思想政治教育治理提出了新的要求。新时代高校思想政治教育治理必须依照中国特色社会主义制度展开，更要体现国家制度和国家治理体系的优势。一方面，要在高校思想政治教育治理中理解和展现国家制度与国家治理体系的优势；另一方面，要在高校思想政治教育治理中有效运用国家制度和国家治理体系的优势。[①] 开展高校思想政治教育治理研究，正是将国家治理体系和治理能力现代化建设的部署具体化为新时代高校思想政治教育治理的指导安排，并寻求落实这些指导安排的方法路径，探寻如何在治理中理解和展现国家制度与国家治理体系的优势，如何在治理中更好地利用国家制度和国家治理体系优势的方式举措。所以，

---

① 冯刚：《推进新时代思想政治教育治理体系现代化》，《中国教育报》2020年3月19日第5版。

开展新时代高校思想政治教育治理研究是遵循国家治理体系和治理能力现代化建设战略部署的必然要求。

二 高校思想政治教育理念政策的创新发展

新时代赋予思想政治教育共同体重要使命，伴随着思想政治教育理念政策的与时俱进，开展治理研究是贯彻落实新时代高校思想政治教育政策理念、实现其发展创新的内在要求。

（一）新时代高校思想政治教育思想理念的创新发展

中国特色社会主义新时代，党中央高度重视思想政治教育工作。作为党中央的核心和全党的核心，习近平总书记多次出席思想政治教育重要会议和活动，发表重要讲话，作出指示批示，明确思想政治教育的目标方向，提出对思想政治教育工作的原则要求，是新时代高校思想政治教育改革重塑的重要遵循，引领着新时代高校思想政治教育理念的发展创新。

在全国高校思想政治教育工作会议上，习近平总书记强调了办好中国特色社会主义高校"四个坚持不懈"的任务，提出做好高校思想政治工作的"三因"理念和必须遵循的"三大规律"。在全国教育大会上，习近平总书记指出，培养社会主义建设者和接班人要在六个方面下功夫，全面加强和改进学校美育，弘扬劳动精神，构建德智体美劳全面培养的教育体系。在全国学校思想政治理论课教师座谈会上，习近平总书记要求思想政治理论课教师做到"六个要"，思想政治理论课改革创新做到"八个相统一"，实现全员全程全方位育人，统筹推进大中小学思想政治理论课一体化建设。习近平总书记还强调健全完善党委领导的思想政治工作格局，加强思想政治教育工作队伍建设，推动各类课程和思想政治理论课相互配合，实现家庭、学校、政府、社会协同育人。一方面，习近平总书记提出的新时代思想政治教育发展理念是高校思想政治教育治理的基本准则和方向遵循；另一方面，这些重要理念蕴含了多元主体、规则之治、协调互动等现代治理理念和方式的原则精神，只有大力开展高校思想政治教育治理工作才能真正贯彻落实新时代思想政治教育的发展要求。例如，高校思想政治工作要遵循"三因"理念，必须通过自身治理，消除阻碍因事而化、因时而进、因势而新的工作机制障碍，增强高校思想政治教育的灵活性和应变力；高校思想政治工作要遵循"三大规律"，需要通过治理，改革不符合思想政治工作规律、教书育人规律、学生成长规律的制度设计，破除高校思想政治教育遵律而行的制度障碍；要保证思想政治理论课教师做到"六个要"，必须围绕思想政治理论课教师的师资培育、考核评价、继续教育、激励约束、进入退出等制度机制进行精准治理，通过制度机制的优化塑造，实现思想政治理论课教师的政治强、情怀深、思维新、视野广、自律严、人格正。思想政治理论课改革要做到"八个相统一"，必须加强授课过程治理，增强授课释理性，才能实现政治性和学理性的统一；加强授课内容治理，寓价值观引导于知识传授之中，才能实现价值性和知识性的统一；加强授课方式治理，弘扬主流价值与驳斥错误思潮结合，才能实现建设性和批判性的统一；加强课程结构治理，思想政治理论课与思想政治实践课结合，才能实现理论性和实践性的统一；加强课程支撑条件治理，课程建设规范性与灵活性结合，才能实现统一性和多样性的统一；加强课程互动机制治理，发挥教师积极性与激活学生主动性结合，才能实现主导性和主体性的统一；加强课程教育理念治理，注重启发性教育，才能实现灌输性和启发性的统一；加强课程教育方法治理，充分挖掘运用各类思想政治教育资源，才能实现显性教育和隐性教育的统一。

有效治理是高校思想政治教育贯彻落实新时代理念的前提条件。如何实现高校思想政治教育的有效治理不仅仅是实践课题，也是理论课题，具体涉及治理什么、为什么需要治理、如何治理、治理效果怎么样等一系列问题。既要在思想政治教育治理实践中不断归纳总结解答问题的方法，形成可推广运用的有益经验，及至提升凝练为高校思想政治教育治理的理论成果，也要在高校思想政治教育治理研究中深入分析解读问题形成的原因，通过理论推演提出可指导治理实践的理论方案。无论是对实践经验的理论提炼，还是系统全面的理论推演，都需要围绕治理进行深入的研究。所以，开展高校思想政治教育治理研究是贯彻落实新时代高校思想政治教育理念，实现其创新发展的内在要求。

(二) 新时代高校思想政治教育政策制度的创新发展

党的十八大以来，特别是在全国高校思想政治教育工作会议、全国教育大会、全国学校思想政治理论课教师座谈会召开后，以贯彻落实习近平总书记关于思想政治教育工作的重要讲话指示和会议精神为要旨，适应思想政治教育现实环境的发展变化，党中央、国务院出台了多部加强和改进思想政治教育工作的政策文件，推动着新时代高校思想政治教育政策制度的发展创新。

2016年，中共中央、国务院印发《关于加强和改进新形势下高校思想政治工作的意见》。作为新时代高校思想政治教育工作的纲领性文件，它从强化思想理论教育和价值引领、发挥哲学社会科学育人功能、加强对课堂教学和各类思想文化阵地的建设管理、加强教师队伍和专门力量建设、推进高校思想政治工作改革创新、加强和改善党对高校的领导等几个方面提出要求，作出部署。2017年，教育部党组印发《高校思想政治工作质量提升工程实施纲要》，明确了构建"十大"育人体系的任务和内容。

提升思想政治理论课质量是新时代高校思想政治教育政策制度设计的着力点。2015年，《普通高校思想政治理论课建设体系创新计划》确立了构建完善高校思想政治理论课教材体系、教学人才体系、课堂教学体系、第二课堂教学体系、学科支撑体系、综合评价体系、条件保障体系的目标任务。2018年，《新时代高校思想政治理论课教学工作基本要求》从学分要求、教务安排、教研室（组）建设、备课形式、教学纪律、教学方法、考核方式、听课制度、质量评价、主体责任、统筹管理、宏观指导等方面对高校思想政治理论课教学进行了规范。2019年，中共中央办公厅、国务院办公厅印发《关于深化新时代学校思想政治理论课改革创新的若干意见》，在肯定思想政治理论课建设取得显著成绩的前提下，针对存在的弱项和面临的挑战，围绕完善课程教材体系、建设"六个要"教师队伍、增强课程的思想性理论性和亲和力针对性、加强党对课程建设的领导等六个方面，提出了对思想政治理论课建设的意见安排。同年，教育部党组制定《"新时代高校思想政治理论课创优行动"工作方案》，作为贯彻落实《关于深化新时代学校思想政治理论课改革创新的若干意见》的重要配套文件，明确了创优新时代高校思想政治理论课的目标、思路、举措。教育部还修订出台了《高等学校思想政治理论课建设标准》，印发了《高等学校马克思主义学院建设标准》，通过标准文件规范建设工作，狠抓思想政治理论课的质量提升。①

此外，《关于培育和践行社会主义核心价值观的意见》《新时代爱国主义教育实施纲要》《关于全面加强新时代大中小学劳动教育的意见》等政策制度也相继出台，对高校思想政治教育工作在社会主义核心价值观教育、爱国主义教育、劳动教育等方面提出了相应的要求。

一方面，新时代高校思想政治教育的政策制度是开展高校思想政治教育治理的重要依据，它明确了相应领域的治理任务，是治理的实施规划和策略安排。另一方面，只有通过高校思想政治教育治理才能贯彻落实政策制度的基本要求，将文本上的政策规范转化为现实中的工作行为。高校思想政治教育治理实践是实现政策制度从文字要求转化为行动规范的基本方式。开展治理研究是支撑治理有效性的重要保障。只有进行系统的高校思想政治教育治理研究，为实践提供科学的理论指导，才能用最适宜的治理手段、最合理的治理方式，通过最便捷的治理途径，达致最满意的治理效果，让新时代思想政治教育政策制度释放出最大的治理效能。所以，开展高校思想政治教育治理研究是贯彻落实新时代高校思想政治教育政策制度，实现其创新发展的内在要求。

三 新时代高校思想政治教育实践的现实需求

实践是理论的源泉，实践中的问题有望在理论研究中得到解答。实践如果是出卷人，理论研究就要努力做好答卷人。新时代思想政治教育环境、条件的变化，推动着高校思想政治教育工作的调整优化，开展新时代高校思想政治教育治理研究正是回应思想政治教育实践的现实需要。

（一）施教环境的改变

习近平总书记在党的十九大报告中指出："中国特色社会主义进入新时代，我国社会主要矛盾已经转化为人民日益增长的美好生活需要和不平衡不充分的发展之间的矛盾。"② 社会主要矛盾的转化体现在高校思想

---

① 冯刚：《改革开放以来高校思想政治教育政策设计与发展展望》，《国家教育行政学院学报》2018年第9期。

② 习近平：《决胜全面建成小康社会 夺取新时代中国特色社会主义伟大胜利——在中国共产党第十九次全国代表大会上的报告》，人民出版社2017年版，第11页。

政治教育领域，仍然是对高校思想政治教育的需求与高校思想政治教育供给之间的矛盾。施教环境的改变是思想政治教育供需矛盾形成的重要原因。随着国家快速融入世界经济格局，中国开始走向国际舞台的中央，与世界的交流愈加频繁，伴随经济往来加深的是人员交往的密切，外部世界的意识、观点能够快速传递到国内，带来了思想领域各种思潮的相互激荡。信息技术的跨越式发展，既便捷了人们接受外部消息的基本方式，也畅通了人们表达思想认识，阐述立场看法的路径渠道，使随时接受信息、随时表达观点成为可能。在海量生产的信息中，既有客观反映现实世界的真信息，也有歪曲遮蔽客观世界的假信息。所以，如何在各种思潮交融交锋中，发挥社会主义主流意识形态的引领整合作用，面对鱼龙混杂的海量信息，如何有效甄别出假信息、坏信息、恶信息，更好利用真信息、好信息、善信息，都是新时代思想政治教育需要回答的问题。高校思想政治教育的受教对象主要是处在世界观、人生观、价值观形成关键期的青年学生，更应该很好地解答这些问题。开展治理研究自然成为高校思想政治教育适应环境改变的现实需要。

（二）受教主体的变化

高校思想政治教育的受教主体由高校学生和高校教职员工构成。当前高校思想政治教育受教的学生主体以"00后"大学生为多，他们表现出个人意识强烈、网络行为多样、处世态度理性等群体特征，[1] 偏爱彰显个性，足够独立，追求务实，思想开放，追求小众化的兴趣圈层，追寻丰富性的精神支撑，需要包容性的试错空间，向往深层次的国际交流。[2] 同时，"00后"大学生群体也存在精致利己主义者增多、易受情绪影响、需求多变、时间焦虑强烈、渴望超越角色期待的阶层跃迁等问题。[3] 要实现对"00后"大学生的因势利导，必须了解、融入、引导"00后"大学生，开展思想政治教育治理研究，实现高校思想政治教育的调整提升是基础性工作。当前高校教师结构在逐渐发生变化，具有出国留学经历的

---

[1] 沈千帆等：《"00后"大学生的群体特征及教育策略》，《学校党建与思想教育》2019年第24期。

[2] 项久雨：《品读"00后"大学生》，《人民论坛》2019年第9期。

[3] 沈千帆等：《"00后"大学生的群体特征及教育策略》，《学校党建与思想教育》2019年第24期。

教师数量增加,他们的思想更加活跃,视野更为开阔,更容易接触和了解国内外的各种思潮。同时,经济市场化浪潮冲击着传统的教师定位,高校教师的逐利性增强,职称评定、论文发表、课题申报等推动着教师职业竞争愈加激烈。而高校教师违反课堂教学纪律、著作论文抄袭剽窃、侵犯学生权益等师德师风失范问题也时有发生,呈现出部分高校教师在思想素养、心理素质、行为规范等方面的变化和不足。加强高校教职员工思想政治教育,需要高校思想政治教育的调整重塑,进行高校思想政治教育治理研究是前提性工作。所以,开展治理研究是高校思想政治教育回应受教主体变化的现实需要。

(三)教育效果的诉求

高校思想政治教育承担着培育时代新人的重要使命,其是否充分发挥功能作用,是否完全实现目标价值,直接关涉中国特色社会主义事业的发展未来,影响着中华民族的复兴梦想。确保高校思想政治教育的育人效果,是高校思想政治教育工作的关键环节。当前,多种因素影响到高校思想政治教育有效性的实现。信息获取的便捷化和来源的多元化,在不断消解着教师作为思想、知识权威的地位,挑战着对高校思想政治教育的信赖度,同时很容易造成对知识内容的重复传送,减弱高校思想政治教育的感染力和吸引力。高校思想政治教育也可能因为没有很好地结合实际,造成与现实的距离感,以及未能充分讲透问题带来与某些社会现状的反差感,共同影响到受教主体对高校思想政治教育的接受度和认可度。在高校思想政治理论课堂上存在的学生抬头率不高、形式吸引力不够、内容针对性不强、释理说服力不足等问题,皆说明高校思想政治教育的有效性需要进一步提升。而要增强高校思想政治教育的效果,就必须开展高校思想政治教育治理,由于教育效果提升关涉思想政治教育的方方面面,围绕它的治理工作也是一个系统工程,要有相应的理论指导,进行高校思想政治教育治理研究也就成为当然之举。所以,开展高校思想政治教育治理研究是提升高校思想政治教育有效性、确保教育效果的现实需要。

第二节　高校思想政治教育治理研究的现状

新时代高校思想政治教育治理研究经历了逐步发展的过程，形成了初步的研究格局，呈现出一定的特征，也存在着不足，它们共同构成新时代高校思想政治教育治理研究的现实状态。

一　新时代高校思想政治教育治理研究的现实结构

现代治理理论形成和发展的时间不长，但与治理相关的实践却非常丰富，在高校思想政治教育领域也是如此，特别是中国特色社会主义进入新时代，高校思想政治教育治理无论在深度还是广度上都呈现出新面貌，为高校思想政治教育治理研究提供了实践滋养。在国家学术文献总库（CNKI）期刊数据库中以"思想政治教育治理"为主题进行检索，显示相关论文有250余篇，其中有关高校思想政治教育治理的论文近50篇，绝大部分为党的十八大后的成果，研究视角主要集中在思想政治教育的治理功能、思想政治教育治理及其现代化两个维度上，构成了新时代高校思想政治教育治理研究的主要内容。

（一）高校思想政治教育的治理功能

"治理"早期是以社会治理、国家治理等内容形式进入中国学术视野的，对它的关注更多在于探析和释放"治理"对社会、国家形塑的功能作用。高校思想政治教育具有的治理功能契合国家和社会治理的现实需求和效用期盼，所以，围绕高校思想政治教育治理功能的研究开展时间相对较早，相关成果数量较多，角度也比较丰富，由此其成为新时代高校思想政治教育治理研究的主要构成。其中，对思想政治教育工作的治理功能研究为高校思想政治教育的治理功能研究提供了丰富的学术资源，成为主要的理论来源。新时代高校思想政治教育的治理功能研究，主要围绕思想政治教育为什么具备治理功能、有哪些治理功能、如何发挥治理功能等问题展开，研究内容涉及思想政治教育具备治理功能的依据、治理功能发挥的方式、治理功能内容及其问题的解决、治理功能的实现路径等。

第一，高校思想政治教育具备治理功能的依据研究。分析治理功能的依据，主要是回答高校思想政治教育为什么具有治理作用，何以能够释放治理的效能，这可以从内部和外部两个角度寻找答案。从思想政治教育的性质和历史经验视角看，思想政治工作学是研究人们的思想和行为活动变化规律以及党对人们进行思想政治教育和管理的科学，而社会治理归根结底是对人的管理和服务，是围绕人的思想和行为而展开的社会实践活动，二者具有内在契合点，党的历史经验也证明了思想政治教育具有治理功能，可以立足"政治工作是一切经济工作的生命线"的论断，阐释思想政治工作在党的建设和国家社会发展中的重要地位，[1] 从而揭示思想政治教育具备治理功能的外在缘由。[2] 根据系统论的观点，系统的功能是由结构决定的，于是也可以从思想政治教育要素组织状态和时空序列的内部结构出发，论证思想政治教育具备治理功能的内在依据。[3]

第二，高校思想政治教育治理功能发挥方式研究。通常认为高校思想政治教育是通过教化、感染、引导等柔性的方式发挥治理作用。思想政治工作强调从思想入手，通过宣传、教育、引导，凝聚人心、鼓舞士气、统一思想和提升公众的思想认识和觉悟，使得社会治理工作深入人心，起到润物细无声的功效。[4] 思想政治教育以道德治理的方式发挥作用，突出德治的功能。[5] 所以，思想政治教育是国家软治理体系的重要构成和软治理能力的重要表现，是一种非常特殊的国家治理方式。[6]

第三，高校思想政治教育治理功能的内容研究。分析治理功能的内容，旨在回答有哪些治理功能。此类研究是新时代高校思想政治教育治理功能研究的主体，成果数量最多，内容也最为丰富，论述范围和覆盖

---

[1] 周立军：《创新社会治理背景下思想政治工作协调功能研究》，《领导科学》2015年第20期。

[2] 卢岚：《社会治理视野下的思想政治教育若干问题研究》，《理论与改革》2016年第1期。

[3] 王莹、孙其昂：《近年来思想政治教育治理研究综述》，《教育评论》2018年第1期。

[4] 周立军：《创新社会治理背景下思想政治工作协调功能研究》，《领导科学》2015年第20期。

[5] 龙静云：《道德治理：国家治理的重要维度》，《华中师范大学学报》（人文社会科学版）2015年第3期。

[6] 杨威：《思想政治教育：文化意识形态治理的重要方式》，《思想教育研究》2014年第11期。

对象也较全面。思想价值引领是高校思想政治教育治理功能的重要内容，发挥着引领方向、凝聚共识、动员力量、优化协同的重要功能。① 思想政治教育体系通过巩固治国理政的思想政治基础、凝聚不同社会阶层与群体的思想政治共识、提高公民的思想政治素质来增强国家治理能力。② 宣传治理理念是思想政治教育的社会职能，思想政治教育与外部交往过程中需要运用治理理念和方式，同时需要关注社会治理环境变化，适应新的社会环境。在关注、服务治理过程中，思想政治教育应宣传与探索并用，通过对治理的独特贡献来塑造思想政治教育作为独立学科的形象，以新思路处理思想政治教育与社会（政治）的关系。③ 思想政治教育的治理功能是思想政治教育与外部环境进行信息交流、要素互动、关系变化的重要纽带和途径，对思想政治教育学科建设和形象塑造会产生重要影响，有必要在更大的关系环境视域下审视高校思想政治教育的治理功能。总之，高校思想政治教育的治理功能从思想整合、价值引领、心理疏导、关系协调、活力激发、舆情收集及分析等方面入手，并与其他治理方式联动整合，可以有效地避免传统的思想政治教育在治理中教条化、公式化、形式化的局限。④

需要指出的是，有研究认为思想政治教育效能侧重于思想政治教育功能作用的动态表达，有政治效能、经济效能、文化效能、社会效能之分，对国家治理现代化具有方向指引、动力运聚、进程提速的价值意蕴。⑤ 值得进一步分析的，则是在"动态表达"基础上的思想政治教育效能与思想政治教育治理功能的全面的辩证关系。只有厘清了概念之间的种属联系、范围界限，才能为理论体系的构建奠定坚实的基础。

第四，高校思想政治教育治理功能的实现路径研究。实现路径是将

---

① 冯刚、史宏月：《思想价值引领在国家治理现代化中的功能研究》，《思想理论研究》2020年第2期。
② 杨威、董婷：《思想政治教育体系与国家治理现代化建设》，《思想理论研究》2020年第2期。
③ 孙其昂、张宇：《论思想政治教育与治理——基于"推进国家治理体系和治理能力现代化"》，《思想政治教育研究》2015年第2期。
④ 汪玲、张斌：《思想政治教育的社会治理功能分析》，《求实》2014年第9期。
⑤ 邓海龙、徐亮亮：《国家治理现代化视域下思想政治教育效能的理论意涵与提升路径》，《思想教育研究》2020年第4期。

思想政治教育的治理功能作用释放发挥的有效途径，包括调整理念，实现维稳与维权的有机统一；显隐结合，实现思想政治教育全覆盖；多方协同，构建大思想政治教育体系；① 调节机警度，增强工作预见性；优化情绪管理，培育健康社会心态；调动更多资源，由小循环到大格局；在参与治理中实现成长，② 等等。

（二）高校思想政治教育自身的治理

如果说高校思想政治教育治理功能的研究是外向研究，主要是对高校思想政治教育外在作用表现的研究，高校思想政治教育治理及其现代化的研究就是内向研究，更多是对高校思想政治教育工作内在体系的研究。它将治理的价值理念、方式方法、制度机制等运用于审视、调整、改进思想政治教育各方面各领域的工作，以实现教育工作体系的塑造优化。高校思想政治教育治理功能的实现对高校思想政治教育自身治理及其现代化有着基本诉求，所以对后者的研究进展和成果直接关涉前者可能具备的状态，其现实意义显而易见。新时代高校思想政治教育治理及其现代化的研究，主要围绕思想政治教育自身治理的必要性、内涵与要求，思想政治教育治理现代化的内涵、特征和实现路径等维度展开。

第一，高校思想政治教育治理的必要性研究。主要基于当前高校思想政治教育面临的现实问题和挑战，论述加强高校思想政治教育自身治理的重要性和紧迫性。我国高校思想政治教育存在工作主体单一、工作方式单一、工作监督和奖惩制度缺失等问题，③ 面对意识形态多元化、学生层次多样性、网络信息复杂性、管理主体模糊性等现实因素时，始终处于一种功能性失调的困境之中。④ 而多元观念蔓延下一元主导面临挑战，工具理性强势下价值理性渐趋式微，预期需求提升下有效供给明显不足，拟态环境生成下思辨能力显著缺乏等因素，也阻碍着思想政治教

---

① 金鑫：《思想政治教育的社会治理功能》，《人民论坛》2017年第29期。
② 代玉启：《思想政治教育参与社会治理的路径优化》，《思想理论教育》2017年第6期。
③ 李彦磊：《公共治理思想在高校思想政治教育中的运用》，《人民论坛》2015年第29期。
④ 张怀民、陈锐：《治理视阈下高校思想教育管理的困境及其破解》，《学校党建与思想教育》2017年第14期。

育质量的提高。① 这些研究要么从相近的视角阐述了实质相同的问题，要么从各自的视角论述了思想政治教育存在的不同问题，总体上都是基于高校思想政治教育内部工作体系或者外部工作环境，又或同时基于这两个方面，论证需要加强高校思想政治教育自身治理的原因和理由。

第二，高校思想政治教育治理的内涵与要求研究。重点回答高校思想政治教育治理是什么以及应该如何做的问题。有研究认为，思想政治教育治理是思想政治教育治理主体根据思想政治教育的培养目标，遵循思想政治教育形成发展规律，利用思想政治教育资源，发挥科学治理的功能，提升思想政治教育效能的过程，② 是对思想政治教育活动的统筹谋划、综合推动，解决抓什么、如何抓等问题，集中体现为思想政治教育政策文件。③ 一方面从理论的高度对思想政治教育治理进行了提炼阐释，另一方面从工作实践的视角对思想政治教育治理进行了归纳论述，据此理路推导的高校思想政治教育治理，可以定义为：高校思想政治教育的治理主体根据高校思想政治教育的目标需求，遵循高校思想政治教育的基本规律，充分运用高校思想政治教育资源，统筹谋划、综合推动、科学有序地开展工作，不断提升高校思想政治教育效能的过程。思想政治教育治理的主要要求是借鉴并融入社会治理的理念和价值取向，推动思想政治教育管理模式的修正和发展，实现治理参与主体的多元化和治理模式与路径的多样化，④ 最终目标是使思想政治教育观念、内容、方式、体制、模式等各个方面适应我国社会发展和人的发展需要，促进社会科学发展和人的全面发展。⑤

第三，高校思想政治教育治理现代化的内涵与特征研究。主要回答

---

① 陶志欢：《当前思想政治教育质量提升困境及其应对》，《中国青年社会科学》2020年第1期。

② 王学俭、阿剑波：《思想政治教育治理现代化的内涵、特征与发展路径》，《思想理论教育》2020年第2期。

③ 徐艳国：《思想政治教育治理体系和治理能力现代化探析》，《清华大学学报》（哲学社会科学版）2014年第3期。

④ 秦在东、王昊：《社会治理的理论创新及其对思想政治教育管理创新的启示》，《湖北社会科学》2015年第7期。

⑤ 郑永廷、田雪梅：《社会治理与思想政治教育的发展》，《思想理论教育》2017年第6期。

高校思想政治教育治理现代化是什么及其外在表现如何。有研究认为，思想政治教育治理现代化，是思想政治教育治理活动的各个层面和各个领域，根据社会和人的现代化发展需要，为促进社会和人的现代化发展作出相应超越和变革的动态发展过程。它以促进思想政治教育现代化发展、造就国家治理现代化所需人才、培养自由全面发展的时代新人为目标遵循。[①] 需要建立系统完备的思想政治教育政策体系，并不断提高政策执行的效力和质量。[②] 思想政治教育治理现代化的理论特征包括：科学化的基本特性；制度化的本质体现；协调化的鲜明特质；效能化的根本要求。[③] 国家治理现代化对思想政治教育治理提出了新的要求，将更加注重系统性、整体性和综合性。[④]

第四，高校思想政治教育治理现代化的实现路径研究。实现路径是达到高校思想政治教育治理现代化的有效途径和基本进路。推进思想政治教育治理体系现代化，要在明确其内涵的前提下完善制度机制，思想政治教育治理体系的现代化进程，离不开系统完备、科学规范、运行有效的制度机制建设。要完善质量评价，质量评价是实践工作的标尺和指引，思想政治教育治理体系的现代化离不开科学有效的质量评价。还要重点加强思想政治教育不同层级、不同领域横向和纵向的协同联动。[⑤] 思想政治教育治理现代化可以分解为治理体系现代化和治理能力现代化两个维度，治理体系现代化与治理能力现代化不仅是思想政治教育治理现代化有机整体的内容要素，而且是发展路径。推进思想政治教育治理体系现代化，需要引导治理主体现代化，实现治理客体现代化，确保治理目标现代化，促进治理方式现代化。实现思想政治教育治理能力现代化，

[①] 王学俭、阿剑波：《思想政治教育治理现代化的内涵、特征与发展路径》，《思想理论教育》2020年第2期。

[②] 冯刚：《推进新时代思想政治教育治理体系现代化》，《中国教育报》2020年3月19日第5版。

[③] 王学俭、阿剑波：《思想政治教育治理现代化的内涵、特征与发展路径》，《思想理论教育》2020年第2期。

[④] 冯刚：《推进新时代思想政治教育治理体系现代化》，《中国教育报》2020年3月19日第5版。

[⑤] 冯刚：《推进新时代思想政治教育治理体系现代化》，《中国教育报》2020年3月19日第5版。

需要推进思想政治教育治理制度构建能力现代化，促进思想政治教育治理改革创新能力现代化，实现思想政治教育治理科学发展能力现代化。①

二 新时代高校思想政治教育治理研究的基本特征

通过对国内高校思想政治教育治理相关研究成果的梳理，把握新时代高校思想政治教育治理研究的现实状况，能够归纳已有研究的基本特征。新时代高校思想政治教育治理研究因为研究对象的政治性、研究领域的基础性、研究阶段的起始性，呈现出了相应的特点。

（一）政策导向性比较强

高校思想政治教育治理研究，研究的对象是思想政治教育治理，自然是思想政治教育研究的组成部分。政治性是思想政治教育的本质属性，高校思想政治教育治理研究必然遵循政治性和学理性相统一的原则。政策是体现和传达党中央、国务院对思想政治教育工作的要求、安排、部署的主要载体，对政策的贯彻落实是真正实现党对高校思想政治教育工作全面领导的基本形式。作为一种政治表达，政策通常成为思想政治教育研究解读、阐释的对象和说理、论证的依凭。思想政治教育研究与政策的交融关系在高校思想政治教育治理研究中，表现为较强的政策导向性。通过对国家学术文献总库（CNKI）期刊数据库中高校思想政治教育治理相关研究的数据分析可以发现，其成果数量呈现出明显的阶段性特征。同样以"思想政治教育治理"为主题进行检索，结合人为排除内容关联性较弱的文章，最早的强关联性成果可追溯到1990年7月，但是在整个检索结果中，党的十八大前的成果不足80篇，党的十八大到党的十八届三中全会期间发表的成果不足10篇。直到党的十八届三中全会通过了《中共中央关于全面深化改革若干重大问题的决定》，将"完善和发展中国特色社会主义制度，推进国家治理体系和治理能力现代化"作为全面深化改革的总目标，成果数量才开始增加，内容关联程度也在逐步增强，思想政治教育与治理的结合愈加频繁，思想政治教育治理真正成为学界关注的话题。党的十九届四中全会作出《中共中央关于坚持和完善

---

① 王学俭、阿剑波：《思想政治教育治理现代化的内涵、特征与发展路径》，《思想理论教育》2020年第2期。

中国特色社会主义制度 推进国家治理体系和治理能力现代化若干重大问题的决定》之后，学界对思想政治教育治理的关注度进一步提升，思想政治教育领域顶级专家学者对思想政治教育治理的阐释和解读在增多，思想政治教育权威期刊刊载思想政治教育治理的相关成果频率在增加，有的甚至拿出了专版集中刊发思想政治教育治理的研究成果。这些都表明新时代高校思想政治教育治理研究具有较强的政策导向性。

（二）整体性分析为主体

学界开展思想政治教育治理研究乃至开展高校思想政治教育治理研究的时间并不长，当前研究处在初始探索阶段。在研究过程中，寻找现代治理理论与高校思想政治教育理论研究的结合点，努力实现治理思想理念的融入，运用治理的思路和逻辑来分析高校思想政治教育工作，构建高校思想政治教育治理研究的话语体系，是现有研究的主要表现方式。所以，无论是高校思想政治教育治理功能研究所关涉的高校思想政治教育具备治理功能的依据研究、治理功能发挥方式研究、治理功能内容研究、治理功能实现路径研究，还是高校思想政治教育自身治理研究涉及的治理必要性研究、治理的内涵与要求研究、治理现代化的内涵与特征研究、治理现代化的实现路径研究等，都展现出了极强的对治理理论的话语移植性。虽然研究的内容并不相同，但是大多遵循"宏大叙事"的论述理路，表现出初始研究阶段常有的理论嫁接性，开始尝试运用治理理论的话语和思维进行高校思想政治教育的自我审视和理论重塑，是高校思想政治教育与治理理论浅层次的初步结合。这种初步的浅层次结合，使前述高校思想政治教育治理研究尚未深入和具体化，大多呈现出"宏大"的整体性分析特征，有的是对某一方面内容的整体性分析，少见关于高校思想政治教育治理要素化系统性的研究。

（三）突出外向治理价值

思想政治教育与治理有多重关系，其中，上下关系有两个层次。在上层，治理是国家理念，即国家层次，思想政治教育与治理的关系，在这个层次发生着国家层次的关系，是思想政治教育与国家的关系，思想政治教育服从和服务于国家需要。在下层，思想政治教育作为国家下位的层次，治理进入思想政治教育层次，即进入思想政治教育内部，发生的是思想政治教育内部思想政治教育各个方面、各个层次与治理的关系。① 上层关系强调的是思想政治教育的治理功能，突出思想政治教育在国家治理中的作用发挥。下层关系主要关涉思想政治教育自身的治理。高校思想政治教育治理现有研究的主要内容构成契合思想政治教育与治理两个层次的关系内容。但是，两部分研究的成果数量并不均衡。思想政治教育治理功能的研究文献较多，思想政治教育自身治理的研究文献相对较少。所以，在当前高校思想政治教育治理研究中，更加突出对思想政治教育外向性治理价值的分析论证，这与整个国家治理体系调整重塑和现代化建设紧密相关。包括高校思想政治教育共同体在内的整个思想政治教育共同体，都努力表达和阐释思想政治教育在国家治理体系和治理能力现代化建设中应有的功能价值定位，这也是思想政治教育共同体应当承担的使命。

三 新时代高校思想政治教育治理研究的现有不足

审视现有研究存在的不足，能够为新时代高校思想政治教育治理研究的优化发展提供依据和起点，进而为高校思想政治教育治理实践创造更好的理论条件。

（一）研究整合性不足

治理是一个抽象且综合的概念，高校思想政治教育治理是一个复合性的工作。它包含高校思想政治教育的主体治理、客体治理、介体治理、环体治理和高校思想政治教育的整体治理等。其中，主体治理涉及高校思想政治教育工作队伍的能力建设、后备人才培养、继续教育深造、家庭社会职责激活等内容；客体治理关涉受教主体的性格特征判断、兴趣爱好把握、人格素养提升、思想观念培育、行为习惯养成等元素；介体治理包括思政课程改革创新、课程思政协同育人，以及团学活动、社会实践等日常思想政治教育的规范建设与优化完善等工作；环体治理涉及高校思想政治教育的文化氛围营造、设施设备保障等要求；高校思想政治教育的整体治理应该覆盖高校思想政治教育的整个工作体系，哪里有

---

① 孙其昂、张宇：《论思想政治教育与治理——基于"推进国家治理体系和治理能力现代化"》，《思想政治教育研究》2015 年第 2 期。

高校思想政治教育的存在，哪里就应该有高校思想政治教育治理作为支撑。实践的需要必然促发理论研究的跟进，高校思想政治教育治理实践的广泛性决定了高校思想政治教育治理研究的全面性需求。而为了避免研究的全面性带来研究的分散和无序性，高校思想政治教育治理研究需要适宜的自我整合。但是，当前高校思想政治教育治理研究缺乏明确主题的规范导引，尚未形成以主体治理研究、客体治理研究、介体治理研究、环体治理研究、整体治理研究等为目的高校思想政治教育治理研究整合体系。

（二）研究系统性不够

高校思想政治教育治理体系和治理能力建设是一项系统工程，由各子系统工程模块构成，涉及思想政治理论课专兼职教师、辅导员班主任、专业课教师、党政管理人员、后勤服务人员等多元治理主体；关系教育主管部门、高校党委行政、院系党政工团等多层治理组织；覆盖思政课程、课程思政、党团工作、社团活动、校园文化、思政管理等多个治理环节；包含手段、路径、技术、平台等多个治理元素。要做好高校思想政治教育，必须促使每一个治理主体充分履行育人职责，推动每一层治理组织准确定位育人使命，激发每一个治理环节深度释放育人效用，保证每一项治理元素有效发挥育人功能。所以，高校思想政治教育治理研究必须秉持系统研究的理念，围绕治理主体、治理方式、治理载体、治理目标、治理过程、治理效果、治理评价等治理体系的各要素构成开展专项研究，将这些治理要素作进一步的要素化处理，努力实现要素的优化，在此基础上，深入分析治理主体、治理方式、治理载体、治理目标、治理过程、治理效果、治理评价等各要素间的相互关系和作用机理，探寻以至更好地利用要素系统组合和运行的基本规律，推动高校思想政治教育治理体系的健全完善和治理能力的有效提升。但是，当前高校思想政治教育治理研究无论是在深度还是在广度上，都远未达到系统化的要求，需要加快推进高校思想政治教育治理各维度、各层面系统性研究的开展。

（三）研究方向性不强

新时代高校思想政治教育治理研究的开展既是对高校思想政治教育客观环境变化的回应，也是为满足高校思想政治教育内涵式发展的需要，其自身的发展演进应该具有明确的方向性和目标性。党的十八届三中全会提出"完善和发展中国特色社会主义制度，推进国家治理体系和治理能力现代化"的改革总目标，党的十九届四中全会对推进国家治理体系和治理能力现代化作了进一步的战略部署，确立了国家治理体系和治理能力建设发展的"现代化"目标指向。国家治理体系和治理能力的现代化包含治理体系和治理能力组成中每一个环节、每一个构成的现代化，高校思想政治教育治理体系和治理能力作为国家治理体系和治理能力的组成部分，自然要契合国家治理体系和治理能力建设发展的要求，以实现自身的现代化作为重要的目标方向。高校思想政治教育治理体系和治理能力现代化并不会自动实现，它既需要实践的有效探索，也需要深度系统的理论研究，不断总结、升华实践经验，形成可推广运用的理论方案，并不断进行理论推演与验证，实现理论相较于实践的适度超前性，发挥理论对实践演进的规范指引作用。但是，当前高校思想政治教育治理研究的方向性并不突出，无论是研究数量还是研究质量，高校思想政治教育治理现代化的研究都需要进一步的提升、改进，在高校思想政治教育治理研究中真正确立起"现代化"的目标指向，为实现高校思想政治教育治理体系和治理能力现代化提供理论支撑。

第三节 高校思想政治教育治理研究的重点

加强新时代高校思想政治教育治理研究，是回应党和国家治理现代化建设的发展战略安排及其政策制度设计的必然选择，明确高校思想政治教育治理的研究重点，是在理解和把握党和国家相关战略部署和政策取向的前提下，基于高校思想政治教育治理研究的现实状况和治理实践的发展需要，对高校思想政治教育治理研究进行的检视充实和发展判断。具体包括两个部分内容：一是就当前高校思想政治教育治理研究的不足，在研究视域、内容结构等方面进行有针对性的补缺查漏，以实现理论研究的自我完善和对实践需要的有效回应，是对现有研究的补强；二是充分契合党和国家治理发展要求在高校思想政治教育治理领域形成的目标引领，对高校思想政治教育治理的未来形态进行分析，进而转化为对高校思想政治教育治理研究向前演进的审视，是对高校思想政治教育治理研究发展的判断乃至方向牵引。对于高校思想政治教育治理研究重点的分析，可以从基础理论研究和实践运行研究两个维度展开。

一 基础理论研究

高校思想政治教育治理首先是一个理论命题，涉及高校思想政治教育治理是什么，高校思想政治教育为什么需要治理，高校思想政治教育治理的理论支撑和实践基础是什么，高校思想政治教育治理需要实现什么样的目标，新时代高校思想政治教育治理的基本特征是什么等问题。科学回答这些理论问题，准确把握其中的理论蕴涵，[①] 需要重点围绕高校思想政治教育治理的基本内涵、基本特征、价值要义等开展研究。

（一）基本内涵研究

基本内涵是概念所反映事物的本质属性的总和，是概念的内容和内在的涵养，是对概念把握基础上的深化和丰富。高校思想政治教育治理基本内涵研究是对高校思想政治教育治理是什么的探索，是整个高校思想政治教育治理研究的奠基性工作。只有明确了高校思想政治教育治理基本内涵，才可能回答高校思想政治教育为什么需要治理、治理目标是什么、怎样治理、治理得怎么样等一系列问题，才可能真正划定高校思想政治教育治理的外延，进一步了解它的基本特征、构成要素、价值要义等。学界少量研究已经涉及对思想政治教育治理内涵的分析，但更像是对思想政治教育治理概念的表达，尚未满足对思想政治教育治理内涵全面、深入、系统把握的要求，未充分呈现思想政治教育治理内涵的丰富意蕴。对高校思想政治教育治理研究而言，此类研究可借鉴，但不能替代对高校思想政治教育治理基本内涵的研究。当前学界几乎没有对高校思想政治教育治理基本内涵的分析和探讨，高校思想政治教育治理研究的基石尚未铺就，很难说它已经开启了正确的发展模式。这无法适应国家治理体系和治理能力现代化建设的战略政策部署，是高校思想政治教育乃至整个思想政治教育研究亟待加强的工作。所以，基本内涵应是当前高校思想政治教育治理研究的重点内容。

---

① 冯刚：《推进新时代思想政治教育治理体系现代化》，《中国教育报》2020年3月19日第5版。

(二) 基本特征研究

特征是事物特点的征象和标志，是对事物特性抽象的结果。高校思想政治教育治理基本特征研究是对高校思想政治教育治理基本内涵外在显现的把握，是理解和甄别高校思想政治教育治理的重要维度。高校思想政治教育治理有着区别于高校思想政治教育管理、高校思想政治教育整治等高校思想政治教育其他相关工作的特有外在表现，它在基本理念、主体构成、方式方法、形式载体、制度机制等方面都会呈现出与高校思想政治教育管理和高校思想政治教育整治的不同。只有充分了解和掌握高校思想政治教育治理的基本特征，才能把握高校思想政治教育治理体系建成后的外在形态，以至提升高校思想政治教育治理能力，追求高校思想政治教育治理效能，真正实现高校思想政治教育管理向高校思想政治教育治理的跨越。当前，学界几乎没有对高校思想政治教育治理基本特征的分析和讨论，这与高校思想政治教育治理基本内涵研究的缺失不无关系。但是，随着高校思想政治教育治理基本内涵研究作为重点工作加速推进，围绕高校思想政治教育治理基本特征的研究工作也应该及时跟进，共同夯实高校思想政治教育治理研究的理论基石，明确高校思想政治教育治理体系和治理能力建设的基本方向和未来形态，为高校思想政治教育治理其他研究创造理论条件。

(三) 价值要义研究

价值是主体对客体的评价，也是客体的属性满足主体需要的效应。高校思想政治教育治理价值要义研究是对高校思想政治教育治理符合思想政治教育工作现实需要的探究，是对高校思想政治教育治理意义与价值的把握，力求回答为什么要开展高校思想政治教育治理。只有明确了进行治理的原因和必要性，才会有开展治理的不竭动力。高校思想政治教育治理价值要义所在，正是进行高校思想政治教育治理的动力之源。价值要义研究是高校思想政治教育治理研究的前在性基础工作。当前，学界主要从思想政治教育的现实问题出发，论述进行思想政治教育治理的必要性，起到了间接阐释思想政治教育治理价值意义的作用，对理解高校思想政治教育治理的价值具有借鉴意义。但是，几乎没有从治理本身的视角分析高校思想政治教育治理价值意义的理论成果，并且高校思想政治教育治理的价值要义研究应该是一个系统工作，必须全面、准确地把握高校思想政治教育治理在宏观、中观、微观等不同层次的意义体现，以及在思想政治教育不同方面的价值表现。所以，必须加强高校思想政治教育治理价值要义的研究，充分展现思想政治教育治理的作用意义，坚定开展高校思想政治教育治理的意志和决心，推动高校思想政治教育治理实践持续进行。

二 实践运行研究

高校思想政治教育治理也是一个实践命题，需要有丰厚的科学理论作指引。思想政治教育治理实践的复杂性和系统性，要求它的现代化进程必须以思想政治教育实践为导向，聚焦实践前沿，把握实践需求，并寻求与之相对应的科学理论作支撑，观照思想政治教育治理体系的科学性、系统性和可操作性。[①] 开展高校思想政治教育治理实践的运行研究自然是高校思想政治教育治理研究的重要构成。其中，高校思想政治教育治理的载体运用、危机应对、质量评价、队伍建设、外部环境等应该是研究的重点内容。

（一）载体运用研究

高校思想政治教育治理需要通过一定的载体进行，载体是思想政治教育治理体系不可缺少的组成部分。新时代高校思想政治教育治理的载体承载了高校思想政治教育治理的目的、原则、要求等信息，为高校思想政治教育治理者所操作，是联系高校思想政治教育治理主体和治理客体的形式。作为高校思想政治教育治理实践的重要环节，治理载体的运用关涉治理内容的判断、治理方法的选择、治理任务的完成、治理目标的实现，必须有科学理论的引领。当前，学界几乎没有高校思想政治教育治理载体运用的研究成果呈现，特别是在治理载体类型判断、治理载体建设优化、治理载体运用选择等方面更是缺乏有效的行动指南和科学方案，十分不利于治理实践的展开。所以，必须加强高校思想政治教育治理载体的研究，不断充实高校思想政治教育治理实践运行的理论体系，为高校思想政治教育治理在载体运用方面提供理论引领。具体而言，加

---

① 冯刚：《推进新时代思想政治教育治理体系现代化》，《中国教育报》2020年3月19日第5版。

强高校思想政治教育治理载体研究，就是要积极探析新时代高校思想政治教育治理载体的类型样式，深入分析新时代高校思想政治教育治理载体的建设路径，不断丰富新时代高校思想政治教育治理的载体选择，充分激活不同载体的治理功能效应，以保障新时代思想政治教育治理预期目标的实现。

（二）危机应对研究

高校思想政治教育治理的危机应对，主要是在自然或人为原因可能导致或者已经造成某种程度的社会思想意识混乱，冲击主流意识形态安全，甚至出现社会行为失范的现象时，高校思想政治教育通过优化调整，充分发挥自身功能作用，以消解危机造成的影响，维护社会主义主流意识形态安全，规范引领社会行为的过程。它是非常态情况下高校思想政治教育应变能力的体现。高校思想政治教育治理的危机应对包含内外两层含义，对内而言是通过高校思想政治教育自身内部治理提升其应对危机的能力，对外而言是充分发挥高校思想政治教育治理的功能作用，推动危机化解。内层含义是外层含义的依据，外层含义是内层含义的外在表现，它们紧密关联共同构成高校思想政治教育治理危机应对的整体结构。开展高校思想政治教育治理危机应对研究是现实之需，回应新冠疫情带来的社会思想意识问题就是典型实例。只有进行危机应对的系统研究，通过内部的精准治理，做到对危机的提前预判和针对性预防，以及危机发生后的有效处置，才能使高校思想政治教育真正贯彻"三因"理念，即面对危机之事的有效化解，处在危机之时的针对性演进，面临危机之势的创新性应变，充分发挥高校思想政治教育舆论引导、思想引领、力量动员等治理功能作用，保障高校思想政治教育应对危机的能力。

（三）质量评价研究

高校思想政治教育治理的质量评价是高校思想政治教育治理的重要环节，它不仅要对高校思想政治教育治理的现实状况作出评判，还要引领新时代高校思想政治教育治理的向前发展，对保障高校思想政治教育治理的有效性起着至关重要的作用。质量评价是一个对专业性、技术性、精准度有着严格要求的工作，涉及评价主体的确定、评价路径的选择、评价维度的判断、评价指标体系设计、评价实施过程控制等环节。高校思想政治教育治理质量评价也是如此，要合理确定高校思想政治教育治理质量评价的主体，有效选择高校思想政治教育治理质量评价的路径，准确判断高校思想政治教育治理质量评价的维度，科学设计高校思想政治教育治理质量评价的指标体系，实现高校思想政治教育治理质量评价实施过程的规范控制，保证质量评价工作的效度和信度，必须开展高校思想政治教育治理质量评价研究。高校思想政治教育治理是高校思想政治教育工作的组成部分，当前学界已有关于高校思想政治教育工作质量评价的权威研究成果，对高校思想政治教育治理质量评价具有重要借鉴意义，在此基础上，还需加强高校思想政治教育治理质量评价的专门性研究，既推进高校思想政治教育治理质量评价的实践发展，也丰富高校思想政治教育工作质量评价的内涵意蕴和理论构成。

（四）队伍建设研究

思想政治教育是做人的工作，思想政治教育治理最终也由人来完成。虽然，高校思想政治教育治理关涉多层次主体，既有高校党委行政、院系党政工团等组织主体，也有思想政治理论课教师、辅导员、班主任等个人主体，但高校思想政治教育治理依托人的行为进行，无论是组织主体还是个人主体，都需要落细为个人的工作职责，也就要求有足够多的在专业结构、职业素养等方面能够满足履职条件的工作人员。打造高校思想政治教育治理的专业队伍，加强高校思想政治教育治理的人才培养，是顺利开展新时代高校思想政治教育治理工作的重要保障。高校思想政治教育队伍治理建设必须遵循思想政治工作规律、教书育人规律、学生成长规律，并将这三大规律转化为高校思想政治教育队伍治理建设规律，进而能够根据治理的现实需要，适时调整队伍治理结构，合理把控队伍治理规模，有效提升队伍治理素质，不断优化高校思想政治教育治理的主体条件。所以，应该强化高校思想政治教育队伍治理建设研究，在积极把握高校思想政治教育队伍治理建设规律的前提下，探析提升高校思想政治教育治理主体能力的有效方法，努力实现高校思想政治教育治理体系和治理能力的现代化，将高校思想政治教育治理的政策制度体系充分转化为新时代高校思想政治教育治理的效能。

（五）外部环境研究

高校思想政治教育治理外部环境是影响高校思想政治教育治理外在因素的总和，是对新时代高校思想政治教育治理外部生态系统的表达。

高校思想政治教育治理外部环境由众多要素构成，包括高校思想政治教育治理的经济环境、政治环境、文化环境等，外部环境的好坏直接关系到开展高校思想政治教育治理外在条件的优劣，以致影响治理效果的大小。治理的外部环境适宜，外在条件优异，治理工作进行顺利，治理效能可得到充分释放，反之将使治理工作困难重重，治理目标也难以得到实现。必须加强对高校思想政治教育治理外部环境的研究，分析高校思想政治教育治理外部环境形成的基本规律，剖析外部环境各要素作用于高校思想政治教育治理的内在机理，审视高校思想政治教育治理外在环境的结构与层次，全面把握当前外部环境的适宜之处和不利之点，探寻外部环境建设优化的实施路径。由于高校思想政治教育治理外部环境的复杂性和变化性，针对高校思想政治教育治理外部环境的研究必须全面、系统且与时俱进，特别是进入新时代后，高校思想政治教育治理的外在条件有了明显且深刻的变化，需要进行彻底的认识梳理，充分地运用分析，积极地优化探索，只有如此才能为创造更有利的高校思想政治教育治理外部条件提供理论支撑和思想引领。

第 三 章

新时代高校思想政治教育治理的意蕴阐释

党的十八大以来，推进国家治理体系和治理能力现代化的总目标被明确提出，并成为党治国理政的鲜明底色和目标追求。党的十九届四中全会通过的《中共中央关于坚持和完善中国特色社会主义制度　推进国家治理体系和治理能力现代化若干重大问题的决定》（以下简称《决定》）中又着重指出："坚持和完善中国特色社会主义制度、推进国家治理体系和治理能力现代化，是全党的一项重大战略任务。"① 因此，推进国家治理现代化是新时代中国社会发展的重要议题和时代背景，在治理视域下深化对具体领域与具体问题的研究，既是以治理智慧与方略促进具体领域与实践工作有效推进的需要，也是具体领域与实践工作吸纳治理的相关理论框架与研究成果，进一步提升相关理论水平、催生理论创新、促进实践发展的必然要求。党和国家历来高度重视高校思想政治教育工作，习近平总书记多次强调："要坚持把立德树人作为中心环节，把思想政治工作贯穿教育教学全过程，实现全程育人、全方位育人，努力开创我国高等教育事业发展新局面。"② 在国家治理现代化视域下，深入挖掘国家治理与高校思想政治教育的内在关系，把握治理融入高校思想政治教育的价值意义、理念要求与策略方法，梳理高校思想政治教育治理的相关理论，进一步厘清高校思想政治教育治理的理论框架与科学体

---

① 《中共中央关于坚持和完善中国特色社会主义制度　推进国家治理体系和治理能力现代化若干重大问题的决定》，《人民日报》2019 年 11 月 6 日第 1 版。

② 《习近平谈治国理政》（第二卷），外文出版社 2017 年版，第 376 页。

系，深化研究高校思想政治教育治理的基本意涵、分析高校思想政治教育治理的本质属性、探索高校思想政治教育治理的基本特征，是新时代高校思想政治教育创新发展的题中之义。

第一节　高校思想政治教育治理的基本意涵

高校思想政治教育治理的基本意涵是高校思想政治教育治理理论体系建构与实践工作推进的重要基点，深化研究高校思想政治教育治理的基本意涵，科学界定高校思想政治教育治理的基本概念，合理解析高校思想政治教育治理概念的内涵与外延，是推动高校思想政治教育治理研究保持学理性与科学性、系统性与连续性的重要基础。高校思想政治教育治理融合治理的普遍性与高校思想政治教育的特殊性，既是对国家治理现代化时代潮流的及时呼应，也是对思想政治教育学科长效发展的深刻解答，更是对高校思想政治教育实践工作的整体把握。因而，解读高校思想政治教育治理的基本意涵，要把握高校思想政治教育为国家治理现代化服务与高校思想政治教育自身治理的完善发展相统一的重要原则，将国家治理的宏观要求、多学科"治理"理论的思想精华，及高校思想政治教育工作的自身特色统一起来，切实反映国家治理现代化对高校思想政治教育的要求与期待，科学理解国家治理理论在高校思想政治教育治理中的定位与延伸，系统把握交叉学科视域下高校思想政治教育治理的反思与超越，形成具有思想政治教育学科特色的治理话语体系与科学理论框架。

一　国家治理现代化对高校思想政治教育治理的要求与期待

高校思想政治教育治理内含于国家治理的整体布局与整体进程之中，为国家治理现代化提供"软件"支持，因此，高校思想政治教育治理必然要满足国家治理现代化对高校思想政治教育治理提出的要求和期待，将国家治理的价值理念深刻融入高校思想政治教育理论与实践的互动发展过程中。

首先，高校思想政治教育治理要围绕中国特色社会主义制度展开。"中国特色社会主义制度是党和人民在长期实践探索中形成的科学制度体系，我国国家治理一切工作和活动都依照中国特色社会主义制度展开。"①高校思想政治教育治理是国家治理工作中的重要方面，既关涉中国特色教育现代化目标的实现进程，又密切关联中国社会发展所需的合格建设者和可靠接班人的培养过程，是确保高校坚定社会主义办学方向，保障我国后备人才资源不变质的重要环节。因而，加强和完善高校思想政治教育治理，首先要遵循中国特色社会主义根本制度、基本制度和重要制度，使高校思想政治教育治理在中国特色社会主义制度的支持和保障下，不断实现高校思想政治教育顶层设计、政策执行、机制构建、评价质量、队伍培养等方面的科学化、现代化发展，构建和完善新时代具有中国特色的高校思想政治教育制度体系。

其次，高校思想政治教育治理要对国家制度和治理体系优越性进行解读与展现。党的十九届四中全会强调，要把我国制度优势更好转化为国家治理效能。高校思想政治教育治理实践的创新发展，要深刻把握我国国家制度和国家治理体系的内在优势，并在此基础上积极将这些优势转化为自身的治理效能，体现中国特色、中国风格、中国气派和中国智慧。一方面，要在高校思想政治教育治理中准确理解和精准解读我国国家制度和国家治理体系的优势。我国国家制度和国家治理体系具有多方面的显著优势，在确保国家始终沿着社会主义方向前进、依靠人民推动国家发展、切实保障社会公平正义和人民权利等方面优势显著，要深刻理解这些优势在高校思想政治教育治理中的价值和内涵，同时通过高校思想政治教育的具体实践精准解读这些优势，使青年学生在育人实践中进一步体会和理解这些优势。另一方面，在高校思想政治教育治理中要有效展现我国国家制度和国家治理体系的优势。我国国家制度和国家治理体系的优势是高校思想政治教育治理建构科学体系、形成巨大影响力与感染力的有力支持和宝贵资源，高校思想政治教育治理要合理运用多种鲜活的资源向青年学生展现这些优势，将这些优势转换为高校思想政治教育的治理效能，并不断促进自身治理体系的优化升级。

最后，高校思想政治教育治理要对国家治理智慧和实践成果进行有

---

① 《中共中央关于坚持和完善中国特色社会主义制度　推进国家治理体系和治理能力现代化若干重大问题的决定》，《人民日报》2019年11月6日第1版。

效运用。国家制度和治理体系的优势是推动高校思想政治教育治理现代化的重要支撑和宝贵资源,要积极将这些优势转换为高校思想政治教育的治理效能,有效运用这些显著优势和宝贵经验,推进高校思想政治教育治理体系和治理能力现代化。在高校思想政治教育治理中有效运用国家制度和治理体系的优势,要深入挖掘这些优势与高校思想政治教育治理的价值理念、目标追求与实施策略等各方面的内在联系,将这些优势展现的智慧和形成的实践成果与高校思想政治教育治理过程深度融合。比如,我国国家制度和治理体系的显著优势展现在坚持党的集中统一领导,确保国家始终沿着社会主义方向前进;坚持全国一盘棋,调动各方面积极性;坚持德才兼备、选贤任能,培养造就更多更优秀人才等方面,将这些优势融入高校思想政治教育治理的整体布局与发展进程中,既突出了高校思想政治教育治理主体建构的重要逻辑,即高校思想政治教育治理必须坚持在党的领导下协调各方共同参与的多主体格局,也指明了高校思想政治教育教育治理要确保社会主义办学方向的价值立场,以及高校思想政治教育治理进程必须落实立德树人、致力于培养堪当民族复兴大任的时代新人的目标追求等。

二 国家治理理论在高校思想政治教育治理中的定位与延伸

中国特色的国家治理实践是高校思想政治教育治理的实践背景与发展场域,中国特色的国家治理理论是高校思想政治教育治理的理论底色与重要借鉴。因此,高校思想政治教育治理的理论研究与发展,既要内化吸收中国特色国家治理理论的深刻意蕴、融通国家治理实践的有益经验,又要体现高校思想政治教育工作的风格与特色、紧扣高校思想政治教育工作的现实状况、升华高校思想政治教育治理实践的已有经验为理论成果,在遵循高校思想政治教育工作规律与人才成长发展规律的基础上,凝聚高校思想政治教育治理智慧,形成高校思想政治教育治理的科学理论框架与话语体系。

中国特色的国家治理遵循马克思主义的国家理论逻辑,将国家兼备的政治统治与社会管理职能有机结合起来,治理的价值取向不同于西方社会,治理的方式手段也不同于中国传统社会,是中国共产党领导下的广大人民群众共同参与的社会主义国家治理,体现了国家阶级性与公共性的统一，也反映了从静态的价值论国家到动态的方法论国家的重要转变。推进国家治理体系与治理能力现代化是中国特色国家治理理论的核心议题，也是国家治理现代化实践的重要议程。习近平总书记在党的十八届三中全会第二次全体会议上，首次界定了"国家治理体系"与"国家治理能力"的概念："国家治理体系和治理能力是一个国家制度和制度执行能力的集中体现。国家治理体系是在党领导下管理国家的制度体系，包括经济、政治、文化、社会、生态文明和党的建设等各领域体制机制、法律法规安排，也就是一整套紧密相连、相互协调的国家制度；国家治理能力则是运用国家制度管理社会各方面事务的能力，包括改革发展稳定、内政外交国防、治党治国治军等各个方面。国家治理体系和治理能力是一个有机整体，相辅相成，有了好的国家治理体系才能提高治理能力，提高国家治理能力才能充分发挥国家治理体系的效能。"[①] 党的十九届四中全会通过的《中共中央关于坚持和完善中国特色社会主义制度 推进国家治理体系和治理能力现代化若干重大问题的决定》中也强调："必须在坚持和完善中国特色社会主义制度、推进国家治理体系和治理能力现代化上下更大功夫。"[②] 国家治理体系与治理能力现代化既是高校思想政治教育治理的宏观背景，其深刻内涵也为高校思想政治教育治理的理论研究与实践推进提供了有益借鉴。

就高校思想政治教育治理的基本意涵而言，一方面是在高校思想政治教育治理的整体发展进程中深刻融入我国国家治理的价值导向与科学理念，保障高校思想政治教育治理的政治方向不偏移，始终为国家治理现代化服务，始终坚持在党领导下的多方协同参与的多元治理主体结构；另一方面是要将国家治理谋篇布局的整体规划与系统思维贯穿到高校思想政治教育治理的实施方略之中，在推进国家治理体系与治理能力现代化的时代背景下，着力构建现代化的高校思想政治教育治理体系，并在实践推进中不断提升高校思想政治教育治理能力。高校思想政治教育治理体系涉及高校思想政治教育治理的制度、机制和政策、决策等宏

---

① 习近平：《切实把思想统一到党的十八届三中全会精神上来》，《求是》2014年第1期。
② 《中共中央关于坚持和完善中国特色社会主义制度 推进国家治理体系和治理能力现代化若干重大问题的决定》，《人民日报》2019年11月6日第1版。

观层面的内容。治理体系建构系统完备，治理效能才能得到保障，因而高校思想政治教育治理的理论研究与实施方略囊括了高校思想政治教育治理制度设计、机制建构、政策决策形成推进等宏观规划层面的内容。同时，高校思想政治教育治理能力总体而言是对宏观规划层面的内容执行和落实的能力，因而涉及思想政治教育队伍的建设和思想政治教育人才培养的问题，进而关涉高校思想政治教育治理在课程建设、环境塑造、危机应对、质量评价、载体运用等具体实践中的质量和水准。因此，对这些具体内容的系统研究也是高校思想政治教育治理理论研究的题中之义。高校思想政治教育治理体系与治理能力相互依存、互为促进、协调发展，有机统一于高校思想政治教育治理的实践过程之中。

三 交叉学科视域下高校思想政治教育治理的反思与超越

治理概念所具有的巨大包容性和强大生命力，使它自产生以来就受到不同国别、不同学科和不同流派学者的广泛关注与青睐，不仅在扩散的过程中不断地与既有的知识和理论体系融合发展，而且在特定的环境和具体的实践中逐渐被赋予新的内涵和意义，为各种学术和实践研究开辟出新的思路与路径。"治理的观点实际上是透过简单化的镜头来观察复杂的现实；所有的地图无不如此。但关键并不在于是否把事物简单化，而在于这种简单化是否有助于我们的理解，是否能帮助我们找到正确的道路或方向。"[①] 高校思想政治教育是思想政治教育学科中的重要内容，也是实现中国特色教育现代化过程中的重要环节。结合治理的分析框架和研究范式去分析研究高校思想政治教育的既有理论、实践状况、问题难点和发展趋势，既是在国家治理现代化时代议题下深化思想政治教育研究的重要路径，也是充分发挥思想政治教育学科综合性特征，运用跨学科研究的思想智慧，不断丰富思政学科内涵，促进思想政治教育理论与实践发展的重要契机。

治理理论在中国盛行起来，既有西方研究经验的助力，也有中国特色土壤的培植。就西方研究的治理理论而言，"治理"（governance）概念

---

① 俞可平：《治理与善治》，社会科学文献出版社2000年版，第48页。

最初意指控制、引导、操纵、规范。主要用于指称国家公共事务相关的管理和政治活动，与"统治"（government）交叉使用。1989 年，世界银行在报告《撒哈拉以南非洲：从危机到可持续增长》中提出"治理危机"（crisis in governance）的概念之后，治理概念便在全球范围内掀起研究热潮，尤其是政治发展领域。比较权威的治理概念界定出自全球治理委员会（The United Nations Commission on Global Governance）出版的《全球伙伴关系》（*Our Global Neighborhood*）一书，它提出："治理是各种公共的或私人的个人和机构管理其共同事务的诸多方式的总和。它是使相互冲突的或不同的利益得以调和并且采取联合行动的持续的过程。这既包括有权迫使人们服从的正式制度和规则，也包括各种人们同意或以为符合其利益的非正式的制度安排。它有四个特征：治理不是一整套规则，也不是一种活动，而是一个过程；治理过程的基础不是控制，而是协调；治理既涉及公共部门，也包括私人部门；治理不是一种正式的制度，而是持续的活动。"① 同时，西方研究治理理论比较有影响力的学者格里·斯托克（Gerry Stoker）也就当时治理概念的研究现状进行梳理总结，并提出了关于治理的五个主要论点：（1）治理意味着一系列来自政府，但又不限于政府的社会公共机构和行为者；（2）治理意味着在为社会和经济问题寻求解决方案的过程中，存在着界限和责任方面的模糊性；（3）治理明确肯定了在涉及集体行为的各个社会公共机构之间存在着权力依赖；（4）治理意味着参与者最终将形成一个自主的网络；（5）在公共事务的管理中，还存在着其他的管理方法和技术，政府有责任使用这些新的方法和技术来更好地对公共事务进行控制和引导。

就中国的治理理论研究而言，治理概念较早引介入中国，主要是政治学领域。如，中央编译局俞可平学者的研究团队就"治理"与"善治"的问题进行了大量的译介与研究，于 2000 年出版《治理与善治》一书，收录了治理论代表人物斯托克、库依曼、杰索普等在《国际社会科学专刊》上发表的研究著作，并将治理研究与公民社会研究融合在一起，形成了具有中国特色的治理研究与观点。2012 年，国内创办的首个以治理研究为主题的学刊《中国治理评论》，将治理问题研究具化为多个领域、

---

① *Our Global Neighborhood*, Oxford University Press, 1995, p. 23.

多个层面的主题，诸如社会治理、政府治理、城市治理、社区治理等，围绕治理相关问题刊发了诸多中外政治学者的文章，形成了中国语境下的治理研究路径。比如，有学者提出："中国政府治理的基本特征是：以党组织为主导的多元治理结构；条块结合的治理格局；稳定压倒一切的核心价值；法治和人治同时起重要作用的治理方式。"[1] 通过大量的引介与分析，在治理研究不断刻上中国印记的同时，治理问题研究也逐渐成为一种新的政治分析框架，治理不仅成为一种新的研究范式，更成为一种话语体系，弥补既有研究范式与话语表达的不足。

综合中外政治学领域对治理问题的论述与阐释，可以总结出治理理论可资借鉴的几个要素：（1）强调多元主体，共同参与，责任共担，且责任有限；（2）强调参与者的自主性与互动关系，在应对事物、解决问题的过程中要充分发挥自觉能动力量与协商协调能力；（3）强调治理的过程性与持续性，在渐进中坚持反思与改进；（4）强调治理方式与技术的丰富性与多样化，不能墨守成规，要综合合理应用；（5）强调治理的共同目标与价值引导，明确共同目标，动员最大力量，以形成最大合力。这些治理理论要素是高校思想政治教育治理研究的宝贵思想资源。

同时，高校思想政治教育作为高等教育的重要组成部分，也需充分融合治理研究在中国高等教育领域深化发展的科学成果与有益经验。比如，有学者提出："大学治理是国家治理体系的组成部分，高校首先应该强调的是其对于国家治理指导思想、战略目标、方针政策和法律法规的理解、把握和执行能力，在教学、科研、社会服务、文化传承方面做出更大的成绩。"[2] 还有学者跨越对治理主体结构研究的固有范式，提出："高等教育治理实际上也可被诠释为治理者与被治理者之间根据具体的制度规则形塑高等教育秩序的过程（这里的制度与规则是指国家的宏观制度与规则）。"[3] 将对具体治理制度与规则的把握作为高等教育治理研究的重要视角，以微观制度的考察与分析为桥梁，破解高等教育治理的实践

---

[1] 俞可平：《中国治理变迁30年（1978—2008）》，《吉林大学社会科学学报》2008年第3期。
[2] 李立国：《大学治理的内涵与体系建设》，《大学教育科学》2015年第1期。
[3] 王彦飞：《从结构到制度：高等教育治理研究的视角转换》，《江苏高教》2018年第12期。

困境，并促进相关制度的有序变革。此外，还有不同学者对高等教育治理内涵从结构论、要素论等各种层面进行分析与解读。综合来看，高校思想政治教育治理基本意涵可从高等教育治理内涵解读中挖掘出的两个重要思路是：（1）高等教育治理有效服务于国家治理，并以之为重要任务；（2）高等教育治理是围绕相关制度和规则有序开展的，并在实践推动中不断促进制度与规则的发展完善。

协同多学科视角，从一般性的治理内涵到中国高等教育场域的治理研究，回归高校思想政治教育治理的基本意涵。在坚持思想政治教育学科特色与多学科协同研究相统一的原则下，我们认为高校思想政治教育治理的基本意涵可以从几个方面进行解读：（1）高校思想政治教育治理依循国家治理制度体系有序展开，以有效服务于国家治理为重要任务，围绕立德树人根本任务，以培养国家发展所需的时代新人为价值目标，以推进思想政治教育治理体系与治理能力现代化为方向路径；（2）高校思想政治教育治理坚持在党的领导下，协调各方共同参与、责任共担、协同发力；（3）高校思想政治教育治理围绕基于共同认可的制度安排与规则规范有序开展，并在实践中不断促成已有制度安排与规则规范的完善，探索建立符合实践与时代发展要求的新制度安排与规则规范；（4）高校思想政治教育治理综合运用多种技术与手段合理统筹高校思想政治教育资源，重视对人力资源的发掘培养和物质资源的丰富创设；（5）高校思想政治教育治理是由与高校思想政治教育相关的各种因素，如队伍建设、课程建设、环境塑造、制度保障等交织互动而形成的复杂网络系统；（6）高校思想政治教育治理是一个在实践中发展，在发展中评价，在评价中改进，在改进中趋于完善的不断螺旋上升的渐进式、动态性过程。

第二节　高校思想政治教育治理的本质属性

"本质是作为在自身中的映现或自内映现的存在。"[①] 在日常生活和研

[①] ［德］黑格尔：《哲学全书·第一部分·逻辑学》，梁志学译，人民出版社2017年版，第208页。

究中,"本质"的提出,主要是让我们看待事物时不单独从其表面去看,而应把它作为一种复合体,进而从它的不同方面去看。高校思想政治教育治理以保障高校思想政治教育实现有序、稳定、健康、可持续发展,促进实现高校思想政治教育治理体系与治理能力现代化为目标指向,综合运用多种治理手段与治理技术,为深入贯彻落实立德树人工作,培育德智体美劳全面发展的时代新人,构建具有中国特色的高校思想政治教育治理体系,不断挖掘和发挥高校思想政治教育治理的巨大潜力与综合能力。在整个过程中,凸显出高校思想政治教育治理以一体化视角统筹高校思想政治教育资源,以主动性思维破解高校思想政治教育难题,以反思性状态保障高校思想政治教育实效的本质属性。

一 以治理的一体化视角统筹高校思想政治教育资源

影响高校思想政治教育工作成效的相关因素众多,这导致不能单纯地从某个方面或某种角度去考虑和分析思想政治教育实践的现实状况和实践中遇到的诸多问题,以致失去对高校思想政治教育工作整体局势的正确研判,进而不利于高校思想政治教育工作的长效发展。党的十八大以来,我国国家治理围绕统筹推进"五位一体"总体布局和协调推进"四个全面"战略布局有序展开,治理现代化水平显著提升。党领导下的国家治理经验充分展示了治理作为一种战略选择所蕴含的全局意识和一体化视角,着眼全局,科学规划,协同推进,以促进资源分配的合理化,实现资源高效利用的最优化,进而保障资源交互产生影响的正相关性。国家治理的顶层设计为高校思想政治教育治理进行了方法论定位。只有通盘考虑高校思想政治教育工作的整体大局,全方位、多角度进行齐抓共治,才能最大限度地激发高校思想政治教育这个复杂系统的内生动力与长久活力。因而,高校思想政治教育治理在本质上就是一种站位于高校思想政治教育整个有机系统的宏观性战略,切实以一体化的视角,着眼于高校思想政治教育工作的全局和整体,统筹考虑,科学规划,合理调配丰富多样的高校思想政治教育资源,以保障高校思想政治教育资源储备的丰富性、资源利用的高效性,以及资源交互所产生影响的正相关性。

高校思想政治教育治理内含的一体化视角与全局性思维,彰显于高校思想政治教育治理的整个实践过程,以立德树人根本任务为核心目标,统筹高校思想政治教育治理内部与外部两个系统，一方面强调提升高校思想政治教育系统内部的一体化建设水平，激发高校思想政治教育治理自身活力，强弱项，补短板，发挥高校思想政治教育的内部治理功能；另一方面重视加强高校思想政治教育系统内部与外部的协同一体化建设，整合优化高校思想政治教育资源，促进已有资源升值，剔除无效资源，挖掘新生资源，内外协同发力，促进高校思想政治教育治理功能的外在反馈。

首先，治理的成效反映在治理目标的实现程度上，治理的共同目标也可激发治理主体的活力与动力。高校思想政治教育治理要取得成效、激发治理主体活力，必然要明确共同的治理目标。习近平总书记在全国高校思想政治工作会议上强调，"高等教育必须坚持正确的政治方向，高校立身之本在于立德树人"[①]。并提出"要坚持把立德树人作为中心环节，把思想政治工作贯穿教育教学全过程，实现全程育人、全方位育人，努力开创我国高等教育事业发展新局面"[②]。以习近平同志为核心的党中央多次强调立德树人工作的重要性与必要性，可见，立德树人是高校坚持社会主义办学方向的重要基础，也是思想政治教育的核心目标。因而，高校思想政治教育治理的整体布局与政策安排要以立德树人根本任务为核心目标，以明确的目标指向与价值追求，凝聚高校思想政治教育治理的共识与信念，统筹高校思想政治教育治理的各项资源，激发高校思想政治教育治理的主体活力，进而推动高校思想政治教育治理系统的一体化建设，提升高校思想政治教育治理实效。

其次，围绕高校思想政治教育治理的核心目标，统筹高校思想政治教育治理系统各要素，重视提升高校思想政治教育治理系统内部的一体化建设水平是关键环节。高校思想政治教育治理系统内部资源包括高校思想政治教育队伍、思想政治理论课程主渠道与日常思想政治教育主阵地的各类物质资源等。就高校思想政治教育队伍而言，其由不同层次、

---

① 《习近平在全国高校思想政治工作会议上强调　把思想政治工作贯穿教育教学全过程　开创我国高等教育事业发展新局面》，《人民日报》2016年12月9日第1版。
② 《习近平在全国高校思想政治工作会议上强调　把思想政治工作贯穿教育教学全过程　开创我国高等教育事业发展新局面》，《人民日报》2016年12月9日第1版。

类型和风格的具体高校组织的党政、共青团干部、思想政治理论课教师和辅导员、班主任等多种职务类别的人员构成，这些高校组织的人员构成是高校思想政治教育治理内部系统的基础要素，提升高校思想政治教育系统内部的一体化建设水平，要通过搭建丰富的培训培养平台等多种途径，不断提升高校思想政治教育队伍的专业化与现代化水平。就思想政治理论课程主渠道而言，既包括马克思主义原理、近代史纲要、毛泽东思想与中国特色社会主义概论、思想道德修养与法律基础等不同类型的课程，也包括本科生、研究生等不同层次的对象，这些要素与高校思想政治教育内部治理的成效密切相关，提升高校思想政治教育系统内部的一体化建设水平，要通过更加系统科学的课程设置、课程教学、课程管理与课程评价等，不断提升思政课程建设的现代化水平。就日常思想政治教育主阵地而言，涉及党委宣传部、组织部、学工部、团委等多个部门和教务、人事、科研、后勤等多个处室和单位，这些单位、部门等是高校思想政治教育内部治理的重要依托，提升高校思想政治教育系统内部的一体化建设水平，要加强各部门、各项具体育人工作间的沟通合作，形成思想政治教育育人合力，真正在高校中构建教书育人、管理育人、服务育人、科研育人、文化育人、实践育人、组织育人的全方位全过程育人系统。①

最后，围绕高校思想政治教育治理的核心目标，统筹高校思想政治教育治理各要素，既要逐步提升高校思想政治教育治理系统内部的一体化建设水平，还要不断加强高校思想政治教育治理系统内部与外部的协同一体化建设。高校思想政治教育治理的外部资源包括学校以外的思想政治教育环境、与高校思想政治教育工作相关的校外各部门、各组织的人力与物质资源等。一方面，学校在高校思想政治教育工作中扮演重要角色，但不是唯一角色，社会相关部门、家庭等在青年学生思想政治教育工作中都承担重要职责，是良好思想政治教育环境创设的共同体。加强高校思想政治教育治理系统内部与外部的协同一体化建设，要有效整合校内与校外育人资源，加强校内与校外育人资源的交流与合作，形成

---

① 冯刚：《推进新时代思想政治教育治理体系现代化》，《中国教育报》2020年3月19日第5版。

科学有效的育人体系。另一方面，加强高校思想政治教育治理系统内部与外部的协同一体化建设，还需要理顺校内与校外思想政治教育各层级的关系，实现校内外思想政治教育各层级的协同联动。从国家到省市、从部委到学校，需要在相关政策制定、文件落实、问题聚焦、难题解决等方面加强协同联动，为高校思想政治教育治理提供与时俱进、遵循规律、科学有效的政策支持和制度保障。[①]

二　以治理的主动性思维破解高校思想政治教育难题

高校思想政治教育工作兼备涉及内容的广泛性、影响因素的多变性和接受对象的复杂性等多种特质，在实践工作的开展中难免会发生各种不易预测的问题和难题，如果只是被动、消极地被这些问题和难题牵制，陷入畏难情绪中，就很难找到解决问题的有效路径和方法。党的十八大以来，党领导人民治理国家取得的实践成果突出强调了治理作为一个过程性的活动所蕴含的主动性思维与积极状态，观照实践，直面难题，与时俱进，打破固有壁垒，有针对性地解决实际问题，推动治理实践的长效发展。国家治理的智慧精华同样要体现在高校思想政治教育的治理过程中。因此，高校思想政治教育治理本质上就是一种建立在积极主动思维模式上的有序高效的运行系统，围绕推进高校思想政治教育治理体系与治理能力现代化的目标指向，秉持主动性的思维理念，切实观照思想政治教育工作实践，适时调整工作中与时代发展不相适应的部分，坚持问题导向，及时破解思想政治教育实践与理论发展中的问题和难题，推动高校思想政治教育治理实践实现从应然状态到实然状态的转变。

高校思想政治教育治理内蕴的主动性思维与积极状态，透溢于高校思想政治教育治理实践与理论发展的整个过程。

首先，高校思想政治教育治理要积极与国家治理现代化背景相契合，切实服务于国家发展与民族振兴的整体战略，为推进社会主义现代化建设培养合格建设者和可靠接班人。我国国家治理现代化的整体进程与我国社会主义初级阶段的基本国情相交相融，是国家发展未来性与现实性

[①] 冯刚：《推进新时代思想政治教育治理体系现代化》，《中国教育报》2020年3月19日第5版。

的统一，要求高校思想政治教育治理一方面要满足国家治理现代化的诉求与期待，不断提升自身治理体系与治理能力的现代化水平，进而更好地发挥为国家治理现代化进程服务的功能；另一方面要尊重我国处于社会主义初级阶段的客观实际，既能在遵循思想政治教育工作内在规律的基础上，充分利用现有的社会资源和社会大环境建构现代化的高校思想政治教育体系，又能适当超越社会环境的局限，融通西方现代化建设的理念思路，以现代化建设的科学理念与逻辑思路为引领，寻求破解高校思想政治教育治理难题与困境的方法路径，建构有中国特色的富有前瞻性的高校思想政治教育治理体系。

其次，高校思想政治教育治理要积极把握自身与教育现代化进程的耦合性，力求走在教育现代化进程的前列。党的十九大报告指出："建设教育强国是中华民族伟大复兴的基础工程，必须把教育事业放在优先位置，深化教育改革，加快教育现代化，办好人民满意的教育。要全面贯彻党的教育方针，落实立德树人根本任务。"[1] 党的十九大报告在强调加快教育现代化进程的同时，也突出强调落实立德树人的根本任务。实现教育现代化不仅以教育制度、教育理念的现代化为标准，更以培养现代化的人才为重要指标。在中国社会，现代化的人才就是德智体美劳全面发展的时代新人，这表明加快中国特色教育现代化进程与落实立德树人根本任务具有内在一致性，立德树人工作贯穿于教育现代化进程中。而高校思想政治教育治理既以落实立德树人根本任务为核心目标，又属于教育的重要组成部分，因而高校思想政治教育治理的过程与中国特色的教育现代化进程具有耦合性。但是，"立德树人工作虽然是贯穿教育全过程，涉及教育全领域的系统性与长效性工作，但与科学文化知识教育、社会实践教育等其他方面的教育相比而言，思想政治教育在立德树人工作中的作用更为突出"[2]，因此，高校思想政治教育治理要能在整个教育现代化进程中敢于突破，发挥基础性、先导性的作用，走在教育现代化

---

[1] 习近平：《决胜全面建成小康社会 夺取新时代中国特色社会主义伟大胜利——在中国共产党第十九次全国代表大会上的报告》，人民出版社2017年版，第45页。

[2] 冯刚、史宏月：《新时代立德树人的理论内涵及其价值意蕴》，《社会主义核心价值观研究》2019年第5期。

进程的前列。

最后，高校思想政治教育治理要自觉认识自身发展的紧迫性，既要积极关注互联网与大数据信息的更新迭代，合理促进高校思想政治教育治理与大数据应用的融合发展；还要不断丰富和完善高校思想政治教育治理理论本身，促进高校思想政治教育治理理论的系统发展。一方面，高校思想政治教育治理存在于网络时代的大背景下，不仅高校思想政治教育对象的生存方式和思维方式被网络时代深刻改变着，高校思想政治教育的实践推进也在与网络发展紧密贴合的过程中不断被创新，形成网络思想政治教育研究的热潮。同时，大数据信息与各个领域的融合发展业已成为一种新的发展趋势。因此，高校思想政治教育治理要积极适应不断发展的大数据时代，在把握高校思想政治教育治理与大数据应用融合度的基础上，合理促进高校思想政治教育治理与大数据应用的融合发展。另一方面，高校思想政治教育治理实践虽发展已久，但高校思想政治教育治理理论并未发展成熟，在国家治理现代化的时代背景下，建构高校思想政治教育治理理论体系既是对国家治理现代化时代潮流的及时呼应，也是高校思想政治教育自身创新发展的内在要求。因此，高校思想政治教育治理也要积极丰富和完善治理理论，建构系统科学且具有学科特色的治理理论体系。

三 以治理的反思性状态保障高校思想政治教育实效

高校思想政治教育是一个兼备长期性与复杂性的系统工程，保障这个系统工程的有效运行是低层次的目标要求，不断促进这个系统在实践中的改进与完善，形成螺旋式上升的良性循环才是更高层次的目标追求。在党领导下的国家治理，一方面追求治理系统内部的自我革新、自我净化、自我提高与自我完善，这从我们党建工程的执行力度与严格程度中可见一斑；另一方面也在不断加强对治理系统的外部监督，不断完善党和国家监督体系，强化对权力运行的制约和监督。党领导下的国家治理实践经验凸显了治理作为一种螺旋上升型的模式所蕴含的内外协调统一的反思性状态，既重视自身内部的合理建构，及时检测内部存在的问题与不足，加以改进和完善；又合理运用有效的外部监督，动态监测治理系统整体运行的状态，及时发现系统运行的问题和难题，并在破解难题的过程中凝练相关问题的应对策略,形成指导解决治理问题和难题的政策体系。国家治理的经验智慧融通在高校思想政治教育的治理过程中,凝结为高校思想政治教育治理以反思性状态保障治理实效的本质属性。

因此,高校思想政治教育治理在本质上就是一种以内在的反思性状态保障自身处于不断修正、改进和完善的螺旋式上升的过程,围绕保障高校思想政治教育实效的目标要求,充分发挥内部自省的纠错与激励功能,提升高校思想政治教育治理主体的素质与能力,形成高校思想政治教育治理内部的良性生态。同时,合理发挥外部监督的规范与整改功能,促进高校思想政治教育治理系统的高效运行。在内部自省与外部监督的有机统一中,保障高校思想政治教育治理过程的螺旋式上升发展。高校思想政治教育治理蕴含的内外协调统一的反思性状态,贯穿于高校思想政治教育治理的各环节与各领域之中。

一方面,高校思想政治教育治理的内部自省状态,要求高校思想政治教育工作以建构科学有效的高校思想政治教育工作质量评价体系为核心。高校思想政治教育治理的各领域与各环节只有置身于科学有效的评价体系之中,治理所涉及的主体、对象、内容和手段等各要素才能通过多元化的评价过程,及时发现自身存在的问题与不足,实现对治理要素本身的动态性监测。同时,通过评价后的信息反馈,保障治理系统内部各要素在破解问题难题的过程中,不仅寻求到解决问题和难题的办法,而且能通过信息反馈进行反思,将解决办法总结提炼成应对策略,为进一步改进和完善高校思想政治教育治理系统内部的各个领域与各个环节提供精准的思路与方案。因此,要着力构建科学有效的高校思想政治教育工作质量评价体系,从质量评价入手,激发高校思想政治教育治理的内在反思性,引导高校思想政治教育治理的长远发展。以关注质量提升为导向,更加注重高校思想政治教育治理的内涵式发展,从时代发展与高校思想政治教育实际出发,坚持理论联系实际,建立科学的评价指标体系,运用现代化的评价方式、方法、手段,保障高校思想政治教育治理在反思中不断完善发展,进而持续提升高校思想政治教育工作整体质量。

另一方面,高校思想政治教育治理的反思性状态,要求不断健全和完善有效的外部监督体系,既对高校思想政治教育治理的各领域与各环节进行有效监督，又对高校思想政治教育治理的评价工作进行合理监督，以保障高校思想政治教育工作实效与整体质量。高校思想政治教育治理是一个复杂的系统，系统的有序运行涉及多个层面的权力运行机制，只有健全和完善有效的权力监督体系，对各领域与各环节进行有效监督，才能保障治理的规范化、法治化与科学性。同时，高校思想政治教育工作质量评价体系的建构涉及主体多、内容广，而且评价结果的呈现往往是主观性与客观性的统一，要保障评价工作的科学性、客观性与有效性，需要对高校思想政治教育治理的评价工作进行合理监督。因此，要健全和完善在党的统一领导下的，全面覆盖、权威高效的监督体系，增强监督的严肃性、协同性、有效性，进而建构决策科学、执行坚决、监督有力的权力运行机制，通过外部监督给予高校思想政治教育治理系统以持续性的预警与刺激，提升其内在的反思能力，进而保障高校思想政治教育治理系统的长效运行。

第三节　高校思想政治教育治理的基本特征

　　高校思想政治教育工作是一项复杂的系统工程，既包括思想政治理论课这一主渠道，又包括日常思想政治教育这一主阵地；既包括高校思想政治教育专职力量，又包括高校思想政治教育的兼职力量；既包括高校思想政治教育的实施者，又包括接受高校思想政治教育的学生对象。同时，高校思想政治教育以培养全面发展的现代化人才为目标指向，而现代化人才培养中的各个环节又都需要加强思想政治教育。高校思想政治教育资源的一体化建设，以及家庭、学校、社会、政府的协同等，都深刻地体现出高校思想政治教育治理过程中的复杂性与多变性。因此，立足时代特征、中国国情和教育发展实际的新时代高校思想政治教育治理，不仅要深刻把握教育对象思想热点和变化规律，着眼不断发展着的思想政治教育的丰富内涵和内在结构，还要在实践中不断突出治理的整体性和系统性，加强治理的综合性和协同性，强调治理的回应性与长效性，凸显治理的动态性与开放性等基本特征。

一　高校思想政治教育治理的整体性和系统性

高校思想政治教育治理在本质上是一种站位于高校思想政治教育整个有机系统的宏观性战略。这种本质属性的外在表现就是高校思想政治教育治理的整体性和系统性。具体来说，高校思想政治教育工作的内容丰富且影响工作成效的因素复杂，如果开展高校思想政治教育工作时只见局部而不观全局，就易于导致思想政治教育的功能分散甚至弱化的情况发生。因此，高校思想政治教育治理着眼高校思想政治教育工作的全局，对高校思想政治教育工作进行顶层设计，诠释高校思想政治教育治理的整体性。同时，高校思想政治教育工作的各要素之间具有密切的联系，相互影响，环环相扣，在实践推进中往往具有牵一发而动全身的效力。因此，高校思想政治教育治理基于对高校思想政治教育全局的把握，在尊重高校思想政治教育实践的基础上，遵循高校思想政治教育工作规律、学生成长发展规律，贯彻国家治理现代化的科学理念，重视对高校思想政治教育各因素的规范引导与互动衔接，诠释高校思想政治教育治理的科学性与系统性。党的十九届四中全会强调，"要加强系统治理、依法治理、综合治理、源头治理"[①]。因而，对于高校思想政治教育治理而言，要更加注重治理的整体性和系统性。

一方面，要正确认识高校思想政治教育治理是一个有机联系的整体，更加注重治理的整体性。整体性治理作为一种治理理念发端于英国，其理论在我国国家治理实践中得以应用和发展。"整体性治理就是以公众需求为治理导向，以信息技术为治理手段，以协调、整合和责任为治理机制，跨越组织功能边界，在政策、规章、服务、监督四个方面，对治理层级、功能、公私部门关系及信息系统等碎片化问题进行有机协调与整合，不断从分散走向集中，从部分走向整体，从破碎走向整合，为公众提供无缝隙、非分离的整体性服务，充分体现国家治理的包容性、整合性。"[②] 高校思想政治教育治理依循国家治理制度体系有序展开，以有效

[①] 《中共中央关于坚持和完善中国特色社会主义制度　推进国家治理体系和治理能力现代化若干重大问题的决定》，《人民日报》2019年11月6日第1版。

[②] 吴德星：《整体性治理理论与实践启示》，《学习时报》2017年11月27日第2版。

服务于国家治理为重要任务，围绕立德树人根本任务，以培养国家发展所需的时代新人为价值目标，以推进思想政治教育治理体系与治理能力现代化为方向路径。可见，高校思想政治教育治理具有集合性与整体性的目标体系，为全面实现高校思想政治教育治理的多层次目标，需要高校思想政治教育治理实践实现从分散到集中、从部分到整体、从破碎到整合的灵活转化。因此，高校思想政治教育治理必须着眼于高校思想政治教育工作的全局，统筹考虑，科学规划，远近结合，整体推进，切实保障各项资源调配的合理性与信息沟通的有效性。

另一方面，要正确理解高校思想政治教育治理是一个有序运行的系统，更加注重治理的系统性。高校思想政治教育治理的系统性与治理的整体性有机统一于高校思想政治教育实践工作中。治理的整体性强调的是高校思想政治教育治理的全局观念与大局意识，统筹把握高校思想政治教育工作的全局与整体；而治理的系统性强调的是治理过程的有序性与治理要素之间的和谐互动，重视围绕高校思想政治教育已有的制度安排有序开展思想政治教育工作，并在实践中逐渐完善已有制度安排与政策体系，同时着力为高校思想政治教育各要素的和谐互动提供平台与机会。高校思想政治教育治理体系与治理能力要实现现代化，尤其要"强调系统治理，在多元社会中寻求最大社会公约数，在多元共治中强化核心治理力，以推进治理的协调化"[①]。高校思想政治教育治理是由与高校思想政治教育相关的各种因素，如队伍建设、课程建设、环境塑造、制度保障等交织互动而形成的复杂网络系统。各种因素在高校思想政治教育的工作场域中要和谐有效互动进而发挥呈指数级增长的共同作用，就需要高校思想政治教育治理在把握高校思想政治教育工作全局的基础上，重视对高校思想政治教育治理格局的系统性建设，围绕治理的科学目标体系，构建各层级有序互动、多层级协同联动的、稳定高效的治理体系与治理格局。

---

① 徐勇、吕楠：《热话题与冷思考——关于国家治理体系和治理能力现代化的对话》，《当代世界与社会主义》2014 年第 1 期。

二 高校思想政治教育治理的综合性和协同性

高校思想政治教育治理站位于高校思想政治教育整个有机系统的宏观性战略本质，不仅映现在高校思想政治教育治理的顶层设计与谋篇布局上，表现出治理的整体性和系统性特征；而且也映现在高校思想政治教育治理的手段选择、主体建构与方式运用上，表现出治理的综合性与协同性。具体来说，开展高校思想政治教育工作，发挥思想政治教育功能的方法和手段丰富多样，在实践工作中，单纯使用一种手段，很难有效地开展高校思想政治教育工作，以及最大限度地发挥思想政治教育功能。因此，高校思想政治教育治理聚焦开展思想政治教育工作可用的多种技术和手段，强调打破固有壁垒，合理运用新的技术手段，加强技术手段运用的丰富性和多样化，诠释高校思想政治教育治理的综合性。同时，高校思想政治教育工作的有效开展与实践推进不是某方力量单独作用的结果，在现实中，往往需要多方力量共同参与，共同发挥作用，才能达到甚至超越思想政治教育工作的预期效果。因此，高校思想政治教育治理重视对治理主体的协同建构，重视治理方式的协同作用，强调在党的领导下的多方共同参与，围绕治理目标体系共担责任、有效配合、协同发力，诠释高校思想政治教育治理的协同性。高校思想政治教育治理手段的多样性与影响力量的多元性，要求高校思想政治教育治理要不断加强治理的综合性与协同性。

一方面，要充分认识和把握高校思想政治教育治理技术和治理手段的多样性，加强治理技术和手段运用的综合性。一种治理技术和治理手段无法适应所有治理场景，高校思想政治教育工作涉及高校党建、思政工作队伍建设、思政课程建设、环境塑造、制度保障等多个领域与丰富场景，而这些领域又在现实中互相交叉、彼此嵌套，呈现出复杂性与多变性。习近平总书记在全国高校思想政治工作会议上强调："把思想政治工作贯穿教育教学全过程，实现全程育人、全方位育人，努力开创我国高等教育事业发展新局面。"[①] 同样也凸显出高校思想政治教育工作在教

---

① 《习近平在全国高校思想政治工作会议上强调　把思想政治工作贯穿教育教学全过程　开创我国高等教育事业发展新局面》，《人民日报》2016年12月9日第1版。

育教学全过程中的嵌套性，使得高校思想政治教育治理面临的场景更加复杂。因此，高校思想政治教育治理要在顶层设计具备全面性的基础上，把握多样化的治理技术与手段，综合运用多种技术与手段，使之与高校思想政治教育治理的复杂场景相适应，与高校思想政治教育治理的丰富实践有效匹配，以合理调配高校思想政治教育的丰富资源，最大限度地发挥人力资源与物质资源对高校思想政治教育治理的支持与助力作用。同时，在治理技术与手段的运用过程中，也要把握好治理刚性与柔性之间的度，既遵循治理的制度规则，也充分体现人本化的价值理念，实现治理刚性与柔性的结合，以及制度化与人本化理念的统一。还要能与时俱进，在治理实践中充分融入大数据应用发展的先进成果，促进治理手段与技术的更新升级，为保障治理的综合性筑牢基础。

另一方面，要科学理解高校思想政治教育治理的各方力量，把握治理的多种有效方式，加强治理主体与治理方式的协同性。高校思想政治教育治理涵盖高校思想政治教育工作的整个有机系统，涉及丰富的参与主体，也展现出多样的治理方式，只有理顺治理主体间的关系，实现治理主体关系的协调化，才能确保治理方式的协同发力。协调各方共同参与、责任共担、协同发力，不断加强治理的协同性，既包括加强校内各部门间、校内与校外相关部门和组织间的横向协同，也包括高校思想政治教育体系不同层级间的纵向协同。就横向协同而言，需要积极构建制度机制，加强各部门、各项具体育人工作间的有效沟通与通力合作，形成高校思想政治教育的育人合力，在学校中构建全方位、全过程的育人系统。同时，有效整合校内与校外育人资源，加强校内与校外育人资源的交流与合作，构建全面科学有效的育人体系。就纵向协同而言，需要有效地调动各个层级参与高校思想政治教育的积极性、主动性和创造性，激发包括教师、管理干部、辅导员和学生在内的各个层级力量参与推动高校思想政治教育创新发展的内生动力。同时，从学校到院系、班级，从校党委行政到各职能部门，要统一思想，坚持问题导向，将思想价值引领融入人才培养的各个环节，完善协同攻关、协作联动、合力育人的工作机制，在总体上实现上下级的有效互动与全力配合。

三 高校思想政治教育治理的回应性和长效性

高校思想政治教育治理在本质上就是一种建立在积极主动思维模式上的有序高效的运行系统。这种本质属性映现在高校思想政治教育治理过程中，呈现出治理的回应性与长效性特征。具体来说，高校思想政治教育治理内容囊括着由高校思想政治教育工作相关因素构成的复杂网络系统，这一网络系统中无论是思想政治教育队伍建设、思想政治理论课建设，还是制度机制建设、思想政治教育的环境创设等等，都不是一成不变的，随着时间、空间及相关人、物、信息的变化，这些系统内容也会发生相应的变化，面对变化如果墨守成规，则会遭遇被淘汰的危机。因此，高校思想政治教育治理基于对治理内容是不断变化着的这一客观事实的尊重，积极呼应变化着的客观实际，及时主动回应变化着的需求，诠释高校思想政治教育治理的回应性。同时，高校思想政治教育工作遵循着已经得到共同认可的高校思想政治教育相关制度安排与规则规范有序展开，在尊重和理解高校思想政治教育工作现实状况的基础上，已经形成一套自身系统有序运行的较为成熟的规范与法则，但这样较成熟的规范与法则不是万能的，随着时代与实践的变化，还需不断优化升级。因此，高校思想政治教育治理在尊重并遵循已有制度安排与规则规范的基础上，在实践中不断促进已有制度安排与规则规范的完善，积极主动探索建立符合实践与时代发展要求的新制度安排与规则规范，不断提升治理的制度化水平，以保障高校思想政治教育工作的稳定性和延续性，诠释高校思想政治教育治理的长效性。高校思想政治教育治理内容的变化性与治理本身的制度化需求，要求高校思想政治教育治理要不断强调治理的回应性与长效性。

一方面，要正确认识高校思想政治教育治理内容的变化性与过程性，更加强调治理的回应性。回应性的高校思想政治教育治理是对我们党坚持问题导向的思想方法与工作方法的深刻贯彻，习近平总书记指出："每个时代总有属于它自己的问题，只要科学地认识、准确地把握、正确地解决这些问题，就能够把我们的社会不断推向前进。"① 问题无时不在、无处不有，要善于主动发现问题，瞄着问题去，予以其及时积极的回应，进而对问题进行正确研判与科学解决。同时，回应性的高校思想政治教育治理也是对马克思主义人本化价值理念的深刻遵循，马克思主义尊重人本身，致力于实现人的解放，满足每个人全面发展的多样化需求。"任何人都没有特殊的活动范围，而是都可以在任何部门内发展，社会调节着整个生产，因而使我有可能随自己的兴趣今天干这事，明天干那事，上午打猎，下午捕鱼，傍晚从事畜牧，晚饭后从事批判，这样就不会使我老是一个猎人、渔夫、牧人或者批判者。"② 人的需求是多样的，也是多变的，尊重并满足人的多样化需求，既能最大限度激发人参与某项活动的内生动力，也能充实和发展人本身。因此，高校思想政治教育治理既要对治理实践与理论研究中的问题积极探寻、主动及时回应，进而进行精准地分析和解决；又要尊重治理过程中作为主体和对象的人本身的多样化、多变性需求，精准定位，及时回应，在促进人本身发展的过程中，激发其参与高校思想政治教育治理、推动思想政治教育创新发展的内生动力，进而促进高校思想政治教育治理的现代化发展。

另一方面，要充分满足高校思想政治教育治理的制度化需求，不断推进高校思想政治教育治理的制度化建设，更加强调治理的长效性。长效性的高校思想政治教育治理是基于共同认可的制度安排与规则规范有序展开的实践活动。共识性确保了治理所依循制度的执行效力，已建立的制度安排与规则规范保障了治理过程的规范性与稳定性，进而从有制度可依、制度执行有效的层面展现出高校思想政治教育治理的长效性。围绕达成共识的规则规范建立起一套科学有效、系统完备的制度体系，既是推进高校思想政治教育治理现代化的必然要求，也是治理长效性的内在需求。因此，高校思想政治教育治理首先要遵循高校思想政治教育工作已有的制度安排与规则规范开展思想政治教育实践活动，传承思想政治教育实践的有益经验与工作智慧，发挥思想政治教育的育人功能与

---

① 《习近平新时代中国特色社会主义思想学习纲要》，学习出版社、人民出版社2019年版，第248页。

② 《马克思恩格斯选集》（第一卷），人民出版社2012年版，第165页。

服务功能，确保高校思想政治教育治理的稳定性与延续性。其次要在实践中不断促成高校思想政治教育已有制度安排与规则规范的完善，促进高校思想政治教育治理制度体系实现不成文的柔性准则与成文的刚性规约的有机统一，保障高校思想政治教育治理的人文性与发展性。最后要积极探索建立符合实践与时代发展要求的新制度安排与规则规范，在宪法及与教育相关的法律法规的规约和框架下，勇于创新，不断突破，建立长效性的高校思想政治教育治理制度体系，保障治理现代化进程的稳步推进。

四 高校思想政治教育治理的动态性和开放性

高校思想政治教育治理在本质上就是一种以内在的反思性状态保障自身处于不断修正、改进和完善的螺旋式上升的过程。这种本质属性映现在高校思想政治教育治理过程中，呈现出治理的动态性与开放性特征。具体来说，高校思想政治教育治理不是一项一成不变，或者是一蹴而就的暂时性的活动，而是一个复杂演进和相互调适的过程。这个过程会因为各种不确定性的因素而遭遇困境和难题，通过动态性的监测和持续性的反馈，不断认识困境、找出难题，进而在摆脱困境、破解难题的同时，总结反思出其中蕴含的规律和思路，才能确保治理过程与时代和实践发展的适应性，保障治理过程的上升性。因此，高校思想政治教育治理过程的相关要素都要处于一个动态性的评价系统中，在实践中发展，在发展中评价，在评价中改进，在改进中趋于完善，实现治理过程不断螺旋上升的渐进式发展，诠释出高校思想政治教育治理的动态性特征。同时，高校思想政治教育治理既是一个实践命题，也是一个理论命题，治理实践与理论的发展都是高校思想政治教育治理研究的题中应有之义，而在理论与实践的发展进程中，一些难题与困境又是不可避免的，敢于自省，始终保持理论与实践的开放性有助于高校思想政治教育治理破解难题、摆脱困境。因此，高校思想政治教育治理既在理论研究的过程中，有效借鉴多国、多学科的相关思想智慧，也在实践推进中合理吸纳多国、多学科的相关实践成果，始终保持理论与实践的开放和包容，以寻求理论与实践的进一步创新，诠释出高校思想政治教育治理的开放性。高校思想政治教育治理过程的复杂性与治理理论及实践发展的客观需要，要求高校思想政治教育治理要始终保持治理的动态性与开放性。

一方面，要科学理解高校思想政治教育治理过程的复杂性，建立科学有效的评价体系和监测系统，保持治理的动态性和高效能。动态性的高校思想政治教育治理主要指向对治理整体效能的监测与评价，既包括对治理过程效率的监测，也包括对治理结果效益的评价，二者有机统一于动态性的评价体系与监测系统之中。对治理过程效率进行动态性监测，既是对治理过程复杂性的积极应对，也是从源头上把控治理实际成效的重要手段。通过动态性监测，及时发现治理过程中存在的问题与不足，进而对其中的各方面要素进行及时的调整与随时的反思，有助于将治理过程中的不利因素尽早扼杀，切实保障治理过程的高效性。对治理结果效益进行动态性评价，既是检验治理实际成效的必然要求，也是丰富治理结果的科学性认识。通过动态性的评价，分析不同阶段、不同领域治理结果的实际效益，及时发现具备示范性的治理结果，进行宣传推广，发挥以点带面的作用和功效，同时也及时找出低效的治理结果，进行备案与反思，避免低效结果再次出现，切实发挥治理结果的正向示范功能。因此，高校思想政治教育治理要应对时代与实践变化发展的客观实际，遵循治理对象思想品德变化发展的客观规律，保持自身变化发展的动态性与适应性，同时建立动态性的整体效能评价与监测体系，对高校思想政治教育治理涉及的各个方面与整个过程进行有效监测和及时反馈，保持治理过程的反思性状态，进而保障高校思想政治教育治理系统运行始终保持生机与活力。

另一方面，要重视高校思想政治教育治理理论与实践发展的客观需求，保持治理理论与实践的开放性和包容性。开放性的高校思想政治教育治理主要是指高校思想政治教育治理的理论研究与实践推进过程始终处于开放包容的状态，在保持自身特色与自主性的基础上，积极借鉴、吸收相关领域的科学成果与有益经验，不断推动高校思想政治教育工作的创新性发展。"开放带来进步，封闭必然落后。"[1] 封闭状态下的思维是

---

[1]《习近平新时代中国特色社会主义思想学习纲要》，学习出版社、人民出版社2019年版，第93页。

禁锢的，行动也是局限的。无论是理论研究的突破，还是实践过程的发展，都无法在封闭的、固守的状态中实现。因此，高校思想政治教育治理的理论研究与实践推进都要始终保持开放包容的状态，不仅要在理论研究中勇于突破学科壁垒，挖掘其他学科治理理论研究的相关科学成果为自身所用，实现学科间的深度交叉与有效融合，不断促进高校思想政治教育治理理论的科学化、系统化发展，而且要在实践推进中，坚持与推进国家治理现代化的背景、与世界发展现代化的潮流同向同行，充分吸纳国家治理现代化与全球治理实践的有益经验，在遵循思想政治教育工作规律的基础上，融合自身实践发展的特殊性，积极构建现代化的高校思想政治教育治理体系，不断提升高校思想政治教育治理能力，进而不断推进高校思想政治教育治理的现代化进程。

第 四 章

新时代高校思想政治教育治理的价值要义

党的十九届四中全会指出,"坚持和完善中国特色社会主义制度、推进国家治理体系和治理能力现代化,是全党的一项重大战略任务"[①]。国家治理体系和治理能力是一个国家制度和制度执行能力的集中体现。作为国家治理体系的重要组成部分,高校思想政治教育治理有别于传统的思想政治教育的管理模式,具有其独特的价值和意义。高校思想政治教育治理的价值体现在它是国家治理体系和治理能力现代化的应有之义,是提升思想政治教育科学化水平的内在要求,是激发思想政治教育内生动力的关键因素,更是构建中国特色高校思想政治教育体系的重要保证,对于培养德智体美劳全面发展的社会主义建设者和接班人具有重大的战略意义。

第一节 国家治理体系和治理能力现代化的应有之义

实现国家治理体系和治理能力现代化,从本质上说就是从上层建筑层面完成现代化探索,从而应对新时代的机遇与挑战。高校作为人才培养和科学研究的重要阵地,其治理体系与治理能力现代化和国家发展、社会进步息息相关。高校的根本任务是立德树人,推进思想政治教育治

[①] 《中共中央关于坚持和完善中国特色社会主义制度 推进国家治理体系和治理能力现代化若干重大问题的决定》,《人民日报》2019 年 11 月 6 日第 1 版。

理是高校对国家治理体系和治理能力现代化的时代回应,既有助于引领社会的主流价值,维护社会意识形态的安全稳定,也有益于培养担当大任的时代新人。

一 培养担当重任的时代新人

随着中国特色社会主义建设进入新时代,国家对高校人才培养提出了更高的要求。思想政治教育治理的根本目标就是培养具有强烈的社会责任感以及公民意识的全面发展的人,这就要求对于人才的培养不仅要注重其科学知识的传授和专业技能的提升,还要培养坚定的理想信念和良好的道德品质,更要培养与国家治理现代化相适应的思维方式、价值观念、行为方式。"思想政治教育治理不仅要塑造独善其身的守法公民,更要塑造相善其群的好公民,引导公民走向社会公共领域,积极参与社会实践,培育公民的公共理性、公共德性和公共技能。"[1] 因此,高校思想政治教育治理对于涵养学生的法治意识、提升学生的政治素质、培育理性平和的社会心态起着重要作用。

(一)涵养学生法治意识

捍卫以法律和公序良俗为基础的规则文明是国家治理能力现代化进程中的必然要求,而培养公民的规则意识是推动社会有序、文明发展的重要动力。所谓规则意识,即"公民对各种社会规则(规范)诸如法律、道德、宗教、社会风俗等规则的认同、自觉服从与遵守,所形成的自主自律意识"[2]。培养有责任、有担当的时代新人,必须重视对学生法治意识的塑造。思想政治教育治理通过制度化的规范、约束,加深学生对规则的了解和认识,约束学生行为,对于学生法治意识的培养及自律习惯的形成具有良好促进作用。

高校对于学生法治意识的培养,不仅要引导学生严格遵守法律、道德等各种社会规则以及学校内部各项制度,更要使学生从心里认同规章制度价值,在遵守规则的基础上理性行使权利。在思想政治教育治理体

---

[1] 蔡如军、金林南:《试论现代社会的思想政治教育治理》,《思想理论教育》2018 年第 1 期。

[2] 蒋传光:《公民的规则意识与法治秩序的构建》,《社会科学研究》2008 年第 1 期。

系中，规则和制度是学生思想和行动的准绳，高校通过宣传教育使学生从规则制度的约束和引导中进一步了解制度，引导学生意识到自身行为应有的界限。同时，由于规则制度具有约束性、客观性及稳定性，通常不以人的意志为转移，科学合理的规章制度能够使各项流程更简明、更清晰，工作运转更加具有针对性和高效性，这也有助于帮助学生意识到规则对于社会有序发展的重要性，并逐渐从被动遵守转变为主动接受，强化自律意识，将规则内化于心，激发学生自我教育、自我管理、自我服务的内在动力，从而在提升思想道德素质的同时，实现学生自我的完善和发展，为思想政治教育赢得广泛持久的自觉力量。

（二）提升学生政治素质

大学生肩负着建设中国特色社会主义事业的重要使命，是未来国家治理的主力军，是国家现代化不容忽视的重要力量。随着对外开放的深入发展，西方敌对势力将带有浓厚不良政治色彩和价值取向的西方意识文化，以"普世价值""宪政民主"等社会思潮为载体，通过网络的全球性、即时性源源不断地侵袭大学生。这些思想往往披着各种形式的"外衣"，部分大学生由于政治敏锐性和政治鉴别力不强，还不能对西方意识形态层面的险恶用心进行清晰的辨别，出现了"政治冷漠症"倾向，表现为不太关注国内外政治热点，不积极参与日常政治事务。政治信仰是党的思想根基和精神灵魂，也是关乎党生存和发展的第一位的问题，它不仅关系党的建设的性质和方向，而且还关系党、国家及社会发展的前途和命运。[①] 因此，培养学生坚定正确的政治方向、政治观点和政治立场，坚定走中国特色社会主义道路，拥护中国共产党的领导，是国家治理体系和治理能力现代化的必然要求，也是高校思想政治教育的重要任务。

思想政治教育治理依照中国特色社会主义教育制度展开，要求将高校思想政治教育放在国家治理的大背景下来谋划推进，服务于国家治理的现实需要。中国特色社会主义制度和国家治理体系在社会主义建设的实践中彰显出强大生命力和巨大优越性，这就要求高校思想政治教育治

[①] 徐国民、马娜：《用坚定的政治信仰筑牢共产党人的思想根基》，《思想理论教育》2019年第 7 期。

理要始终坚持以马克思主义为指导,加强中国特色社会主义理论的学习教育,通过创新形式、丰富载体,讲清楚中华民族之所以能实现从站起来、富起来到强起来的伟大飞跃,最根本的是因为中国共产党领导人民建立和完善中国特色社会主义制度,帮助学生端正政治态度,深化对国家政治体制以及治理理念的认知和理解,坚定中国特色社会主义道路自信、理论自信、制度自信和文化自信,增强政治认同感与法治意识,更加自觉地以规则、制度约束自身行为,升华思想境界,促进政治素质的不断提高。

(三) 培育理性平和的社会心态

习近平总书记在全国高校思想政治工作会议上强调:"要坚持不懈促进高校和谐稳定,培育理性平和的健康心态,加强人文关怀和心理疏导,把高校建设成为安定团结的模范之地。"[①] 培养能够担当重任的时代新人,不仅要加强对学生法治意识的培养以及政治素养的提升,更要着眼于学生道德教育及心理健康教育,磨砺学生勇敢顽强、坚韧不拔的意志,培养健全的人格,塑造理性平和的社会心态。

当前大学生社会心态的主流是积极、健康、向上的。然而,在经济社会转型期,我国社会矛盾、腐败现象一定程度存在,由此引发了一些不良社会心态直接影响着青年学生。特别是随着大学生学习、生活以及就业压力增大,部分学生出现浮躁、焦虑的消极情绪;受到物质方面的诱惑,部分学生更是出现了急功近利、盲目攀比的不良心态;等等。思想政治教育治理依托全面、系统、规范的政策体系建立了科学的培育机制,打造了更加专业的育人团队,由辅导员、思想政治理论课教师、心理健康辅导教师以及科研、管理、服务人员共同发力,做好"导"的工作,帮助学生提高思想道德素质及个人修养,树立积极、向上的人生观和价值观,引导学生以乐观的心态面对社会中存在的不良现象。与此同时,思想政治教育治理注重对人本身的关照,从"疏"的方面入手,健全学生人文关怀与心理疏导机制、危机干预机制,帮助学生宣泄不良情绪,纠正认识偏差和心理错位,教育

---

① 《习近平在全国高校思想政治工作会议上强调　把思想政治工作贯穿教育教学全过程　开创我国高等教育事业发展新局面》,《人民日报》2016年12月9日第1版。

引导学生以积极的态度应对成长中的挫折，塑造自尊自信、理性平和、亲善友爱的社会心态。

二 引领社会的主流价值

高校是国家发展和社会进步的重要力量。高校对社会的影响体现在：一方面，高校师生的价值导向对于社会主流价值能够起到重要的带动、引领作用；另一方面，高校智库作为中国特色新型智库的重要组成部分，在国家治理体系和治理能力现代化进程中发挥着重要作用，高校智库通过产出一批优秀的思想与理论成果，服务于社会经济发展，推动社会思想意识的发展进步。

（一）强化高校师生对社会主流价值的引领带动

马克思指出：人的本质是一切社会关系的总和。社会是人的社会，个人是社会的一部分，个人行为对社会行为规范、社会风气、社会价值势必产生影响。大学生是国家主人的重要组成部分，是文化层次较高的公民，是社会力量中最积极、最有生命力的力量，担负着开拓未来的光荣使命。习近平总书记在北京大学考察时强调："青年的价值取向决定了未来整个社会的价值取向，而青年又处在价值观形成和确立的时期，抓好这一时期的价值观养成十分重要。"[①] 由此观之，作为优秀青年的代表，大学生的价值取向将对社会的价值导向起关键作用。在思想政治教育治理过程中，一方面，高校贯彻党的教育方针，落实立德树人的根本任务，着力构建培育和践行社会主义核心价值观的长效机制，大力培育学生社会公德、职业道德、家庭美德、个人品德，推动符合社会要求的价值观念和道德观念内化为青年学生的内在信念，外化为积极参与公共治理的实际行为，从而实现对社会主流价值的积极影响。另一方面，高校思想政治教育更加突出以生为本的理念，更加注重大学生自我治理意识、自我服务意识的提升，鼓励大学生积极参与社会公共事务治理，身体力行地弘扬社会主流价值观念。当他们走出校门、走上社会，在以实际行动践行社会主义核心价值观的过程中，必然潜移默化地向社会传播正能量，

[①] 习近平：《青年要自觉践行社会主义核心价值观——在北京大学师生座谈会上的讲话》，人民出版社2014年版，第9页。

并影响和带动身边一大批人,发挥了良好的示范引领作用。

随着信息技术的快速发展,网络逐渐成为舆论斗争的主要战场。思想政治教育治理现代化必然要求思想政治教育治理手段符合新时代信息技术发展,势必要求高校思想政治工作者充分发挥现代化技术优势,利用信息传播平台,旗帜鲜明地传播社会主流价值。在日常生活中,高校师生可针对社会的热点、难点、重点问题,科学设置相关议题,引导人们关注、交流与讨论,在讨论中做好答疑解惑,帮助人们认清事实真相,弘扬社会主流价值。而面对谣言的扩散蔓延,高校师生亦可充分发挥自身在知识储备上的专业优势和科研优势,适时发布信息,强化舆论引导,帮助人们提升对信息的判断力,改变人们对社会事件的不良看法,使不良舆论的影响降到最低,助力打赢抗击谣言和虚假信息的信息战,确保主流价值导向的权威地位。

(二) 充分发挥高校智库在服务社会发展中的作用

高校思想政治教育治理作为国家治理的重要组成部分,归根结底是要为国家治理贡献力量。高校作为智力和人才的重要聚集地,在智库建设方面具有天然优势和深厚积淀。当前,高校智库紧紧围绕改革开放和社会主义现代化建设大局,出思想、出成果、出人才,为党和政府决策提供了有力的智力支持,为国家改革发展稳定作出了重要贡献。高校坚持以马克思主义为指导,整合校内外优势资源,充分发挥学科齐全、人才密集的独特优势,在总结历史经验的基础上,立足于时代的变迁和形势的发展,从现实中不断总结问题、提炼经验,产出了大量的优秀思想和理论成果,引领社会的主流价值。

作为具有重要社会影响力的群体,高校智库能够在把握社会主流价值的主动权方面发挥重要作用。思想政治教育治理强调高校智库理论成果的创新性与普惠性,高校智库通过理论研究及实践发展,不断赋予原有的优秀思想成果以新的时代内涵,增强了思想政治教育理论的生命力和活力。高校发挥人才的独特优势,强化对社会群体的形势与政策教育,组织专家学者采取贴近实际、贴近生活、贴近群众的宣传方式,深度解读党和国家在治理方面的理念、思路和做法,帮助人们运用科学的方法观察和分析形势,提升人们理解、把握及执行治理政策的能力,引导普通大众坚定对中国特色社会主义的道路自信、理论自信、制度自信和文化自信，深化对社会主义核心价值观的理性认知和情感认同，增强践行社会主义核心价值观的思想自觉和行动自觉。

三 维护意识形态的安全稳定

意识形态的安全稳定是保障社会和谐稳定、国家长治久安的重要前提。习近平总书记指出："意识形态工作是党的一项极端重要的工作。能否做好意识形态工作，事关党的前途命运，事关国家长治久安，事关民族凝聚力和向心力。"[①] 高校是传承和创新知识与思想的重要园地，承担着人才培养、科学研究和社会服务的重要功能，是国内外社会思潮的聚集地和交汇地，是意识形态工作的"风向标"和"晴雨表"。加强高校意识形态阵地建设，事关马克思主义在高校的指导地位，事关培养中国特色社会主义事业建设者和接班人，事关党的事业长治久安和中华民族的伟大复兴。

当前，我国经济社会深刻变革、利益格局深刻调整，使得思想文化领域日趋活跃，呈现出多元、多变、多样的趋势。国外的敌对势力始终没有放弃对青年学生的腐蚀与拉拢，没有放弃对我国"西化""分化"的图谋，他们加紧意识形态领域的渗透，大力鼓吹"宪政民主""新自由主义"等观念，通过网络媒介加快渗透步伐。国内历史虚无主义趁机遥相呼应，打着"学术研究"旗号，借"还原历史"之名，丑化党的主要领袖与英雄人物，妄图挑战马克思主义的指导地位，妄图否定社会主义政治制度和中国共产党长期执政的合法性，给大学生思想观念上带来深远的负面影响。[②] 谁拥有青年，谁就拥有未来。高校是理论研究、思想教育的主阵地，在为党和国家培养和造就高素质理论队伍、推进马克思主义理论武装方面发挥着重要作用。高校思想政治教育治理突破了旧的思维方式的禁锢，以"传播手段和话语方式创新"为切入点，努力构建意识形态治理的现代化路径。一是着力加强马克思主义意识形态阵地建设，

[①] 习近平:《胸怀大局把握大势着眼大事 努力把宣传思想工作做得更好——在全国宣传思想工作会议上的讲话》，《人民日报》2013年8月21日第1版。
[②] 杨婷:《历史虚无主义"虚无"革命榜样的策略、目的及后果》，《马克思主义研究》2017年第1期。

特别是强化网络空间阵地建设，注重发挥马克思主义理论学科和人才优势，强化中国特色社会主义理论宣传教育，牢牢把握高校意识形态工作的主导权、话语权、管理权。二是以师生喜闻乐见的方式，可视化呈现，将理论性和现实性相结合，努力推送既贴近生活又品味高雅的文化内容，让主流意识形态牢牢占领舆论阵地。三是创新话语方式，讲好中国故事，让师生在日常娱乐休闲中感悟真理的力量，增强师生的"四个自信"，切实维护高校意识形态的稳定，为社会意识形态的安全稳定作出高校应有的贡献。

第二节　提升思想政治教育科学化水平的内在要求

我国高校承担着培养德智体美劳全面发展的社会主义建设者和接班人的重要历史使命，然而高校未能很好地满足立德树人根本任务的客观需要，所提供的思想政治教育"有效"产品与学生的成长发展现实需求存在明显差距，高校思想政治教育的质量仍有很大的提升空间。当前高校思想政治教育治理现代化进展并不顺利，面临着诸多方面的现实困境。一是契合度有待提升。传统高校思想政治教育忽视学生成长中的个性化需求，偏重整齐划一的灌输与教育，使得思想政治教育针对性和实效性不足。特别是当前各种思想文化交流、交融、交锋更加频繁，以大数据、人工智能等为代表的新一代信息技术的发展，极大地影响了青年学生的学习生活与思维方式。面对这种情况，高校思想政治教育的理念、内容、方法不能准确契合当前学生的思想特点与发展需求，供给与需求不匹配，未能实现因事而化、因时而进、因势而新。二是引导力亟待增强。长期以来，受功利主义的影响，部分高校把学生思想政治教育工作当作"软任务"，重专业教育，轻思想教育，把思想政治教育工作当成专业教育"主食"之外的"甜点"，没有引起足够的重视；甚至相当一部分高校管理干部和专业教师，由于自身对思想政治教育工作的重要性和必要性认识不足，未能理直气壮地开展思想政治教育工作，对一些不良言论、错误思潮不敢旗帜鲜明地进行反驳与斗争，这些都削弱了思想政治教育在服务学生成长成才中的引导作用。三是系统性稍显不足。高校思想政治教育是一项系统工程，不仅需要学校、社会、家庭等协同发力，更需要高校内部各要素的凝心聚力。部分高校由于缺乏系统性的顶层设计及机制建设，使得高校内部各子系统间思想上不统一，工作上各自为战，课程思政与思政课程不能同向同行，第一课堂理论教学与第二课堂实践锻炼不能有效融会贯通，工作合力不能最大限度地形成和发挥，严重影响了思想政治教育工作的实效。

高校思想政治教育治理现代化，本质上是高校思想政治教育在国家治理现代化背景下的自我完善与发展。这既是思想政治教育加强自身治理、自觉进行要素调整的内在规定，更是其对社会发展新趋势、新情况的积极回应。思想政治教育治理适应新时代高校思想政治教育的发展需要，推动全面、系统的思想政治教育制度与政策体系的构建，强化思想政治教育队伍专业化能力的建设，形成多元化、系统化、现代化的思想政治教育的质量评价体系，为提升思想政治教育科学化水平提供了根本保障。

一　推动思想政治教育体系的制度化

制度建设具有根本性、长远性、规范性和全局性意义。制度对于促进思想政治教育工作更加系统规范，培养学生规则意识具有重要作用。高校思想政治教育制度化是指高校思想政治教育制度运行模式和治理方式规范化作用的动态实现过程。① 思想政治教育治理通过思想政治教育制度体系建设，确保教育活动的系统性和规范性要求，实现思想政治教育的"虚功实做""有章可循"，推动思想政治教育制度结构优化、责任优化、运行优化和环境优化，增强工作的可操作性、实效性，并适应了国家治理体系现代化对思想政治教育制度化、法制化、现代化的要求，成为推动国家治理现代化的坚实力量。

（一）建立科学规范的思想政治教育工作制度体系

思想政治教育治理体系正常运转，必须有系统的制度、完善的规则作保障，使思想政治教育各项工作富有可操作性。规则的制定与完善是

---

① 吴正国、侯勇：《新时代高校思想政治教育制度化建设探究》，《思想教育研究》2019年第9期。

思想政治教育制度化不可或缺的重要环节。较之传统的思想政治教育管理，治理更好地借助了规则的客观性、约束性，提升了工作的效率及质量。思想政治教育治理要求高校要结合国家治理体系与治理能力现代化要求，围绕学生的思想教育、日常管理、学业指导、心理咨询、就业服务、实习实践等方面，制定符合高校治理现代化建设和当前学生思想行为特点的制度与政策体系。比如，结合"一站式"学生社区的管理，制定学生社区自我管理的相关制度；结合"00后"学生民主意识不断增强的特点，完善学生申诉相关制度；结合资助体系从贫困生的经济资助到发展型资助的转变，完善资助育人体系；等等。高校通过制度体系建设，从制度层面更好地发挥思想政治教育在学生成长成才中的作用。此外，思想政治教育治理注重思想教育体系的自身完善和发展，通过建立科学规范的监督反馈机制，定期检查规则的实施情况及工作成效，确保工作规则的合理性与实效性。

（二）建立全面高效的思想政治教育组织运行机制

思想政治教育机制是按一定方式有规律运行的动态系统，是思想政治教育各构成要素的总和。思想政治教育机制的功能是各相关因素功能的耦合，依赖于各构成要素之间的相互衔接、协调运转以及各要素功能的健全。[①] 加强思想政治教育组成要素之间的协作，可以凝聚起集体的力量。思想政治教育治理要求调动学校各方力量的积极性，只有建立起全面高效的思想政治教育组织运行机制，才能确保思想政治教育的各项举措、相关制度得到有效落实，形成"三全育人"的工作格局。思想政治教育治理推动高校各级组织的建设，优化高校思想政治教育行政制度、组织制度和管理制度，实现高校各要素、各资源之间的有效汇聚、系统集成和优化配置。同时，思想政治教育治理充分发挥思想政治教育制度运行的组织、协调、控制功能，将育德与育心、课内与课外、线上与线下相结合，全面推进思想政治教育工作。因此，思想政治教育治理推动高校整合思想政治教育工作主体力量，进一步健全党委统一领导、党政工团齐抓共管、职能部门组织协调、各单位和学院共同负责的思想政治

[①] 邱伟光、张耀灿：《思想政治教育学原理》，高等教育出版社1999年版，第206—207页。

工作组织体系与运行机制，形成高校内部各单位、各部门都要发挥自身优势，各方支持参与、协同推进的教书育人、管理育人、服务育人相统一的"大思政"工作格局。

二　推动思想政治教育队伍的专业化

治理的水平和能力，说到底还是取决于人员的专业素质和能力。思想政治教育工作者的专业素质和能力是决定思想政治教育治理体系和治理能力现代化的关键因素，思想政治教育治理现代化要求建设一支适应现代化要求的高素质、专业化队伍，同时也要推动思想政治教育工作者主动适应治理生态，树立现代化教育理念，提高专业能力，以满足治理体系现代化建设的新要求。

（一）推动思想政治教育队伍树立现代化治理理念

实现高校思想政治教育治理体系和治理能力现代化，关键在人，关键在于思想政治教育队伍的专业化素养。思想是行动的先导，认识是行动的动力。高校思想政治教育队伍的理念与素质不能率先完成专业化、现代化的转变，就无法引领思想政治教育治理体系走向现代化。高校思想政治教育治理是一种教育新生态，它要求思想政治教育工作者必须提高认识，摒弃传统的教育观念，重新构筑治理生态下的全新教育理念，以适应新时代思想政治教育的变化与发展。

首先，思想政治教育工作者要更加突出"以人为本"理念。坚持人民当家作主，发展人民民主，密切联系群众，紧紧依靠人民推动国家发展，是我国国家制度和国家治理体系的一大显著优势。国家治理以人民为中心的理念，体现在高校思想政治教育就是要以学生成长发展为中心，突出以生为本、因材施教，围绕学生、关照学生、服务学生，为学生提供个性化的成长成才服务，充分发挥学生自我教育、自我管理与自我服务的作用。这就要求思想政治教育工作者做到以下三个方面：一是深入学生，了解学生，深刻洞察学生的需求，掌握学生群体的普遍需求和特殊需求，找到学生的"痛点""痒点"和"兴奋点"，既满足一般，又不忽略个例。二是重视学生的参与和反馈，要设计学生有序参与学校治理的体制机制。三是注重"用户体验"，从学生的"感知"出发，设身处地地站在"学生"角度进行考虑，不断地改善提升学生校园生活全流程的体验。

其次,思想政治教育工作者要树立"多元协商"的治理理念。传统高校思想政治教育更多的是管理而非真正意义上的治理,随着公民主体意识的日益增强,高校思想政治教育治理主体要打破传统思维定式,主动改变单一管理的观念,改变过去"管制""训导"式的管理方法,树立起"多元协商"的治理理念,适应新时代思想政治教育的新要求。思想政治教育治理现代化强调协同治理,注重治理主体之间的充分沟通与协同,以此实现有效的协调和整合,达到相互强化、整体提升的结果。因此,在思想政治教育治理过程中,思想政治教育工作者要通过优化工作机制和流程,避免各组织、各部门之间各自为战,促进社会、高校、家庭以及受教育者等治理主体相互协助、相互促进,在协商、互动中实现共治,共同为学生成长成才作出应有的贡献。

最后,思想政治教育工作者要树立法治化的治理思维。受行政化的影响,传统高校往往采用行政强制性的管理手段对思想政治教育进行宏观管理,这使得高校思想政治教育内部自主管理能力未能得到有效激发和体现。思想政治教育治理现代化为思想政治教育带来了全新的整体性、复杂性的问题,要求高校要以整体性思维来构建全面系统的思想政治教育政策与法律体系,这也就要求教育工作者树立法治化的思维,做好思想政治教育相关政策法规的解读与落实,保障思想政治教育各项活动在法定的范围内有序开展。这是推进高校思想政治教育治理工作有序开展的必要前提。同时,思想政治教育工作者要运用法治思维和法治方式来协调校内管理与校外管理、教育者与教育对象之间的关系,构建法治化的思想政治教育治理生态,推动高校思想政治教育治理工作的有序进行。

(二)促进思想政治教育队伍专业化治理能力的提升

相对于传统的管理,思想政治教育治理要求思想政治教育工作者从整体性治理的角度反思当下的思想政治教育工作,既要在课堂教学中寻找出路,也要加强高校党团学工、教务后勤等相关部门协同,形成整合之力。这就要求思想政治教育工作者在传统思想政治教育基本素质要求的基础之上,还必须具备更开阔的思维、更扎实的专业知识、更强的理论研究能力、更全面的协同沟通能力、更强的创新能力,以应对思想政治教育治理的全新要求。

思想政治教育治理着眼于完善体制机制、优化工作流程，最终实现思想政治教育治理效能的提升。这就要求思想政治教育的内容、方式、机制建设等要适应新时代国家治理体系与治理能力现代化对高校人才培养的要求。因此，对于思想政治教育工作者来讲：一是要进一步提升理论联系实际的能力，不仅要学习工作须具备的理论、知识、技能，掌握基本的工作原理和方法，了解学科发展的前沿成果，还要将理论灵活地运用于教育实践中，密切关注工作推进过程中存在的问题，能根据实际及时作出适应性的调整，做好对学生的教育、管理与服务工作，着力增强工作的适应性；二是要提升沟通协调的能力，思想政治教育治理需要校内外多个部门的协同配合，需要更加注重对学生的人文关怀与心理健康服务，较强的人际沟通能力和协同意识是确保思想政治教育治理成效的重要因素；三是要培养创新意识、提升创新能力，思想政治教育治理要求在教育方式、载体、机制等方面进行系统化的创新，以增强育人实效，这就要求思想政治教育工作者从知识型向创新型转变，培养批判性思维，强化创新能力培养，实现思想政治教育的创新发展。

在思想政治教育治理体系中，高校对教育工作者的培养更具系统性及科学性。根据思想政治教育治理的要求，高校对教育工作者的培训内容更趋于科学完善，高校通过搭建多形式培训平台、整合全方位资源，从治理现代化的角度，努力满足教育工作者在思想政治教育实践过程中的需求，为他们做好专业知识储备、锻造专业化治理能力提供丰富的资源和广阔的平台，进一步提升了教育工作者专业化、现代化治理能力，为增强思想政治教育工作实效提供了坚实的队伍保障。

（三）提升思想政治教育队伍的整体专业治理效能

美国心理学家班杜拉对集体效能给出的定义是："群体对它具有组织和实施行为达到一定成就水平所需的行动过程的联合能力之共同信念。"[1]根据班杜拉的理念，集体效能根植于个人效能，群体中的成员相互作用、相互协调的动力会产生一个新出现的超过每个个体属性综合的特性，其成员之间以互相促进或是互相破坏的方式相互作用，取决于群体中的因

---

[1] ［美］班杜拉：《自我效能：控制的实施》，缪小春等译，华东师范大学出版社2003年版，第683页。

素得到怎样的引导。思想政治教育治理注重工作的系统性、整体性、综合性，在保证教育队伍中每个个体的发展质量的同时，利用制度保障队伍工作配合的协调性、有序性，以确保队伍整体的专业效能，对打造与高校发展实际相适应的高质量、高水平的思想政治教育专业化队伍具有重要的推动作用。

思想政治教育治理注重以制度化建设从顶层设计、政策执行、监督检查、评价反馈等方面全方位、全过程发力，促使队伍中的各成员之间以及各部门、各组织之间有序协调、密切配合，从而使思想政治教育的每一步都能环环相扣，保障育人质量。在这种治理体系中，队伍中的个人效能得到充分发挥的同时，个体及组织之间形成了良性互动关系，因此，思想政治教育队伍的整体专业效能也能得到大幅度的提升。

三 促进思想政治教育质量评价的科学化

思想政治教育工作质量评价是一项长期的系统工程。伴随思想政治教育治理体系与治理能力现代化的推进，思想政治教育必须以提升育人质量为核心，建立科学有效的现代化质量评价机制，注重评价的系统性、全面性、动态性和现代性，更好地落实立德树人根本任务。思想政治教育治理现代化打破了教育工作参与对象的二元分立，形成了多元的教育主体，促进评价主体的多元化；同时，思想政治教育治理现代化要求质量评价内容的系统化和评价方式的现代化，有力地推动思想政治教育质量评价的科学化。

（一）促进评价主体的多元化

多元共治是国家治理现代化的重要特征。相应地，思想政治教育治理也注重跨部门、跨组织的协同作用，积极动员校内外各种力量共同参与思想政治教育工作。从这个意义上讲，思想政治教育质量评价的主体是多元化的。一方面，作为传统思想教育主体，高校辅导员、思想政治理论课教师在思想政治教育治理体系中依然是思想政治教育质量评价的主体力量。对其思想政治素质及思想教育工作的评价有助于激励其内在动机，使其自觉规范和约束自己的行为，获得自我完善、自我发展的力量。另一方面，思想政治教育治理体系中，学生不再处于被动的受教地位，其"自治"的作用得到充分发挥。作为思想政治教育治理的重要参与者，学生在思想政治教育质量评价中的地位尤为重要。学生通过实践可以有效判断教育制度是否科学有效，对思想教育工作情况给出科学合理的评价反馈。此外，依据思想政治教育治理现代化的需要，高校的管理干部、后勤服务人员、广大专业教师以及政府相关部门都是思想政治教育的重要力量，社会力量也被引入高校思想政治教育工作质量评价主体群，进一步促进了评价主体的多元化，适应了国家治理现代化的要求，促成了教育"共治"、教育成果"共享"的目的。

（二）促进评价方式的现代化

"在国家治理现代化视域下，思想政治教育治理要自觉遵循国家治理现代化的内在逻辑"①，根据国家治理现代化的要求，思想政治教育治理注重治理手段和方式的多样性与时代性，反映到思想政治教育质量评价中，必然要求评价方式要体现现代化，以适应思想政治教育的现实要求。思想政治教育质量评价现代化要以科学化为基本前提，这就要求思想政治教育质量评价要兼顾评价的全面普适性与个体差异性，要求评价方式以社会发展需求、高校治理工作实际以及学生成长规律为依据，充分考察思想政治教育治理能否解决当前高校师生在思想中存在的困惑及问题，能否引领高校师生紧跟时代步伐，加强思想理论的学习与道德素质的提升，自觉推动高校的建设与各项工作的开展，并为社会发展提供积极的引导力与推动力。这种动态化的评价方式能更好地避免以材料考核为主的传统评价方式的弊端，使评价结果更具科学性及长效性，满足治理现代化对创新性与时代性的要求。

随着区块链技术、大数据等不断推广应用，思想政治教育治理中的科技支撑作用日益明显，将进一步弥补传统思想政治教育质量评价的短板。因此，积极运用区块链技术，运用大数据思维进行思想政治教育质量的评价，有助于在校园及社会中扩大数据的覆盖面和影响力，充分了解各方面对思想政治教育质量的看法及建议。通过分类、筛选与整合，能够提高数据质量，做好数据分析，提高数据智能化分析水平，促进思

---

① 张建东、邓倩：《思想政治教育治理：国家治理现代化的重要维度》，《思想理论教育》2016年第2期。

想政治教育治理评价的现代化。

（三）促进评价指标的系统化

评价指标是质量评价的重要依据，科学系统的评价指标能够全方位判断工作质量，加强质量评价的客观性、真实性和有效性。思想政治教育治理注重以制度化的建设提升教育的质量水平，通过思想政治教育各方面制度的建立与完善，确保决策、实施、评价各项流程的高效性及有序性，有助于形成系统化的评价指标，从而促进思想政治教育质量评价的系统化。

根据思想政治教育治理的特点，系统化的评价指标体系通常可以分为四个方面：一是教育理念与规划方面的评价，包括指导思想、教育规划与条件保障规划等，重点判断其理念及规划是否与国家治理现代化的要求相适应，以及思想政治教育的制度建设与政策落实是否结合高校实际，做到全面、客观、富有可操作性。二是教育队伍建设的评价，除评价思想政治教育专职教师、管理干部参与的积极性、主动性及专业化素质能力外，还应重点评价学生自我发展能力的培养、作用及影响等。三是教育实施方面的评价，着重考察是否按照制度化、法制化的方式推动思想政治教育教学、活动组织等方面。四是教育效果方面的评价，重点评价思想政治教育治理现代化对全面发展的人才的培养作用，以及对意识形态的领航和道德价值的导向作用是否显著，特别是相比传统思想政治教育，学生的规则意识、法治意识、良好的社会心态方面是否取得明显成效等。通过以上系统化的指标，给予思想政治教育质量以更加客观、科学的评价。

第三节　激发思想政治教育内生动力的关键因素

思想政治教育治理的提出，不仅是深化教育体制改革的迫切需要，也是思想政治教育内在矛盾催生的必然结果。换言之，思想政治教育自身治理的过程就是思想政治教育开展系统内部治理的过程，即在思想政治教育系统内部运用治理理念和治理方式，改善思想政治教育管理的实践过程。新时代推进高校思想政治教育治理，一方面要求更加关注思想政治教育的外部环境,另一方面要求推动思想政治教育自身的内在规律的深入研究,探索其内在动力。高校思想政治教育治理不仅能激发思想教育工作者的主动意识,还能提升思想政治教育对象的自我发展能力,推动实现思想政治教育供需结构方面的平衡。

一 激发思想政治教育工作者的主动意识

习近平总书记强调:"办好思想政治理论课关键在教师,关键在发挥教师的积极性、主动性、创造性。"① 作为高校思想政治教育工作中的主要力量,高校思想政治教育队伍的质量好坏决定了思想政治工作是否能够持续稳定的发展,而队伍中成员的自身能力与专业素养影响着思想教育的开展及效果。思想政治教育的对象是真实存在的人,是需要被尊重与理解的独立的个体,培养社会主义合格建设者和接班人需要遵循大学生的成长发展规律,需要思想政治教育工作者与教育对象之间建立和谐、信任的关系,需要紧跟时代的步伐、关注学生的发展和诉求。高校思想政治教育治理不仅要求制度建设上的创新、方法选择上的创新,更要求内容选用上的创新,这在无形中就给思想政治教育工作者提出了更高的要求。在此背景下,思想政治教育工作者要转变传统观念,主动出击,主动作为,不断提升专业素养、职业能力,努力适应思想政治教育治理体系与治理能力现代化的职业需求。

人工智能是引领新一轮科技革命和产业变革的重要驱动力,正深刻改变着人们的生产、生活、学习方式,人类社会逐步进入人机协同、跨界融合、共创分享的智能时代。② 人工智能技术的发展给思想政治教育主体带来机遇的同时也带来了一定的挑战。因此,新时代高校思想政治教育治理对未来思想政治教育工作者的要求将是更加关注人的精神世界的发展,更加重视沟通、交流、审美、创造性思维、批判性思维等人类独有的情感活动能力的培养。诚然,不论是思想政治教育治理对思想政治

---

① 习近平:《用新时代中国特色社会主义思想铸魂育人 贯彻党的教育方针落实立德树人根本任务——在学校思想政治理论课教师座谈会上的讲话》,《人民日报》2019年3月19日第1版。

② 习近平:《向国际人工智能与教育大会致贺信》,《人民日报》2019年5月17日第1版。

教育工作者自身素质的要求，还是为满足学生成长的需求，都在无形中激发了教育工作者的内在驱动力，使得教育工作者能够兢兢业业、勤勤恳恳做好学生思想政治教育工作，尊重学生、关爱学生、服务学生，从而有效提升思想政治教育工作质量。

二　提升思想政治教育对象的自我发展能力

"人的现代化"在国家治理现代化进程中扮演着重要角色，就是要推进人的自由全面发展。传统思想政治教育一般将教师作为教育主体，学生作为教育客体，教师与学生之间是"管与被管""主动与被动"的不平等关系，学生主体在思想政治教育体系中往往未得到重视，仅仅被看作知识的接受者。现代化的思想政治教育治理体系必须有具有自治能力的教育环境和教育个体，体现在个体上就是思想政治教育对象具有较强的自主性和自律性。换言之，现代化的思想政治教育治理更加注重以学生为中心，就是要一切为了学生，一切依靠学生，发挥学生的主动性与积极性。这意味着首先要相信学生，肯定学生的主体地位，肯定学生能够进行自我创造与自我发展；其次要尊重学生，每个学生都是具有独立人格的主体，要承认和尊重学生的主体地位和主体人格。因此，在推进思想政治教育治理的过程中，学生群体的主体地位越来越明确，学生的自主性得到了很大的释放，激发了学生主动参与思想政治教育活动的积极性与主动性。而科学规范、合理明晰的规章制度能有效激发大学生自我教育、自我管理、自我服务的动力，为思想政治教育赢得广泛持久的自觉力量。

高校思想政治教育的治理，打破了传统以教育工作者为主体的局面，教师与学生之间从主客体的关系转为平等、协作的关系；打破了传统的教育管理中由上而下强制性的规定模式，更加着重于学生主体的参与和组织成员的双向互动。高校思想政治教育治理不仅要求不同主体能够发挥各自的功能与作用，更要求推动学生主体与教师主体之间的共同协作。一方面，作为接受思想政治教育的主体，学生有权利和义务参与高校思想政治教育的治理，并对其效果作出评价；另一方面，不论是学生党员干部的先锋模范作用，还是学生组织的教育作用，都需要学生发挥主动性。

高校思想政治教育治理强调以学生成长发展为导向，构建个性化指导模型。网络信息技术的快速发展，使得大学生群体可以不受时间与空间的限制，实现与教师等群体无时无刻的交流，为增强大学生的自主话语权提供了极大的便利，同时对于促进大学生的自我管理能力有着巨大的作用。特别是通过智能信息平台，常规的学习学生自己即可完成，学生的学习、生活更加自主，在这种情况下，学生的主动意识、自觉意识的重要性显而易见，学生的自我发展意识尤为重要。思想政治教育工作者将成为真正意义上的"灵魂工程师"，成为学生知识学习的陪伴者、生活情感的呵护者、思想教育的引导者，而学生将更多适应个性化、定制化的学习模式，更加注重自我发展意识的培养，提升自我发展能力。[①]

三　推动思想政治教育供需结构的平衡

不论在什么领域，供给与需求是同时存在、相互制约的，只有供需结构平衡，才能实现该领域的健康发展。同样，在高校思想政治教育领域中，只有供需结构平衡，才能更好地发挥思想政治教育的作用，才能促进高校思想政治教育持续发展。传统的思想政治教育，一味强调理论灌输，内容单调、教育方法单一，忽视需求侧的主体性，忽视学生的需求和个性，造成教育效果弱化；而随着时代发展，一段时间内又开始将重心逐渐转向需求侧，过于迎合学生的需求，过于强调方法，忽视供给侧自身必须具备的引领力和影响力，教育效果同样受到影响。[②] 高校思想政治教育的教育内容作为一种特殊的"产品"，在供需结构中，既要肯定需求侧的重要性，满足学生健康成长过程中的现实需求，也要体现思想政治教育供给侧的特殊引领力，向学生提供科学的、精准的、有效的教育供给，引领学生对教育供给的需求。只有供给侧与需求侧之间达到了平衡状态，高校思想政治教育才能取得更多实实在在的效果。

在思想政治教育的治理过程中，其供给主体、供给内容、供给方式

---

① 刘文博、刘吉：《人工智能时代高校思想政治教育面临的变革与挑战》，《学校党建与思想教育》2020年第13期。

② 侍旭：《高校思政教育也应有"供给侧改革"思维》，《光明日报》2016年3月16日第16版。

等方面更加突出解决学生成长中的实际问题。第一，思想政治教育的供给主体，除了思想政治理论课教师、辅导员、心理健康教师、专业课教师、管理人员、服务人员外，还有一些政府人员、企业人员和社会团体，他们都是高校思想政治教育的重要成员。与此同时，多元主体共治的理念强化了各供给主体间的互动与交流。传统教育模式下，虽然思想政治理论课教师、辅导员、专业课教师等都在开展思想政治教育工作，但在现实之中，各主体之间各自为政，每一主体都有自己的方向，比如思想政治理论课教师更偏向理论研究以及课堂教学，而辅导员等其他工作者更注重实际的工作，使得对大学生的理论教育与实践没有结合起来。而思想政治教育治理推动供给主体之间相互支撑、共同协作，使得理论与实践相结合，课堂教育与实务工作相互补充，推动思想政治教育供需结构的平衡。第二，在供给内容方面，思想政治教育治理立足国家治理现代化的大背景，结合当代学生的实际需求，不断丰富思想政治教育的内容，不仅包括传统的政治、理论、道德、心理等方面的内容，还将涵盖法治、协同、自我发展等全新的内容，以期为国家治理能力现代化培养合格人才。这些内容相互联系、相互影响，共同提升了思想政治教育的质量。第三，为了给高校思想政治教育治理现代化提供高效率、高参与、高质量的解决方案，高校必须创新供给方式。一方面，随着育人力量的扩大，育人场域逐渐增加，第二课堂、第三课堂、社会实践与网络空间等多种方式都为思想政治教育提供了更多的场域，推动形成了全员、全过程、全方位育人的长效机制。全员、全过程、全方位育人是在传统育人方式基础上的丰富和扩展，从育人方式上开拓了思想政治教育的供给结构。[1] 另一方面，要把握信息化发展趋势，将学习资源、教育手段数字化、网络化、智能化，推动思想政治教育突破时空的限制，使得人人皆学、处处能学、时时能学。要遵循当代学生的心理发展规律、成长规律，积极采用广大学生易于接受、喜闻乐见的方式，利用新媒体、人工智能情景模拟、现场实践教学等先进技术，给学生不同的情景体验，提供更加多样化、个性化的教育方式，增强思想政治教育实效。此外，高校思

---

[1] 冯刚：《增强高校思想政治教育持续发展的内生动力》，《中国高等教育》2017 年第 13 期。

想政治教育的治理还要求优化不同地区、不同学校的资源配给，整体推进，实现思想政治教育供需结构的平衡。

第四节　构建中国特色高校思想政治教育体系的重要保证

习近平总书记在全国高校思想政治工作会议上指出："我国高等教育肩负着培养德智体美劳全面发展的社会主义事业建设者和接班人的重大任务，必须坚持正确政治方向。"① 高校思想政治教育坚持正确的政治方向，就是要在思想政治教育工作中坚持党的领导，坚持社会主义办学方向，充分体现马克思主义的指导地位和基本立场，切实用习近平新时代中国特色社会主义思想武装头脑、指导实践、推动工作，体现中国特色与时代特征。

作为国家治理体系与治理能力现代化的组成部分，高校思想政治教育治理的根本出发点还是"立德树人"，就是为了促进思想政治教育管理向治理的转变，增强思想政治教育工作的针对性和实效性。思想政治教育只有立足于中国特色社会主义制度，依据国家治理体系与治理能力现代化建设的需要，构建具有中国特色的思想政治教育的理论体系、实践体系和工作体系，才能实现其在培养中国特色社会主义的建设者和接班人中的独特价值，彰显其独特优势。

一　构建中国特色高校思想政治教育的理论体系

习近平总书记强调，我们的高校是党领导下的高校，是中国特色社会主义高校，办好我们的高校，必须坚持以马克思主义为指导，全面贯彻党的教育方针。② 高校思想政治教育的一项重要任务就是强化理论武装，开展中国特色社会主义理论的宣传与教育。理论是实践的先导，思

---

① 《习近平在全国高校思想政治工作会议上强调　把思想政治工作贯穿教育教学全过程　开创我国高等教育事业发展新局面》，《人民日报》2016 年 12 月 9 日第 1 版。
② 《习近平在全国高校思想政治工作会议上强调　把思想政治工作贯穿教育教学全过程　开创我国高等教育事业发展新局面》，《人民日报》2016 年 12 月 9 日第 1 版。

想政治教育治理现代化需要建立中国特色思想政治教育的现代化理论体系，这是思想政治教育治理现代化的先决条件。新时代高校思想政治教育要把理论教育摆在突出位置，坚定不移地对大学生群体进行马克思主义理论教育，不断增强中国特色社会主义的理论自信、道路自信、制度自信和文化自信，为其成长奠定科学的理论思想基础。此外，在思想政治教育治理现代化过程中，只有牢牢坚持马克思主义理论的指导地位，使思想政治教育的制度设计、理论发展始终与党和国家的发展方向相一致，和人民群众的自由全面发展相一致，确保思想政治教育方向不动摇，才能构建出适应当代中国特色社会主义道路的思想政治教育理论体系。

思想政治教育治理现代化丰富了高校大学生理论教育的内容与方式。一方面，在内容上，高校思想政治教育作为中国共产党治国理政新理念、新思想、新战略实践发展的重要组成部分，必然要求以马克思主义理论为指导，贯彻和落实党的基本路线、方针和政策，积极培育和弘扬社会主义核心价值观，引导大学生成为社会主义核心价值观的坚定信仰者、积极传播者、模范践行者。特别是要讲清楚我国国家制度和国家治理体系具有多方面的显著优势，讲清楚中国共产党领导是中国特色社会主义制度的最大优势，增强广大师生对党的执政地位的认同和对中国特色社会主义道路的认同，坚定马克思主义信仰。另一方面，在方法上，要采取喜闻乐见的方式，更多地发挥大学生的主体能动性，教育引导他们乐于学习，主动学习；要切实发挥高校专业教师、管理干部以及各个方面、各级组织的力量，进一步完善全员、全过程、全方位的理论教育体系，形成育人合力，切实提升理论教育的实效，推动构建中国特色高校思想政治教育的理论体系。

二　构建中国特色高校思想政治教育的实践体系

思想政治教育是指社会或者社会群体用一定的思想观念、政治观点、道德规范对其成员施加有目的、有计划、有组织的影响，使他们形成符合一定社会、一定阶级所需要的思想品德的社会实践活动。由此可见，思想政治教育是人类教育实践活动的重要内容，是具有意识形态属性的社会实践活动，脱离实践教育，则会成为无本之木、无源之水。从思想政治教育的根本目标看，思想政治教育应该通过实践教育的方式，使受教育者成为自主发展的主体，而不是沦为思想理论灌输的客体。而与此同时，受教育者也通过自身实践体验加深了对理论的理解和认知，从而推动理论教育与实践教育相互促进、相得益彰。实践育人是高校人才培养的重要手段，构建中国特色的思想政治教育的实践体系对于大学生的健康成长具有重要作用。

思想政治教育的长足发展与中国改革发展实践是不可分割的，中国特色社会主义伟大实践为思想政治教育的创新发展提供了丰富的滋养。[①]中国改革开放实践是思想政治教育实践发展的重要来源，也是思想政治教育治理现代化的实践基础。思想政治教育治理只有立足于中国发展大势，才能从党探索中国特色社会主义建设的历史过程和伟大实践中，认识和把握思想政治教育运行制度的设计与执行规律。因此，思想政治教育治理现代化是思想政治教育遵循中国改革发展的实践，与时俱进的创新发展，它推动构建具有中国特色的思想政治教育实践体系。中国特色社会主义的伟大实践给予高校大学生丰富的实践平台，思想政治教育治理突破了传统思想政治教育实践体系在内容、方法、手段等方面的局限，推动了完善和创新思想政治教育实践体系内在运行机制，形成各部门有机结合、共同协调的保障机制，使思想政治教育的体制机制与中国改革发展实践互相促进、协同发展、形成合力，不断激励广大学生投身于改革开放和社会主义现代化建设伟大实践中，在实践中汲取智慧和力量，掌握学问，增强素质，提升能力，成为勤于学习、勇于担当、甘于奉献的栋梁之材，完成时代赋予的历史重任，让青春年华在为国家、为人民的奉献中焕发出绚丽光彩。

三 构建中国特色高校思想政治教育的工作体系

思想政治教育治理体系是一项复杂的系统工程。在思想政治教育治理现代化过程中，思想政治教育内部体系各组成元素的内生动力得到有效激发，为思想政治教育工作体系高效运转发挥了重要作用。思想政治教育治理现代化不仅要求建立系统完备的思想政治教育政策与法律体系，

---

① 冯刚：《增强高校思想政治教育持续发展的内生动力》，《中国高等教育》2017 年第 13 期。

更需要建立执行好、落实好这些政策的思想政治教育工作体系。

（一）促进思想政治教育主渠道主阵地的协同

思想政治教育"主渠道"，指在思想政治教育工作中起决定作用的途径。当前，思想政治理论课作为思想政治教育的主渠道，主要通过思想政治理论课对学生进行系统的思想教育、政治教育和道德教育，帮助青年学生树立正确的世界观、人生观、价值观，引导青年学生形成对马克思主义的正确理论认知和价值认同，纠正学生对理论的错误认识，培养学生用马克思主义的立场、观点、方法解决实际问题的能力。而思想政治教育"主阵地"，即思想政治理论课之外，对大学生思想政治教育工作影响最大的场域。日常思想政治教育作为主阵地，其内容涵盖思想教育、心理健康教育、人文关怀、人际关系培养、日常行为教育等。

思想政治教育治理现代化要求"主渠道"与"主阵地"两者相互依存、互为补充，共同推动大学生思想政治教育取得实效。具体体现在以下两个方面：一方面，思想政治教育治理促进形成"主渠道""主阵地"协同育人的意识。思想政治教育治理现代化要求思想政治理论课教师与学生工作干部将思想认识统一到大学生思想政治教育实践中来，既要在各自负责的领域耕好责任田，又要明确立德树人责任，树立协同育人意识，自觉走出教育管理"两张皮"的认识误区，在工作中同心同德、协同合作。另一方面，思想政治教育治理为"主渠道""主阵地"协同育人提供制度保障。思想政治教育治理现代化的一个核心就是实现思想政治教育制度化，而科学化、规范化的高校日常管理工作能有效弥补思想政治理论课交流对话、说服劝导等柔性教育方式的不足，同时日常思想政治教育对理论教育的拓展、延伸、加强、深化也可通过一系列体现协同思想、富含融合思路的规章制度的贯彻落实得以实现。

（二）推动思想政治教育多元化育人力量的汇聚

《关于加强和改进新形势下高校思想政治工作的意见》明确提出，要把思想价值引领贯穿教育教学全过程和各环节，形成包括教书育人、管理育人、服务育人、科研育人、实践育人、文化育人和组织育人在内的全员、全过程、全方位长效机制。思想政治教育治理的现代化进程，需要着力构建有利于调动各方资源、汇聚各方力量的体制机制，促进各育人主体之间的沟通协作，形成思想政治教育育人合力，真正实现教书育人、管理育人、服务育人、科研育人、文化育人、实践育人、组织育人的全员、全方位、全过程育人。

一是实现育人力量的协同。高校思想政治教育工作涉及党委宣传部、组织部、学工部、团委、教务、人事、科研、后勤等多个部门，随着全员育人理念的深化，思想政治教育的主体不仅包括传统的思想政治理论课教师、辅导员、学工干部和党务干部，还包括机关管理干部、后勤服务人员、专业课教师、校友等群体，思想政治教育治理现代化明确了各个方面的育人职责，激发了各育人力量的内生动力，实现了育人力量的协同。

二是实现育人机制的协同。高校思想政治教育工作是一项系统工程，体系中的各个育人系统结构和功能各异。随着外部环境、教育对象、方法手段等的深刻变化，高校思想政治教育工作的传统理念和经验办法日显乏力，过去因分工过细、条块分割等原因造成协同不足的负面效应日益突出，再靠单一项目、单一力量、单一手段、单一线程已经无法提供符合时代要求的高质量和高产能。而高校思想政治教育治理的现代化强调内部的协同配合，突出育人合力，着力完善思想政治教育工作体系中各育人系统协同攻关、联动协作、合力育人的工作机制，强化正向牵引、减少互斥损耗、保持步调统一，充分发挥协同效应，形成有序的组织结构，朝着落实立德树人根本任务的共同目标合力前进，实现思想政治教育工作体系不断完善，实现育人质量整体提升。

(三) 实现价值引领、知识传授与能力培养的有机统一

随着信息技术的快速发展，价值引领、知识传授、能力培养成为高校人才培养目标的三个维度，成为培养德智体美劳全面发展的时代新人的必然要求。高校思想政治教育治理的现代化正是回应了国家治理体系和治理能力现代化建设背景下对当前高校人才培养目标的呼唤，是新时代高校思想政治教育的时代课题。高校思想政治教育治理现代化坚持以学生为中心，促进学生全面发展的教育理念，客观要求高校在教授学生专业知识的同时，把做人做事的基本道理、把社会主义核心价值观的践行、把实现中华民族伟大复兴的理想和责任融入各类课程教学环节之中，着力打通学生的价值、知识与能力，打通课堂教学第一课堂、课外活动第二课堂和实践教学第三课堂，形成协同效应，实现价值引领、知识传

授和能力培养的有机统一，实现立德树人的润物无声。

进入中国特色社会主义新时代，大力推进具有中国特色的高校思想政治教育治理体系与治理能力现代化，是国家治理现代化和思想政治教育现代转型的现实需要，对于培养中国特色社会主义的建设者和接班人具有重大战略意义。

第 五 章

新时代高校思想政治教育治理的实践展开

我国国家治理体系和国家治理能力现代化是一项正在进行并且面向未来的宏大治理实践活动，国家治理现代化为高校思想政治教育治理实践提供了重要的政策环境，也对思想政治教育治理现代化提出了更高的要求。新时代高校思想政治教育应当着眼实践问题，聚焦国家治理实践发展前沿，建立系统完备、结构科学的思想政治教育体系，不断为思想政治教育注入治理政策理念，提升思想政治教育政策执行的效力和质量。应当将治理的价值理念深层次地融入思想政治教育全过程，强化治理的方法载体在新时代思想政治教育实践中的运用，探索形成并深化完善思想政治教育治理的制度机制，在实践中把我国国家制度和国家治理体系的内在优势，转化为高校思想政治教育自身的治理效能。

第一节 治理价值理念在新时代高校思想政治教育中的融入

党的十九届四中全会指出，"坚持和完善中国特色社会主义制度、推进国家治理体系和治理能力现代化，是全党的一项重大战略任务"[①]。国家治理体系和治理能力现代化为高校思想政治教育提供了广阔的实践空间，也是思想政治教育治理现代化的最重要资源。思想政治教育治理实

---

① 《中共中央关于坚持和完善中国特色社会主义制度 推进国家治理体系和治理能力现代化若干重大问题的决定》，《人民日报》2019 年 11 月 6 日第 1 版。

践的发展，离不开国家治理体系和治理现代化的实践创新发展。新时代思想政治教育治理体系的建设发展，需要国家治理价值理念的指引，深刻把握国家治理体系和治理能力现代化对思想政治教育治理提出的新任务、新要求，加快推进思想政治教育治理整体性规划，不断完善和发展思想政治教育治理体系，加强思想政治教育危机治理，实现新时代思想政治教育治理现代化。

一 治理视域下思想政治教育实践活动的科学把握

在现代社会中，任何一个领域都存在治理的问题。思想政治教育说到底是做人的工作，其关注和解决的根本问题是人的世界观问题。思想政治教育的过程实际上是教育者与受教育者双向互动的动态实践过程，既表征着思想政治教育各要素之间的内在逻辑，也体现着思想政治教育运行的治理要求和特征，可以说，思想政治教育实践的本质特征决定了思想政治教育存在和运行的本质，也决定了思想政治教育观照和实现治理的价值和要求。马克思主义的实践理论认为，实践活动体现着鲜明的"属人性"和"自由自觉性"，客观性与主体性、受动性与能动性的统一是实践的本质特征。思想政治教育具有提高人的思想认识水平、矫正人的价值观取向和调节人的精神状态的功能，而人的思想认识水平、价值观取向和精神状态又是人的主体性和能动性的重要体现，深刻影响和制约着人的主体性和能动性的发挥。实践活动又体现着一种不受其他任意支配的客观性与受动性活动的统一特征，思想政治教育具有营造和调节精神环境对实践活动影响的重要功能，而精神环境又深刻影响着人的实践活动的开展，积极的精神环境会促进实践活动计划的实施和实践目标的实现，消极的精神环境会阻碍实践计划与目标的实现。马克思主义认为，实践活动不是抽象空洞的，而是具体历史的，每个时代的实践活动不能脱离这个时代的实际，但又不能停留在这个时代的某一历史水平上，而是根据主客观的需要与条件，不断将实践活动推向更高水平。当今时代的思想政治教育过程受多方因素影响，呈现出要素的复合性、多样性等特点，这就要求在思想政治教育工作中坚持实践发展的问题导向，聚焦实践前沿，把握实践需求，在向思想政治教育现代化转化过程中实现与国家治理体系和治理能力的高度融合，以提高思想政治教育的治理效能，实现思想政治教育本身蕴含的实践价值和应然目标。

治理强调的是制度设计的科学性和制度执行的有效性，思想政治教育治理既包含了思想政治教育系统内部要素的治理，也包含了思想政治教育系统外部要素的治理。思想政治教育的实践发展既需要不断完善思想政治教育的制度设计，体现思想政治教育制度的系统性、整体性；也需要更加关注思想政治教育制度执行的有效性，更加聚焦思想政治运行的有效性，这就必然要求将治理的价值理念深层次地融入思想政治教育实践全过程、各环节之中。

一是以治理的价值理念理解和把握思想政治教育主体。主体间性哲学为理解和把握思想政治教育主体提供了新的视角。主体间性哲学主张两个独立存在并相互作用的主体之间是平等共生的关系，不存在谁支配谁的问题，而是平等的、各自独立的、互相影响和作用的共存共生状态。治理强调的是不同主体之间的协同性、合作性、共生性，这就要求我们对思想政治运行中的主体有更加深刻的理解，不能简单地判定思想政治教育实践中的主体与客体角色，而是要对思想政治教育实践中的多元主体间的平等、交互、合作性给予充分认识和理解。要充分关照思想政治教育运行中不同主体的利益诉求和价值取向，协同好个体性利益和整体性利益、个体性价值诉求和整体性价值实现之间的关系，重视多元主体之间的共同参与和协同联动，既要重视个体的主体性意识觉醒和张扬，也要重视整体和全局的价值功能的最大实现。

二是在思想政治教育过程中体现治理的特性。思想政治教育实践过程就是将教育者所坚守的价值理念、思想观念、道德规范等通过教育的方式内化为受教育者价值追求和思想道德规范并外化为其日常行为方式的过程。明确的计划性和积极的引导性是思想政治教育过程的最鲜明特征。制度设计的科学化与制度执行的有效性是治理价值理念的核心，思想政治教育治理要求思想政治教育方案制订必须聚焦新时代、新任务，抓住主要矛盾，强化底线思维，强化教育目标的针对性、明确性，突出教育方案的科学性、系统性和可操作性，强化方案实施的可控性与有效性。科学规范、运行有效、系统完备的制度机制是思想政治教育过程和结果有效性的重要保障，必须以治理的思维正确理解思想政治教育过程的具体规律，不断在新的实践中丰富和完善思想政治教育制度机制，加强对思想政治教育过程的治理调控，使思想政治教育实践更加符合规律。

三是在思想政治教育的方法上体现治理的艺术。为了达到教育目标而在思想政治教育过程中所选择和采用的思想方法和工作方法，可称为思想政治教育方法。这些思想政治教育思想的和工作的方法具有客观性、多样性的特点，也是在实践中不断丰富和发展的。思想政治教育方法是思想政治教育治理体系的重要内容，思想政治教育在实践中创新发展需要进一步优化思想政治教育方法体系的顶层设计，并且不断完善思想政治教育方法体系的结构层次，在实践中总结经验和规律，从整体上把握好思想政治教育哲学方法、一般科学方法与具体方法的运用尺度，处理好不同方法之间的关系，使思想政治教育方法更加切合教育实际，真正使思想政治教育成为用灵魂触动灵魂、用美引领美的教育实践活动，进一步提升思想政治教育治理效能。

二　国家治理视域下思想政治教育实践的时代要求

党的十九届四中全会审议通过的《中共中央关于坚持和完善中国特色社会主义制度　推进国家治理体系和治理能力现代化的决定》，明确了我国将构建什么样的国家治理体系，阐明了我国如何实现治理能力现代化的问题，表明我国国家治理进入了一个新的历史阶段，迈进了社会主义新时代的历史方位，预示着思想政治教育的目标、任务、内容、方法、原则等都必须适应新的发展、着眼新的实践、聚焦新的任务。

（一）思想政治教育要聚焦人的现代化

在现代的概念上，治理所倚重的统治机制并不依靠政府的权威和强制，而是相互发生影响着的行为者的互动。[1] 1995 年全球治理委员会在《我们的全球伙伴关系》的研究报告中指出："治理是各种公共的或私人的机构通过制度设计管理其共同事务的诸多方式的总和。"[2] 治理在本质上体现着管理的特征，但治理并不等同于管理，治理更强调制度的设计，而管理则侧重决策和执行。治理是一种可以实现"协调互动"的制度，

---

[1] ［英］格里·斯托克：《作为理论的治理：五个论点》，华夏风译，《国际社会科学杂志》1999 年第 1 期。

[2] *Our Global Neighborhood*, Oxford University Press, 1995, p. 23.

能使不同利益和互为冲突的要素得到有效调解。习近平总书记指出:"衡量一个社会制度是否科学、是否先进,主要看是否符合国情、是否有效管用、是否得到人民拥护。"① 因此,我国的国家治理有效反映了人民之间真实而具体的"交往互动"关系。国家治理体系构建和治理能力的提升关键在人,现实中的个人是具体的、不断发展变化的,不仅是处于既定状态中的人,也是处于历史发展生成中的人。人现代化的实现是国家治理体系和治理能力现代化的基础,只有现代化意义上的人才能按照现代化价值理念设计和实施现代化的制度,推动整个国家和社会实现现代化。

(二) 思想政治教育要聚焦大学生尊崇宪法和法律意识的培育

治理作为一种抽象的法律行为,主要体现在立法的层面,重点强调组织和个人的自律。在新时代的思想政治教育管理中,要教育学生重点由服从管理向崇尚宪法法律、服从法律制度体系的理念转变,这也是中国特色社会主义法治现代化建设的必然要求。法治不仅仅体现在法律制度的设计、制定、颁布和实施的过程中,更体现在每一个社会现实中的人对宪法和法律制度的尊重、理解、认同以及自觉服从和遵守的实践行动上,"它也是国家制度体系与普通社会公民间围绕社会发展规范问题达成的有机互动及和谐默契的状态"②。同时,要重视思想政治教育在规范科学的制度体系下运行,扬弃传统的思想政治教育管理理念,侧面促进人的主体性发展,这样才能更好地教育、引导学生实现由被动服从管理向具备现代化法治思想的转变,也才能更好体现我国制度的优越性以及使我国国家治理理念有效地融入学生的学习和生活实践活动中,达到培育和巩固学生树立法治意识和自觉服从法律行为的目的。

(三) 思想政治教育要聚焦大学生主体治理自觉的培育

新中国成立以来,伴随着国家建设、改革和发展的实践探索,思想政治教育与之遥相呼应、创新发展,成为国家现代化建设的重要助推剂,

---

① 习近平:《坚持、完善和发展中国特色社会主义国家制度与法律制度》,《求是》2019 年第 23 期。

② 万光侠、韩升:《新时代社会主义核心价值观制度化的马克思主义政治哲学阐释》,《马克思主义研究》2020 年第 4 期。

为党和国家提供了重大的思想政治理论成果。在新时代的中国，思想政治教育理应为国家治理现代化服务，更加积极回应"国家治理体系和治理能力现代化"的战略目标，保持对党和国家的重大理论创新成果应有高度的敏感性和自觉性，通过构建科学系统的现代化思想政治教育制度体系保障培育时代新人的质量和效力。习近平总书记强调指出："推进国家治理体系和治理能力现代化，要大力培育和弘扬社会主义核心价值体系和核心价值观，加快构建充分反映中国特色、民族特性、时代特征的价值体系。"① 价值引领导向功能是思想政治教育的重要功能，思想政治教育应主动承担起"国家治理体系和治理能力现代化"的社会职能，充分发挥自身的价值引领作用，深入培育和践行社会主义核心价值观，通过自身治理实践的现代化转型，深入挖掘和融合我国制度的优越性和历史文化的持久性，并将此优越性和持久性转化为自身的治理效能，在培育主体治理自觉方面发挥思想政治教育特有的积极作用。

三 治理价值理念下思想政治教育的整体性治理创新

英国学者佩里·希克斯首次提出整体性治理这个政府治理理论，其目的是通过对碎片化的治理层级、功能、公私部门关系及信息系统等问题进行科学整合，通过协调和整合的核心机制，以公民基本需求为主要导向，为公民提供集中性、整体性、整合性服务型的政府治理图式。习近平总书记指出："国家治理体系是在党领导下管理国家的制度体系，包括经济、政治、文化、社会、生态文明和党的建设等各领域体制机制、法律法规安排，也就是一整套紧密相连、相互协调的国家制度。"② 主体间充分整合与协调实现协同与联动、保证治理的目标政策实现整体性、执行手段之间互相呼应，最终实现互相强化、合作共赢的局面，这是整体性治理的价值追求。当前针对思想政治教育实践中出现的碎片化等问题，需要运用整体性治理思维进行重新整合构建，从整体上对思想政治教育进行顶层设计、对教育政策制度进行系统规范。

---

① 《以习近平同志为核心的党中央治国理政新理念新思想新战略》，人民出版社2017年版，第73页。

② 《习近平谈治国理政》，外文出版社2014年版，第91页。

(一) 思想政治教育治理目标需要整体性设计

思想政治教育目标的设计决定着思想政治教育实践运行的方向，有什么样的思想政治教育目标，就决定着采用什么样的思想政治教育方案，直接影响着思想政治教育效果的评价。思想政治教育"怎样培养人、培养什么人、为谁培养人"是一个系统的整体性工程，无论从人的不同成长发展阶段来看，还是从思想政治教育过程来看，思想政治教育的目标都是整体性目标与具体目标的统一，在人的不同发展阶段、思想政治教育不同环节，思想政治教育的具体目标应该是不同的。思想政治教育治理目标设计既要考虑促进人的全面自由发展这个总体性目标，更要聚焦不同时代的思想政治教育目标要求，从整体上把握思想政治教育目标的发展性、历史性和具体性。在社会主义新时代，思想政治教育就是要紧紧围绕培养担当民族复兴大任的时代新人这一目标展开。运用整体性治理的理念审视思想政治教育目标，既要从整体上把握人的本质的具体性、历史性、发展性存在，突出人才培养的整体性把握；也要结合人的成长发展不同阶段的具体特征和需求设计思想政治教育的具体内容和要求，构建大、中、小学有效衔接的思想政治教育整体性治理体系，以更加有效地提升思想政治教育的针对性，也更加利于实现思想政治教育培养自由全面发展的人的总体性要求。

(二) 思想政治教育治理主体需要整体性协同

多方主体需要实现整体治理功能，必然要考虑主体间的利益需求，将思想政治教育纵向的层级结构和横向的部门结构全面整合起来，实现主体之间的有效制约、契合和相互作用，使多元主体共同治理的整体性功能大于其中任何一个主体单一治理的功能。要通过对各个治理主体优化重组，形成整体性治理合力，推动思想政治教育治理体系的优化。长期以来，高校思想政治教育工作致力于专业化发展，取得了显著成效，但是专业发展有过度细化分工的倾向，把专业化片面理解为细化分工下的思想政治工作体系中某一局部工作的专业化，将思想政治教育分割为多个片段，将一个整体性问题分割成多个小问题，小问题又分割为更小的问题，然后由不同的部门、不同的工作人员承担，割裂了思想政治教育的整体性，导致思想政治教育的碎片化。从学校内部系统来看，围绕不同工作意图形成了各自部门的利益，这种任务性分工缺乏对教育的整体性、通盘性考虑，教务部门侧重教学管理忽视思想工作，后勤人员注重管理落实轻服务育人，专业教师注重教学忽视育人，等等，这些现象蕴含了以往高校人才培养工作的一个隐含逻辑，那就是将高校人才培养整体分割为无数片段并对每个片段进行治理，只要每一个片段治理好就能实现整体性治理的效能，这种以工作任务完成而不从人的发展的整体性角度系统谋划和设计思想政治教育的运行，必然造成思想政治教育整体性解构。思想政治教育整体性治理必然要求思想政治教育主体的整体协同，进一步加强顶层设计，从体制机制上厘清不同部门和单位之间职能交叉、职能缺位以及决策评估、监督主体的空缺问题。作为一项系统复杂工程，思想政治教育治理要求打破以往局部的管理式育人壁垒，向整体性协同育人转变，不仅要破解思想政治教育自上而下管理的单向性问题，更要求有效化解过去单一的管控模式，建立动态开放机制，激发多元主体的协同自觉。思想政治教育治理主体的整体性协同既包括家庭、学校、社会、政府的有效协同，也包括思想政治教育专兼职力量和队伍的有效协同。从高校系统内部来看，高校要着眼学生成长发展的期待和现实需求，强化顶层设计，运用系统性思维，加强对学校内部各部门之间协同的整体性设计与谋划，进一步厘清各教育主体之间的内在联系与育人功能发挥机理，加快形成各单位、各部门协同育人的有效机制，形成一个动态发展的育人整体系统。

（三）思想政治教育治理机制需要整体性联动

思想政治教育治理目标的实现，既离不开思想政治教育系统内部各要素的整体性统一协调，也离不开思想政治教育系统内部与外部要素的有效联系与协调。思想政治教育治理是一个整体性系统工程，思想政治教育也是党和国家现代化的重要手段，作为党的一项重要工作，思想政治教育本身也是国家治理现代化的重要内容。要在国家治理体系和治理能力现代化的全局和整体中理解思想政治教育治理的整体性，在治理机制设计上聚焦思想政治教育与现代社会发展的互动性，在治理机制的运行上聚焦国家治理制度对思想政治教育的规范性，把国家治理的制度优势转化为思想政治教育治理的重要资源和效能。也要考虑不同领域思想政治教育之间的整体性、协同性，要建立健全高校思想政治教育与社会思想政治工作、思想政治教育研究等不同系统体系之间的整体性协同，更要考虑大中小学思想政治教育机制之间的整体性协同和联动。要更加有效地整合系统内外要素功能，消除整体性功能消耗，着力解决好教育主体、教育内容、教育方法、教育资源等方面的碎片化问题，优化思想政治教育工作流程，加强思想政治教育政策碎片化治理，通过纵向层级的整合与横向层级的协调，在实践中健全、完善"党委统一领导、党政群齐抓共管、有关部门各负其责、全社会大力支持的领导体制和工作机制，形成全党全社会共同关心支持大学生思想政治教育的强大合力"[①]。思想政治教育要与国家治理理念融合联动，及时关注和回应国家相关的政策出台、文件落地、问题焦聚、难题破解等实践问题，使国家治理现代化成为高校思想政治教育治理现代化的重要资源，同时也成为高校思想政治教育治理现代化的制度保障和实践依据。思想政治教育要强化高校与社会间多元力量的联动，坚持问题导向，紧扣社会发展实际需求情况，将思想政治教育融入社会人才需求培养的各个环节，不断完善协同育人工作保障机制；思想政治教育治理要强化高校各学科、各部门间不同主体的联动协作，既包括"思政课程"和"课程思政"，也包括第二课堂的日常思想政治教育，打通各学院学科和各部门间的沟通合作渠道，形成全员育人合力机制，真正实现全方位全过程育人。

四 治理价值理念下思想政治教育系统的危机治理

思想政治教育治理包含了对思想政治教育系统的管理。长期以来，高校思想政治教育在实践中发展、在改革中创新，取得了丰硕的成效，但是思想政治教育系统内部仍存在失范现象，站在新时代教育新起点，需要运用治理的理念和方式进一步强化思想政治教育的治理权威、优化思想政治教育治理秩序、完善思想政治教育治理结构。

（一）以治理的理念和方式强化思想政治教育的治理权威

治理即制度。思想政治教育的治理权威，是指制度的设计要在执行的过程中最大限度地趋于科学合理，并得到执行者的尊重和被执行人的敬畏。第一，制度设计必须规范化、科学化，具有可操作性和广泛适用

---

① 《中共中央、国务院发出〈关于进一步加强和改进大学生思想政治教育的意见〉》，《人民日报》2004 年 10 月 15 日第 1 版。

性，并且具有相对的稳定性，才能提升制度权威。第二，思想政治教育作为参与社会管理的重要组成部分和主要手段，国家治理理念和方式的变化也必然要求思想政治教育治理主动回应，才能更好地服务于社会管理，提高思想政治教育治理的社会权威。第三，思想政治教育作为集领导、组织、实施、管理为一体的系统性管理活动，实现现代化转化和治理效能提升必然要求善用治理理念和方法优化管理，促进思想政治教育治理现代化，提高思想政治教育管理的针对性、有效性，不断强化其治理权威性。第四，国家治理体系和治理能力现代化作为马克思主义的最新理论成果，思想政治教育要注重坚持与时俱进，运用新的理论研究成果进行转化，"以理论敏锐的学术视角以及基于问题导向形成理论研究成果，为政策制度的制定积累理论方面的素材"[1]，有效提升其治理理论权威性。第五，"思想政治教育系统存在着各种混乱、偏离了方向现象以及失范现象"[2]，理应以治理的理念和方式进行"整治"，即依法"整治"，才能把系统调整回有序状态，强化思想政治教育治理权威，提高思想政治教育治理效能。

(二) 以治理的理念和方式优化思想政治教育的治理秩序

中国共产党在革命、建设、改革、发展的实践中不断探索创建的中国特色社会主义制度和国家治理体系，是我国具体国情与马克思主义理论相结合的理论创新、制度创新和实践创新相统一的重大成果。新中国成立70年以来，我国之所以能实现从站起来、富起来再到强起来的伟大飞跃，其根源在于坚持党的领导，坚持制度自信、理论自信、道路自信、文化自信，坚持依法治国，坚持人民至上，不断完善国家治理体系和强化治理能力，使当代中国焕发出了前所未有的生机和活力。因此，优化思想政治教育治理秩序的首要问题就是要坚持"四个自信"和人民至上的理念，这也是思想政治教育治理现代化的本质要求。思想政治教育治理要求思想政治教育必须遵循一定的程序，最终实现程序之治，所谓行

---

[1] 徐建军、徐艳国：《试论思想政治教育政策环境创设的基本原则》，《思想理论教育导刊》2010年第4期。

[2] 孙其昂、张宇：《论思想政治教育与治理——基于"推进国家治理体系和治理能力现代化"》，《思想政治教育研究》2015年第2期。

动讲规则,办事讲程序,治理讲秩序。在新时代的思想政治教育活动中,秩序问题极为重要。秩序能保障执行的顺畅,减少失误,提高效率。如果缺乏秩序,思想政治教育现代化建设就根本谈不上治理。思想政治教育秩序的形成过程是凝聚人民对共同价值追求的过程,它的生成也融合了每一个生活于其中的"现实的个人"的主观意愿。因此,我们不能把"现实中的个人"与思想政治教育规则、规范对立割裂。要以国家治理体系和治理能力现代化的理念和方式优化思想政治教育秩序,确保思想政治教育一切活动都能观照现实的人的需求和期待,并在满足人的需求和期待过程中实现思想政治教育秩序的自我完善、发展、创新,使思想政治教育运行更加符合规律性,思想政治教育实践活动更加规范有序。

(三) 以治理的理念和方式完善思想政治教育的治理结构

思想政治教育治理系统中各要素的相互关系以及与之相关的制度设计和安排构成了思想政治教育治理结构。思想政治教育治理是一个多样、复杂、多层级的复合型结构,是由思想政治教育治理理念、治理方法、治理内容、管理机制、评价机制等贯穿始终、维持平衡的多维度结构体系。思想政治教育之所以能够保持强大的生命力并发挥服务国家社会发展的作用,其根本就在于它总是能根据国家和社会发展的需要自觉回应,以其强大的适应性、先见性、理论性和实践性不断创新、完善治理结构,在最大程度上发挥其应有的效能。新时代要以国家治理体系和治理现代化理念优化和完善思想政治教育治理结构,把国家治理体系和治理能力现代化的制度优势转化为思想政治教育治理效能,强化人们对国家治理体系和治理现代化的认同和理解。在实践中,思想政治教育治理要主动承担社会责任,聚焦人民诉求,自觉回应虚假言论,真正用治理理念回答质疑,在实践中实现思想政治教育治理结构的不断完善和优化。

第二节 治理方法载体在新时代思想政治教育实践中的运用

思想政治教育方法是思想政治教育过程中所采用的方式、形式、手段等的总和。"思想政治教育载体则是指承载、传导思想政治教育因素,并能为思想政治教育主体所运用、主客体可借此相互作用的一种思想政治教育活动形式。"① 思想政治教育的质量提升要求以治理的理念引领、创新思想政治教育载体，实现思想政治教育由金字塔式教育体系、单向度灌输、自上而下的教育控制向思想政治教育主体之间"水平型"的对话协商、主客体深层次动力的激发转变。

一 显隐结合，思想政治教育方法载体的良好互补

以课程建设为切入点和重点加强思想政治教育显性方法载体运用和创新。国家治理体系和治理能力现代化强调主体多元化合力协同、协商合作化良性互动，需要国家各部门、各行各业、全社会人员的共同参与。思想政治教育治理只有充分发挥显性教育的独特优势和内在价值功能，紧密结合国家治理体系和治理能力现代化的内在要求展开实践，才能更好适应国家治理现代化的要求。习近平总书记在2019年3月18日全国思想政治理论课教师座谈会上的讲话中指出，对新时代思想政治教育创新发展进行整体性设计和部署，是以课程建设为切入点和重点，对加强思想政治教育治理现代化的一次重大思想动员和部署。新时代思想政治教育要深刻把握我国国家制度和国家治理体系的内在优越性，深入挖掘这些优势在思想政治教育治理中的价值和内涵，并将其转化为思想政治教育治理体系现代化的有力支持和宝贵资源，使大学生在实践中深刻体会和理解这些优势，进一步增强制度自信，培育具有良好制度意识、法治意识的时代新人。国家治理体系和治理能力现代化既需要通过思想政治教育方法载体对人们进行法律法规、社会制度、国家政策方针路线等的显性的外在层面教育引导和宣传，规范和约束人们的行为；也需要通过隐性的手段，将国家治理的理念、文化等渗透融入思想政治教育治理的过程中，积极转化为思想政治教育的治理效能，使人们在潜移默化中强化治理意识，实现人的现代化转型。

思想政治教育治理现代化要探索满足主体多样性个性发展的方法载体。人的现代化发展是一个富有个性化、创造性和多样性的发展过程，尊重人的主体意识和个性诉求，倡导主体间平等对话，更加凸显思想政治教育之于人的现代化发展的创造性与个性化塑造色彩，是思想政治教

---

① 陈万柏：《思想政治教育载体论》，湖北人民出版社2003年版，第9页。

育方法载体选择的必然要求。在我国依法治理不断深入推进的过程中，人的需求多样化和权利意识不断增强，思想政治教育必须关注人民主体的诉求和需要。思想政治教育的根本目的就在于坚持以人为本，实现人的自由而全面发展。党的十八大以来，党的思想政治教育更加强调和聚焦以人民为中心，积极满足人民群众对生活的美好追求，切实解决人民群众在追求美好生活的过程中产生的实际问题和思想问题，用实际行动得人心、暖人心、感人心，始终坚持情感感化与说服教育相结合、精神激励与物质鼓励相结合，实现显性教育与隐性教育价值的共振协调与有机融合，促进个体自我精神境界提升，坚持思想政治教育围绕国家治理中的热点和难点问题，"引导人民在评实事、想办法、出对策、拿方案中不断增强社会责任感和主人翁意识，形成自觉行动"①，激发了人们积极投身实现中华民族伟大复兴中国梦伟大实践的热情和激情。

思想政治教育治理体系建设要结合新时代大众传媒的特点创新隐性教育方法载体。当今时代，思想政治教育不能完全单纯依靠传统教育，大众传媒、融媒体的发展对思想政治教育创新发展带来挑战，同时也创造了广阔的空间，思想政治教育治理体系要与现代传媒发展相适应，在实践中充分挖掘渗透式、陶冶式和体验式等隐性思想政治教育方法，实现将思想政治教育寓于治理理念之中。将国家治理体系和治理能力现代化中所蕴含的中国特色社会主义核心价值体系和价值观等体现在治理理念的内容上，融入思想政治教育的隐性内容构架中，融入思想政治教育对治理的质量评价中，以治理内涵和价值丰富思想政治教育的隐性育人资源，着力培育具有家国情怀、进取精神和法治意识的现代化新人。结合国家治理体系和治理能力现代化发展的需要，思想政治教育自觉回应、创新发展第二课堂活动和高校文化建设等隐性教育方法载体，以全新的、现代化的治理理念融入第二课堂活动开展和高校文化建设等方面，发挥其潜移默化的育人功能，达到润物细无声的效果。同时，也要注重思想政治教育方法与治理载体的相互统一，合力互促。以思想政治教育的方法把国家治理体系和治理能力现代化的要求和规范寓于大众文化载体中，

---

① 付安玲：《社会治理视域下思想政治教育的价值及其实现》，《思想理论教育》2015 年第 10 期。

以大众喜闻乐见的方式消除群众的抵触心理和偏见,使之入脑、入心、见行、见效。

二 刚柔并济,思想政治教育方法载体的有效融合

加强系统治理、依法治理、综合治理、源头治理是党的十九届四中全会提出的推动国家治理体系和治理能力现代化的根本治理方法原则,也是高校思想政治教育治理实践创新的根本方法原则。思想政治教育的内容决定了要选择不同的思想政治教育方法载体,思想政治教育对象的思想特点和变化规律影响着思想政治教育方法载体的运用效果。新时代思想政治教育治理现代化,必须着眼不断发展的思想政治教育内在结构和丰富内涵,加强刚性方法载体和柔性方法载体的综合运用和融合创新。思想政治教育治理效能主要体现为培养出国家治理体系和治理能力现代化所需的时代新人,而其社会效能的充分发挥不仅需要刚性的科学完善的思想政治教育制度现代化作为保障,也需要贴近现代化实际的柔性的思想政治教育治理方法载体发挥效用。科学完善的刚性制度不仅是促进思想政治教育治理效能现代化的前提,也是创新思想政治教育工作方法载体的必然产物,"从制度刚性规约的角度,保障思想政治教育治理向现代化方向迈进"[1]。思想政治教育治理方法载体的现代化推进,要设计提升与国家治理现代化相适应的思想政治教育现代化的刚性制度体系,不断增强"构建系统完备、科学规范、运行有效"[2]的思想政治教育治理制度体系的能力。思想政治教育治理要借鉴运用国家治理体系和治理能力现代化实践中刚柔并济的方法载体,并有效转化为自身的方法载体。思想政治教育治理要主动适应国家管理向治理现代化的转变,创新和搭建多方参与、共同管理、多方协同的方法载体,不断增强思想政治教育治理活力。

思想政治教育治理现代化目标的实现,既要构建科学系统的思想政

---

[1] 王学俭、阿剑波:《思想政治教育治理现代化的内涵、特征与发展路径》,《思想理论教育》2020年第2期。

[2] 《中共中央关于坚持和完善中国特色社会主义制度 推进国家治理体系和治理能力现代化若干重大问题的决定》,《人民日报》2019年11月6日第1版。

治教育治理体系刚性制度保障，又要提高相关政策、法规和制度的执行力，实现治理能力的现代化；还需要借助国家治理体系和治理能力现代化内在的制度文化、精神等柔性手段，相互补充，优化和拓宽思想政治教育方法载体，软硬合力形成既有广度又有深度的刚柔并济治理载体方法体系。国家治理体系和治理能力现代化理念在我国具有扎实的群众基础，它与每一个人的生活、工作、学习密切相关，它不仅反映了新时代中国先进文化的开放包容性，也折射出每一个中国人在国家治理现代化发展过程的在场性，从根本上彰显了中国特色社会主义制度的人民性。国家治理体系和治理能力现代化，不仅体现在经济、政治、文化、社会、生态文明等宏观层面的制度体系方面，也体现在治理的价值理念、治理的思想观念、治理的艺术文化等非制度性的方法载体体系方面。马克思指出："一个阶级是社会上占统治地位的物质力量，同时也是社会上占统治地位的精神力量。"[1] 表明了物质和精神两种力量须同时改进并保持适度的张力。

三 多方协同，思想政治教育方法载体的整体功能发挥

协同反映的是系统中各子系统之间结合力的大小和融合度的高低。思想政治教育治理作为一项系统复杂的庞大科学工程，需要根据思想政治教育内容的不同选择适当的方法和载体，同时要结合新实践和新要求加强思想政治教育方法载体的创新。社会实践发展的丰富性、多样性，决定了思想政治教育的方法载体更加丰富多样。在国家治理现代化的过程中，网络大数据的方法载体、大众传媒的方法载体、管理的方法载体等的作用和功能日益增强，为思想政治教育方法载体的选择、创新提供了广阔的实践空间。思想政治教育治理要求实现思想政治教育内容与形式的统一，根据不同的思想政治教育内容选择合适的方法载体。要科学理解在不同教育对象和不同教育内容下的方法载体应用实践最终呈现的内在特征和适用条件的特点，在思想政治教育实践过程中统筹、科学使用不同的方法载体。其一，要紧扣时代发展脉搏，根据大学生实践活动特点和现实关切重点选择和创新思想政治教育的方法载体，提高思想政

---

[1] 《马克思恩格斯选集》（第一卷），人民出版社2012年版，第178页。

治教育的实效性和针对性。如充分利用手机自媒体迅速便捷的特点，开展个性化、多样化的手机视频信息等正面引导教育活动，近年来高校开始的手机课堂、手机评教等探索和实践，都是思想政治教育方法载体探索的有益尝试。其二，思想政治教育的方法载体要围绕思想政治教育内容的不同而变化。要重视社会化生活实践与思想政治工作的融合，强化对大众传播载体和方法的运用。此外，思想政治教育治理方法载体的选择和创新，也要进行整体设计和把握，要坚持思想政治教育治理方法载体选择运用的政治性、教育性、新颖性、生动趣味性和可操作性，坚持方法载体选择运用的价值导向、思想政治教育功能。

思想政治教育治理体系现代化要构建动态开放的思想政治教育方法体系。话语是传递价值观念的载体，思想政治教育的话语方式和话语艺术直接影响着思想政治教育的效果，思想政治教育承载的教育内容呈现也直接影响着思想政治教育的思想性和说服力。传统的思想政治教育话语体系注重思想的控制和管理，以单向灌输为主要特征。新时代思想政治教育治理要求话语体系的现代化转型，形成包容开放、动态发展、尊重差异、弘扬主流价值和先进文化话语体系，增强其号召力、吸引力和说服力。整体性治理作为国家治理现代化理论的范畴，强调通过多元化主体间的统筹、协同、整合、执行、反馈等阶段，促使各部门及组织等主体间的载体和手段相互增强，充分利用各方资源，从而实现对客体"服务"的整体效果，对创新思想政治教育治理方法载体具有重要的借鉴意义。思想政治教育工作是做人的思想工作，围绕学生、关照学生和服务学生，必须创新多种方法载体并将其融入教育实践过程中，以不断满足青年大学生个性化需求、实现青年大学生个性化发展，最终提升思想政治教育治理效能。

思想政治教育治理现代化需要构建以多元方法为载体的协同治理体系。无论何种治理模式和形式均需借助一定的方法和载体来推进，才能实现治理的目标。基于国家治理体系和治理能力现代化的需要，思想政治教育治理必须对原有的思想政治教育制度、管理、方法、手段、载体等进行整体性完善和优化，"综合施策、标本兼治，运用经济、法律、技术、行政、社会管理、舆论监控等各种方法载体"①，形成多元协同和方法载体的协同治理体系。同时，也需要借助当代科学技术来推动思想政治教育治理，并在推进传统思想政治教育管理优势的基础上，通过现代化技术激活和创新思想政治教育方法和载体，特别是与大学生学习、生活密切相关的"大数据、人工智能、新媒体和互联网等新技术、新手段、新载体，发挥现代科学技术在改进和完善、创新和拓展思想政治教育方法载体中的协同作用"②，促进思想政治教育治理现代化。情感疏导是思想政治教育创新载体的有效方式之一，思想政治教育治理过程中要注重把握情感感化教育目标，在实践中准确感化疏导，引起学生情感共鸣，丰富学生情感世界，通过启迪式、关爱式的共鸣形式，提升思想政治教育治理效能。

第三节　新时代高校思想政治教育治理制度机制形成

思想政治教育治理体系的现代化，必须有科学、系统、完备的制度规范体系支撑。治理体系的建立要始终立足思想政治教育实践的时代要求和时代特征，系统梳理、总结新中国成立以来思想政治教育的制度建设成绩和经验，全面厘清思想政治教育制度文件，形成规范科学的思想政治教育制度体系，确保新老制度有效传承衔接、内在逻辑一致，现有思想政治教育不同领域具体制度协同有序，新制度既聚焦思想政治教育发展的实际问题，又体现思想政治教育制度建设的传承性、发展性、稳定性，以系统性、整体性和综合性的思想政治教育制度体系保证思想政治教育内涵式发展和治理效能的提升。思想政治教育治理现代化，也需要不断完善和发展思想政治教育治理机制，聚焦新时代、新任务、新要求，突出思想政治教育治理机制的科学性、稳定性和可操作性，使思想

---

① 《中共中央、国务院印发〈新时代公民道德建设实施纲要〉》，《人民日报》2019年10月28日第1版。

② 王学俭、阿剑波：《思想政治教育治理现代化的内涵、特征与发展路径》，《思想理论教育》2020年第2期。

政治教育实际更加符合规律性、体现时代性。思想政治教育治理制度机制建设是一个系统庞大的工程，本节重点探究以下几个方面的制度机制建设问题。

一 党对思想政治教育工作全面领导制度机制的发展完善

思想政治教育治理体系机制的构建最根本的是要健全完善党对思想政治教育全面领导的体制机制。党的领导决定着中国特色社会主义的性质和方向，也是中国特色社会主义的最本质特征。坚持党在东南西北中的统揽全局、协调各方的领导核心作用，是推动思想政治教育制度机制形成的关键，也是推进思想政治教育治理效能发挥的最根本保障。党的十八大以来，以习近平同志为核心的党中央高度重视教育现代化事业，围绕立德树人根本任务，聚焦培养社会主义建设者和接班人，加强顶层设计，理顺党对高校领导的体制机制，全面加强党对教育事业的领导。党的十九大报告明确指出："中国特色社会主义最本质的特征是中国共产党领导。"[①] "我们推进各方面制度建设、推动各项事业发展、加强和改进各方面工作，都必须坚持党的领导，自觉贯彻党总揽全局、协调各方的根本要求。"[②] 习近平总书记在学校思想政治理论课座谈会上讲话强调："办好中国的事情，关键在党。要建立党委统一领导、党政齐抓共管、有关部门各负其责、全社会协同配合的工作格局。"[③] 习近平总书记对于加强党的全面领导的重要论述，体现了党对治国理政经验的深刻总结，对国家治理体系和治理能力现代化建设的精准把握，抓住了治理的本质与核心要求。为加快构建高校思想政治工作体系，适应国家教育治理现代化发展要求，努力培养担当民族复兴大任的时代新人，中央印发了《教育部等八部门关于加快构建高校思想政治工作体系的意见》，提出要"坚持党的全面领导，坚持社会主义办学方向，把高校思想政治工作摆到重

[①] 《中国共产党第十九次全国代表大会文件汇编》，人民出版社2017年版，第6页。
[②] 《〈中共中央关于坚持和完善中国特色社会主义制度、推进国家治理体系和治理能力现代化若干重大问题的决定〉辅导读本》，人民出版社2019年版，第6页。
[③] 习近平：《用新时代中国特色社会主义思想铸魂育人 贯彻党的教育方针落实立德树人根本任务——在学校思想政治理论课教师座谈会上的讲话》，《人民日报》2019年3月19日第1版。

要位置，以建立完善全员、全程、全方位育人体制机制为关键，全面提升高校思想政治工作质量"，为高校思想政治教育治理制度机制的形成指明了明确的政治方向。

党对思想政治教育的全面领导是思想政治教育治理严密完整的科学制度体系中最根本、最核心的制度。全面加强党对思想政治教育工作的领导，是党对国家治理现代化的领导在教育领域的深刻体现，也是思想政治教育治理必须遵循的最根本原则。要想实现思想政治教育治理往实里走、往深里走，必须以强化党对思想政治教育全面领导的制度机制的完善为根本和核心，以构建科学的思想政治教育治理体系为总目标，深入培育和践行社会主义核心价值观，加强新时代劳动教育和爱国主义教育，以思想政治教育工作质量提升工程为抓手，全面落实高校党委全面领导，加强思想政治教育体制机制、项目布局、队伍建设和条件保障等的系统化、整体化设计，不断完善高校党的领导体制，履行管党治党、办学治校主体责任；明确党委书记是思想政治教育工作第一责任人，校长和其他班子成员切实履行"党政同责、一岗双责"，有效落实好"为党育人、为国育才"的初心和使命担当；坚持马克思主义指导，贯穿落实教育方针，保障培育的现代化人才方向的正确性，使高校成为培养社会主义建设者和接班人的坚强阵地，更好实现思想政治教育，为促进国家治理现代化提供现代化人才支撑。具体而言，高校要进一步探索学校党委领导核心作用发挥、院（系）党委（党总支）政治核心作用发挥、基层党组织战斗堡垒作用发挥和党员干部带头模范作用发挥的长效机制，形成不同层级纵向联动的高校党的领导组织体系，确保党对高校的领导权落实落细。

二 思想政治教育"三全育人"机制的发展与完善

深化"三全育人"工作经验总结。党的十八大以来，习近平总书记聚焦"为谁培养人、怎样培养人、培养什么样的人"，作了系列部署和讲话。党的十八大将"立德树人"作为教育的根本任务写入党的工作报告。习近平总书记在2016年全国高校思想政治工作会议上指出："要坚持把立德树人作为中心环节，把思想政治工作贯穿教育教学全过程，实现全程育人、全方位育人。"[①] 2017年2月,中共中央、国务院印发的《关于加强和改进新形势下高校思想政治工作的意见》中明确提出"三全育人"理念,对新时代的高校思想政治工作作出了新的规定,并且提供了重要的基本遵循。2017年12月,教育部党组发布《高校思想政治工作质量提升工程实施纲要》,提出了"十大育人"体系,推动了思想政治教育实践的创新发展。习近平总书记在2018年全国教育大会上的讲话,提出由原来的"德智体美"演进为"德智体美劳"的"五育并举",拓展了新时代高校育人内涵和要求。从首次正式提出"立德树人"的教育根本任务,到2016年提出的全员、全程、全方位育人的"三全育人"理念,到2017年提出的"十大育人体系",再到2018年提出的德智体美劳"五育并举",都是党将"立德树人"的定位置于"人的全面发展"之上,用"立德树人"统率"人的全面发展"。这是对党的高校育人方针的重大发展,是党的教育理论创新的重大成果,对完善高校立德树人体制机制具有重要的引领作用。新时代要研究整合社会资源服务高校育人,把"三全育人"的实践成果上升为规律性经验总结,拓展思想政治教育创新舞台和空间,形成全社会关心、支持、服务高校思想政治工作的机制体系。

构建具有中国特色的大中小学一体化劳动教育机制体系。进一步深化实践探索与经验总结,加强思想政治教育工作体系的建设完善,将立德树人融会贯通于理论武装体系、学科教学体系、日常教育体系、管理服务体系、安全稳定体系、队伍建设体系、评估督导体系七大思想政治教育工作体系中,重点完善以劳动教育为导向的立德树人机制体制,在劳动实践中加强学生德行培养。2020年3月,中共中央、国务院印发的《关于全面加强新时代大中小学劳动教育的意见》中提出要把劳动教育纳入人才培养全过程,贯通大中小学各学段,贯穿家庭、学校、社会各方面,[②] 为进一步把握劳动教育规律、落实立德树人根本任务指明了方向。

[①] 《习近平在全国高校思想政治工作会议上强调 把思想政治工作贯穿教育教学全过程 开创我国高等教育事业发展新局面》,《人民日报》2016年12月9日第1版。

[②] 《中共中央、国务院关于全面加强新时代大中小学劳动教育的意见》,《人民日报》2020年3月27日第1版。

思想政治教育治理体系建设，必须把劳动教育纳入总体体系之中，以习近平新时代中国特色社会主义思想为指导，在思想政治教育治理实践活动中贯彻落实党关于劳动教育的具体方针，将劳动教育应用于思想政治教育治理前沿。对深刻理解劳动教育的战略意义，在思想教育治理实践中进一步深化对劳动教育制度的改革，具有深刻意义。在思想政治教育实践活动中，既要指导学生克服"窄化"学校劳动教育的倾向，又要消除"泛化"学校劳动教育的认识，协同劳动教育对修炼人性美德、增长人生智慧、促进身心健康、增强健康体魄等方面的功能和作用，构建具有中国特色的大中小学一体化劳动教育模式，使学生在劳动中坚定信念、成就梦想。

构建和完善思政课程与课程思政协同育人体系。习近平总书记在学校思想政治理论课教师座谈会上提出思想政治理论课"守正创新"、坚持"八个统一"的任务要求，既是对思想政治理论课建设长期以来规律性认识和成果经验的科学概括，也为新时代思想政治理论课改革创新提供了遵循。要进一步深化对思想政治理论课守正创新规律的探索，揭示思想政治理论课"八个相统一"的内在逻辑，探索新时代思想政治理论课实现"八个相统一"的方法路径，着力解决思想政治理论课发展的制度障碍和机制难题，推动立德树人融入思想政治理论课教学全过程，形成思想政治理论课教学内容规范、课堂教学、目标设计、师生互动、教学评估一体化的制度规范体系。加强大中小幼德育一体化理论研究和实践探索，坚持问题导向和目标导向相结合，坚持守正和创新相统一，统筹推动大中小思想政治理论课一体化建设。落实立德树人根本任务，知识传授、价值塑造和能力培养三个方面不能割裂，必须统筹协同、融为一体。课堂教学是主渠道，课程建设是主战场，教师队伍是主力军，所有课程都要承担好育人职责，明确课程思政建设的目标要求和内容重点，把全面提高人才培养能力作为核心点，深化专业课程的思政元素，结合专业特点优化思政内容供给，找准专业课程与思政课程的结合点，分类推进课程思政建设，将价值观教育与专业教育相结合，使各类课程与思政课程同向同行，形成育人与育才结合的协同效应，让学生通过学习，掌握事物发展规律，通晓天下道理，丰富学识，增长见识，塑造品格，努力成为德智体美劳全面发展的社会主义建设者和接班人。

构建和完善网上、网下一体化育人体系。在网络信息化时代，网络已经成为高校思想政治教育的重要阵地和最大变量，离开了网络就失去了思想引领的主动权。2017年2月，中共中央、国务院印发《关于加强和改进新形势下高校思想政治工作的意见》，指出要"推进高校思想政治工作改革创新，要加强互联网思想政治工作载体建设，运用大学生喜欢的表达方式开展思想政治教育"[①]。习近平总书记在全国高校思想政治工作会议上强调，要推动思想政治工作传统优势同信息技术高度融合，运用新媒体技术使高校思想政治工作活起来，增强吸引力。高校思想政治教育治理现代化，必须深入探索在融媒体发展进程中，网络思想政治教育的有效途径和方法，运用大数据、互联网等不断拓展网络思想政治教育创新平台，夯实网络思想政治教育主阵地，增强网络思想政治教育吸引力。要探索构建网上、网下思想政治教育融合协同机制，实现目标协同、内容协同、工作协同、队伍协同，构建思想政治教育立体化工作体系，拓展思想政治教育治理空间，真正做到学生在哪里、思想政治工作就延伸到哪里。

三　思想政治教育运行和执行保障机制的形成与发展

思想政治教育治理效能的提升离不开有效的教育运行和保障机制的建设。思想政治教育治理强调多方协调联动，强调多元主体共同参与管理，发挥主体参与的主动性、能动性和创造性，同时也更加强调思想政治教育制度的有效执行。国家治理体系和治理能力现代化的动态建设发展过程决定了思想政治教育治理的发展性、动态性，要在国家治理现代化的实践中实现思想政治教育治理的价值。思想政治教育需要适应国家治理现代化的发展，形成多方协同联动的动态运行机制，保障思想政治教育治理更加紧密地契合社会发展实际需要。新时代，是一个高等教育深层次变革和发展的时期，仅仅依靠单方面的力量是不可能解决问题的，必须充分促进政府、社会、学校、家庭、个人等多方协同联动，才能提

---

① 《中共中央、国务院印发〈关于加强和改进新形势下高校思想政治工作的意见〉》，《人民日报》2017年2月28日第1版。

高治理效能,高校思想政治教育治理体系是一个包含多种方法、多种载体、多样要素的整体系统,只有建立高效、动态运行的机制,才能最大化地实现整体性效益,形成强大的治理合力。

制度的设计价值重在执行和落实,工作有序开展不仅需要科学的制度,还需要有效、科学地执行、落实保障机制。思想政治教育理治现代化能否有效深入推进,关键就是要看党委所领导的地方、部门、单位在思想政治教育现代化发展中是否执行和落实了这些制度,"真正有效执行落实了,方向上就没有问题,政治上就不会有问题"[1]。思想政治教育的治理自信主要来源于对制度设计的理论和实践的认知了解,体现在对制度所蕴含的价值的认同上,体现在对制度选择的坚守上。保障制度的有效执行落实,必须强化对制度的认知、强化对制度价值的认同和对制度选择的坚守,并结合时代发展实际情况,及时修订完善和补充相关政策,不断推动制度执行落实的科学有效发展。思想政治教育治理实践的开展,必须聚焦国家、社会现代化发展的任务和个人成长成才客观规律及需求,"从中央到地方、从部委到学校,需要在相关政策制定、文件落实、问题聚焦、难题解决等方面加强协同联动,实现开放式联合共管新局面,为思想政治教育治理提供与时俱进、遵循规律、科学有效的政策支持和制度保障"[2]。

四 社会主义核心价值观教育制度体系的建设与完善

把社会主义核心价值观作为思想政治教育的核心内容,融入大学生学习生活和日常行为的全过程,转化为他们自觉的行为方式,是高校思想政治教育治理的重要使命。党的十九届四中全会指出:"发展社会主义先进文化、广泛凝聚人民精神力量,是国家治理体系和治理能力现代化的深厚支撑。"[3] 并强调:"要把我国制度优势更好转化为国家治理效

---

[1] 《中共中央关于坚持和完善中国特色社会主义制度 推进国家治理体系和治理能力现代化若干重大问题的决定》,《人民日报》2019年11月6日第1版。

[2] 冯刚:《推进新时代思想政治教育治理体系现代化》,《中国教育报》2020年3月19日第5版。

[3] 《中共中央关于坚持和完善中国特色社会主义制度 推进国家治理体系和治理能力现代化若干重大问题的决定》,《人民日报》2019年11月6日第1版。

能。"我国制度体系和治理体系都充分彰显了人民价值立场。"社会主义核心价值观具有广泛的群众基础，与每一名社会成员的日常生活密切相关，不仅反映了当代中国社会价值话语体系的开放包容性，也折射出普通社会民众在社会发展规范方面的普遍在场性。社会主义核心价值观制度化意味着要在价值观和制度协调融通层面来规范人民的社会交往，构建人民的社会关系，开创人民的美好生活。"[1] 社会主义核心价值观制度化是思想政治教育治理效能服务于国家治理体系和治理能力现代化实践中的本质要求，只有形成社会主义核心价值观教育的制度化体系，才能自觉将社会主义核心价值观融入思想政治教育治理现代化的实践中，使之成为团结各治理主体协同共管、联动互促的思想源泉和精神动力。社会主义价值观制度化的推进过程是一个将核心价值观与中国特色社会主义制度高度融合的过程，丰富和发展了思想政治教育治理体系机制，在思想政治教育治理制度机制建设过程中具有非常重要的价值引领作用。"如果一个民族、一个国家没有共同的核心价值观，莫衷一是，行无依归，那这个民族、这个国家就无法前进。"[2] 思想政治教育治理体系建设，必须以培育和践行社会主义核心价值观为根本，巩固全体人民的共同思想基础，筑牢全体人民的共同理想信念，凝结全体人民的共同价值追求。

"深入研究我国思想文化建设的新形势新任务，深刻总结我国大学生思想政治教育的丰富实践和宝贵经验，努力探索社会主义核心价值观融入国民教育全过程需要解决的问题以及好的经验做法"[3]，发挥网络平台的育人功能，遵循大学生思想品德形成发展规律和思想政治工作规律，从培养中国特色社会主义建设者、接班人的全局出发，统筹课堂教学主渠道作用，涵育实践育人重要功能的人文方式，注重多重关系的同向发力和多重利益的统筹协调，在实践中形成教育体系、实践体系、工作体系。注重长效机制建设，将大规模集中教育与日常渗透式教育相结

---

[1] 万光侠、韩升：《新时代社会主义核心价值观制度化的马克思主义政治哲学阐释》，《马克思主义研究》2020年第4期。

[2] 习近平：《青年要自觉践行社会主义核心价值观——在北京大学师生座谈会上的讲话》，人民出版社2014年版，第4页。

[3] 冯刚：《探索思想政治教育发展的内生动力》，人民出版社2017年版，第41页。

合，着力构建全方位、全过程的日常思想政治教育机制和核心价值观培育机制，制定形成一系列体现社会主义核心价值观的教育管理规章制度，形成鲜明的教育管理导向机制，引导学生作出正确的价值判断和价值选择。

五　思想政治教育队伍可持续发展制度机制的建设与发展

在"三全育人"的语境下谈思想政治教育队伍的治理，既包括了思想政治教育的专职力量，也包括思想政治教育兼职力量，学校内部专业教师、行政管理人员、后勤服务人员、安全保卫人员以及辅导员、班主任等，全体教职员工都属于思想政治工作的范畴。近年来实施的领导干部进校园为大学生讲形势政策课，也属于思想政治工作的范畴，但不是本研究的内容。本书重点探讨学校系统内部各个不同岗位上的人员开展大学生思想政治教育的协同问题，包含了纵向不同层级的学校领导、职能部门、院（系）相关人员协同联动问题，也包括了横向层面的教师、管理干部、辅导员等人员的协同配合问题。

教师是学校教育的主力军，教师的质量决定着学生的质量，高校既要加强思想政治理论课教师队伍的整体构建，更要从全局战略高度整体谋划各类课程教师队伍的整体构建，突出全员性、联动性、整体性。从教师人员构成、年龄结构、学历状况、职称层次等方面形成结构合理的教师队伍体系，形成全校统筹、统一领导、统一管理、统一使用的教师队伍建设机制。管理干部是大学生思想政治教育不可或缺的重要力量，扮演着管理育人的重要角色，要进一步探索管理干部开展形势政策报告讲座、担任班主任工作、参与学生日常管理的有效模式，加强管理干部参与学生教育管理的互联互动。辅导员是承担大学生思想政治教育的骨干力量，在大学生成长成才中扮演着多重角色，高校既要探索完善辅导员选聘、教育管理、合理流动机制，也要处理辅导员成长发展与流动、流失的问题，为辅导员搭建更多成长发展平台，完善辅导员职称评聘与职级晋升机制，促进辅导员队伍可持续发展。高校要探索建立领导干部、专业教师联系学院、联系班级、联系学生制度体系，形成三支队伍在大学生思想政治教育中的协同互动、有效配合机制，找准育人角度，提升育人能力，发挥协同育人效应。

六　思想政治教育质量评价体系机制的构建与完善

思想政治教育质量评价，是指"通过树立先进的评价理念、确定科学的评价目标、设计完善的评价指标和标准，运用科学完备的评价方法等评估思想政治教育工作成效，以此检验和推进思想政治教育治理现代化"①。思想政治教育治理实践是否符合国家和社会的政策导向、是否符合社会经济及文化发展的方向、能否有效引导主客体科学解决实践问题，都与思想政治教育能否以科学性、专业性、有效性、实效性和可操作性的制度体系进行评价密切相关。同样的，"高校思想政治教育工作质量的最终评价，是高校输送出来的毕业生是否符合社会发展的需要，而不是单凭在校期间思想政治理论课的考试成绩，这就需要社会组织对大学生政治素养、性格特点、职业技能等进行评价，进而向高校思想政治教育体系及时反馈"②。科学有效的思想政治教育质量评价机制，必须立足于"立德树人"的教育根本任务，立足于社会主义核心价值观的范畴，立足于国家和社会发展的实际需要，注重思想政治教育质量评价中的内外协同，"综合运用教师自评、学生评价、督导评价、社会评价等多种方式手段，推动建立科学系统的质量评价机制"③。在国家治理体系与治理现代化不断发展的今天，受教育对象思维方式受到越来越多方面的影响，思想政治教育治理要观照学生全面成长的现实需求和发展期待，着力形成一套持续性、动态性的质量评价系统，以便使国家治理现代化进程中的新变化、新发展以及大学生思想政治教育自身的新进展能及时体现到质量评价系统中，"使得评价系统能够及时进行自我完善、自我更新和自我优化，以保证评价持续有效正常进行"④。

---

① 冯刚：《推进新时代思想政治教育治理体系现代化》，《中国教育报》2020年3月19日第5版。
② 秦在东、王昊：《社会治理的理论创新及其对思想政治教育管理创新的启示》，《湖北社会科学》2015年第7期。
③ 冯刚：《改革开放以来高校思想政治教育发展史》，人民出版社2018年版，第107页。
④ 冯刚：《思想政治教育工作质量评价的时代特征》，《思想教育研究》2018年第5期。

第 六 章

新时代高校思想政治教育治理的载体运用

新时代高校思想政治教育作为一种专业化的治理活动，要想充分发挥其治理作用，实现其治理的功效与能力，客观上要求综合运用活动、管理、传媒、文化等多种载体，不断推进新时代高校思想政治教育的专业化、法治化、智能化、系统化。为此，新时代高校思想政治教育治理必须选好活动载体，推进新时代高校思想政治教育治理专业化；依法依规管理，推进新时代高校思想政治教育治理法治化；激活大众传媒载体，推进新时代高校思想政治教育治理智能化；以文化人提升治理能力，推进新时代高校思想政治教育治理系统化。

第一节 高校思想政治教育治理中活动载体的运用

新时代高校思想政治教育是一种专业化的治理活动，在活动载体中体现治理的意识和观念，通过举办各式各样、丰富多彩的活动，可以有效提升思想政治教育的亲和力和获得感、针对性和实效性。

一 新时代高校思想政治教育是一种专业化治理活动

2019年10月28日至31日，中国共产党第十九届中央委员会第四次全体会议在北京举行，就推进国家治理体系和治理能力现代化进行了专门的部署和研讨。全会强调了我国国家制度和国家治理体系的显著优势，提出了坚持和完善中国特色社会主义制度、推进国家治理体系和治理能力现代化的总体目标。"推进国家治理体系与治理能力现代化，是国家治理积极呼应不断成长发展的社会，形成全面性与优越性、开放性与发展性、特色性与长效性相统一的国家治理现代化格局的渐进性过程。"[1]

新时代高等学校坚持以习近平新时代中国特色社会主义思想为指导，紧紧围绕统筹推进"五位一体"总体布局和协调推进"四个全面"战略布局，坚持和加强党的全面领导，充分发挥中国特色社会主义教育的育人优势，以立德树人为根本，不断构建有中国特色的大学治理体系，提升高校现代化治理能力。应当说，高校治理体系是国家治理体系的重要组成部分，其治理能力直接影响着国家治理能力的现代化。

"治理现代化的持续推进涉及中国社会发展的方方面面，思想政治工作作为党和国家事业发展的生命线，内含于治理现代化的整体方略之中。"[2] 新时代高校思想政治教育作为一种针对大学生这一特定群体，用社会与时代所要求的思想观念、政治观点和道德规范对大学生群体施加有计划、有目的、有组织的影响，目的是促使大学生形成社会与时代所要求的思想品德的实践活动，是新时代高校治理体系的重要组成部分，是构建有中国特色的大学治理体系的重要一环。从这个角度来讲，新时代高校思想政治教育治理能力和水平，直接影响着整个新时代高校治理体系的构建和治理能力的提升。所以，新时代高校思想政治教育作为一种实践活动，本身就是一种高等学校专业化治理活动。新时代高校思想政治教育是一种专业化治理活动，在坚持党对高校的全面领导、建立高校治理制度、提升高校现代化治理能力等方面，发挥着重要的作用。

新时代高校思想政治教育是一种专业化治理活动，在坚持党对高校的全面领导方面，发挥着重要的作用。新中国成立以后，特别是改革开放以来，随着改革与现代化建设的不断深入，高校思想政治教育在改进中加强、在创新中发展，在高校治理体系和治理能力现代化建设中，高

---

[1] 冯刚、史宏月：《思想价值引领在国家治理现代化中的功能研究》，《思想理论教育》2020 年第 2 期。

[2] 冯刚：《治理视域下高校思政队伍专业化建设的理论与实践》，《学校党建与思想教育》2020 年第 9 期。

校思想政治教育发挥着"生命线"的地位和作用，服务于高等学校发展的大局，推进着高等教育事业的创新发展。众所周知，引领新时代中国特色社会主义教育事业不断前行的最大的政治优势是党的领导。办出、办好中国特色和世界水准的现代高等教育的根本政治保证是党的领导。为此，构建有中国特色的大学治理体系，提升高校现代化治理能力，必须坚持党的领导，提高政治站位，牢牢抓住高校思想政治教育工作这条主线，把高校思想政治教育融入高等学校事业发展的方方面面，融入高等学校办学与治校的全过程，进而做到坚持正确的政治方向，坚持立德树人，全面推动党的建设各项工作，全面加强教职员工和大学生群体的思想政治教育，增强高等学校各级党委的政治领导力，把准政治方向，提高政治的领悟力。新时代高校思想政治教育在以习近平新时代中国特色社会主义为指导，深入学习贯彻党的十九大精神，深入学习贯彻党的十九届四中全会精神，服务高等学校构建治理体系和提升治理能力的大局的同时，推进着高等学校治理体系的完善和治理能力的提升。

新时代高校思想政治教育是一种专业化治理活动，在建立高校治理制度方面，发挥着重要的作用。在中国现代大学治理和建设的进程中，实践证明，构建现代大学治理体系，是不断提升大学治理能力的根本途径，也是最有效的途径。构建以大学章程为统领的现代化的、健全的、适应国家和社会需要的大学制度体系，让高校的管理有理可依、有法可据，减少高校管理中出现的随意性和不确定性，从而提升治校能力和治校效率，凝聚起高校发展的强大内生动力，是新时代高校建立治理制度的方向和任务。新时代高校思想政治教育作为高校治理体系中的重要一环，必须以学习贯彻党的十九大精神，学习贯彻落实党的十九届四中全会精神为出发点和落脚点，坚持党对高校工作的全面领导，发挥学校各级党组织的政治优势和组织优势，落实、完善党委领导下的校长负责制，党委全委会、党委会议事规则、校长办公议事规则等各种现有制度，全面参与高校制度建设，并在其中发挥应有的思想政治教育治理功效和能力。

新时代高校思想政治教育是一种专业化治理活动，在提升高校现代化治理能力等方面，发挥着重要的作用。在高校治理体系和治理能力现代化建设中，坚持党的领导，完善制度体系，都是为了不断提升高校现代化治理能力。换句话说，治理能力的高与低，是高校治理成效的硬指标，是高校治理水平提升的推进器。近年来，高校治理能力在改进中加强，在创新中发展，以创新驱动发展，不断探索以一流质量标准为牵引的制度规范体系，管理运行机制，综合改革模式；深入推进依法治校，在落实好立德树人根本任务的基础上，秉承法治观念，强化法治思维，遵循法律章程，推进高校治理水平、治理能力的法治化，在依法依规的实践探索过程中，探索治理能力和治理水平的科学化、制度化、现代化。新时代高校思想政治教育以落实立德树人为根本任务，按照习近平总书记指出的把立德树人、规范管理的严格要求和春风化雨、润物无声的灵活方式结合起来的要求，全面加强思想政治教育，全面强化日常管理，以学生为本，在改进中加强，在创新中发展，全面提高治理的参与度、治理的有效度，为高校提升治理水平和能力保驾护航。

二　新时代高校思想政治教育治理的活动载体选择

新时代高校思想政治教育作为一种专业化治理活动，需要现实可行的开展治理活动的载体。从新时代高校思想政治教育本身作为一种专业化的治理活动来说，活动过程本身就是新时代思想政治教育治理的现实载体。这种活动载体是新时代思想政治教育者在参与高校治理活动的过程中，为了达到思想政治教育的育人目标，为实现高校治理水平和能力的提升，有意识地开展各种思想政治教育活动，参与高校治理工作的各个方面、各个环节之中，在使受教育者在活动中受到教育、提高受教育者自身的思想道德素质的同时，有效地参与高校治理活动中，为高校治理提升思想准备和活动支撑，进而不断提升高校的治理水平和能力。

在"活动"这一治理形式中，要使受教育者在接受教育的同时，参与教育、参与治理，必须选择好新时代高校思想政治教育治理的活动载体。只有选好新时代高校思想政治教育治理活动的载体，才能在不断提升受教育者思想观念、政治观点、道德素质、法治素养的同时，充分调动教育者和受教育者各方面的主动性和积极性，使其参与高校思想政治教育治理活动。"遵循规律是推进思想政治教育创新发展的客观要求和根本保证。"① 为此，必须坚持马克思主义的实践观，继承发展思想政治教育治理的优良传统，遵循思想政治教育的治理规律，做好新时代思想政治教育治理载体的选择。

首先，坚持马克思主义的实践观，选好新时代高校思想政治教育治理的活动载体。从本质上看，马克思主义就是实践的，以实践作为检验真理的唯一的标准，把实践当作认识的基础，强调实践活动在社会生活过程中的突出重要作用。马克思主义实践观告诉我们，实践是人的实践，是社会性的人的实践，人的认识和思想源于实践，并在实践中不断发展并走向日益成熟。人们也只有在实践活动中，才能融入社会并发展社会，为社会作出应有的贡献。因此，新时代思想政治教育治理在选择活动载体中，必须坚持马克思主义实践的观点。一方面，用马克思主义实践观选好现实可行的，与学校生活、社会活动紧密联系的活动载体；另一方面，注重在实践活动中，把马克思主义的立场、观点和方法，运用到新时代高校思想政治教育治理活动全过程，不断提升新时代高校思想政治教育治理能力和治理水平。

其次，继承发展高校思想政治教育治理优良传统，选好新时代高校思想政治教育治理的活动载体。新中国成立，特别是改革开放以来，伴随着中国社会日新月异的发展，高校思想政治教育在改进中加强、在创新中发展，在取得了丰硕成果的同时，也积累了丰厚的优良传统。从活动的选择来看，在革命、建设和改革的各个不同历史时期，我们党把思想政治教育作为一切工作的"生命线"，十分重视选择活动的载体，并运用活动的载体对广大党员、干部、广大人民群众开展思想政治教育，在活动中高举中国特色社会主义伟大旗帜，坚持正确的政治方向，育人为本，发展为要，尊重实践规律，勇于担当时代使命与责任，解放思想，开拓创新，积累了丰富的活动经验，以及运用活动载体创新思想政治教育的行之有效的方法。所以，新时代高校思想政治教育治理在活动载体的选择过程中，必须继承和发展高校思想政治教育治理优良的传统，创新性地运用好活动载体，同时把长期以来思想政治教育积累和蕴含的思想政治教育活动经验、活动内容、活动形式有机地进行再组织、再整合、

---

① 冯刚：《创新网络思想政治教育的几点思考》，《学校党建与思想教育》2014 年第 5 期。

再发展、再创造，进而适应新时代高校思想政治教育治理的需要，做到活动载体真正的"活化"，为提高新时代高校思想政治教育治理能力和治理水平服务。

最后，遵循高校思想政治教育治理规律，选好新时代高校思想政治教育治理的活动载体。新时代高校思想政治教育治理是面向新时代，培育时代新人的一项时代任务。"每个时代都有教育必须回应的主题，每个时期都有各自关于'新人'的标准，'时代新人'的提出有其历史渊源与发展过程，是党的教育方针在社会主义教育实践中持续探索的结果，是顺应全球化趋势的必然选择。"① 从这个角度来讲，新时代高校思想政治教育治理的主要目标和内容，主要对象和形式都没有发生本质的变化，与以往思想政治教育相同，都是基于对人们的思想观念、政治观点、价值取向的教育和引领的过程中，实现头脑中的内化治理向行动中的外化治理的转变。因此，新时代高校思想政治教育治理的活动载体选择，必须遵循高校思想政治教育规律，在活动载体的选择过程中，自觉遵循教育要求与教育者思想品德发展之间保持适度张力的规律、教育与自我教育相统一的规律、协调与控制各种影响因素使之同向发挥作用的规律，在新时代思想政治教育治理活动中，正确面对并处理好思想政治教育者与社会要求之间的矛盾、思想政治教育者与受教育者之间的矛盾、受教育者的思想行为与社会要求之间的矛盾、社会环境与思想政治教育的客观要求之间的矛盾、受教育者内在精神世界发展的需要与满足需要的方式和条件之间的矛盾，进而为新时代高校思想政治教育治理水平和能力的不断提升打下坚实的活动基础。

三 运用活动载体，推进新时代高校思想政治教育治理专业化

新时代高校思想政治教育作为一种专业化治理活动，客观上需要不断提高其专业化水平，不断提升其治理的能力和治理的效率。这不仅仅是从宏观上对新时代高校思想政治教育治理系统性提出的一个客观要求，更是从中观、微观的角度对新时代高校思想政治教育运行的每个环节、

---

① 冯刚、王方：《国际视野下时代新人培育的理论蕴含与实践路径》，《国家教育行政学院学报》2020年第3期。

每个要素的客观要求。值得注意的是，无论是宏观上的系统层面，还是中观、微观的要素层面，新时代高校思想政治教育治理专业化水平的提高，都离不开充分运用活动载体。换句话说，运用活动载体的好与坏，直接影响着能否有效推进新时代高校思想政治教育治理专业化水平。这是因为，新时代高校思想政治教育治理一方面是一种社会实践活动，而这种社会实践活动本身就需要专业化的提升；另一方面，高校思想政治教育治理不只是一个静态的系统，更是一个动态的过程，而这个过程就是由一个个治理活动联结而成。

要运用好活动载体，不断推进新时代高校思想政治教育治理的专业化，就要大力开展多种多样、丰富多彩的治理活动，包括精神文明创建活动、向先进典型学习活动，与高校管理、服务、业务相结合的各种活动，也包括与社会紧密相连、服务社会的社会调查、参观访问、志愿服务，以及与生产、工作相联结的，以满足人们的生活和人们的发展的各种有益活动。这就要求我们必须要科学、合理、有效地运用好活动载体，组织好每一项活动，发挥好各项活动的治理作用。为此，新时代高校思想政治教育治理载体的运用，应明确活动目标，加强对活动的指导，应讲求实效，做到因地制宜，应充分发挥活动参与者的治理主动性和创造性。

首先，明确活动目标，加强活动指导，推进新时代高校思想政治教育治理专业化。新时代思想政治教育治理的每一项活动，都应有明确的目标指向，都应有明确的目标任务，都应有与目标指向和任务相对应的明确的治理内容与形式。因此，在开展新时代思想政治教育治理活动中，应对每一项治理活动应达到的目标有明确的规定，并应注意将活动目标进行有机分解，划分为阶段性的、更为具体的、更加具有可操作性的、更能激发参与者参与治理活动的目标体系。这就要求在新时代思想政治教育治理活动中，加强对治理活动的有效指导，指定专人负责治理相应活动，在活动前期，应有具体的活动策划与培训；在活动中期，应有具体的、分阶段的考核与指导；在活动后期，应有活动的评价与总结。

其次，讲求实效，因地制宜办活动，推进新时代高校思想政治教育治理专业化。从实际出发，从不同地区、不同高校、不同治理对象出发，开展新时代高校思想政治教育治理活动，是推进新时代高校思想政治教育治理专业化的必然选择。在实际的高校思想政治教育治理过程中，不难发现，一些治理活动存在着走过场、搞形式、哗众取宠、铺张浪费等现象。一些治理活动也存在着大帮哄、大推广、大宣传，针对性和实效性不强的问题。这就实际上造成了高校思想政治教育治理"消化不良"的乱象，影响着治理的效果、能力与水平的提升。因此，推进新时代高校思想政治教育治理专业化，必须讲求实效，因地制宜搞活动、办活动，做到既有治理活动的统一部署与安排，又有活动的灵活组织与实施；既有协调一致的活动组织，又有适合不同单位、不同组织、不同个体的活动运行策略。

最后，充分发挥活动参与者的治理主动性和创造性，推进新时代高校思想政治教育治理专业化。新时代高校思想政治教育治理活动，是凝聚各方力量、组织各方要素、贯穿活动全程的治理活动。这就要求新时代高校思想政治教育治理活动的开展不应只有组织者，更应有参与者，不仅组织者在新时代高校思想政治教育治理中发挥着组织和引领的作用，参与者在其中也理应发挥主动性和创造性，积极地参与活动的组织、策划、管理，以及评价当中来。改革创新是高校思想政治教育发展的重要动力。改革开放以来，高校思想政治教育始终坚持解放思想、实事求是、与时俱进，自觉地把思想认识从那些不合时宜的观念、做法和体制的束缚中解放出来，从对马克思主义的错误的和教条的理解中解放出来，从主观主义和形而上学的桎梏中解放出来。这就要求新时代高校思想政治教育治理的组织者、主办方要做到不大包大揽、不包办代替，而是要开门搞活动、开门办活动。只有这样，才能把参与治理活动的人、财、物等所有资源有机地整合起来，这是一个协调各方、融入全程的治理活动的重要环节，是新时代高校思想政治教育治理的明确目标指向，也是推进新时代高校思想政治教育治理专业化水平提升的现实路径选择。

第二节　高校思想政治教育治理中管理载体的运用

治理源于管理，但是和管理又有着区别，强调治理，并不是不需要管理。治理视域下，在思想政治教育中运用管理载体，就是强调管理要做到与时俱进，不断调整观念，创新工作方式，提高管理效果。

一 新时代高校思想政治教育治理的管理属性

新时代高校思想政治教育作为一种专业化治理活动，必然涉及管理的范畴和内容。这就直接或间接地涉及新时代高校思想政治教育治理，同以往所说的高校思想政治教育管理有哪些异同的问题。这个问题回答的正确与否、透彻与否，直接影响着新时代高校思想政治教育治理体系与治理能力建设和现代化的问题。"思想政治教育作为一门研究人的思想形成和变化的规律，并指导人形成正确思想、行为的科学，要紧跟时代发展的步伐，密切关注人才培养过程中的规律性、前沿性问题，以问题为导向推进自身的创新发展。"[1] 应当说，与以往的高校思想政治教育管理有着明显的不同与区别。这种明显的区别与不同，主要体现在以下两个方面：一是从主体来看，以往的高校思想政治教育虽然也强调在教育和管理的过程中，发挥受教育者的主动性与积极性，即强调所谓的主体间性，但是，在实际的高校思想政治教育以及日常管理工作中，管理往往习惯于自上而下的管理，习惯于由从思想政治教育者的管理主体出发，进行一种强制性、约束性的管理。而新时代高校思想政治教育治理则强调在高校思想政治教育治理过程中，无论是教育者还是受教育者，都应积极、主动地参与思想政治教育治理，成为高校思想政治教育治理的主体。不难发现，这实质上是打破了自上而下的管理模式，力求形成多元主体共同管理的有效格局。二是从方式上来看，以往的高校思想政治教育管理在实际管理运行的过程中，或多或少地都带有行政命令的色彩，是一种单向式的管理活动，而新时代高校思想政治教育治理则力求打破这一带有行政命令性的管理局面，强调多元主体共同参与管理，主张采取合作、对话、协商、互动等多种方式。

通过以上的分析不难发现，新时代高校思想政治教育治理与以往的高校思想政治教育管理有着明显的区别。但是，必须要指出的是，虽然新时代高校思想政治教育治理与以往的高校思想政治教育管理有着明显的区别，但是，从本质上讲，新时代高校思想政治教育治理并没有脱离

---

[1] 冯刚：《探索思想政治教育发展的内生动力》，人民出版社2017年版，第227页。

高校思想政治教育管理的范畴，而是从管理到治理，进行着管理的范式转化和现代性的转型。因此，从这个角度来讲，新时代高校思想政治教育治理具有与以往高校思想政治教育管理所相同的管理属性。这种管理属性我们可以从新时代高校思想政治教育治理的基本手段、主要特征和主要内容三个方面加以具体把握。

从基本手段来看，新时代高校思想政治教育治理是一种开发、利用、整合高校思想政治教育校内与校外、网上与网下、学校与社会各个方面资源的活动，因而需要借助一些具体的手段，以实现治理活动与预期目标的一致。计划、组织、指挥、协调、控制这五个构成以往高校思想政治教育管理的基本要素，应当说，仍是新时代高校思想政治教育在治理的过程中，必须具备，而且也是必须要应用的手段。比如，在新时代高校思想政治教育治理的前期、中期和后期，计划作为一种手段，都是指导新时代思想政治教育各方面、各部门人、财、物循序渐进达到新时代思想政治教育治理目的的一个关键性的要素，治理计划是否明确，治理计划是否全面，治理计划是否可行，是否有治理的短期、中期和长期计划，这些问题都是影响和制约新时代高校思想政治教育治理效果的问题，必须认真思考和对待。因此，从新时代高校思想政治教育治理的基本手段来看，没有超出高校思想政治教育管理的范畴，仍然具有高校思想政治教育管理的基本属性。

从主要特征来看，新时代高校思想政治教育治理过程中，在对所组织的资源进行有效的整合，以实现组织所确定的目标与任务的同时，作为一种高校思想政治教育所特有的治理活动，还具有方向性、民族性、开放性等鲜明的特征。在这里，我们以方向性特征为例加以说明。"方向决定道路，道路决定命运。教育是党的事业的重要组成部分，中国的大学必须有明确的社会主义属性，这是中国大学的鲜明底色和最大特色，也是社会主义大学的根基和优势。"[①] 应当指出的是，无论是以往的高校思想政治教育管理，还是新时代高校思想政治教育治理，在达到管理和治理乃至教育目的和任务时，其思想政治教育意识形态的使命都

[①] 冯刚、梁超锋：《新时代高校意识形态安全体系构建的基本原则和重点》，《思想理论教育导刊》2020年第2期。

是没有任何改变的，都必须有明确的、鲜明的政治方向，这是高校思想政治教育立德树人根本任务的本质规定。以马克思主义为指导，坚持党的基本理论、基本路线、基本纲领、基本经验，全面提高受教育者的思想观念、政治观点、道德观念、价值认同，这是新时代高校思想政治教育管理的根本任务，集中体现着新时代高校思想政治教育治理的主要特征。因此，从新时代高校思想政治教育治理的主要特征来看，没有超出高校思想政治教育管理的范畴，仍然具有高校思想政治教育管理的基本属性。

从主要内容来看，新时代高校思想政治教育治理总是表现和落实到具体的高校思想政治教育管理内容上。思想政治教育管理内容是新时代高校思想政治教育治理任务的体现和具体化。这些内容相互衔接、相互作用、互为补充，形成了一个有机的整体，主要包括目标的管理、计划的管理、规范的管理、信息的管理和队伍的管理等。在这里，我们以新时代高校思想政治教育治理过程中规范的管理为例加以说明。新时代高校思想政治教育治理过程中应遵守的准则、规则的总和，就是治理过程中规范的具体体现。在这个治理过程中，涉及许多规范性的管理，如制定和运用管理制度、纪律、行政法规等，用以建立明确的规章、有序的管理体系，以及提供相应的制度保障。在新时代高校思想政治教育治理中，如何科学设定岗位职责，制定管理制度，设置工作制度，运用行政法规，这些都是在规范管理层面，新时代高校思想政治教育治理的主要内容的具体展现。因此，从新时代高校思想政治教育治理的主要内容来看，没有超出高校思想政治教育管理的范畴，仍然具有高校思想政治教育管理的基本属性。

二 依法依规管理是新时代高校思想政治教育治理的支撑与保障

通过对新时代高校思想政治教育治理的管理属性的分析，不难发现，新时代高校思想政治教育从管理走向治理，实际上是经历了一个由传统向现代的转变过程。在这个转变的过程中，新时代高校思想政治教育的管理，从目标的组织制订，到运用计划、组织、指挥、协调、控制等手段，再到对组织体系的人、财、物等资源的配置、开发与整合利用，都更加系统、更加开放、更加多元，也凝练出了新时代高校思想政治教育治理的行之有效的治理模式。应当指出的是，从总体上看，这个行之有效的新时代高校思想政治教育治理模式不是别的，就是我们已经构建起来的党领导下的新时代高校思想政治教育依法依规管理模式。

党领导下的新时代高校思想政治教育依法依规管理模式，就是在中国共产党各级组织的统一领导和部署下，校内与校外、网上与网下、学校与社会涉及的各行政系统、生产部门、业务部门、服务部门、群团组织，以及社会各方面力量在各自职责范围内进行依法依规管理，行使思想政治教育治理职能，齐抓共管形成有效合力的一种管理模式。实践证明，这种党领导下的新时代高校思想政治教育依法依规管理模式，是符合我国新时代高校思想政治教育在改进中加强、在创新中发展的实际的，是符合高校构建有中国特色的大学治理体系、提高治理体系和能力的现实需要的，是符合国家、社会对新时代高校思想政治教育治理发展的期盼的。这种新时代高校思想政治教育依法依规管理模式之所以能够在从管理到治理的转变、转型中得以形成，究其根源，主要有以下两个方面的原因。一是党的坚强领导为新时代高校思想政治教育依法依规管理模式的形成提供了有力的政治和组织保证。长期以来，在党的领导下，新时代高校思想政治教育治理加强长效机制建设，将制度建设贯穿高校思想政治教育治理的方方面面，通过完善党政领导的责任机制，健全各部门的协调机制，真正落实新时代高校思想政治教育治理的目标和任务。二是依法依规管理为新时代高校思想政治教育治理提供了有力支撑与保障。随着新时代高校现代化治理能力的不断提升，深入推进依法治校的水平和能力也在日益增强。在这个过程中，依法治校标志着高校治理水平、治理能力在不断走向科学化、制度化、现代化。作为高校治理体系的重要组成部分，新时代高校思想政治教育治理也在推进依法依规管理模式的科学化、制度化与现代化。在这个过程中，新时代高校思想政治教育治理在不断推动依法依规管理模式走向完善与成熟，在强化法治思维、遵循章程规定、秉持法制观念、落实立德树人根本任务等各个方面，取得了长足的进展与进步。依法依规管理作为新时代高校思想政治教育治理的支撑与保障，集中体现在岗位职责、教育制度、管理制度、工作制度、行政法规的制定与执行等方面。

依法依规管理是新时代高校思想政治教育治理的支撑与保障。在岗位职责方面，依法依规管理主要体现在强调进一步明确部门、岗位的科学设置，明确各部门、各岗位人员的权责划分，避免在依法依规管理中出现权责不明、任务不明、职责划分不到位造成的相互推诿、互相扯皮、互不负责等现象发生，保证新时代思想政治教育治理顺利实行。在教育制度上，依法依规管理主要体现在对日常思想政治教育内容、形式的具体规定中，如对政治学习，各级党组织的活动，学院、年级、班级的活动、爱国主义教育、形势政策教育、法制教育、文明创建活动等的具体规定与管理。这些活动都是高校思想政治教育管理的经常性教育内容和形式，在实践中得以不断健全和完善的同时，进行了有效的制度化、规范化，为新时代高校思想政治教育治理提供了基本的依据与遵循，也成为新时代高校思想政治教育治理的有效支持与保障。在管理制度方面，依法依规管理主要体现在包括日常管理制度、校规校纪、奖惩制度等方面的制度与规定。这些管理制度的建立，是新时代高校思想政治教育治理重要而有效的手段，也为新时代高校思想政治教育治理的顺利开展提供了支持与保障。在工作制度方面，依法依规管理主要体现为对新时代思想政治教育系统所属机构和人员的工作性质、工作职责、工作范围等进行的统一的规范要求，主要包括政治理论学习制度、考核评估制度、请求汇报制度等。在行政法规方面，依法依规管理主要体现为新时代高校思想政治教育治理以法律、行政法规为准绳，在法律允许的范围内开展教育和治理活动的同时，以法律为武器，武装教育者和受教育者的头脑，不断提升新时代高校思想政治教育治理能力与水平。

三 运用管理载体，推进新时代高校思想政治教育治理法治化

新时代高校思想政治教育治理从管理到治理，走出了一条依法依规治理的现实路径。这条路径的选择一方面是新时代高校治理体系和治理能力现代化进程中，对新时代高校思想政治教育治理法治化水平和法治化能力的必然要求，也是在我们整个国家、社会进入新时代，我们的党和国家在不断推进治理体系和治理能力现代化的进程中，新时代高校思想政治教育治理的必然选择。从这个角度来讲，新时代高校思想政治教育治理法治化是新时代高校思想政治教育在改进中加强、在创新中发展，适应时代发展需要的历史必然。那么，面向新时代，面向新任务、新使

命，面向培育时代新人的担当与责任，如何进一步推进新时代高校思想政治教育治理法治化，就是一个在新时代高校思想政治教育治理过程中必须要予以回答，而且要回答好，交出满意时代答卷的问题了。应当指出的是，这个时代答卷的好与坏，一定程度上取决于在新时代高校思想政治教育治理过程中，能否选择好、利用好管理载体，适应时代发展要求，继续推进新时代高校思想政治教育治理从管理向治理的转型升级，实现从管理向治理的跨越式发展，完成从管理到治理的时代性转变，进而不断提高新时代高校思想政治教育治理法治化的水平和程度。为此，有必要从以下几个方面，综合选择、运用、实施新时代高校思想政治教育治理的管理载体。

第一，提高新时代高校思想政治教育者依法依规管理的能力与水平。无论是以往的高校思想政治教育，还是新时代高校思想政治教育治理，人的因素都是最为重要的因素。在人的因素中，思想政治教育者的因素尤其重要。因为无论是新时代高校思想政治教育，还是新时代高校思想政治教育治理，都是以高校思想政治教育者作为主体，从事教育和治理工作、开展教育和治理的活动。因此，在运用管理载体、不断提升新时代高校思想政治教育治理法治化的过程中，首先就是要提高思想政治教育者主动运用管理载体从事治理工作、开展治理活动的能力和水平。其中，一个重要的能力就是增强法治思维，运用法治思维开展新时代思想政治教育治理。这就要求对新时代的思想政治教育者进行全面的法治素养的提升，有计划地促进新时代思想政治教育者进一步系统学习马克思主义法学理论，深刻理解社会主义法律的本质特征和运行机制，从整体上把握中国特色社会主义法律体系、法治体系与法治道路，进而做到尊重、维护法律权威，依法行使法律赋予的权利与义务，在新时代思想政治教育治理中，能够做到依法依规管理，以实际行动带动全社会崇德向善，知行合一，成为尊法学法守法用法的典型和模范。

第二，基于管理载体，做到教育与治理同向同行。这种同向同行指的是新时代高校思想政治教育者一方面要提升运用管理工具的能力，不断提高法治素养；另一方面更要立足岗位，在做好新时代高校思想政治教育，也就是育人工作的同时，运用管理载体，依法依规抓好新时代高校思想政治教育治理，进而做到教育与管理相结合、教育与管理相促进，在管理中推进新时代高校思想政治教育治理法治化，通过与管理同向同行的思想政治教育，使新时代高校思想政治教育治理法治化入脑入心，反过来进一步促进新时代高校思想政治教育治理的法治化水平。在实际的高校思想政治教育工作中，我们不难发现，将教育与管理分离，认为教育是教育、管理是管理，教育与管理是两码事，甚至将教育与管理对立起来的现象时有发生。进入新时代，我们也不难发现，在新时代高校思想政治教育治理过程中，不同程度地存在着教育与治理的相互分离、教育与治理的互不统一、教育与治理的对立矛盾。究其根源，一个非常重要的原因，就是把新时代高校思想政治教育治理简单化、事务化。马克思指出："理论只要说服人，就能掌握群众；而理论只要彻底，就能说服人。所谓彻底，就是抓住事物的根本。"① 因此，需要我们基于管理载体，做到教育与治理同向同行，这能够有效解决教育与管理、教育与治理"两张皮"的现象，是推进新时代高校思想政治教育治理法治化的一个重要举措。

第三，挖掘管理载体，营造良好的治理法治化环境。新时代高校思想政治教育治理载体可以说无论是在形式上还是在内容上都是多种多样的，每一类管理载体，甚至每一具体形式都各有不同，都渗透在高校治理体系的方方面面，存在于高校思想政治教育的各个环节和要素中。比如，在高校日常管理工作中，包括教务管理、学生管理、群团组织管理、档案管理、后勤服务管理等方方面面，都是新时代高校思想政治教育治理的管理载体。近年来，随着互联网络的发展，4G移动终端的普及，5G网络的建设，不断推动着管理由网下向网上、由被动管理向主动服务转变。从这个角度来讲，互联网络本身就是推进新时代高校思想政治教育治理法治化的有效管理载体，需要我们在新时代高校思想政治教育治理中不断予以挖掘和利用。因此，必须综合运用、分类整理、科学规划和衔接好各种管理载体，使其发挥管理的作用，形成制度化、科学化、规范化、体系化的管理，在不断挖掘管理载体的同时，营造良好的新时代高校思想政治教育治理的法治化环境。

---

① 《马克思恩格斯文集》（第一卷），人民出版社2009年版，第11页。

第三节 高校思想政治教育治理中传媒载体的运用

随着信息化、智能化等新兴技术的快速发展,思想政治教育面临新的机遇和挑战,传统的思想政治工作载体受到冲击。高校大学生敢于、乐于、善于接受不同类型的传媒载体,思想政治教育关注青年学生的成长发展需求,就需要了解好、运用好传媒载体。

一 大众传媒载体的新时代高校思想政治教育治理功能

近年来,随着互联网的迅猛发展,大众传播媒体借助互联网的发展优势,正在从传统传播媒体向新媒体、再向融媒体快速发展和转变。在这个转变的过程中,大众传播媒体在线上与线下、虚拟与现实、国内与国外等方面的界线越来越模糊,进而构成了一个以互联网为平台越来越复杂的社会大舆论场。其中,大众传播媒体越来越体现出自身发展的多元性、自发性、公开性、无界性等特点。人们利用新媒体、融媒体,一方面为人们的生活带来更多的便利,另一方面也深刻地改变着人们的交往方式、娱乐方式和传播方式,在此基础上,出现了社会思想意识复杂多样、相互交织的情况。当前,以互联网为平台的大众传播媒体已经成为意识形态工作的主战场、最前沿阵地,成为意识形态交锋的主阵地。为此,实现国家治理体系和治理能力现代化,必须对大众传播媒体的转变予以高度重视,要充分运用新媒体、融媒体,发挥新媒体、融媒体的治理功能,不断提升国家治理体系和治理能力现代化。习近平总书记在第十九届中共中央政治局第十二次集体学习时指出,各级领导干部要增强同媒体打交道的能力,不断提高治国理政能力和水平。这一方面告诉我们,国家治理的目的,就是要直面新时代更加复杂的各种社会问题、各种社会矛盾,不断提高处理各种问题和矛盾的能力;另一方面告诉我们,处理各种问题和矛盾的一个重要的能力,就是运用媒体,尤其是运用新媒体和融媒体。从这个角度上讲,大众传播媒体,尤其是现今的新媒体、融媒体,是国家治理的重要工具和手段,具有国家治理的功效与能力。运用好新媒体、融媒体,能够不断提升国家治理的功效与能力。

"思想、观念、意识的生产最初是直接与人们的物质活动,与人们的物质交往,与现实生活的语言交织在一起的。"① 在新时代,高校思想政治教育面对的是时代新人,做的是时代新人的思想工作,就是要将新时代国家和社会的主流思想观念、政治观点、价值取向、道德规范,有计划、有组织、有目的地对时代新人产生教育、引领、规范的作用,使其在思想观念、政治观点、价值取向上,与国家、社会的要求保持一致,并获得大多数人的普遍共识。新时代高校思想政治教育作为具有完整体系的工作系统,无论是在教育的过程还是在治理的过程中,都应自觉地运用新媒体、融媒体,做好新时代高校思想政治教育工作,做好新时代高校思想政治教育治理工作,不断挖掘新媒体、融媒体的思想政治教育治理功能。

伴随着新时代高校思想政治教育治理能力和治理水平的不断提升,新时代高校思想政治教育在治理的过程中,充分挖掘、利用新媒体、融媒体的能力也在不断增强,主要体现在以下几个方面:一是新时代思想政治教育治理的新媒体、融媒体平台的互联互通能力日益增强。依托学校互联网络平台和移动终端建设,现在,大多数高校都能够实现高校思想政治教育治理平台,诸如大学生资助平台、大学生评奖评优平台,大学生就业指导平台等,与高校其他业务主管部门,如网络宣传平台、教务管理平台、后勤服务平台、科研平台等互联互通,只要通过一个校园账号,就能实现信息和数据的共享,实现新媒体、融媒体在学校内部各部门间的有效传播与互动,进而实现校际、学校与社会、学校与家庭之间信息的有效传播与互动。与此同时,新时代高校思想政治教育治理依托校园网站门户、微博、微信公众平台,向外开展信息传播与互动的能力也在不断地增强。这是借助新媒体、融媒体,新时代高校思想政治教育治理能力和治理水平不断提升的一个显著标志。二是新时代高校思想政治教育者运用新媒体、融媒体的能力也在日益提升。这种能力的提升主要表现为教育者在思想政治教育治理活动中,运用QQ群、微信群、微博等开展网络思想政治教育,开展思想政治教育治理活动的深度、广度、

---

① 《马克思恩格斯文集》(第一卷),人民出版社 2009 年版,第 524 页。

频度都在不断地增加。这种通过新媒体、融媒体的高校思想政治教育治理活动，可以说打破了传统思想政治教育治理过程中空间和时间的局限，它能够使教育者在任何时间、任何空域进行有针对性和实效性的高校思想政治教育治理活动。但是，也必须要认识到，虽然在新时代高校思想政治教育治理过程中，运用新媒体、融媒体开展高校思想政治教育治理活动已有相当大的积累和经验的总结，但是，仍然存在着运用新媒体、融媒体碎片化、零散化的问题，仍然不同程度地存在着对新媒体、融媒体知道得很多，但做得很少的问题。

二 确定新时代高校思想政治教育治理大众传媒载体的依据

新时代高校思想政治教育治理面对新媒体、融媒体的发展，到底应该如何选择好新媒体、融媒体，进而如何更好地运用新媒体、融媒体等大众传媒工具呢？这是一个必须回答而且要回答好的问题。面对借助互联网络平台，借助移动终端而不断更新、兴起的各种新媒体、融媒体，面对基于各种新媒体、融媒体而不断涌入的海量信息，新时代高校思想政治教育治理确实面临着前所未有的新问题，面临着前所未有的机遇与挑战。应当说，解决这一问题的关键在于确定好新时代高校思想政治教育治理大众传媒载体的依据。依据就是标准，这个标准不是别的，就是新时代高校思想政治教育治理在选择新媒体、融媒体的过程中，应当秉持的最为基本的选择性条件、最为主要的选择性要求、最为科学的选择性方法。面对各式各样、层出不穷的新媒体、融媒体，如果没有选择最为基本的标准的话，只是随意选择，乱抓一把就进行治理性的工作，不但对新时代高校思想政治教育治理无益，反而会对新时代高校思想政治教育治理起到反作用，会间接甚至会直接影响新时代高校思想政治教育治理的功效与能力的发挥，影响新时代高校思想政治教育治理体系的建设和治理能力水平的提升，进而影响新时代高校思想政治教育治理现代化的实现。"一种价值观要真正发挥作用，必须融入社会生活，让人们在实践中感知它、领悟它。要注意把我们所提倡的与人们日常生活紧密联系起来，在落细、落小、落实上下功夫。"[①] 在实际的新时代高校思想政

---

① 《习近平谈治国理政》，外文出版社2014年版，第165页。

治教育治理过程中，我们深切地感受到，必须做到坚持传统与现代相结合，选择新时代高校思想政治教育治理的传媒载体；必须以治理目标任务为依据，选择新时代高校思想政治教育治理的传媒载体；必须坚决抵制各种消极有害的大众传播媒体，进而选好、用好新时代高校思想政治教育治理的大众传媒载体。

第一，坚持传统与现代相结合，选择新时代高校思想政治教育治理的传媒载体。众所周知，通过大众传媒载体进行高校思想政治教育工作，是高校思想政治教育在改进中加强、在创新中发展的有效途径和重要经验。这一点，我们可以从思想政治教育在高校发展的各个不同历史时期和发展阶段，自觉地、主动地运用大众传媒载体所取得的丰硕成果中得以检验。充分利用高校校园大众传媒载体，如校园电视台、校园广播站、校园宣传栏，以及学校、学院、年级、班级各单位、部门和集体的宣传载体，开展有针对性的思想政治教育工作，主动与社会宣传部门对接，利用广播、电视、宣传设施开展高校思想政治教育工作等，使高校思想政治教育运用传统大众传媒载体开展思想政治教育，形成了全方位、多层次的大众传媒载体运用的格局。面对新媒体、融媒体的发展，新时代高校思想政治教育在选择大众传媒载体时，应做到传统与现代的有机结合，不能说有了新媒体、有了手机、有了网络，就把早已形成的传统大众传媒载体放在一边，置之不理了。相反，而是要坚持传统与现代结合，一方面，依托新媒体、融媒体，不断挖掘传统媒体的创新性治理载体的功能；另一方面，基于传统大众传媒载体，与新媒体、融媒体相互配合，互通有无，做到全方位、多层次、立体化进行新时代高校思想政治教育治理。

第二，以治理目标任务为依据，选择新时代高校思想政治教育治理的传媒载体。"问题就是公开的、无畏的、左右一切个人的时代声音。问题就是时代的口号，是它表现自己精神状态的最实际的呼声。"[①] 面对形式多样、层出不穷的新媒体、融媒体，新时代高校思想政治教育治理要想选择好、运用好新媒体、融媒体，必须"以内容为王"。这个内容就是新时代高校思想政治教育治理的目标任务。很难想象，脱离了新时代高

---

① 《马克思恩格斯全集》（第四十卷），人民出版社1982年版，第289—290页。

校思想政治教育治理内容的新媒体、融媒体，如何能够发挥其"新"和"融"的作用和功能。只有适合新时代高校思想政治教育治理内容的新媒体、融媒体，才能发挥其大众传媒的作用，才能对新时代高校思想政治教育治理来说有意义，才能谈得上"新"和"融"。而任何治理的内容都是以目标和任务为导向的，以实现治理的目标和任务为落脚点和着眼点。因此，以治理的目标任务为依据，选择新时代高校思想政治教育治理的传媒载体，是确定新时代高校思想政治教育治理载体的重要依据。在实际的一些新时代高校思想政治教育治理中，我们也时常会发现，运用新媒体、融媒体的工具和手段看起来很好，但最终考核起来，很不实用，有一些甚至是花架子。究其根源，就是脱离了治理的目标任务，而选择的大众传媒载体所致。

第三，坚决抵制各种消极有害的大众传播媒体，选好、用好新时代高校思想政治教育治理的大众传媒载体。当前，尤其是在一些网络平台上，一些大众传播媒体是参差不齐的，消极影响仍然是不同程度存在的。这些网络平台往往以营利为目的，向人们传播非主流的、消极的思想观点和价值观念，不但不给人们提供任何精神食粮，反而会对人们的思想观念、价值观点，甚至是政治立场产生严重的危害和消极影响。应当说，新时代高校思想政治教育治理必须直面这种消极的大众传媒现象，必须在大众传媒载体选择过程中，提高辨别能力，不能将带有负能量的大众传媒当作有正能量的大众传媒予以对待和使用。从这个角度来讲，有效抵制和消除大众传媒中的消极影响和因素，正是新时代高校思想政治教育治理的重要任务之一，也是选好、用好新时代高校思想政治教育治理的大众传媒载体的重要依据之一。

三　运用大众传媒载体，推进新时代高校思想政治教育治理智能化

2019年1月25日，中共中央政治局就全媒体时代和媒体融合发展举行第十二次集体学习。在这次集体学习时，习近平总书记指出，推动媒体融合发展、建设全媒体已成为我们面临的一项紧迫课题。"问题是创新的起点，也是创新的动力源。只有聆听时代的声音，回应时代的呼唤，认真研究解决重大而紧迫的问题，才能真正把握住历史脉络、找到发展

规律，推动理论创新。"①党的十九届四中全会审议通过的《中共中央关于坚持和完善中国特色社会主义制度　推进国家治理体系和治理能力现代化若干重大问题的决定》中明确提出，建立以内容建设为根本、先进技术为支撑、创新管理为保障的全媒体传播体系。这都为加快推动新媒体、融媒体发展，建立全媒体传播体系指明了方向，提供了基本的遵循。随着4G时代的到来、5G时代的发展，中国已经进入了一个"万物皆媒"的全媒体时代。4G移动通信技术，乃至正在建设的5G移动通信网络，使处于新时代的新媒体、融媒体，由"融"向"智"在不断地转身与蜕变。这个"智"不是别的，就是智能化发展。从"融媒体"向"智媒体"发展演变趋势，一个最显著的特征就是5G通信、云计算、大数据、人工智能等智能技术，已经越来越多地介入新媒体、融媒体的运行和传播过程之中，并扮演着关键性的角色。

大众传媒载体的这种时代性的跨越与转变，同样给新时代高校思想政治教育治理带来了时代性的命题。习近平总书记在主持中央政治局第十二次集体学习时指出："全媒体不断发展，出现了全程媒体、全息媒体、全员媒体、全效媒体，信息无处不在、无所不及、无人不用，导致舆论生态、媒体格局、传播方式发生深刻变化，新闻舆论工作面临新的挑战。"面对这种时代性的命题，新时代高校思想政治教育治理必须直面，在用好新媒体、融媒体，促使新时代高校思想政治教育治理的大众传媒载体从传统媒体载体走向新媒体、融媒体的同时，更要跟上时代的步伐，充分利用媒体新技术和新业态，促使新时代高校思想政治教育治理的大众传媒载体由新媒体、融媒体向智媒体的转型升级。必须指出的是，这种大众传媒载体由"融媒体"向"智媒体"的转型升级，不仅仅是新时代高校思想政治教育治理大众传媒载体的演变过程，更是在大众传媒载体演变过程中，不断推进新时代高校思想政治教育治理智能化的过程，即充分运用5G通信、云计算、大数据、人工智能等智能技术，不断提升新时代高校思想政治教育治理体系和治理能力建设，加速新时代高校思想政治教育治理在改进中加强、在创新中发展。

---

① 习近平：《在哲学社会科学工作座谈会上的讲话》，人民出版社2016年版，第14页。

运用"智媒体",推进高校思想政治教育治理智能化,应着眼于从以下几个方面具体展开。一是优化整合校内媒体资源,打造校园"智媒体"平台,推进高校思想政治教育治理智能化。近年来,随着新时代高校思想政治教育治理体系和治理能力的不断增强,各高校对思想政治教育治理能力和作用重视的不断深化,各高校对思想政治教育治理的人、财、物各方面的投入持续增加,应当说,进入新时代的高校思想政治教育治理的大众传媒载体仅在校园内部来讲,资源十分丰富,运用校园各种媒体和资源进行思想政治教育治理的能力和手段也在不断增强。现在问题的关键是,如何用好校内媒体资源,促进新时代高校思想政治教育治理向智能化迈进。如今,借助4G和5G移动互联终端,各高校也在探索基于大数据、云计算、智能互联在内的各种校园数据媒体平台的互通、互联、互享,比如校园移动APP终端与校园电视台、广播站的互通互联等。这些都是在优化整合校内媒体资源,打造校园"智媒体"平台,推进高校思想政治教育治理智能化。二是量身打造高校特色"智媒体",推进高校思想政治教育治理智能化。在优化整合校内媒体资源、打造"智媒体"平台的同时,一些高校也在探索符合自身实际的"智媒体"建设,将高校办学特色、办学理念,以及治学治校方方面面融入"智媒体"平台建设之中,尤其是将新时代高校思想政治教育治理融入高校特色平台打造的方方面面,在形成具有较为鲜明特色的高校"智媒体"平台的同时,也在推进着新时代高校思想政治教育治理体系和治理能力的智能化。三是探索构建校际"智媒体"平台,推进高校思想政治教育治理智能化。随着国家、社会对新时代高校思想政治教育治理的重视程度不断提高,对新时代高校思想政治教育治理投入的不断增加,在实际的新时代高校思想政治教育治理过程中,打造出了诸如易班网、中国大学生在线等校际"智媒体"平台。这些互联网平台既是大学生互动的家园,也是新时代高校思想政治教育治理打造校际"智媒体"平台的一个集中展现。通过这些网络平台,能够打破校际的媒体界限,形成校际的媒体合力,促进校际媒体的创新发展,进而推进新时代高校思想政治教育治理向着智能化不断迈进。

第四节　高校思想政治教育治理中文化载体的运用

习近平总书记在高校思想政治工作会议中指出，要更加注重以文化人、以文育人。随着社会的发展，文化的类型更加丰富，文化的作用更加突出，人们对文化的需求日益旺盛，对高校思想政治教育而言，文化发挥着潜移默化和深远持久的影响。

一　以文化人提升新时代高校思想政治教育治理能力

文化是人创造的，是属人的文化。人们在实际的社会生活和生产实践中，充分发挥自身的主观能动性，在创造和生产满足自身生存和发展的物质产品的同时，也创造出了满足自身生存和发展需求的精神产品。这些精神产品本身，以及这些精神产品对物质生产的反作用，就成为人类所特有的文化。这种人类所特有的文化，作为一种特有的精神力量，以价值观念、道德原则、风俗习惯、行为规范和生活方式等，在不同时代、不同地域，对不同的民族、不同阶级产生着直接或间接的影响。"文化是特定地区、特定人群习以为常的生活方式，也是每个人每天所思、所用、所创的鲜活的劳动生产生活实际，比如饮食文化、茶文化、服饰文化等。人们生活在这样一种熟知的文化氛围中，潜移默化地接受了这种喜闻乐见的生存方式的影响，成为影响自身思想和行为的重要因素。"① 中华民族在五千年的历史长河中，孕育了中华优秀传统文化。步入新时代，中国特色社会主义文化与时代同进步，与时代共发展，其内涵极其丰富，一方面，中国特色社会主义文化源于中华民族灿烂悠久的优秀传统文化；另一方面，熔铸于我们党领导的革命、建设和改革中创造的革命文化和社会主义先进文化，深深根植于中国大地，已经成为中华儿女奋力实现中华民族伟大复兴的强大精神支柱和精神力量。

国家的强大、强盛离不开中国特色社会主义文化的精神指引和精神支撑，与之相应，实现国家治理体系和治理能力的现代化同样离不开中

---

① 冯刚：《新时代文化育人的理论考察》，《学校党建与思想教育》2019年第5期。

国特色社会主义文化的有力支撑。这种有力的支撑作用主要体现在以下三个层面。首先，中国特色社会主义文化源于中华优秀传统文化。而中华优秀传统文化中就蕴含着国家治理的基本理念和方法论。比如，儒家所倡导的家国天下，主张德政礼治；墨家主张的"兼爱非攻"，反对穷兵黩武；道家主张顺乎自然，崇尚"无为而治"。这些都为国家治理体系和治理能力现代化提供着有力的精神支撑。其次，中国特色社会主义文化还源于红色革命文化，红色革命文化蕴含着丰富的马克思主义中国化理论成果，凝聚着革命先辈们坚强不屈、奋斗不息的革命意志和革命精神。进入新时代，面对国家治理体系与治理能力现代化的使命与任务，我们需要在党的领导下，凝聚全国人民的力量，团结一致，攻坚克难，需要有奋发向上的斗志，而中国特色社会主义文化所蕴含的红色基因、红色文化力量，能够凝聚起万众一心的力量，在国家治理遇到难题和难关时，奋勇向前，冲破重重阻力，不断推进治理体系和治理能力现代化。最后，中国特色社会主义先进文化能够为国家治理体系和治理能力现代化提供创新的思路与方法。当前，我们建设的中国特色社会主义，是现时代的先进文化，是面向现代化、面向世界、面向未来的中国特色社会主义文化。这就从文化建设层面，为国家治理体系和治理能力现代化提出了创新发展和创新驱动的思路和方法，即以世界的眼光、开放的胸怀、科学的态度和方法来构建国家治理体系和治理能力现代化。"坚定文化自信，推动文化的繁荣兴盛，在中华优秀传统文化、革命文化、社会主义先进文化的滋养中不断提升人民素养、化解复杂矛盾，进而促进人的全面发展和社会长治久安，是以文化人重要思想在新时代国家治理现代化进程中的突出价值所在。"[①]

新时代高校思想政治教育治理作为高校治理体系和治理能力现代化建设的重要组成部分，作为国家治理体系和治理能力建设的应有之义，在不断推进新时代高校思想政治教育治理体系和治理能力现代化建设过程中，必须高度重视发挥中国特色社会主义文化的强大精神力量，充分发挥文化在推进新时代高校思想政治教育治理体系和治理能力现代化中

---

① 冯刚、王振：《以文化人在国家治理现代化中的价值意蕴》，《北京大学学报》（哲学社会科学版）2019年第6期。

的应有功能。回顾高校思想政治教育发展史，不难发现，高校思想政治教育无论是在教育还是在新时代的治理进程中，都十分重视文化继承、文化弘扬，都能够充分发挥中国特色社会主义文化的先进性，以文化人，以文育人，做好不同历史时期和发展阶段国家、社会赋予高校思想政治教育的育人使命和治理责任。面对新时代培养时代新人的使命与责任，新时代高校思想政治教育治理不断总结、积累、创新以文化人、以文育人的方法理念和运行策略，丰富文化载体，构建文化平台，开展文化实践育人活动，在以文化人、以文育人取得丰硕治理成果的同时，以文化人、以文育人也在不断提升新时代高校思想政治教育治理能力。面向未来，新时代高校思想政治教育治理必须坚持以文化人、以文育人，发挥中国特色社会主义文化在新时代高校思想政治教育治理中的重要精神力量和支撑作用，以文化为重要载体，不断推进新时代高校思想政治教育治理能力和治理体系现代化。

二　新时代高校思想政治教育治理文化载体运用要求

"文化育人是一项系统工程，既要协同多个文化育人主体，又要有效衔接、整合多方面教育的方法形式。"[①] 作为一项系统性的工程，既要协同不同的文化育人主体进行新时代高校思想政治教育治理，又要衔接、整合多方面的治理资源，优化组合，综合施策，开展治理活动。在这个过程中，需要丰富多彩、形式多样又实实在在、接地气的文化载体，作为新时代高校思想政治教育治理的有效平台和途径，进行治理工作，开展治理活动。随着时代的发展与变革，与以往高校思想政治教育相比，新时代高校思想政治教育治理可运用的文化载体越来越多，既包括文学艺术、新闻出版、广播电视、博物馆、图书馆、科技馆等，也包括企业文化、社区文化、校园文化、乡镇文化等，既包括文学作品、绘画、书法、音乐、舞蹈，又包括电影、戏剧、电视剧等。在4G发展、5G建设的大背景下，以移动互联网络终端为平台和依托的各种新兴文化载体形式也像雨后春笋一般不断涌现。在新时代高校思想政治教育治

---

① 冯刚、张芳：《新时代高校文化育人的理论与实践探析》，《湖北社会科学》2019年第5期。

理过程中，面对诸多文化载体，如何选择，怎样高效利用，便成为新时代高校思想政治教育必须要直面的课题。是被动选择、被动接受，还是主动选择、主动建设呢？答案是肯定的，新时代高校思想政治教育治理的载体运用，必须要有明确的、规范性的、建设性的、创新性的要求。这就是在主动建设文化载体的过程中，运用和选择文化载体。为此，必须在以下三个方面具体明确新时代高校思想政治教育治理文化载体的运用要求。

第一，遵循文化建设的社会主义方向，充分发挥文化载体培育时代新人的作用。一般来说，文化载体的性质，最终是由思想建设的内容所决定的。也就是说，有什么样的思想，就有什么样的文化，就会有什么样的文化载体。因此，新时代思想政治教育治理在以文育人、以文化人的过程中，在文化载体建设和运用的过程中，必须坚持马克思主义指导思想，坚持中国特色社会主义共同理想，坚持以爱国主义为核心的民族精神和以改革创新为核心的时代精神，主动学习践行社会主义核心价值观，坚决贯彻落实党的路线、方针和政策，坚持社会主义文化方向。这是新时代高校思想政治教育治理以文育人、以文化人，建设好、运用好文化载体的重要保证，也是发挥文化作为新时代高校思想政治教育治理载体功能的基本要求。

第二，以关照和满足学生成长发展需求为导向，丰富文化载体的内容与形式。新时代高校思想政治教育治理虽然重在"治"，但是，不可否认的是，从其发展脉络上看，还是从"育"到"治"，基于"育"而"治"的。也就是说，无论是教育、管理还是治理，新时代高校思想政治教育只有范畴的拓展、功能的升级，没有发生思想政治教育本质功能的改变。因此，从治理的主客体关系来看，大学生群体仍然是新时代高校思想政治教育治理的重点群体。这就需要在新时代高校思想政治教育治理过程中，关注大学生群体的现实需要，重视大学生的成长发展需求，进而在适应、满足大学生群体治理客观需求的过程中，选择好、建设好、丰富好、运用好文化载体。之前已经提及，现今的高校思想政治教育治理载体丰富多样，形式多变。面对大学生群体的成长需求，必须以关照和满足学生成长发展需求为导向，丰富文化载体的内容与形式，而不能简单地打包送之、一切了事。这也是发挥文化作为新时代高校思想政治教育治理载体功能的基本要求之一。

第三，以文化育人体系建设为出发点和落脚点，建立文化载体运用的长效机制。新时代高校思想政治教育治理载体的运用要求，除了要坚定正确的文化方向，主动适应大学生群体的成长成才发展需求外，还要以文化育人体系化建设为出发点和落脚点，探索建立文化载体运用的长效机制。机制就是最为基本的遵循，就是对文化载体建设和运用的最为基本的机理的把握和制度性的建设。也只有建立起长效的、可持续的、稳定的、有针对性的载体运用的长效机制，才可以说，我们在长期的高校思想政治教育过程中，在新时代高校思想政治教育治理过程中，走出了一条属于高校思想政治教育自身的，属于这个时代高校思想政治教育治理的发展之路、文化选择和文化运用之路。这同样是发挥文化作为新时代高校思想政治教育治理载体功能的基本要求。

三　运用文化载体，推进新时代高校思想政治教育治理系统化

以文化人、以文育人作为一项系统的工程，对新时代高校思想政治教育治理文化载体的运用提出了明确的要求，正如上面所分析的，在新时代高校思想政治教育治理过程中，一方面要遵循文化建设的社会主义方向，充分发挥文化载体培育时代新人的作用，以关照和满足学生成长发展需求为导向，丰富文化载体的内容与形式；另一方面，应当说，更为重要的是，要以文化育人体系建设为出发点和落脚点，建立文化载体运用的长效机制。必须强调的是，这实质上是凸显了在文化建设层面推进新时代高校思想政治教育治理系统化建设的重要性和可行性问题。为什么这样断定呢？是因为推进新时代高校思想政治教育治理系统化建设非常重要，从本质上讲，治理就是一种系统性的治理文化，治理只有形成一种系统性的治理文化，并建立在这种系统性的治理文化基础上，才能行之长久、用之有效，而以文化人、以文育人作为新时代高校思想政治教育治理的载体之一，是新时代高校文化建设的系统性工程，恰恰适合并满足着新时代高校思想政治教育治理系统化建设的需要，为推进新时代高校思想政治教育治理系统化建设提供着现实的路径。

应当说，推进新时代高校思想政治教育治理系统化建设，是面向新

时代、落实新思想、着眼新要求、担当新使命的新时代高校思想政治教育治理必须实现并完成的远景目标，为新时代高校思想政治教育治理体系和治理能力现代化指明了方向。它不仅要求新时代高校思想政治教育在高校治理体系和治理能力现代化中发挥重要的、关键性的作用，打造适应新时代高校治理体系和治理能力现代化建设的新时代高校思想政治教育治理体系，而且要求新时代高校思想政治教育治理要面向全局、面向整体，着眼国家治理体系和治理能力建设，充分利用自身的治理体系优势，发挥自身的治理能力功效，实现高校思想政治教育治理的系统性功能。可见，这种功能已不仅仅局限于新时代高校治理体系和治理能力现代化的范畴，而是要从国家治理体系和治理能力现代化建设的角度去思考和审视。然而，必须指出的是，文化作为新时代高校思想政治教育治理的载体，无论是从文化的广度、深度、力度，还是从文化的形式、内容、传播途径上看，都是新时代高校思想政治教育治理系统化的天然载体。为此，必须综合运用好各种文化载体，不断推进新时代高校思想政治教育治理系统化。

运用文化载体，有计划、有组织、有目的地推进新时代高校思想政治教育治理系统化，不能好高骛远、不切实际，而应力求有效、切合实际。为此，应注重从以下三个方面具体展开：一是大力繁荣校园文化，创新校园文化品牌，为新时代高校思想政治教育治理系统化增添创新性动能，实现创造性发展。应创新属于高校自身的校园文化品牌，挖掘高校基于自身特色独有的校史、校风、校训、校歌的治理作用，大力实施"一校一品"校园文化创建工程，实施高校原创文化经典推广行动计划等精品项目，广泛开展"我的中国梦""学习筑梦"等主题治理活动，制作发布高校优秀人文景观、自然景观、文化景点等名录，广泛开展治理文明校园创建活动，广泛评选"全国文明校园"，把高校建设成为社会主义精神文明高地和治理能力现代化高地。二是拓展校内、校外文化实习基地和实践基地，为新时代高校思想政治教育治理系统化建设搭建多样化的文化平台。有效利用重大纪念日、节假日等契机，以及重点文化基础设施开展革命文化教育，进行社会主义先进文化教育，组织高校师生开展以社会主义核心价值观为核心的治理活动，展示以社会主义核心价值观为核心的治理典型案例，选树践行社会主义核心价值观的先进典型。

三是深入开展中华优秀传统文化教育，为新时代高校思想政治教育治理系统化建设打下坚实的文化根基。例如，充分利用"中华经典诵读工程""中国传统节日振兴工程""礼敬中华优秀传统文化"等活动，挖掘新时代高校思想政治教育治理元素，形成新时代高校思想政治教育要素，为推进新时代高校思想政治教育治理系统化建设服务。

第七章

新时代高校思想政治教育治理中的课程建设

党的十九届四中全会指出,坚持和完善中国特色社会主义制度、推进国家治理体系和治理能力现代化。加强和完善思想政治教育治理,需要在社会主义制度下,体现国家制度和国家治理体系的优势,注重思想政治教育的系统性、整体性、综合性。高校思想政治理论课(以下简称"思政课")是培养治理主体和时代新人的主渠道,在国家治理体系和治理能力现代化的背景下,思想政治教育在国家治理主体意义上发挥着生命线作用。思政课课程治理是思政课课程进一步规范的原则和决策程序,是师生互动协作、多元向度的协作,通过思政课的教学满足学生成长发展需求,引导大学生坚定"四个自信",增强其教学效果的实效性,为实现中国特色社会主义现代化提供行动指南与育人路径。

第一节 思政课课程的整体性功能建构

思政课课程的整体性功能是以立德树人为根本任务,在治理视域下将课程的价值培育、价值引领融入人才培养方案,贯穿于思政课教材体系的始终,充分发挥思政课整体性功能。中共中央办公厅、国务院办公厅印发《关于深化新时代学校思政课改革创新的若干意见》(以下简称《意见》)明确提出整体规划思政课课程目标、加强思政课教材体系建设等要求。本科阶段的"马克思主义基本原理概论""毛泽东思想和中国特色社会主义理论体系概论""中国近现代史纲要""思想道德修养与法律基础""形势与政策"等课程是大学生进行思想政治教育的主渠道,从整体性功能的视角研究思政课课程建设,就是研究思政课课程的整体性教学理念、整体性过程组织、整体性的评价手段等。整体规划课程目标,统筹推进思政课课程建设,对于深入理解思政课程教学内容,正确把握思政课的思想体系和内容主旨,把握思政课的内在逻辑及教学规律等至关重要。

一 整体性教学理念为先导指导思政课课程教学

整体性教学理念是使大学生树立崇高的精神境界和价值取向,实现人的全面自由发展,引导和提升人的实践,为大学生提供认识世界和改造世界的逻辑思维方法。整体性教学理念,首先要求确立一体化教学理念,加强以习近平新时代中国特色社会主义思想为核心内容的思政课课程群建设。统筹大中小学思政课一体化建设,遵循学生认知规律设计课程内容,体现不同学段特点。学段的整体性是各个年级各有侧重并体现不同年段学生的要求,不错位、不越位,面向全体学生的整体性规划,要求教师在课程中以整体性教学理念为先导,尊重学生主体地位,发扬人性,完善人格,促进人的潜能和个性得到充分发展和自我实现,促进学生完整人格的形成。

(一)整体规划不同学段的课程目标

课程目标规定了学生通过课程学习,在知识技能、情感态度、能力等方面期望实现的程度,课程目标是整个教学过程的关键准则。在《意见》中指出:"引导学生立德成人、立志成才,树立正确世界观、人生观、价值观,坚定对马克思主义的信仰,坚定对社会主义和共产主义的信念,增强中国特色社会主义道路自信、理论自信、制度自信、文化自信,厚植爱国主义情怀,把爱国情、强国志、报国行自觉融入坚持和发展中国特色社会主义事业、建设社会主义现代化强国、实现中华民族伟大复兴的奋斗之中。"[①] 深入贯彻落实目标和要求,就需要从整体性的视角规划思政课的课程目标。思政课课程目标的设计应体现出如何引导大

[①]《关于深化新时代学校思政课改革创新的若干意见》,人民出版社2019年版,第4—5页。

学生树立正确的世界观、人生观、价值观，不断提高大学生对思政课的获得感。课程目标的设定是具体的，是对培养目标的具体化，是一种内隐的行为目标，通过教学实施，课程目标才能从可能转化为现实。课程目标反映在思政课课程治理上，具体体现为，课程目标应把国家和社会要求的思想观念、政治素质、道德规范等思想政治理论教育的信息作用于学生的知觉，内化为学生的知识体系，引起学生知识信息量的增加和信息内容的变化。在观念情感和价值体系上引导学生对社会主导价值的内化与认同，主动提升自己的思想道德素质。在社会行为规范或行为习惯的养成上，自觉接受国家和社会要求的政治观点、思想素质、道德规范等并转化为个体意识，个体真正的认同、接受、遵守国家和社会的要求，自愿将这些要求内化为自己的价值准则与行为习惯，外化为良好的个人行为和习惯，形成良好的行为结果的过程。总之，思政课课程治理主要通过规范思政课教育目标，保证目标的体系化和结构性，形成课程目标的系统设计及严谨规范，是全新的教学"整体化"图景下的系统设计及规划方案。

（二）统筹推进思政课课程内容建设

教学内容是教与学的过程中传递的主要信息，是教学过程中师生发生交互作用、服务于教育目的而达成的动态生成的素材和信息。根据《意见》的要求，统筹推进思政课课程内容建设需要"以政治认同、家国情怀、道德修养、法治意识、文化素养为重点，以爱党、爱国、爱社会主义、爱人民、爱集体为主线"，"遵循学生认知规律设计课程内容，体现不同学段特点，研究生阶段重在开展探究性学习，本专科阶段重在开展理论性学习，高中阶段重在开展常识性学习，初中阶段重在开展体验性学习，小学阶段重在开展启蒙性学习"，进而体现课程内容的整体性，以马克思主义理论整体性为依托，避免教学内容的庞杂导致思想政治教育出现内容聚焦不力、目标定位不准等问题，进而统筹推进思政课课程内容的建设。

思政课课程治理的内容建设应理论联系实际，与时俱进。思政课课程内容应避免束之高阁，绝不能把课程内容教条化，应用理论分析当前社会广泛关注的热点问题，增强课程内容的解释力和说服力。通过理论联系实际，让学生在对身边的各种具体现象的解读中掌握理论知识、了解社会现实。同时，思政课课程内容应与时俱进，关注社会及学术前沿问题，结合国家的新理念、新思想、新战略，及时补充相关内容，关注学生现实，结合学生专业的内容及兴趣点，构建符合大学生认知特点和学习习惯的话语体系，在规范、准确的课程内容讲授基础上，避免"庸俗化、低俗化"的错误倾向，引导大学生形成正确的人生观、世界观、价值观，增强思政课课程教学的吸引力及实效性。

（三）教学理念是教学实践的先导

教学理念是教学实践的先导，是决定教学质量的根本因素，对思政课教学发展方向起着重要的引领作用，同时对设定教学目标、制订教学内容、选择教学方法、组织教学活动有着重要的指引作用。承担马克思主义理论的教师需要树立起整体性的教学理念，并用马克思主义理论的整体性来指导整个马克思主义教学、队伍建设和学科建设。探讨和明晰教学理念对培养社会主义现代化建设所需要的合格人才具有重要作用，是增强思政课教学的实效性的必要前提。学生是教学实效性的重要指标，坚持教学理念的变革需要理论联系实际，贴近学生、贴近实际、贴近生活，根据学生的需要从实际出发讲好思政课。随着社会的发展，学生学习目标的功利化和接收信息的多元化，信息时代的知识更新迭代快，现实境遇需根据学生的需求更新教学理念。不仅如此，在师生交往中，新时代师生间不是传授式和控制式逻辑衍生的教学关系，而是一种共同学习和相互促进的互惠式关系。因此，加强思政课的学科建设和课程建设需坚持以生为本的核心理念。其一，教学满足学生需求，理论在一个国家实现的程度，总是决定于理论满足这个国家需要的程度。思政课教学的实效性必然受制于满足学生的需要程度。其二，教学需满足时代转换的需要。根据时代需求和人才培养，着眼于人的自由全面发展。其三，知识是传播思想的载体。教师更多的是教学生获取所需知识的方法，并以学生顾问和意见交换的角色帮助学生发现问题和思想创新，激励学生思考和探索，培育学生勤学善思的精神品格。

二 整体性教学组织，开展思政课课程教学

整体性教学组织是思政课教学以整体性、系统性、连贯性的思路看

待教学活动，而不是片面的、局部的、割裂的教学方式组织活动，整体性是办好思政课的一项根本原则，加强思政课教学的整体性建设，是增强思政课的教学实效的有效途径。

（一）整体性培养师资力量，建设高素质的师资队伍

加强思政课整体性教学，师资队伍是关键。切实贯彻整体性的要求，建设一支高素质、专业化的"有理想信念、有道德情操、有扎实学识、有仁爱之心"的师资队伍，并按照《高等学校思政课建设标准》的要求，配齐思政课教师。首先，严格执行教师的准入机制，严把政治关、业务关、师德关，加强教师资格考试的公正性、权威性和安全性，增强教师资格考试的社会公信力。加强在编在岗教师的定期考核和严格管理，培养真正"有理想信念、有道德情操、有扎实学识、有仁爱之心"的"四有"好老师。其次，完善教师的培训体系，积极开展各种培训，注重教师业务能力的提升。形成教师骨干培训、新入职教师培训、社会实践研修等多种形式相结合的培训体系，全面提升教师的理论功底。同时，组织教师丰富教学资源，开展"精彩一门课""精彩微课""精彩教案""精彩案例"等系列比赛活动，并建立优秀课件库、实践案例库、文献资源库、示范教学库等，借助云平台实现优质教学资源共享。最后，建立思政课教师退出机制，教育部党组《关于印发〈"新时代高校思政课创优行动"工作方案〉的通知》（教党函〔2019〕90号）中明确指出"实行不合格思政课教师退出机制"。各高校可根据自身情况建立一套规范的教师退出机制。可根据教师听课督查情况，逐步形成自我评价和领导专家评价、同行评价、学生评价相结合的课堂教学质量测评办法，加强对思政课教学的管理和教师的客观合理的评价，并根据评价结果制定合理的教师退出机制。

（二）统筹理论与实践，构建协同推进整体性教学体系

思政课教学理论与实践是协调统一的，抽象的理论需要与丰富的实践相结合，才能激发学生学习的兴趣，达到理想的教学效果。思政课的理论性与实践性高度统一要求构建理论与实践协同推进的整体化教学体系。

首先，优化理论教学。作为落实立德树人的关键课程，思政课的理论性要求思政课要传播真理，培养具有马克思主义立场、观点和方法的

理论性人才。"批判的武器当然不能代替武器的批判，物质力量只能用物质力量来摧毁；但是理论一经掌握群众，也会变成物质力量。理论只要说服人，就能掌握群众；而理论只要彻底，就能说服人。所谓彻底，就是抓住事物的根本。"[①] 思政课教师应加强理论研究，优化理论教学，用彻底的理论教育引导学生，帮助学生树立正确的世界观、人生观、价值观。没有整体系统的理论学习作为基础和前提，实践必然停留在肤浅层面。"没有革命的理论，就没有革命的运动"。理论源于实践高于实践，是对实践的高度总结和升华，只有把思政课理论讲清讲深讲透，学生才乐于学、学得进、学得好。

其次，强化实践教学。实践性是马克思主义哲学最重要的特点和理论品质，在整个马克思主义哲学体系中，实践是贯穿其中的一条中心线索。马克思主义认识论认为，实践是检验真理的唯一标准。要在实践中去检验认识的真理性，去体验真理的价值。实践是对理论认识的验证和情感信念的强化，思想政治教育是做人的工作，思政课的实效性就是要从学生困惑的问题讲起，关切学生现实，解决学生现实生活中的疑惑，聚焦学生所思、所想、所盼，丰富课堂教学内容，改进教学方法，创新教学载体，既要以理服人又要以情感人，真正使学生产生思想认同，增强学生的获得感。

最后，理论性与实践性的统一。实践、认识、再实践、再认识……是认识发展的必然规律。既是马克思主义认识论在思想政治教育中的具体运用，也是对思想政治教育基本规律的科学把握，为推动思政课提供了根本遵循。习近平总书记在主持召开学校思政课教师座谈会上强调"要坚持理论性和实践性相统一"，思政课的改革创新，必须坚持理论与实践相统一，将理论的课程教学与社会实践相结合，通过思政课教学将课程理论教学内化于心，并通过实践外化于形，真正达到理论与实践的统一。思政课只有坚持理论与实践相结合，才有助于推动教学内容与社会现实的具体、历史的统一，促进思政课的与时俱进。在教学内容上，既要深入掌握马克思主义基本原理与马克思主义中国化的最新理论成果，又要明确现实指向，帮助学生正确了解国情世情党情，树立正确的世界

[①] 《马克思恩格斯文集》（第一卷），人民出版社2009年版，第11页。

观、人生观、价值观。在教学方法上，运用新媒体技术，以更灵活、更生动的方式开展思政课教学，借助网络媒体开展丰富多样的思政课教学活动，增强思政课的吸引力和时代感。

（三）协同教学与科研，促进学科深度融合

教学与科研是高等院校人才培养的重要途径，教学是大学人才培养的最基本形式，教学水平直接影响着高等院校人才培养质量。科研是大学人才培养的重要载体，教师通过科研不断优化知识、更新知识，对教学内容进行补充和完善。在科学研究中开展教学，以科研支持教学改革，促进教学与科研良性互动和"教学相长"，并基于教学与科研构建、创新人才培养模式。教师可以积极开展丰富多样的研究性教学，调动学生学习的主动性和探索精神，学生可通过主动参与各种学术交流活动和科学研究开拓思维方式，提升自身的研究能力和创新能力。只有通过教学和科研的有机融合才能有效提升教学质量和效益，促进高素质创新人才的培养。高校可通过建立科学的制度政策、激励机制等促进教学与科研的有效融合。教学和科研应各自有适合自己的衡量标准，针对科研设立发展基金、优秀科研成果奖、核心论文奖等；针对教学设立人才培养基金、优秀教学成果、优秀教学比赛、优秀教案比赛等奖项，教学与科研工作只有相互协调、相互促进，才能更好地优化思政课教学。总之，教学与科研的融合，只有运用制度保障、激励为主等方式，才能更好地促进教学和科研的发展和融合。

三 整体性考核方式为手段评价思政课课程教学

人才培养效果是思政课课程建设评价的首要标准。建立健全多维度思政课课程教学评价体系和监督检查机制，构建科学合理的指标体系是检查思政课教学有效性的重要标准。建立健全思政课教学的评价体系，应以"立德树人"为根本任务，以价值引领为育人主线，以学校评价、教师自评、同行互评、学生评价等多元主体为评价体系。坚持定性与定量相结合，工作评价和效果评估相结合，建构科学合理的指标体系，以"谁来抓""抓什么""如何抓"为问题导向，从主体责任、规章制度等方面做好思政课教学的管理评估，明确抓的主体——"谁来抓"；从学生实际、现实需求等方面做好思政课教学的需求评估，明确抓的内容——

"抓什么";从指标构建、监测反馈等方面做好思政课教学的教学评价,明确抓的方式——"如何抓"。

(一) 坚持马克思主义指导思想

坚持以什么样的思想为指导,是高校思政课守正创新的首要问题。马克思主义是中国共产党指导思想的理论基础,高校思政课要坚持马克思主义的指导地位,离开马克思主义经典的高校思政课就会成为断线之珠、无梁之屋。党的十九届四中全会审议通过的《中共中央关于坚持和完善中国特色社会主义制度 推进国家治理体系和治理能力现代化若干重大问题的决定》,强调坚持马克思主义在意识形态领域指导地位的根本制度,这是我们党第一次把马克思主义在意识形态领域的指导地位作为一项根本制度明确提出来,是关系党和国家事业长远发展、关系我国文化前进方向和发展道路的重大制度创新,集中体现了我们党在领导文化建设长期实践中积累的成功经验和形成的方针原则。坚持马克思主义在意识形态领域指导地位的根本制度,是筑牢全体人民共同思想基础、凝聚团结奋进强大精神力量的必然要求。共同的思想基础,是与共同的奋斗目标紧密结合在一起的,是一个国家、一个社会团结一致向前进的根本保证。有了共同的思想基础,就能万众一心、成就共同的目标和事业;反之,就会一盘散沙、各行其是、一事无成。

在思政课课程治理现代化上,以马克思主义理论整体性为指导,通过思政课教学帮助学生全面准确地理解马克思主义并认同马克思主义理论,并在生活实践中运用马克思主义的立场、观点、方法去观察世界、解决问题。评价思政课教学与研究的实效性,还应结合思政课教学与日常思想政治教育,在实际的社会生活中研究和解决实际问题。只有这样,思政课才能坚持贯彻马克思主义整体性原则,准确地理解和整体把握马克思主义理论。对课程教学进行总体设计、精心提炼,体现思政课教学组织的整体性,加强大学生对伟大祖国的认同、对中华民族的认同、对中华民族文化的认同、对中国共产党的认同、对中国特色社会主义道路的认同。因此,在新时代,要坚持马克思主义在意识形态领域指导地位的根本制度,夯实共同的思想基础,拉紧共同的精神纽带,促进全体人民在思想上、精神上紧紧团结在一起,更好汇集起攻坚克难、开拓前行的磅礴伟力。高校思政课课程治理坚持马克思主义指导思想,就是要坚定主心骨、把准定盘星，牢牢坚持实现共同目标的方向，培养德智体美劳全面发展的社会主义事业的建设者和接班人。

（二）科学构建评价指标体系

教学评价是按照特定的教育目标，对教育行为和教育对象进行价值上的判断，科学构建评价指标体系是把握教学方向、优化教学管理、推动教学改革的有效路径，是实现"以评促改"的重要方式。应根据教学的基本要素——教师、学生、课程构建评价体系。首先，在思政课教师评价方面。对思政课教师的评价由同行专家、领导、学生评价构成。明确与思政课教师相匹配的评价标准，根据思政课教师教学和科研情况，从整体性的教学出发，根据思政课教师的教学组织、教学方法、师德师风等方面对思政课教师评价。其次，在课程体系评价方面。以"思想道德修养与法律基础""毛泽东思想和中国特色社会主义理论体系概论"为主干课程，以选修课为拓展课程，构建适合大学生的思政课课程体系，结合思政课的教学现状，承担相应课程的教师相互交流，对专业人才培养方案、课程教学大纲、课程教学进度等进行评价。最后，在教学对象评价方面。目前对学生的评价以期末考试为主结合过程性考核。应进一步探索闭卷与开卷、笔试与口试、道德认知与实际行为、课堂教学与社会实践、日常思想状况与关键时期表现相结合的成绩评价指标，把考核重点从单纯考查学生知识储备情况转变为学生是否主动参与各项课堂教学、是否积极思考参与互动、学生的到课率情况、学生日常政治素养的表现、运用马克思主义理论分析问题及解决问题的能力等。对学生的学习效果进行全程跟踪，改变以期末考试成绩为主的分数构成状况，提高平时成绩所占的比重，强化实践教学环节考核。只有根据学生实际有针对性地开展教学活动，才能更好地实现教学效果。总之，只有构建科学合理的评价体系，才能优化课程体系、提升思政课教师授课能力、改进学生学习方式，完善相关教学模式和教学方式，优化思政课教学活动。

（三）形成有效监督反馈机制

有效的监督反馈机制是全面、客观促进大学生运用马克思主义立场、观点、方法分析解决问题的能力和提升大学生思想道德品质的有效路径，具体可从教学目标的设定、教学活动的组织、教学反馈的情况、教学管理的构建等方面入手。首先，教学目标是教学活动的起点，是教学活动预先确定的、在具体教学活动中所达到的教学效果。思政课的教学目标主要体现"立德树人"根本任务，目标需价值强、期望值高，清晰完整，可操作性强，全面综合并满足不同学生需求，明确考核内容和方式。其次，教学活动的组织紧凑有序。根据教学目标创建教学情境，针对学生的兴趣特点和现实期待，教师营造适合学生现实诉求的学习情景，让学生乐学爱学愿学。多媒体的使用应恰当有效。互联网作为新的信息传媒工具是学生获取知识的主要方式，在课堂上适当使用网络教学，能增强课堂的吸引力。再次，课程互动有效灵活。适当的课程互动激发学生学习热情和探究的欲望，不仅是知识的交流，还是灵感的碰撞、智慧的交锋，增强学生的学习兴趣，提高课堂的高效性。最后，教学反馈及时有效。教学反馈是教师输送给学生的教学信息在学生中产生反应并返回教师，从而对教学信息的再输出产生影响的教学控制过程。有效的教学反馈是教师了解自己是否达到教学目的的重要方式，能有效促进教师了解学生学习情况、检验教学效果、适时调整教学过程、改善教学方法。教学管理的构建是根据教师教学反馈情况进行教学整改，促进教师构建以生为本的教育教学管理模式，围绕学生的需求创设人性化的教学管理制度，培养学生正确的价值观念和社会观念。

第二节　思政课教学中主导性与主体性统一

习近平总书记在学校思政课教师座谈会上发表重要讲话，深入浅出地分析了课程改革创新和思政课建设的规律性认识，提出"八个相统一"的具体要求，形成了紧密联系、有机统一的整体。思政课课程治理的主体与客体应体现主导性与主体性相统一的逻辑范畴。

一　思政课教学"坚持主导性与主体性相统一"的学理基础

思政课教学应使教师主导性与学生主体性彼此融合、相互促进并形成有效共振，真正提高教学质量，充分实现思政课教学治理的价值。教师主导性与学生主体性不是矛盾对立的，而是相互统一、相互促进的关系，并有深厚的学理基础。

(一)"有意识的类存在物"的三个维度

西方现代哲学家笛卡尔提出"我思故我在"的著名命题,把存在的根基转到主体上来,将主体性确立为哲学的第一命题。随后,康德提出了"人为自然立法"的观点,奠基了主体性哲学。之后,费希特提出"绝对自我",莱布尼兹提出"单子"(个人)观点,极大丰富了主体性哲学。马克思认为人是有意识的类存在物,"就单个人来说,他的行动的一切动力,都一定要通过他的头脑,一定要转变为他的意志的动机,才能使他行动起来"①,即教师和学生作为"有意识的类存在物",主体性与主导性都需要通过自身的能动性才能发挥和实现。主体是指具有三维能力、从事社会实践的和认识活动的人,思想政治教育的主体是思想政治教育的承担者、发动者、组织者和实施者。思想政治教育的主体有其特定的学科内涵,既不能简单地认为教育者是主体,也不能简单地认为受教育者是主体,而应该根据他们在思想政治教育实践中实际履行的职能来判定他们是否是思想政治教育的主体。② 思政课的主体的关键特征,主要有三个维度:一是角色维度。思政课的主体是从事思政课教学的人,思政课教师是办好思政课的主体,学生是学好思政课的主体,教师主要通过传播真理、知识传授、价值引导、素质提升等方面彰显主体及主导性,学生主要通过知识掌握、能力养成、社会实践等方面体现学习的主体性。二是学科维度。思政课的主体是指那些具有思想政治教育意识,主动参与思政课的人。是否意识到思想政治教育的存在及是否意识到思想政治教育的需要,这是思想政治教育者与其他人的区别,即通过"自觉能动性"或"意识性"意识到思想政治教育的目的性。三是实践维度。思政课的主体是能够发挥思想政治教育的主体能动性并实际担当起思想政治教育主体角色的人。只有实际承担了思想政治教育主体角色的人,才是合格的思想政治教育的主体,即具有思想政治教育的意识或者思想政治教育自觉,真正具有思想政治教育的自觉立场和自主能力。新时代思政课的主体性,更多体现的是思政课双主体的理念。

---

① 《马克思恩格斯选集》(第四卷),人民出版社2012年版,第258页。
② 骆郁廷:《思想政治教育原理与方法》,高等教育出版社2010年版,第80页。

(二) 思政课客体向度

厘清思政课教学的主客体，还需明确客体的概念。在哲学上，客体是主体认识和实践的对象。在思想政治教育领域，大体有两种客体：一是思想政治教育的对象，这是"人客体"；二是思想政治教育对象以外的其他要素，这是"物客体"。[①] 客体的基本特征体现为受动性、受控性、可塑性。一般来讲，思政课的客体主要指教师主体施教的对象即学生。思政课的实效性主要取决于思政课的对象，即思政课的客体不是任意灌输的"物"，而是有主观意识的"人"，只有真正重视客体的实际地位及价值，才能使"以生为本"的理念真正得到贯彻落实。

(三) 思政课主客体关系

学界关于教育主体与客体关系众说不一。首先，教育主体说。思想政治教育者是思想政治教育过程中的主体，受教育者则是客体，因此，受教育者的主观能动性，仅仅是在接受思想政治教育影响的范围内和方向上发挥作用，主要是教育者对受教育者的单向作用。其次，双主体说。教育者与受教育者之间互为主客体，从施教的过程方面讲，教育者是施教的主体，受教育者是施教的客体，从受教过程方面讲，受教育者是接受教育的主体，教育者则是接受的客体，影响是双向的，分别构成互为主客体的两个认识活动循环圈。再次，双向互动说。此学说认为在思想政治教育过程中，教育者的施教起着主导作用，但是受教育者接受教育影响不是消极的、被动的，而是具有主动性、能动性。教育者和受教育者相互认识、相互作用，形成合力（即互动），进而推动思想政治教育过程向前发展。与此类似的还有主导主体说、交互主体说。最后，主体际说。此学说认为思想政治教育过程是在教育者与受教育者互动交往过程中，通过"主体—客体—主体"的转化过程实现的，在这个转化过程中，教育者和受教育者结成"主体—主体"关系，即一种主体际关系。[②]

第一，思想政治教育主体和客体是相互规定和相互依存的。正如哲学意义上的主体和客体一样，双方都以对方的存在为前提，失去任何一方，另一方就失去了存在的依据和意义。思想政治教育主体和思想政治

[①] 孙其昂：《思想政治教育学前沿研究》，人民出版社2013年版，第160页。
[②] 万美容：《论主体道德教育模式的基本特征》，《学校党建与思想教育》2001年第10期。

教育客体相伴而生，如影随形，双方相互规定，都以对方的存在而得到说明。如果把思想政治教育当作一个系统来考察，那么教育主体和客体作为"人"的因素，便是这个系统中最根本又最密切联系的两个因素，思想政治教育系统的骨架也正是由二者紧密联系而支撑起来的。就特定的思想政治教育活动来说，教育客体离不开教育主体，失去了教育主体，也就失去活动的设计者、发动者和实施者，也就意味着教育客体失去了方向的引领者。同时，教育主体也离不开教育客体，作为教育主体的直接作用对象，它是教育主体的最终归宿点，因为教育主体职责的履行和作用的发挥无不集中指向于教育客体。失去了教育客体，也就失去了教育主体的对象和目标，也就失去教育主体存在的意义与依据。在党的思想政治教育活动中，党和广大人民群众、思想政治教育者和思想政治教育对象的关系同样如此。

第二，思想政治教育主体和客体变化不居、相互转化。二者的相互转化是基于一定的时空条件或在活动中地位和作用的变化而实现的。由于时间和空间的改变，思想政治教育主体转化为思想政治教育客体，即思想政治教育主体客体化；或者思想政治教育客体又转化为思想政治教育主体，即思想政治教育客体主体化。思想政治教育主体和客体相互转化重要的表现则是二者由于相互作用而发生的相互转化，即主体客体化和客体主体化。思想政治教育主体客体化是指思想政治教育主体通过思想政治教育活动，并通过教育客体对教育主体所传授的思想道德观念和规范进行加工内化，使社会要求转化为思想政治教育客体的个人意识，并外化为实际行为的过程。客体主体化是指客体的因素转化为主体的思维要素的过程。客体的思想品德实际及其变化发展被主体所掌握，就会改变和丰富思想政治教育主体意识。客体主体化和主体客体化是一个问题的两个方面，是思想政治教育主体和客体相互作用、相互渗透、相互吸取，从而促使双方在思想政治道德等精神层面，进而在行为层面的互动与发展的过程。这一过程是在思想政治教育主客体双向互动中实现的。

思想政治教育主体与客体的关系是对立统一的辩证关系。双方的对立统一不是截然分开的而是密切相关、互相渗透的，双方的对立与矛盾隐含着双方的统一，是有着统一性的对立和矛盾；双方的统一中也包含着二者的矛盾和对立，这种统一总是相对的、大体的，是具有对立性的统一。思想政治教育主体和客体的关系还应该朝着平等、理解、共享的方向发展，以使思想政治教育效果更加明显，增强思想政治教育的时效性。

总之，思政课的主体和客体有其特殊规定性，思政课的主体是"施教主体"或者"教化主体"，思政课的对象是"受教客体"或"对象客体"，在一定意义上，思政课的对象即学生既是思政课的客体又是主体，是主体与客体的统一。思政课的主体与客体相互规定、相互审视，存在于共同关系体之中。新时代，思政课坚持主导性与主体性相统一，就是要求思政课教学离不开教师的主导，同时也要根据学生的认知规律和接受特点，充分发挥教师的主体性作用，坚持主导性与主体性相统一，做到教育者与教学对象同频共振。

二 发挥教师主导作用是持续推进思政课改革创新的关键

办好思政课关键在教师。思政课教师承担着塑造灵魂、塑造生命、塑造人的历史重任。思政课教师的主导性体现在教学目标的主导性实现、教材内容的主导性把握、教学组织的主导性实施上。

（一）教学目标的主导性实现

立德树人是教育的根本任务，也是高校思政课的教学目标，是检验思政课实效性的根本尺度。教学目标是课程教学的纲，在大学生课堂教学中发挥着重要的指导作用，教学目标首先包括学校的人才培养目标，这是学校制定的宏观总目标。其次，专业培养目标，是制订专业培养方案和规划专业课程的指导性目标。再次，课程教学目标，是专业课程培养人才的目标。最后，单元教学目标，是课程总目标的展开及细化，指导整个单元教学。教学目标在教学过程中有导学、导教、导评的功能。导学是有目标的指导学习，根据确定的教学范围、教学内容、教学重难点及学生原有的学习基础等，引导学生积极自主地参与教学过程，并使学生明确需要掌握的知识、能力等。导教是确定教师即将采取的教学步骤、教学环节及每个步骤环节采取的教学活动，教师根据教学目标选择适当的教学方法和技术媒体，指导教师有条理地完成教学计划或任务。导评是明确学生预期达到的学习要求或水平，为教师本人及教育监督者提供检测的标准和依据，是对学习效果的检测和教学方法是否促进学生预期学习效果的评价,能帮助我们对部分学生未达到目标的原因进行诊断分析,并提出有效改进教学的措施。思政课教师在教学目标的实现上发挥至关重要的作用。教学目标是教学要达到的预期效果,教学目标的实现需要思政课教师的指导和帮助,教师根据预期的教学计划调动教学对象的积极性、主动性,引导其达到教学目标。教师根据教学目标通过课堂教学将马克思主义的理论、原则和方法传递给学生,使学生内化于心、外化于行,在实践中运用所学知识研究探讨、分析解决问题,加深对课堂知识的领悟和理解。

(二)教材内容的主导性把握

思政课教师要上好思政课,需要把准、吃透思政课教材内容,从而实现思政课教学内容由"教材内容体系"向"教学内容体系"的转化,对思政课教学内容的主导体现在教学内容应紧跟时代、改革创新,如果照本宣科或者一味填鸭式教学,容易使课堂失去活力,只有对教材内容进行主导性加工,结合学生现实诉求,才能使课堂真正"活起来"。教材内容的主导性主要体现在三个方面。首先,注重政治性原则。"思政课承担着对大学生进行系统的马克思主义理论教育的任务,是巩固马克思主义在高校意识形态领域指导地位、坚持社会主义办学方向的重要阵地,是全面贯彻党的教育方针、落实立德树人根本任务的主干渠道和核心课程,是加强和改进高校思想政治工作、实现高等教育内涵式发展的灵魂课程。""坚持正确政治方向,强化思政课价值引领功能。"[1] 政治性是思政课教学内容的主导性原则,也是思政课教学内容改革的前提和基础。政治性是思政课抵制不良信息、引导学生在价值多元化信息冲击下保持正确的立场和价值取向的前提。教师在课堂授课过程中保持正确的政治方向,追求真善美,避免低俗庸俗的内容溶蚀,引导学生树立正确的三观。其次,注重实际性原则。思政课教师在实际的授课过程中要注意结合学生实际进行授课,使学生学有所思、学有所悟、学有所得,教师可使教学内容与学生实际相结合,在案例上选取学生身边的、熟悉的事情,使学生产生共鸣,得到启发和教育,增强思政课的吸引力。最后,注重

---

[1] 《教育部关于印发〈新时代高校思想政治理论课教学工作基本要求〉的通知》,《中华人民共和国教育部公报》2018年第5期。

实效性原则。当代大学生群体出现了思想认识多元化、价值判断复杂化、现实诉求多样化的特点,加之社会思潮和错误观点的影响,思政课的实效性有待进一步加强。通过中国特色社会主义理论体系武装大学生的头脑,让大学生真正做到真学真懂真信真用,不断增强他们的理论认同、政治认同和情感认同,坚定理想信念,积极投身实践,增强大学生思政课的实效性。

(三)教学组织的主导性实施

思政课教师对教学组织的主导性实施主要体现在教师对思政课课堂的主导性把控上,具体包括对授课内容的政治方向的把控、对课堂教学纪律的把控和对课堂教学节奏的把控等。首先,授课内容政治方向的把控。政治性是思政课的首要任务,思政课教师对课堂政治方向的把控意味着在课堂教学中要有正确的政治观点、坚定的政治立场、严格的政治纪律。以高超的课堂教学管理技巧和艺术对课堂教学纪律正确把控,有条不紊、循序渐进地把握教学节奏,完成教学任务,给学生埋下"真善美的种子",引导学生扣好人生扣子。其次,课堂教学纪律的把控。思政课教师在教学过程中应严肃课堂教学纪律,加强对课堂纪律的把控及教学秩序管理,确保学生到课率,为高质量开展教学提供保障。最后,课堂教学节奏的把控。教学节奏是教学要素相互作用所产生的有规律、有秩序的变化,可以引发学生共鸣。思政课课堂是多元个体思想交融的场所。教学的语言节奏、课程进度、信息传递、课堂氛围等因素在很大程度上影响着学生接受、吸收知识的效果。思政课教师对教学节奏的把控,一方面,要求教师具备较强的时间掌握能力、高度的责任感以及熟练的教学技能等,灵活把握教学内容、学生状态与教学方法;另一方面,科学恰当的课堂教学节奏要根据教学内容、教学情景等因素,把控教学节奏,真正做到因事而化、因时而进、因势而新。总之,思政课教师在教学组织主导性实施上,应贴近大学生的学习、生活与思想实际,充分尊重教育教学规律和大学生身心发展的特点,精心设计和组织教学活动。

三 发挥学生主体性是不断提高思政课教学质量的关键

思政课的改革创新取得实效,就要激活学生的主体性,立足于"微时代"的信息教学场域,以学生现实需求为导向,激发学生学习的积极性、主动性。发挥学生主体性需要激发学生思维主体性，激发学生学习的主动性，探究学生接受规律。

（一）激发学生思维主体性

激活学生思维主体性就是要遵循学生成长规律让学生思维动起来、活起来、燃起来，使学生的身体和思维同时在思政课的场域，积极参与思政课教学，调动学生的积极性、主动性、参与性，强化大学生的理论认同、情感认同、责任认同和行动认同，切实提高思政课的实效性。恩格斯说："在社会历史领域内进行活动的，是具有意识的、经过思虑或凭激情行动的、追求某种目的的人；任何事情的发生都不是没有自觉的意图，没有预期的目的的。"[1] 思政课课堂上，学生是有思维能力的学习主体，如果学生的思维主体性未被激活，学生只能是身体在场而思维退场，教师讲授的内容就不能真正触及学生灵魂，不能有效塑造学生人格。思政课承担着塑造学生完整人格、促进学生全面发展的"化人"功能，只有了解人、关心人、理解人、帮助人，牢固树立"以生为本"的理念，时时处处为学生想事、做事，才能用爱传递爱，把学生真正培养成德智体美劳全面发展的社会主义建设者和接班人。

（二）激发学生学习的主动性

学生学习的主动性体现为学生个人主动学习、获取知识的状态，是学生持续不断发展的内在动力，是提升个人综合素质的主体条件。毛泽东同志在《矛盾论》中指出："事物发展的根本原因，不是事物的外部而是事物的内部，在于事物内部的矛盾性。任何事物内部都有这种矛盾性，因此引起了事物的运动和发展。"学生学习思政课的主动性，是推动思政课效果提升的内部因素，也是推动思政课改革创新的内在要求。激发学生学习主动性就是要调动学生理论内化的自觉性，使学生从"不知"到"知"、从"被动"到"主动"的状态转变，通过思政课内外创设条件点燃学生主动学习的热情，提升学生思政课课堂参与度和体验感，激发学生的主动性。思政课教学需要坚持"以生为本"的理念，关注学生的思想状态、认知特点、发展需求，不断激发学生的内生动力，激发学生学习主动性。

---

[1] 《马克思恩格斯选集》（第四卷），人民出版社2012年版，第253页。

（三）探究学生接受规律

上好思政课，关键是加大对学生认知规律和接受特点的研究，根据学生的现实诉求、贴近学生需要，善于运用适合学生的话语体系把枯燥的理论趣味化，从新颖的角度深入浅出地把问题讲透彻，着眼思想与现实互动循环，既将现实因素引入理论，又从理论高度指导现实，让学生接受的思想教育从静止、被动的知识状态被"激活"，真正活跃在脑海中、体现在言行上，成为学生的精神动力和行动指南，用高尚的人格和深厚的理论功底吸引学生、赢得学生，做学生的表率。思政课教师根据学生学习情况和接受规律，积极开展因材施教，发挥教师的积极性、主动性、创造性，不断增强思政课的思想性、理论性和亲和力，根据每位学生的学习特点和兴趣爱好，将思政课讲到每位学生心里。

思政课以教师为主导、学生为主体共同统一于思政课教学的全过程，思政课教师的主导性体现在服务学生主体性上。习近平总书记指出，"思政课教学离不开教师的主导，同时加大对学生的认知规律和接受特点的研究，发挥学生主体性作用"，发挥教师主导提高教学实效性，注重了解学生认知和接受规律。教师主导与学生主体是辩证统一的，强调主导性忽视主体性，教学过程容易单向度，不能较好实现教学的整体性；反之，强调主体性忽视主导性，课堂教学缺少升华，不能较好实现教学目标指向性。因此，只有把思政课教学中教师的主导性与学生的主体性辩证关系发挥好，才能实现教学的良性互动，共同构建和谐的师生关系和课堂教学共同体。

第三节　思政课与日常思想教育的协同互动

思政课与日常思想政治教育两者既有联系又有区别，思想政治教育理论课是通过课程教学的主渠道提升学生的思想素质，引导学生塑造正确的世界观、人生观、价值观，思政课是大学生思想政治教育的主要方式，通过理论课教学来塑造大学生的世界观、人生观、价值观，达到立德树人的根本任务。日常思想政治教育是通过具体的、深入细致的思想工作去调动大学生的积极性和主观能动性，以保证完成所承担的各项任务等。高校思政课和日常思想政治教育是大学生思想政治教育的两个重要方面，其中，思政课是主渠道，日常思想政治教育是主阵地，两者相互补充、协同互动。实现思政课与日常思想政治教育协同互动，是当前进一步加强和改善大学生思想政治工作的必然要求。

一　治理视域下思政课与日常思想政治教育协同互动的现实诉求

人的现代化是国家治理现代化的核心要义。思政课与日常思想政治教育的协同互动以立德树人为根本任务，引导学生树立"四个自信"，厚植爱国主义情怀，把爱国情、强国志、报国行自觉融入坚持和发展中国特色社会主义事业，建设社会主义现代化强国，实现民族伟大复兴的奋斗之中。以思政课教学作为课堂育人的主渠道、以日常思想政治教育为主阵地，课内、课外相结合，引导学生形成良性互动，帮助学生内化于心、外化于行，培养德智体美劳全面发展的社会主义建设者和接班人，实现思想政治教育人的现代化。

（一）符合治理体系和治理能力现代化的时代诉求

党的十九届四中全会着重研究了坚持和完善中国特色社会主义制度、推进国家治理体系和治理能力现代化的若干重大问题的决定，《中共中央关于坚持和完善中国特色社会主义制度　推进国家治理体系和治理能力现代化若干重大问题的决定》是马克思主义国家制度建设和国家治理理论的创新性发展，为新时代推进国家治理体系和治理能力现代化提供了科学指南和基本遵循。高校思政课的治理需符合国家治理体系和治理能力现代化的时代诉求，服务于现阶段"两个一百年"的奋斗目标和中华民族的伟大复兴，体现中国共产党的核心理念。根据我国当前社会主要矛盾的变化，思政课需要紧跟时代守正创新。在思政课与日常思想政治教育协同互动中，深化对思想政治教育规律的认识，构建符合时代特点和现实诉求的系统完备、科学规范、运行有效的制度体系，保障思政课教学及日常思想政治教育活动的开展，提高思想政治教育治理能力和治理体系的现代化。在新时代的语境下，注重思政课的主渠道与日常思想政治教育主阵地紧密结合的问题。在实际工作中，主渠道更侧重理论讲解，缺少生活实践性，难以融入学生的思想和行为。主阵地更侧重日常活动的教育，忽视思想引领的作用，理论与实践相脱节，育人合力不足，两者的"两张皮"的问题难以有效解决。要想体现治理体系与治理能力的时代诉求，需加强两者的协同互动、融合发展，共同做好大学生的思想政治教育工作。

（二）体现治理体系和治理能力现代化的使命担当

使命是人们对组织必须承担的社会责任的一种认定。思政课承担着"立德树人"根本任务的历史使命。培养立志为中国特色社会主义奋斗终身的有用人才是教育现代化的方向目标。思政课治理是一项宏大工程，必须以治理现代化为前提。治理体系和治理能力现代化是思政课治理的使命担当，思政课与日常思想政治教育协同互动要在国家治理体系与治理能力现代化的前提下实现。实现思政课治理现代化，核心是处理好思政课课堂教学与日常思想政治教育的协同关系，使两者优化协同、有效整合，从而增强思政课的实效性，实现学生现实需求、教师供给的协调发展。

思政课与日常思想政治教育之间仍存在不平衡不充分的矛盾，两者的合力尚未完全形成，育人的协同互补的机制仍需完善，特别在沟通协调、联动机制、激励措施、评价机制等方面协同互动缺乏。新时代，高校"大思政"的工作格局需要结合当前新形势、新任务、新情况等特点，着力解决影响育人合力形成和育人作用发挥的现实问题，体现治理体系和治理能力现代化的使命担当，对思政课与日常思想政治教育进行整体规划和顶层设计，理解新时代思想政治理论教育教学规律和思政课守正创新的重要方向。思政课与日常思想政治教育协同需要立足实践需求，加强思政课与日常思想政治教育的交流对话，协同育人。在思想政治教育实践中，进一步把准方向目标，掌握思想动态，在思政课与日常思想政治教育的协同互动中做好理论与实践的结合，培养合格的社会主义建设者和接班人，完成治理体系和治理能力现代化的使命担当。

（三）实现治理体系和治理能力现代化的战略举措

治理体系和治理能力现代化的战略举措体现在完善的顶层设计、组织架构和制度安排上。在顶层设计上，体现思政课与日常思想政治教育的协同互动，就是主渠道与主阵地相结合的"大思政"，解决日常思政队伍专业化发展问题和主渠道、主阵地相脱节的问题，可以通过两支队伍体制上的融合、工作上的配合、资源上的整合进一步实现协同，解决思想政治教育工作各要素不协调问题。以创新治理理念为思想引领，体现治理主体多元化的共商共治和协同互动，把握治理体系和治理能力现代化的战略举措，着眼未来发展，加强顶层设计，构建系统机制，关切学生现实，努力构建协同育人的"大思政"工作格局。坚持立德树人作为中心环节，把思想政治教育工作贯穿教育教学全过程，实现全程育人、全方位育人，特别是加强思政课与日常思想政治教育的协同互动，使主渠道与主阵地相结合，构建以课程思政、日常思政为主体，其他文化思政、网络思政为浸透，协同推动思想政治教育的实效的体制机制。在组织架构上，成立领导小组，统筹全校学生思想政治教育工作设计，负责把握学生思想政治教育工作方向，协调大学生思政课与日常思想政治教育的协同联动和融会贯通。在制度设计上，把握学生的思想状况和成长成才规律，设计相关制度。同时，针对教师实施激励制度，增强思政课教师的工作积极性和荣誉感，可在生均拨款经费中安排思想政治工作经费，用于思政类专项课题、思政教育活动、思政教师队伍建设等。

二　治理视域下思政课与日常思想政治教育的契合基础

思政课以人为对象，但又往往易脱离教育主体的生存境遇及现实关照，陷入远离及疏远现实人的误区，造成教育与人、与现实相脱离，消释了思想政治教育的育人效果。从这个意义上，思政课需与日常思想政治教育相结合，并在共性的前提下着重突出思想政治教育的特质性。思政课与日常思想政治教育的教育形式和方式方法各具特色，但是它们的教育目标一致，能够协同互补，共同发挥育人功能。要充分发挥思政课与日常思想政治教育的合力优势，培养合格的社会主义建设者和接班人，就必须做到思政课与日常思想政治教育的有效契合。

（一）政治契合

思政课与日常思想政治教育要坚持社会主义的办学方向，坚持党的领导和立德树人的根本任务，加强"两个维护""四个意识""四个自信"，明确政治方向、坚定政治立场、遵守政治纪律，以政治为核心，坚持政治领导、政治引领、发挥政治作用，使思政课与日常思想政治教育有机结合、形成合力。更好地培养德智体美劳全面发展的社会主义建设者和接班人，为实现中华民族伟大复兴提供思想引领和智力支持。

（二）目标契合

思想政治教育的目标是培养德智体美劳全面发展的社会主义建设者和接班人。思想政治教育的目标是培养什么人的问题，培养目标的设定需要根据中国的实际，习近平总书记在全国教育大会上强调，在党的领导下，全面贯彻党的教育方针，培养德智体美劳全面发展的社会主义建设者和接班人，加快推进教育现代化、建设教育强国、办好人民满意的教育。日常思想政治教育是大学生思想政治教育的主阵地，是思政课的有效补充，旨在通过开展丰富多彩的社会实践活动、校园文化活动等形式对大学生进行思想政治教育。

（三）形式补充

思政课与日常思想政治教育是理论与实践的结合。思政课主要通过课程理论讲授的形式达到育人目的，容易忽视学生的生活实践，缺少亲和力和感染力，难以融入学生的思想和行为。主阵地主要聚焦日常大学生的主要活动，较少涉及思想理论的讲授，容易缺乏理论的深度，造成理论与实践相脱节，两者的育人合力不足。只有使思政课的理论授课与日常思想政治教育实践相结合，才能形成育人合力，共同实现协同育人的格局。思政课和日常思想政治教育形式互补，就是将深刻的思政课理论内容融于具体的社会实践之中，通过讲述分析、讨论互动等形式进一步外化为大学生的自觉行为，提高大学生分析问题、解决实际问题的能力，进一步提升大学生的思想政治素质。

三　治理视域下思政课与日常思想政治教育协同的实践路径

思政课与日常思想政治教育是新时代思政课创新发展的有效手段，加强两者协同是理论与实践的统一，是培养德智体美劳全面发展的社会主义建设者和接班人的现实需要。

（一）主渠道：充分发挥思政课课堂教学"立德树人"的根本任务

高校思政课主要围绕立德树人的中心环节，遵循思想政治工作规律、教书育人规律、学生成长规律，处理好教学主体与教学对象的关系，充分发挥主渠道的作用。办好中国特色社会主义教育，就是要理直气壮开好思政课，用新时代中国特色社会主义思想铸魂育人，引导学生增强"四个自信"，厚植爱国主义情怀，把爱国情、强国志、报国行自觉融入建设社会主义现代化强国，实现中华民族的伟大复兴的奋斗之中。

如何用好课堂教学的主渠道？在治理体系与治理能力现代化的视域下，思维要新，学会辩证唯物主义和历史唯物主义，在改进中加强，提升思想政治教育的亲和力和针对性，根据学生需要满足学生成长发展需求和期待，为思政课教学改革提供总遵循，同时贯彻要"坚持政治性和学理性相统一；坚持价值性和知识性相统一；坚持建设性和批判性相统一；坚持理论性和实践性相统一；坚持统一性和多样性相统一；坚持主导性和主体性相统一；坚持灌输性和启发性相统一；坚持显性教育和隐性教育相统一"原则，把握正确政治方向，传播马克思主义科学理论、培育和弘扬社会主义核心价值观，为培养中国特色社会主义事业建设者和接班人筑牢思想基础，提供价值引领。

(二) 主阵地：日常思想政治教育的活动载体强化育人

日常思想政治教育主要通过丰富多彩的校园活动、社会实践等形式实现育人目的。社会实践是人的正确思想形成发展的源泉，人的思想是社会环境和客观事物在人的头脑中的反映，社会实践是大学生与社会环境和客观事物相联结的最好方式和途径，只有通过实践教学和社会调查、志愿服务、公益活动等方式，引导大学生在社会实践中受教育、增才干、做贡献，才能激发学生情感，深化对教育内容的认识，发现事物的本质和规律，形成正确的思想认识，增强社会责任意识。应创设良好的校园环境，帮助大学生形成正确的行为习惯。日常思想政治教育只有充分发挥自身优势，坚持校园文化的主旋律，构建积极向上、健康愉悦的校园文化体系，才能潜移默化地对学生的思想观念、政治信仰、价值取向产生影响，加强对学生的理想信念教育。由此，日常思想政治教育将实践教学与日常教育中的社会调查、志愿服务、文化活动等结合起来，对于大学生提升思想政治素质和观察分析社会现象的能力，都有很大益处。

(三) 协同互动：实现学生全面协调发展

思想政治教育治理现代化需要依据国家治理现代化的基本精神与运行逻辑，调动思政课与日常思想政治教育协同互动的积极性、主动性。思想政治理论课课程建设的现代化不是理论范式的机械表述，而是根据国家治理现代化的新形势与新需求推动自身发展的先进性表现，要通过专项措施有效保障，从综合政策与具体措施入手，提供制度支持，通过完善思政课的顶层设计与制度安排，为提升思政课的规范化、制度化、现代化的发展提供制度保障，将治理现代化的理念贯穿到思政课教学与日常思想政治教育活动开展的方方面面，指导其理论体系的建构与课堂组织的开展，增强其政策解读能力、执行能力等，提升环境适应能力、形势应对能力，使其契合国家建设需要与社会发展形势。

思政课与日常思想政治教育的协同互动助推国家治理现代化发展。思政课治理现代化从思想引领、价值塑造等维度助推国家治理现代化的发展。根据立德树人的根本任务、人才强国的发展战略构建符合中国精神、中国价值、中国力量的话语体系，思想政治教育的现代化与教育现代化、国家现代化、世界现代化紧密相连，不断强化理论自觉、治理自觉、创新自觉与国际视野，将推动理论体系创新与解读国家政策相结合，将课程治理与国家现代化相结合，将培育优秀治理主体与国家创新精神相结合，将构建话语权与增强国际影响力相结合，从而有效服务于国家治理现代化的大局。

第八章

新时代高校思想政治教育治理中的队伍建设

当前中国社会发展的重要内容和时代主题就是推进国家治理体系和治理能力现代化，即"国家治理现代化"。高校思想政治工作作为党和国家的优良传统和政治优势，始终受到党中央的高度重视，明确要求"加强和改进学校思想政治教育，建立全员、全程、全方位育人体制机制"①。在治理现代化的时代背景下，切实加强和提升高校思想政治教育治理水平和治理能力是推动新时代思想政治教育创新发展的必由之路。治理的水平和能力，归根结底还是取决于人员的专业素质和能力。高校思想政治教育队伍作为思想政治教育理论与实践发展的重要基础，加强其专业化建设是提升高校思想政治教育治理水平和治理能力的关键。因此，在治理视域下探索高校思政队伍的结构、数量和素质对于提升思想政治教育科学化、精准化、现代化水平具有重要意义。

第一节 高校思想政治教育治理中队伍建设的意义和价值

高校思想政治教育治理中的队伍建设既是循着问题导向进行的自我变革，对问题和挑战的积极应对，也是顺应时代发展、学科创新的现实路径。高校思想政治教育治理中队伍的素质、成效如何是反映高校思想

---

① 《中共中央关于坚持和完善中国特色社会主义制度　推进国家治理体系和治理能力现代化若干重大问题的决定》，《人民日报》2019年11月6日第1版。

政治工作的重要标杆，是衡量思想政治工作发展程度的综合体现。只有加强队伍的建设，才能激发高校思想政治教育的活力和实现自我提升。

一 顺应时代背景的正确选择

党的十八届三中全会通过的《中共中央关于全面深化改革若干重大问题的决定》中提出"推进国家治理体系和治理能力现代化"①，这是第一次把国家治理体系和治理能力与现代化联系起来，着眼于现代化，并以现代化为落脚点，揭示了现代化与国家治理之间有着密切的内在关联，国家治理离不开现代化，现代化构成国家治理的题中应有之义。党的十九届四中全会进一步强调：坚持和完善中国特色社会主义制度，推进国家治理体系和治理能力现代化。这就说明，国家治理现代化已经成为新时代一个重要的宣言。高校思想政治教育具有鲜明的时代特点，坚持与时代同向同行，从而增强高校思想政治教育的时代感和感召力。随时代的发展，思想政治教育队伍应不断强化时代意识，感知时代、把握时代、反映时代，把握国家治理现代化对思想政治教育的内涵要求。国家治理的现代化离不开人的现代化，其中治理能力主要是指治理者素质和方法方式的现代化，因此，在推进高校思想政治教育治理现代化的进程中，提升队伍的素质和能力显得尤为重要。只有把握时代脉搏，顺应时代潮流，引导学生正确认识当今社会的矛盾和风险、社会对人才的要求和期待、国家对青年学生的希望和寄托，高校思想政治教育才能实现创新发展。进一步深化新的历史坐标下思想政治教育队伍治理，从而顺应历史大势，把握发展机遇，合力克服挑战，使新时代高校思想政治教育不断攀越险峰峭壁，登顶新的高峰、到达新的高度。

二 本着问题导向的自我变革

问题就是公开的、无畏的，左右一切个人的时代声音。问题就是时代的口号，是它表现自己精神状态的最实际的呼声。众所周知，每个时代总有属于它自己的问题，只要科学地认识、准确地把握、正确地解决这些问题，就能够把我们的社会不断推向前进。高校思想政治教育必须

---

① 《习近平谈治国理政》，外文出版社2014年版，第105页。

牢牢把握大势和时代课题。新形势下，就是要适应"立德树人"目标新要求，教育人、培养人、塑造人，把教育往深里想、深里做，真正入心入脑。只有具有强烈的问题意识、鲜明的问题导向、高度的责任担当，才能有发现问题的敏锐度、正视问题的清醒度和解决问题的自觉度。"问题就是事物的矛盾。哪里有没有解决的矛盾，哪里就有问题。"① 问题的解决和发现归根结底取决于人自身的能力和素养，现在形势发展速度快，不确定因素增加，风险突出，面对新情况，思想政治教育队伍本领恐慌问题十分突出。以受教者青年学生为例，在网络时代，他们面临"更加注重体现主体性和独立性、更加注重获得话语权和影响力、知识信息获取的广度和深度上的矛盾统一、表现出更为明显的易变性和随意性"② 等特点和问题，这些都是有待于思想政治教育队伍解决的重要问题。问题是客观存在和纷繁复杂的，问题源于实践，但是有真本领就不怕有问题，关键是要通过学习提高解决问题的能力。面临问题和挑战，思想政治教育队伍只有通过自我变革，提高治理的能力才能够有效解决面临的现实问题。

三 加强学科创新的现实路径

思想政治教育只有及时反映时代的变化、实践的要求，才能促进自身的发展，从而发挥学科作用，实现学科价值。思想政治教育由群体和个体构成，既是领导和群众的结合，也是专职队伍和兼职队伍的结合。进入新时代，高校思想政治教育面临新情况和新问题，只有不断提高思想政治教育队伍的素质，才能使思想政治教育富有成效并不断得到创新发展。学科的创新发展是一项系统工程，既离不开专家教授的理论把控，更离不开从事一线思想政治工作的人员。学科理论创新很大程度上来自实践的发展，实践导向符合思想政治教育理论和实践互动的规律，基础理论的持续深化是实践领域的发展需求，但是基层需求点的发现需要这支思想政治教育队伍去发现和挖掘，树立问题意识，把在对青年学生进

---

① 《毛泽东选集》（第三卷），人民出版社 1991 年版，第 839 页。
② 冯刚：《互联网思维与思想政治教育创新发展》，《学校党建与思想教育》2018 年第 3 期。

行思想政治教育过程中的新现象、新范畴进行动态跟踪，既需要对工作进行总结，同时又要上升为科学理论，实现成果转化，"在难题攻关中凝聚力量，在难题解决中实现创新深化"①，实现理论和实践的良性互动，这也是思想政治教育队伍自身提升的重要动力。治理视域下，思想政治教育队伍是高校学生思想政治教育工作的重要承担者，队伍的角色担当、核心素养、职业能力、稳定性等各个方面的建设和加强一方面可以有效促进学科创新，为学科的发展提供人才支持，另一方面也是完成立德树人根本任务的重要举措和着力点。

第二节　高校思想政治教育治理中队伍建设的特点和结构

新时代高校思想政治教育面临新的环境，教育对象也逐渐由"90"后转变为"00"后，教育载体更加多样。因此，进行思想政治教育的主体也呈现出与以往不同的特点和结构。

一　新时代高校思想政治教育治理中队伍建设的特点

在治理现代化的背景下，思想政治教育队伍注重和强调的是队伍之间的协同性、系统性和整体性，能够围绕一个统一的目标，通过自上而下和自下而上相结合的方式，多元主体之间通力合作，从而推动新时代高校思想政治教育向纵深发展。

（一）教育目标的一致性

在思想政治教育队伍中，涉及不同的组织、不同的岗位，承担着不同的职责，教育内容和目的也各有侧重。比如，党委对思想政治工作起着整体领导作用，把握宏观方向；思政课教师和哲学社会科学教师主要通过课程对大学生进行理论教育；共青团通过社团、社会实践开展主题活动，引导青年在实践中成长进步；心理咨询师通过心理教育、咨询和访谈解决青年在学习、思想和社交上的困惑；辅导员和班主任重在解决青年学生日常的学习问题……但是，不论哪一类岗位、哪一类教育者，

---

① 冯刚：《思想政治教育研究热点年度发布2019》，团结出版社2020年版，第5页。

甚至后勤人员，都是以学生为中心。

　　思想政治教育的目标是"立德树人"，培养德智体美劳全面发展的社会主义建设者和接班人，这是高校思想政治教育的出发点和最终归宿。学校牢固树立"育人为本、德育为先"的理念，把人才培养作为学校的根本任务，把培养学生、促进学生全面发展作为学校一切工作的出发点和归宿；要调动一切可以调动的力量，形成一个全员参与、责任明确、分工协作的教育群体，构建一个目标明确、要求一致、管理严密的思想政治教育工作的领导管理体制。"高校肩负着人才培养、科学研究、社会服务、文化传承创新、国际交流合作的重要使命。加强和改进高校思想政治工作，事关办什么样的大学、怎样办大学的根本问题，事关党对高校的领导，事关中国特色社会主义事业后继有人，是一项重大的政治任务和战略工程。"① 为使高校思想教育目标与学生思想实际、社会的全面发展相协调，需强调思想教育目标的实效性，强调思想教育目标与社会需要的一致性。意识形态的一元导向也主张教育目标的一致性。事实上，思想政治教育的目标具有统一性，这体现了国家统一的教育计划，但是，这一目标实际上也兼顾了学生成长的个人目标，实际上是把组织目标和个人目标统一了起来。而目标一旦确立，就表明教育工作有了方向指南和方针指向，其他各项工作，无论是"三全育人""七大育人""十大育人"都要围绕这个目标展开。目标的订立为治理提供了协调集体行动的方向，从而有助于引导组织成员形成统一的行动。目标是一种激励队伍治理的力量源泉。只有在队伍明确了行动目标后，才能调动其潜在动力，激发整体队伍的凝聚力、工作热情和创造性，使其尽力而为，创造最佳成绩。要做好思想政治教育工作，保证党的教育目标、教育任务的完成，必须依赖全体教职工的支持与合作，如果学校团体成员行动不一致，势必降低学校的教育影响力，影响学校教育目标的完成，还可能引起团体的分裂，有害学校的整体性。因此，需要通过树立统一的目标保持队伍治理之间的行动一致，使得思想政治教育达到"事半功倍"而不是"事倍功半"的效果。

---

　　① 《中共中央、国务院印发〈关于加强和改进新形势下高校思想政治工作的意见〉》，《人民日报》2017年2月28日第1版。

（二）教育过程的协同性

高校思想政治教育治理是一项系统工程，加强整体性、协同性建设是实现思想政治教育创新发展的必然要求。"协同性，是指以配合、协调为内在要求的一种目标和着力状态。"① 从教育客体来讲，包括思想政治教育过程的知、情、意、行作用的协同发挥。从教育形式来看，包括不同类型、不同内容、不同途径思想政治教育的协同运行，"各部门各方面一定要增强大局意识，自觉在大局下思考、在大局下行动，跳出部门框框，做到相互支持、相互配合"②。思想政治教育的综合性特点，也要求发挥协同作用，因此，思想政治教育队伍涉及的各个过程和方面之间的协同性至关重要，协同能有效实现资源（政府、高校和企业等）、部门（高校学工部门、教务部门、宣传部门、科研部门、团委以及政府部门等）、队伍（专业课教师、辅导员、班主任和管理干部队伍等）的协同，实现第一课堂显性教育与第二课堂隐性教育有机结合，完善全员育人、全过程育人、全方位育人的机制，从而形成高校育人工作的合力，提升育人的针对性、实效性。

首先，从课程设置上看，"要用好课堂教学这个主渠道，思想政治理论课要坚持在改进中加强，提升思想政治教育亲和力和针对性，满足学生成长发展需求和期待，其他各门课都要守好一段渠、种好责任田，使各类课程与思想政治理论课同向同行，形成协同效应"③。同时，坚持课程思政和思政课程相结合，打破学科之间的壁垒。其次，从队伍配备上看，"要拓展选拔视野，抓好教育培训，强化实践锻炼，健全激励机制，整体推进高校党政干部和共青团干部、思想政治理论课教师和哲学社会科学课教师、辅导员班主任和心理咨询教师等队伍建设，保证这支队伍后继有人、源源不断"④。高校思想政治教育队伍包括教师队伍和专门力量，因此"要加强教师队伍和专门力量建设。强调要提升教师思想政治

---

① 刘社欣：《思想政治教育合力研究》，人民出版社2013年版，第155页。
② 《习近平谈治国理政》（第二卷），外文出版社2017年版，第123—124页。
③ 《习近平在全国高校思想政治工作会议上强调　把思想政治工作贯穿教育教学全过程　开创我国高等教育事业发展新局面》，《人民日报》2016年12月9日第1版。
④ 《习近平在全国高校思想政治工作会议上强调　把思想政治工作贯穿教育教学全过程　开创我国高等教育事业发展新局面》，《人民日报》2016年12月9日第1版。

素质,加强思想政治工作,建立中青年教师社会实践和校外挂职制度,加强师德师风建设,增强教师教书育人的责任担当。要完善教师评聘和考核机制,增加课堂教学权重,引导教师将更多精力投入到课堂教学上,完善教师职业道德规范,实施师德'一票否决'。高校思想政治工作队伍和党务工作队伍具有教师和管理人员双重身份,要纳入高校人才队伍建设总体规划,形成一支专职为主、专兼结合、数量充足、素质优良的工作力量"[1]。加强专门力量建设,推动中央关于高校思想政治工作队伍和党务工作队伍建设的政策要求和量化指标落地。再次,从育人体系上看,从全员、全过程、全方位即"三全育人"的提出,到"教书育人、科研育人、实践育人、管理育人、服务育人、文化育人、组织育人"长效机制,再到《高校思想政治工作质量提升工程实施纲要》中"课程、科研、实践、文化、网络、心理、管理、服务、资助、组织"的完善。育人体系的完善为高校思想政治教育队伍治理提出了更高的要求和标准。最后,从实际运作来看,无论是组织主体抑或是个人主体,高校思想政治教育队伍治理建设必须遵循三大规律,即"思想政治工作规律、教书育人规律、学生成长规律",规律是能够管长久、管根本的要求,因此,要将这三大规律转化为高校思想政治教育队伍治理建设规律,进而能够根据高校思想政治教育治理的实际需求和现实需要,适当、适时调整队伍治理结构,合理把控队伍治理规模,有效提升队伍治理素质,不断优化高校思想政治教育治理的主体条件。从网络思想政治教育来看,"网络思想政治教育各个要素之间具有牵一发而动全身的特性,因此,调节过程切忌'头痛医头、脚痛医脚',要注意各个要素之间的紧密联系性与协同相关性,从而进行全面的调节与修正"[2]。此外,从校外因素看,只有学校教育与社会教育结合,构建学校与社会协同运作的和谐互动机制,才能确保大学生接受社会主义核心价值体系的空间不致出现空白,确保"融入全过程"的实效性。构建学校与家庭协同互动机制,主要是指在大学生思想政治教育过程中,在充分认识学校教育和家庭教育特殊性的基

---

[1] 《中共中央、国务院印发〈关于加强和改进新形势下高校思想政治工作的意见〉》,《人民日报》2017年2月28日第1版。

[2] 唐亚阳:《网络思想政治教育学》,人民出版社2016年版,第293页。

础上，探索两者教育结合的可行性，努力构建家庭参与学校教育的有效途径和方式，发挥教育的合力。思想政治教育在引导青年学生日常的价值取向，融入人们的生活实践过程中，需要一定的组织协同机制作为坚实的保障。加强治理队伍之间的协同创新，要建立一个具有主导性的机构，能够协调和分配各方的有效资源，联合各个部门，在具体的组织实施过程中，起到总指挥的作用。在主导机构的框架下，保证各具体负责的组织和个人分工明确、优质高效地促成思想政治教育的长期性、稳定性。

(三) 教育方法的现代性

科学技术迅猛发展，信息技术正对教育产生革命性影响，加速了教育技术手段现代化，网络教学等远距离教育和多媒体教学等现代信息技术的广泛应用，正深刻改变着传统教育手段、教学方式和方法。新一代的青年学生是在信息爆炸的社会中成长起来的，获取信息的方式多种多样，传统的教育方法和手段受到挑战。随着现代青年学生主体性的增强和终身教育的提倡，以及学习化社会、信息网络的发展，现代思想政治教育的方式、方法、手段等也必将发生相应的变化，由传统性、单一性、灌输性向现代性、综合性、互动性方向发展。这就要求思想政治教育者更新教育理念，掌握现代化的教学手段，运用现代的宣传教育手段进行思想政治教育，改进教育方法。

青年人是网络受众的主体，而网络往往是社会舆论的放大场和旋涡中心。中国互联网络信息中心第45次《中国互联网络发展状况统计报告》显示，年龄结构中20—29岁的网民占比21.5%、职业结构中学生占比为26.9%，均属于最高的比例。由此可以看出，青年人在虚拟的网络空间分布广泛，活跃度较高，"无人不网、无处不网、无时不网"成为时尚潮流。但是由于青年人缺乏足够的判断力和辨别力，对一些问题不能分辨是非、美丑、善恶，容易被社会舆论左右，产生偏激行为和不满情绪。因此，就需要逐渐提升网络舆情分析和引导能力，疏导青年情绪，澄清误解和谣言，引导青年形成正确认知。因此，需要建立网络综合治理体系，培育积极健康、向上向善的空间。一方面，以理性抵制偏激和不良情绪。"多一些包容和耐心，对建设性意见要及时吸纳，对困难要及时帮助，对不了解情况要及时宣讲，对模糊认识要及时廓清，对怨气怨言要及时化解，对错误看法要及时引导和纠正，让互联网成为我们同群众交流沟通的新平台，成为了解群众、贴近群众、为群众排忧解难的新途径，成为发扬人民民主、接受人民监督的新渠道。"① 主动为青年人搭建沟通交流的平台，了解他们的所思所想，进行动态跟踪调查和分析研究。旗帜鲜明地抵制和反对网上的错误观点，使互联网这个最大变量成为事业发展的最大增量。另一方面，注意现实社会中有可能在网络中发酵爆发的社会问题。网上的舆情来自线下的实际问题，现实问题是网络舆论和舆情爆发的根源。把现实矛盾冲突的问题进行源头操作，作好防患于未然和未雨绸缪。习近平总书记指出："网络空间同现实社会一样，既要提倡自由也要保持秩序。自由是秩序的目的，秩序是自由的保障。"② 思想政治教育队伍治理既要尊重青年学生交流思想、表达意愿的权利，也要主动构建良好的网络秩序，保障青年学生的合法权益，为青年学生营造一个开放、自由、平等的网络环境。要运用新媒体新技术使工作活起来，推动思想政治工作传统优势同信息技术高度融合，增强时代感和吸引力。

二　新时代高校思想政治教育治理中队伍建设的结构

推进国家治理体系和治理能力现代化是当前中国社会发展的时代主题和重要内容。治理现代化的持续推进涉及中国社会发展的方方面面，思想政治工作作为党和国家事业发展的生命线，内含于治理现代化的整体方略之中。③ 推进高校思想政治教育治理体系和治理能力现代化，关键在于打造一支更加科学合理的高校思想政治教育队伍，"既有专业精通的智囊型人才，也有工作经验丰富的干才；既有善于做党政业务的干部，也有善于组织活动的行家；既有富有活力的中青年，也有沉着老练的老同志；既有战斗在一线的实际工作者，也有勤奋专研学说的研究者"④，

---

① 习近平：《在网络安全和信息化工作座谈会上的讲话》，《人民日报》2016年4月26日第2版。
② 《习近平谈治国理政》（第二卷），外文出版社2017年版，第533页。
③ 冯刚：《治理视域下高校思政队伍专业化建设的理论与实践》，《学校党建与思想教育》2020年第9期。
④ 《思想政治教育学原理》（第2版），高等教育出版社2018年版，第341页。

从而为高校思想政治教育的开展提供人力支持。

(一) 结构更加合理，形成前进型结构

高校思想政治教育队伍是具有一定结构的系统，队伍结构合理与否直接关系到其思想政治教育的功能能否充分发挥。因此，高校应该根据社会改革发展稳定的需要、时代发展的要求、教育的需要不断地优化和改进思想政治教育队伍的结构。一支数量充足、技能精湛、素质优秀的队伍对于推进思想政治教育治理现代化极为重要。

首先，从年龄构成来说。一支年龄结构合理的思想政治教育队伍，应由老、中、青三个年龄段的人按一定比例组合而成。最理想的模式是形成一种前进型的模式，充分发挥老年人的决策参谋和整体把控作用、中年人的骨干核心作用以及青年人的先锋突击作用，层层递进，同时又有利于培养接班人，给予青年人充分的锻炼机会，激发年轻人的创造精神和工作热情，提高队伍治理的效率、效果和效能。其次，从性别结构来说。性别结构是指思想政治教育队伍中男女成员的比例结构。思想政治教育队伍男女成员都应有，性别构成不能太单一，否则不利于发挥互补效应。而且在工作实践中接触的教育对象是有性别区别的，因而，队伍性别按一定比例组合较为适宜。再次，从专业结构来说。思想政治教育是一项专业性很强的工作，因此，队伍成员应该具有马克思主义理论专业知识和思想政治教育知识。但是同时，高校思想政治教育又极其复杂，所以，队伍成员还应该掌握广泛的社会学、教育学、心理学知识，并且具备实操能力，把掌握的知识转化为工作技能和方法。最后，就职称和学历的构成来说。高级职称、中级职称、助理职称要呈现出橄榄球形状，两边尖、中间宽，学历构成也应如此，这样才能达到一个稳定的状态。

(二) 质量更加优化，形成高素质结构

在治理视域下，发展足够多的思想政治教育队伍不成问题，关键是队伍素质如何。如果素质高，并且都能够充分发挥相应的作用，那么队伍的数量越多越好；如果队伍数量足够多，但是素质却一般，那么他们的作用和优势也体现不出来。思想政治教育队伍的素质是决定高校思想政治教育治理的关键力量。目前，高校思想政治教育队伍中，部分成员学历较低，影响整体素质的提高，也不利于思想政治教育工作的深入开展。

首先，加强应变能力。当前思想政治教育的一个突出现象就是，社会大环境的变化，引起受教育者、教育内容、教育载体发生了变化，思想政治教育更加充满了不确定性。队伍在进行思想政治教育过程中要做到"上、下、左、右"。"上"要对接国家的政策与要求，"下"要结合学校办学实际，"左""右"即学习周边院校的改革经验和好的做法。其次，注重人才培养。人才的引进和培养，是人才队伍和质量建设的重要抓手。着力建设适应新时代发展需求的高素质人才队伍，既要培养高、精、尖的稀缺人才，又要培养实用型人才，让高素质人才各得其所、各司其职，加大青年人才的培养力度，培养具有专业能力、专业精神、专业素养的高素质人才，"功以才成、业由才广"，"要树立强烈的人才意识，寻觅人才求贤若渴，发现人才如获至宝，举荐人才不拘一格，使用人才各尽其能"。真诚关心、爱护、成就高校思想政治教育队伍治理。同时，居高望远，广博揽用，"一个国家对外开放，必须首先推进人的对外开放，特别是人才的对外开放"，"不管是哪个国家、哪个地区的，只要是优秀人才，都可以为我所用"。高校思想政治教育是一个开放的系统，并不画地为牢、自说自话，有了源源不断质量优化的高素质治理人才，思想政治教育的治理才能更加富有成效。

（三）数量更加科学，形成增长型结构

首先，在思想政治理论课教师人才配备方面，"1964年，中央宣传部建议高等学校政治理论课教师与学生的比例为1∶100，为了加强政治理论课组织领导，中宣部还要求校长和副校长对政治理论教研组直接负起领导责任"[①]。2020年颁布的《新时代高等学校思想政治理论课教师队伍建设规定》中，要求高校应当根据全日制在校生总数，严格按照师生比不低于1∶350的比例核定专职思想政治理论课教师岗位。严把教师政治关、师德关、业务关，明确思想政治理论课教师任职条件以及权利义务与职责。其次，在辅导员配备方面，2000年教育部党组发出《关于进一步加强高等学校学生思想政治工作队伍建设的若干意见》，指出："根据各高校的经验和实际工作的需要，影响较大、稳定工作任务较重的高校，

[①] 沈壮海、佘双好：《学校德育问题研究》，大象出版社2010年版，第198页。

原则上可按 1∶120—1∶150 的比例配备专职学生思想政治工作人员。"2005 年 1 月，教育部专门颁布《关于加强高等学校辅导员、班主任工作队伍的意见》，文件明确将辅导员和学生的比例调整为 1∶200。要求每个院都有专职辅导员，每个班级都有班主任、辅导员。但是由于一些高校对加强辅导员队伍建设重要性的认识不足，相关政策落实不到位，目前不少高校还没有达到这一要求。辅导员配备不足，就如同打仗缺乏足够的士兵一样，其战斗任务自然艰巨。目前，许多辅导员整天忙于学校、院系的各种事务的组织和运转，真正能用于对学生进行思想政治教育的时间不多，而用于德育科研活动和提升自身学历、职称的时间则更为有限。最后，在团干部配备方面，1980 年颁布的《关于加强高校学生思想政治工作的意见》中要求，4000 名学生以下的学校，校团委要配备 3—7 名专职团干部。4000 人以上的学校，还应该酌情增加专职人员。随着教育改革的进行和高校快速发展，校团委—学院分团委—班级团支部的三级架构模式日渐成熟。"在党委领导下，与高校学生会、学生社团形成了'一心双环'的团学组织格局，'一体两翼'的工作协同格局。"[①] 共青团成为团结、引领青年学生发展的重要纽带。

第三节 高校思想政治教育治理中队伍建设的数量和素质

以国家治理体系和治理能力建设为宏观背景，落实到思想政治工作中，高校思想政治教育也理应加强治理建设，在治理的视域下进行人才队伍建设，加强人才培养的智慧和力量。"思想政治教育学科及其发展，都离不开专门的人才队伍。"[②] 因此，高校思想政治教育队伍作为思想政治教育工作的骨干力量和基础资源，也必须与时俱进，不断加强专业化、职业化建设，不断提升工作素质和能力，同时以现代化和精准化为目标取向，源源不断地为思想政治教育工作的开展提供动力。

---

① 冯刚:《改革开放以来高校思想政治教育发展史》，人民出版社 2018 年版，第 157 页。
② 冯刚:《改革开放以来高校思想政治教育发展史》，人民出版社 2018 年版，第 77 页。

一 新时代高校思想政治教育治理中队伍建设的数量

高校思想政治教育涉及面广、波及人口多并且涉及多个部门,因此,队伍数量是做好思想政治教育的重要保证。在保持一定的数量的同时,需要加强队伍治理的职业化、专业化、流动化和发展性建设,保持队伍的合理流动、稳定发展。

(一) 职业化建设,进行稳定性发展

进入新时代,提高思想政治教育队伍的使命和担当意识成为高校思想政治教育工作不断深入的必然要求。只有不断提高队伍的职业化建设,才能切实增强立德树人的成效。随着国家治理现代化的提出,高校思想政治教育治理对队伍建设的要求越来越高。"职业是随着社会分工而出现的,并随着社会分工的稳定发展而构成人们赖以生存的不同的工作方式。"[1] 高校思想政治教育治理中的队伍由多主体构成,既包括党政领导干部、共青团干部,也包括思政课教师、辅导员、班主任、心理咨询师等。各主体有着自己明确的职业身份、角色和定位,但是职业化建设的不足,职业认同感、荣誉感的不足以及职业倦怠感的增强,导致思想政治教育工作队伍人员流失,队伍治理稳定性不足。

首先,进行角色定位。思想政治教育队伍是从事大学生思想政治教育的一线人员,这既是工作要求也是职业要求。角色定位逐渐由单一向综合、由政治到兼顾全面、由单独行动到综合分工。角色定位中突出了政治导向、道德规范和以学生为中心的原则,角色内涵更加丰富、更加精细,角色更加规范化、系统化和专业化,适应了教育过程和学生成长的新变化。其次,进行身份认同。思想政治教育主体分为专业教师和党政工作干部,整体来说,具有教师和干部的双重身份。而认同是现代性的核心问题,思想政治教育主体是否对自己的身份进行认同,是否具有自身的自觉和明晰的认识,是做好思想政治教育工作的关键。最后,提高职业修养。加强队伍的职业主体意识,就能使他们自觉地以主体身份与责任意识开展思想政治教育活动,自觉对照有效开展思想政治教育活动所应具备的素质,不断地加强自身建设,从而不断增强和提升自己的

---

[1] 《中国大百科全书·社会学》,中国大百科全书出版社1991年版,第475页。

素质，以逐渐适应外界不断变化着的环境、不断发展着的大学生思想政治教育工作的新要求。但是往往学生的变化速度是超前的，而队伍的反应速度时常是滞后的，就导致二者之间出现了一定的落差，甚至代际效应，使思想政治教育的效果大打折扣。因此，队伍建设需要加强前瞻性意识，关注社会热点、学生的兴趣点和变化点，把工作做在前面，做到防微杜渐和防患于未然，成为学生成长路上的引领者。

（二）专业化建设，加强知识性建设

在干部队伍的培养上，习近平总书记强调："注重培养专业能力、专业精神，增强干部队伍适应新时代中国特色社会主义发展要求的能力。"[1]那么，在新时代高校思想政治教育工作中，队伍加强专业能力和专业精神的培养成为专业化建设的重要部署和重大课题。治理现代化要求队伍建设体现和加强专业化水平，达到"干一行、爱一行、精一行"[2]的专业境界，队伍的专业化建设将有力推动治理体系和治理能力的提升。《中国教育现代化2035》中也指出，建设高素质专业化创新型教师队伍。大力加强师德师风建设，将师德师风作为评价教师素质的第一标准，推动师德建设长效化、制度化。加大教职工统筹配置和跨区域调整力度，切实解决教师结构性、阶段性、区域性短缺问题。专业性是衡量一支队伍整体素质和水平的关键要素。

高校部分思想政治教育队伍具有双重身份和角色。"高等学校的学生政治工作干部，既是党的政治工作队伍的一部分，又是师资队伍的一部分，担负着全面培养学生的重要任务。"双重身份和角色导致队伍治理在发展方向上也有对应的途径，比如"对于有专业知识并担任一定教学任务的政工干部，应与专业教师同样评定职称"，"对于不担任教学工作的专职政工干部，可以按本人条件，评定处级、科级，享受同级干部的工资福利待遇"。[3]分流的队伍培养模式促进了队伍的精细化管理。以辅导员为例，2014年，教育部颁发《高等学校辅导员职业能力标准（暂

---

[1] 习近平：《决胜全面建成小康社会　夺取新时代中国特色社会主义伟大胜利——在中国共产党第十九次全国代表大会上的报告》，人民出版社2017年版，第64页。

[2] 习近平：《在全国组织工作会议上的讲话》，人民出版社2018年版，第29页。

[3] 《普通高校思想政治教育课程文献选编（1949—2003）》，中国人民大学出版社2003年版，第83页。

行）》，这是继教育部 24 号令之后关于辅导员队伍建设的又一纲领性文件和主导政策，该文件对辅导员的职业定位、工作要求以及系统全面的职业能力标准作了明确规定，"鼓励和支持专职辅导员立足本职岗位，走专业化发展道路，要根据辅导员职业能力标准的要求，切实解决辅导员职务职称评聘政策和考核奖惩体系"①，从整体上加强了辅导员队伍的专业化、规范化和科学化水平的建设。队伍治理的建设"既要有一方面或多方面'专'的要求，又要有复合的、交叉的'全'的素养"②。这样，队伍治理的专业素养和处理解决问题的能力才会进一步加强。

（三）流动化建设，彰显激励性优势

新时代高校思想政治教育队伍应该建立相对稳定的骨干层和出入有序的流动层，具有新陈代谢机制，不断输入新鲜血液更新原有队伍，从而保持队伍的生命力和活力。但是，就目前而言，思想政治教育队伍稳定不足、流动有余。思想政治教育队伍流动有很大的自发性和盲目性，很多人就是工作 2—3 年，到其他岗位工作或者攻读学位。一些优秀的人才受到其他企事业单位的欢迎，优秀人才大量流失。当然，思想政治教育队伍治理的流动是社会发展的必然趋势。

相对稳定，合理流动，进得来，留得住，干得好。要在动态中不断优化思想政治教育队伍治理，建立起积极向上、不断进取的选拔培养机制，形成能者上、平者让、庸者下的流动机制。要建立、完善大学生思想政治教育队伍的激励和保障机制。学校要从政治上、工作上、生活上关心他们，在政策和待遇方面给予适当倾斜。流动需要稳定做保障，要保证思想政治教育队伍的稳定，就需要吸引更多的优秀教师从事高校思想政治教育工作，建立和完善激励保障措施是关键。我们要努力创造良好的政策环境、工作环境和生活环境，使他们工作有条件、干事有平台、发展有空间，改变以往"能上不能下、能进不能出、干好干坏一个样"的局面，以保证队伍的相对稳定，并鼓励和支持大部分专职队伍向职业

---

① 冯刚：《习近平关于大学生思想政治教育论述的理论蕴涵》，《重庆大学学报》（社会科学版）2018 年第 3 期。

② 习近平：《干在实处　走在前列——推进浙江新发展的思考与实践》，中共中央党校出版社 2006 年版，第 340 页。

化、专家化方向发展。

流动化建设是输入和输出的结合，输入强调的是吸收更新。当前思想政治教育面临治理的发展趋势，因此，做好思想政治教育队伍治理人员的输入是重要的一环。只有优胜劣汰、精兵简政，才能保证具有高素质的人进入思想政治教育队伍，从而构建一支专兼结合、功能互补、信仰坚定和业务精湛的思想政治教育队伍。因此，做好思想政治教育队伍人员的选拔和筛选，严把入口关，是思想政治教育队伍建设的基础和关键。输出强调的是对工作中表现突出的优秀人才给予具体的奖励，激发工作的热情和信心，制定必要的倾斜政策，大胆提拔使用，及时安排到领导岗位上去，以便发挥更大的作用。同时，队伍的流动，既可以向内流动，开放门户，广纳贤才，又可以向外流动，优胜劣汰，增强活力。

（四）发展性建设，体现长久性特征

在当前国家治理现代化的背景下，建立体现思想政治教育队伍的发展性特点，保持队伍的长久稳定建设，是增强队伍生机活力、优化队伍的重要措施。思想政治教育队伍要实现发展性建设，需要掌握特色化、现代化、规范化的发展趋势。首先，思想政治教育队伍要体现现代化。治理的一个核心内容就是现代化，一方面指传统向现代的转化，另一方面指现代社会的发展过程。因此，要理解思想政治教育全面系统的整合过程，更新教育观念，采用反映时代特征的教育内容和教育手段，抓住学生价值取向的多样性、思想表现的层次性以及道德要求的广泛性特征，适应学生的独立性、自主性和选择性，使思想政治教育现代化呈现出主导性和多样性、先进性和广泛性结合的生动活泼的局面。其次，思想政治教育队伍要体现特色化。思想政治教育具有鲜明的中国特色，思想政治教育之所以在这块土地上发展起来，除了社会主义政治、经济需求之外，还有一个重要的原因，那就是它符合我国的文化需求和教育需要。最后，思想政治教育队伍要实现规范化。队伍是彰显思想政治教育形象和治理水平的重要窗口。队伍治理水平和治理能力的高低直接决定着育人的成效。加强思想政治教育队伍专职人员和兼职人员的管理，专职人员是核心和骨干，他们在教育中起着主导作用，兼职人员起着辅助作用，因此，在扩大思想政治教育的覆盖面和影响力方面，规范和优化专职人员和兼职人员的交流方法，既要各自为政，做好自己的本职工作，同时又要进行优化整合，产生合力，不断推进思想政治教育活动向实践纵深发展。

二 新时代高校思想政治教育治理中队伍建设的素质

面对我国国家治理体系和治理能力现代化的需要，高校思想政治教育队伍理应遵循教育改革和社会发展的要求，不断提升自身素质，同时借鉴国外队伍建设的先进经验，构建起符合我国高校特点和性质的队伍治理模式和体系。高校思想政治教育队伍的基本素质从传统来说包括政治、思想、道德、法律等，而我们强调的是在这些基本素质基础之上的与治理背景相适应的系统治理和综合运用观念。

（一）加强制度供给，满足实际需求

党和政府有关高校思想政治教育队伍建设的文件，对思想政治教育队伍建设起着主导作用。中央16号文件开启了思想政治教育"政策群"的先河，主导政策文件和辅助政策文件相互配合，主导文件对各项事务提出指导性的意见，辅助文件针对具体问题进一步细化，实质上彰显了整体治理、系统治理的思想。中央31号文件针对近年来思想政治教育面临的新情况和新问题，指出要进一步加强和改进大学生思想政治工作。同时，相关配套政策和文件的陆续出台，关于课堂建设、思政课教师建设、辅导员队伍建设等文件的下发，为队伍建设提供了基本遵循。对于高校思想政治教育而言，制度供给的主体是党和政府，制度的具体实施和执行主体则是思想政治教育队伍。供给是相对于需求而言的，要想有效地进行思想政治教育供给，对青年学生需求的了解是必不可少的，随着社会大环境的变化，青年学生的视野更加宽泛、获取知识手段更加简便、价值认同更加多元，个性需求更加突出，成长需求更加旺盛。制度的供给主要是针对青年学生存在的问题进行设计，同时根据教育过程中供给实施主体的能力不足、方式简单以及供给内容的交叉和供给活动的单一等存在的短板进行整改，从而使思想政治教育达到预期的目的，能够真正地为国育人、为党育才。因此，就有必要对高校思想政治教育供给主体的素质进行提升和加强。供给主体在高校思想政治教育过程中应该处于主导的一方和教育改革的前沿，只有当供给主体处于一个较为完善的环境的时候，他们自身才会产生影响力和辐射力。

首先，高校思想政治教育供给主体应该有正确的政治观及价值观，坚持正确的教育方向，这是做好高校思想政治教育的根本所在，面对社会问题时要保持头脑清晰，要有清晰的价值判断和坚定的政治立场。其次，高校思想政治教育供给主体在了解、吸收、整合信息的同时，要去伪存真、去粗取精，拥有自我更新的意愿和能力，将正确的价值观传送给青年学生，同时引导青年学生辨别信息的真假。在对大学生进行教育的过程中，要有扎实的理论素养、深厚的人格魅力，以"四有好老师"的标准和习近平总书记在思政课教师座谈会上提出的"六个要"的要求，主动给大学生提供正能量的信息，激励他们从不同视角思考、理解问题，给学生以深刻的学习体验，并让他们学会正确的思维方法，满足他们的获得感和成就感，激发他们的接受动力。最后，队伍治理要改善供给方式和完善供给机制。新一代的青年大学生主体意识愈发强烈，作为独立角色参与社会实践的机会也越来越多，另外随着新兴媒体的快速发展，教育的空间和时间场域被突破，打造全媒体和全方位的供给方式迫在眉睫，队伍治理需要做到不被学生牵着鼻子走，而是引着学生往前走。思想政治教育供给主体提供的活动很多，但是供给的精准性不足，活动的开展需要充分考虑和照顾学生的年龄、兴趣和需求，而不仅仅是为了活动而活动，如果只有热闹喧嚣的场面却没有实际内涵和价值意义，不能实现有效的引导，那么就失去了举办活动的初衷，也失去了日常思想政治教育的意义。

（二）理念持续创新，治理重心下沉

理念是创新的先导。治理需要进行顶层设计，更要落实到具体工作中。治理精细化水平的提升需要发挥思想政治教育供给主体在实际工作中的作用。所以，思想政治教育队伍治理要做到六化：革命化、年轻化、知识化、专业化、生态化、学习化；治理结构要兼顾五个梯度：年龄、知识、技能、学历和阅历；队伍治理流动做到四公：公平、公正、公开、公议；队伍治理职位设置三定：定职能、定机构、定编制。高校思想政治教育队伍治理应该深入一线，重心下沉。一方面，主动走近青年学生，深入了解学生的所思所想和困惑之处，对学生的问题进行精准定位，从而进行有效解决。另一方面，加强现代化技术的运用。现代青年学生总是容易接受新鲜事物，思想更加多元、独立性更加突出，对各种新媒体接受度较高，因此，高校思想政治教育队伍要培养精通网络和数据分析的人才，主动占领网络阵地，借助大数据分析，了解青年学生的兴趣点，开发融合思想性、知识性、趣味性和教育性于一体的主体教育网站，同时掌握新媒体教学，利用图文并茂、富有变化的材料，使思想政治理论课更加形象化、生动化和具体化，增加吸引力和感染力，解决教育学生中的痛点和短点。

创新是高校思想政治教育持续发展的主要动力。随着社会的快速发展，思想政治教育需要的是知识型、素质型的人才。而队伍治理恰恰又是进行思想政治教育的组织者、管理者和领导者，从高校党委到各二级学院团委、思政课教师、辅导员教师，都应当各司其职，树立全员育人的理念。首先，从高校宏观布局来看，高校党委积极响应国家的形势和政策，然后结合学校特点将治理理念深入融合到学校日常管理之中，加强对二级学院的督促宣传与培育工作。并且对高校的行政部门进行定期考察、组织与培训，提高行政体系服务的质量与效率。在服务之余，让师生感受到思想政治教育的亲和力。其次，从中观层面来看，各二级学院党委、团委、学工办等应对校党委的精神进行有效传达和贯彻落实，让广大师生了解国家发展大势、学校的大事以及教育的信息，加强思想政治教育。相较于校领导部门的宏观决策，二级学院对本学院教师、学生的情况熟悉度、掌控度更高。定期组织党员的培训，并且积极发展积极分子，加强学院的党建活动和实践活动，让更多学生明确思想价值目标。最后，从微观层面来看，思政课教师及辅导员、班主任负有共同落实思想政治教育的课堂教育和日常教育的责任，将课堂和日常生活紧密联系在一起，保证大学生在文明、和谐的教育环境中不断学习、不断成长。另外，家庭思想政治教育的功能不可忽视，学校教育与家庭教育要紧密相连，同时加强校际之间的联系，建立学术共同体，共享思想政治教育资源，互通有无。

（三）核心能力提升，职业素养加强

核心能力是思想政治教育队伍做好大学生思想政治教育工作的基础和衡量标准。一方面是队伍实现自我价值的社会需要，另一方面也是加强职业化、专业化建设的关键。具体而言，核心能力包括知识的增加和专业技能的提升。思想政治教育队伍要通过培训学习专业的思想政治教育工作知识，通过理论学习提高政治站位，把握宏观方向，整体上运筹帷幄。"本领不是天生的，是要通过学习和实践来获得的。"[1] "学习的目的全在于运用。"[2] 因此，就需要进一步提升专业技能。通过系统学习思想政治教育学等相关学科知识，并内化为自身的职业操守、修养，转化为熟练的工作能力和工作方法，以达到自身知识结构拓展和实现专业能力提升的目标。

对于不同的治理主体来说，应该有明确的职责和能力要求。中央16号文件中指出：大学生思想政治教育工作队伍是学校党政干部和共青团干部，思想政治理论课和哲学社会科学课教师，辅导员和班主任。学校党政干部和共青团干部负责学生思想政治教育的组织、协调、实施；思想政治理论和哲学社会科学课教师根据学科和课程的内容、特点，负责对学生进行思想理论教育、思想品德教育和人文素质教育；辅导员、班主任是大学生思想政治教育的骨干力量，辅导员按照党委的部署有针对性地开展思想政治教育活动，班主任负有在思想、学习和生活等方面指导学生的职责。要采取切实措施，培养一批坚持以马克思主义为指导，理论功底扎实，勇于开拓创新，善于联系实际，老中青相结合的哲学社会科学学科带头人和教学骨干队伍，使他们在大学生思想政治教育中发挥更大的作用。所有从事大学生思想政治教育的人员，都要坚持正确的政治方向，加强思想道德修养，增强社会责任感，成为大学生健康成长的指导者和引路人。在全国高校思想政治工作会议上，心理咨询师新晋为高校思想政治教育队伍中的一员，这既说明思想政治教育队伍治理进一步完善，同时也表达了对青年学生心理问题的关注。当前高校进行思想政治教育时，教育教学的外在硬件得到显著改善，但是内在软实力的提升，如队伍治理的素质、能力和结构等还远远不能满足当前发展的需要，"有数量缺质量、重有形轻无形"，不仅造成资源的浪费，也使得思想政治教育整体系统性有效发展受到一定程度阻碍，容易抑制其良好教育效果的发挥。高校以培养人才为核心，思想政治教育更是培养人才的一项必不可少的关键事业，要通过不懈努力实现高校思想政治教育教学

---

[1] 《习近平谈治国理政》，外文出版社2014年版，第403页。
[2] 《习近平谈治国理政》，外文出版社2014年版，第406页。

和实践的融合式发展，提升育人质量，让思想政治教育实现现代化的转型和内涵式的发展。

（四）激发精神动力，增强治理水平

马克思指出："激情、热情是人强烈追求自己的对象的本质力量。"① 精神动力是推动个人和组织不断成长、发展的力量源泉。因此，激发队伍治理的精神动力，提高治理水平能力，为高校思想政治教育提供人力支持尤为重要。

首先，治理现代化的兴起强化了精神动力的价值。治理突出的是工具理性，而精神动力强调的是价值理性。工具理性和价值理性结合才能提高队伍的综合素质。就思想政治教育而言，工具理性要求队伍治理增强硬核实力，掌握科学方法，注重对知识的学习、掌握和运用。价值理性强调的是在思想政治教育过程中，发扬人的主体性，突出人的创造性，实现个人价值和社会价值。其次，采用物质奖励、精神奖励增强激励效应。马克思说："'思想'一旦离开'利益'，就一定会使自己出丑。"② 满足思想政治教育治理主体的物质需求和精神需求，满足道德和情感需要，增强工作的认同感和荣誉感，激发他们的积极性、主动性和创造性，简言之，就是激发人的自觉能动性。这就强调队伍成员在思想政治教育过程中的实践能力，从而达到预期目的。"在社会历史领域内进行活动的，是具有意识的、经过思虑或凭激情行动的、追求某种目的的人；任何事情的发生都不是没有自觉的意图，没有预期的目的的。"③ 采用激励的方式就是为了鼓励队伍成员通过发挥自觉能动性，满足青年学生成长需要的广泛性、层次性和多样性，进而达到立德树人和人才培养的目的。最后，以精神契合推进主体内化。思想政治教育队伍治理总是从一定的需要出发，无论是基于个人的职业要求，或者是教书育人的目的，这反映和契合了教育主客体的内在需要。"精神契合主体需要的程度越高，主体内化的程度则越深，产生的精神动力也越大。"④

---

① 《马克思恩格斯文集》（第一卷），人民出版社2009年版，第211页。
② 《马克思恩格斯文集》（第一卷），人民出版社2009年版，第286页。
③ 《马克思恩格斯选集》（第四卷），人民出版社2012年版，第253页。
④ 骆郁廷：《精神动力论》，武汉大学出版社2003年版，第210页。

（五）纵向横向结合，完善治理体系

思想政治教育队伍是一个复杂的系统工程，队伍之间的纵横结合可以有效提高政策的执行力度，通过内培引进和专兼结合，打造优质队伍，提高思想政治教育质量。

从横向来看，思想政治教育队伍分布的部门较为广泛，既包括校内的部门，也包括校外的部门。一方面，从学校内部而言，思想政治教育既包括思想政治理论课主课堂，也包括日常思想政治教育主阵地。思想政治理论课主要以思政课教师为主，日常的思想政治教育涉及党委宣传部、组织部、团委、学工部、后勤等多个单位和部门。思想政治教育治理体系的现代化，需要各具体工作人员之间建立起沟通合作机制，实现育人合力。另一方面，也需要加强校内部门和校外部门的合作。学校是对学生进行教育的主要渠道，但是绝不能忽视社会力量和家庭等所扮演的重要角色。习近平总书记指出："办好教育事业，家庭、学校、政府、社会都有责任。"[①] 因此，从宏观来说，人人都有做好思想政治教育的责任，人人都是思想政治教育队伍中的一员。以领导干部为例，领导干部上讲台，为学生讲授思政课，可以把一线生动鲜活的事例、国家的大政方针介绍给青年学子，有利于青年学生从顶层设计的高度了解国情、党情、社情、民情，有利于青年学生全面正确地理解党的路线、方针、政策，有利于青年学生坚定信仰、增强社会责任感，积极营造人人关心青年学生成长成才、人人关注教育事业发展的良好工作氛围，形成全员育人、全方位育人的舆论环境。思想政治教育队伍就需要整合校内外的人力资源，加强彼此的交流合作，形成科学有效的育人体系。从纵向来看，思想政治教育队伍包括不同的层级，不同层级之间的双向互动和联动需要加强和完善。一方面，思想政治教育涉及国家、省市以及学校，相关政策文件的制定和落实、不同地区的问题聚焦需要层层把关。因此，需要各个主体遵循思想政治教育工作规律，结合本地、本校的特点提供有效的制度保障和政策支持。另一方面，从高校层面看，思政课教师、辅导员和学生等各个层级的力量共同参与思想政治教育这一实践活动，推

[①] 《习近平在全国教育大会上强调　坚持中国特色社会主义教育发展道路　培养德智体美劳全面发展的社会主义建设者和接班人》，《人民日报》2018年9月11日第1版。

动思想政治教育产生内生动力。就组织架构而言，学校党委—二级学院—班级以及团委—学生会—社团等存在着上传下达的关系，需要上层坚持问题导向，聚焦关键问题，从而使一线的问题能够得到有效解决，统一思想，凝聚共识，真正实现纵向联动。

第九章

新时代高校思想政治教育治理的质量评价

高校思想政治教育治理是将治理的思想理念、方式方法、目标追求等治理元素融入思想政治教育的建设环节,通过治理的手段举措推动高校思想政治教育体系形态的优化塑造,切实落实思想政治教育立德树人的根本任务,充分发挥高校思想政治教育培养中国特色社会主义事业合格建设者和可靠接班人的功能作用。治理与高校思想政治教育的深度融合,不但为思想政治教育学科内涵式发展拓展了理论空间,更加丰富了思想政治教育工作的实践环节构成。思想政治教育治理的质量评价是思想政治教育治理过程中的重要内容、环节和机制。高校思想政治教育治理的质量评价以思想政治教育治理相关工作的开展为前提,如果说高校思想政治教育治理对于思想政治教育共同体而言是一个新的知识领域,呈现新的工作内涵,那么高校思想政治教育治理的质量评价就是这个新知识域的重要组成部分,也是新工作内涵的要素构成。要充分认识、深刻把握新时代高校思想政治教育治理的质量评价,必须准确诠释它的内在意蕴,探寻高校思想政治教育治理质量评价的路径,分析高校思想政治教育治理质量评价的维度,寻找高校思想政治教育治理质量评价的方法,努力为新时代高校思想政治教育治理质量评价的有效开展创造理论条件。

第一节 高校思想政治教育治理的质量评价内涵

思想政治教育质量评价追求常态化开展,因为对它的理论认识已有了一定的积累，它是什么、为什么、有什么价值要求等问题都逐步得到了回答，已经越过了需不需要做的质疑阶段，正处在如何把它做得更好的进一步探索阶段。与高校思想政治教育质量评价不同，高校思想政治教育治理质量评价的分析研究尚处于起步阶段，它到底是什么、有什么价值要求等基本的理论问题还没有得到解答，关于它的理论认识几乎空白。"基础不牢，地动山摇"，要构建新时代高校思想政治教育治理质量评价的理论体系，乃至于形成新时代高校思想政治教育治理的理论体系，必须夯实高校思想政治教育治理质量评价的理论基石，需要对其基本内涵进行深度解析，对其目标要求有全面把握，只有认识了它是什么，理解了它为什么，才能为探索如何做设好路标、铺好路基，才能为高校思想政治教育治理质量评价的实践开展增强底气、增加信心，高校思想政治教育治理的质量评价才行得稳、走得远、见效果、有位置、成常态。

一　基本内涵

虽然对高校思想政治教育治理质量评价没有太多的理论积累，但这并不意味着对它的理论建构无所依凭，没有借鉴和参考。作为思想政治教育理论体系的组成部分，高校思想政治教育治理质量评价具有思想政治教育属性，其理论系统并非凭空而生，它与思想政治教育理论体系的其他部分存在有机联系。对于思想政治教育相关组成的理论把握，有助于推进对高校思想政治教育治理质量评价的理解，对思想政治教育质量评价的理论认识尤其如此。从概念上分析，思想政治教育质量评价是根据思想政治教育的目的要求，运用一定的评价指标和方法，评估判定思想政治教育工作质量的活动。依此逻辑可以推导出高校思想政治教育治理质量评价的基本含义，即根据高校思想政治教育治理的目的要求，运用一定的评价指标和方法，评估判定高校思想政治教育治理工作质量的活动。

在不同视角认识高校思想政治教育治理质量评价，它会呈现不同面相。从评价要素构成看，高校思想政治教育治理质量评价可分为评价主体、评价客体、评价方法等。评价主体是质量评价的推动者，从理论上说，具备治理评价的专业知识、拥有治理评价的技术手段、掌握治理评价信息资源的主体都可以成为高校思想政治教育治理质量评价的主体，包括思想政治教育党政主管部门；具有思想政治教育治理评估能力的高等院校和科研院所；政府数据统计机构，如大数据局、统计局等掌握思想政治教育治理相关数据的机构；社会组织，如全国党建研究会及其高校党建研究专业委员会、中国高等教育学会及其全国高校思想政治教育研究分会、中华教育改进社等；用人单位，毕业生在工作单位的思想政治表现、日常行为规范、基本心理素质、道德素养水平是判断高校思想政治教育治理质量的重要依据，用人单位可以成为高校思想政治教育治理质量评价的主体；专业公司，它们有着一定的高校思想政治教育治理质量评估资源和技术手段。另外，高校思想政治教育治理质量评价主体还有复合式的存在形式，即由上述各主体全部或部分构成的复合体。此种形式有助于各主体发挥自身的优势，在评价工作中形成协同效应，取长补短，实现评估效益的最大化。高校思想政治教育治理质量评价的客体是高校思想政治教育治理质量评价的对象，涉及高校思想政治教育治理工作本身，包括治理过程、治理结果、治理实效等治理的各环节和各要素，哪里有高校思想政治教育治理，哪里就应该有高校思想政治教育治理的质量评价。高校思想政治教育治理质量评价的方法是了解、掌握高校思想政治教育治理质量采取的手段与行为方式。

从评价过程包括的环节看，高校思想政治教育治理质量评价可划分为评价的准备环节、评价的实施环节、评价的反馈调整环节。评价准备环节是开展评价的前期工作，包括评价实施者的选择、评价方案的设计、评价时间的选定、指标体系的构建等。评价实施环节是评价开展的中阶工作，包括评价的信息资源收集、评价的素材整理分析、治理状态效果测算、评价结果的校检等。评价反馈调整环节是评价开展的后阶工作，包括评价结果的信息反馈、评价结论的综合调整、评价报告的撰写形成等。

除此之外，还可以从评价技术结构视角将高校思想政治教育治理质量评价划分为评价的路径选择、评价的维度判断、评价的方法使用等不同的环节。

二 目标要求

思想政治教育治理质量评价是对运用治理理念和方式推动思想政治

教育改进发展的评估和判断，高校思想政治教育治理质量评价不是为了评价而评价，而是通过治理评价最终实现思想政治教育的育人功能作用。所以，高校思想政治教育质量评价与高校思想政治教育治理质量评价有着共同的最终目标追求，它们之间可能还存在要素的交叉，比如两者都会对思想政治教育队伍建设作出评判。但是思想政治教育治理的质量评价是从治理的视角对思想政治教育工作作出审视，它更加强调思想政治教育治理的协同性，包括高校思想政治教育工作参与主体的协同性、政策制度的协同性、目标层级的协同性、资源配置的协同性等；更加突出思想政治教育治理工作运行状态的有序性，涉及高校思想政治教育工作规则制度的制定完善、参与主体的制度意识与能力、政策制度的贯彻执行效率等；更加注重思想政治教育治理工作进程的开放性，包括高校思想政治教育工作系统外在信息的可进入性、内部信息的外向传导性、系统内部各环节信息交换的通畅性等；更追求高校思想政治教育治理工作开展的精准性，涉及目标成绩设置的精确性、方法举措采用的有效性、能力岗位的匹配性等。因此，高校思想政治教育治理质量评价有独特的侧重点，必然围绕和根据治理所强调、突出、注重、追求的要素状态有针对性地设定评价的标准要求。高校思想政治教育治理质量评价的目标要求具有层次性，大致呈现出三个层级的效应状态，包括把握治理现状、推动治理体系的健全完善、引领治理工作的向前发展。它们对高校思想政治教育治理质量评价的期盼逐级提升，与实现高校思想政治教育育人功能作用的最终目标要求一起，形成了治理质量评价较完整的目标要求体系。

（一）治理现状把握

把握治理现状是高校思想政治教育治理质量评价最基本的目标要求。治理的质量评价本身也是治理的重要举措，通过评价了解高校思想政治教育治理的现行状态，是发挥质量评价治理效能的前提条件。高校思想政治教育治理现状由多个要素构成，包括高校思想政治教育治理工作的多主体参与性，具体为思政课建设是否有教师、学生、课程技术平台公司多元主体参与共建，学校、家庭、社会是否发挥了各自的教育功能作用，学校内部的思政课专兼职教师、辅导员班主任、专业课教师、党政管理人员、后勤服务人员是否履行了教育职责等；高校思想政治教育治理政策、制度的制定和执行情况，具体包括思政课政策制度的制定和执行情况、日常思想政治教育政策和制度的制定和执行情况、思想政治教育队伍建设的政策和制度的制定和执行情况、思想政治教育学科建设的政策和制度的制定和执行情况等；高校思想政治教育治理工作的协同状态，包括多元参与主体的相互协同性、不同维度政策制度的相互协同性、高校思政课与其他层级思政课的相互协同性，以及思政课程与课程思政的协同性等；高校思想政治教育治理工作的精准性，包括政策和制度制定出台的针对性、教育方法和举措的有效性、教育投入与产出的可持续性等；高校思想政治教育治理工作的开放性，包括思想政治教育系统适应"事""时""势"变化调整和重塑的及时性、意见和建议传递渠道的顺畅性、高校思想政治教育治理信息传送和释放的高效性等。对高校思想政治教育治理现状的把握必须秉持系统、全面、准确的理念，做到一切尽在掌握，才能为高校思想政治教育治理质量评价的后续功能发挥和目标要求的实现奠定坚实的基础。

（二）治理健全完善

高校思想政治教育治理质量评价完成了治理的现状把握，即掌握了治理的第一手资料，这就既了解了思想政治教育治理取得的成绩，通过理论提炼和加工可以形成能够推广应用的治理范式，也找准了治理存在的问题，为高校思想政治教育治理的健全、完善明确了方向和着力点。高校思想政治教育治理的每一个环节都可能存在不健全、不完善的情况，包括多主体参与的治理格局的形成问题，具体为思政课课程多方建设、学校家庭社会教育功能作用的发挥、学校内部各主体履行教育职责等问题；高校思想政治教育治理政策、制度的制定和执行问题，包括高校思想政治教育治理各方面、各环节政策和制度的缺失、滞后，乃至超前的问题，政策和制度执行不力、变相执行、贯彻落实不到位等问题；高校思想政治教育治理工作协同问题，包括多元参与主体的协同问题、政策制度的协同问题、思政课与专业课协同育人问题、专业研究与教学研究协同育人问题、实践协同育人问题、文化协同育人问题、网络协同育人问题、心理协同育人问题、管理协同育人问题、服务协同育人问题、资助协同育人问题、组织协同育人问题等；高校思想政治教育治理的精准性问题，包括政策制度制定的针对性、措施方法运用的有效性、资源调配的精确性等问题；高校思想政治教育治理的开放性问题，包括治理系统外部信息输入及其在内部环节的可传导性问题、内部构成的信息交互问题、高校思想政治教育治理系统信息的向外输出问题等。这些问题可能同时存在，也可能个别存在，高校思想政治教育治理质量评价通过找出存在的问题，呈现高校思想政治教育治理的短板和不足，是高校思想政治教育治理体系下一步建设工作的逻辑起点，意味着高校思想政治教育治理质量评价以评促改功能的真正实现。

（三）引领治理发展

高校思想政治教育治理质量评价不仅可以掌握治理基本情况，发现存在的问题和不足，推动治理工作健全完善，还可以通过评价引领高校思想政治教育治理向前发展。指标体系是思想政治教育治理质量评价各要素的集中体现，[1] 评价主体可以将高校思想政治教育治理的新要求、新期待、新规定等治理的创新要素转化为高校思想政治教育治理的评价指标，通过设置标准、赋予权重、对标评判的方式引领受评对象，将治理的新要求、新期待、新规定融入日常的治理工作，在实现高校思想政治教育治理的创新发展中迎接治理质量的评价。这也是高校思想政治教育治理质量评价引领高校思想政治教育治理发展的重要机制。

中国特色社会主义进入新时代，高校思想政治教育治理的创新发展是高校思想政治教育治理工作适应新时代建设的需要。高校思想政治教育治理质量评价必须紧紧围绕培育时代新人的要求，坚持以习近平新时代中国特色社会主义思想为指导，以立德树人为根本，以理想信念教育为核心，以社会主义核心价值观为引领，以全面提高人才培养能力为关键，以正确的政治方向和富有规律性、人本性、整体性和长效性的质量评价工作，推动和促进学生的思想水平、政治觉悟、道德品质、文化素养提升，不断满足党和国家事业发展需要以及大学生成长发展需求状况的价值判断。[2] 党的十八届三中全会将"完善和发展中国特色社会主义制度，推进国家治理体系和治理能力现代化"作为全面深化改革的总目标。

---

[1] 冯刚：《改革开放以来高校思想政治教育质量评价的回顾与思考》，《教学与研究》2018年第3期。

[2] 冯刚：《思想政治教育工作质量评价的时代特征》，《思想教育研究》2018年第5期。

党的十九届四中全会审议通过的《中共中央关于坚持和完善中国特色社会主义制度　推进国家治理体系和治理能力现代化若干重大问题的决定》再次强调了国家治理体系和治理能力现代化的改革发展方向，高校思想政治教育治理是国家治理的重要环节，高校思想政治教育治理体系和治理能力的现代化是国家治理体系和治理能力现代化的重要构成。思想政治教育治理的现代化并不能一蹴而就，也不会自然生成，实现高校思想政治教育治理的现代化必须有明确的工作方向、坚定的工作意志、接续的工作积累。思想政治教育治理的质量评价可以将高校思想政治教育治理现代化的基本要求、需要、规定转化为高校思想政治教育治理质量的评判标准，通过清晰的判定指标引领受评对象加快治理的现代化转型，通过评价为受评对象指明现代化发展的方向，增强受评对象开展工作的信心和决心。例如，现代信息技术的运用是实现治理现代化的重要举措，高校思想政治教育治理质量评价在指标体系设计的过程中，可以将运用现代信息技术作为重要的评判要素，建立指标，并赋予相应的权重，通过评价推动大数据、人工智能、虚拟现实等技术在高校思想政治教育治理各领域的运用，充分发挥高校思想政治教育治理质量评价以评促建的功能作用。

第二节　高校思想政治教育治理的质量评价路径

评价路径是评价的实施进路，是实现评价目标要求的路线选择。不同的评价路径要求有不同的评价方案，包含不同的评价步骤，形成不同的评价机制，甚至可能产生不同的评价作用。高校思想政治教育治理质量评价同样存在路径选择的问题。对每一种评价路径的要求、机制、步骤有充分的了解把握，是在不同评价路径中进行精准、有效选择，充分发挥不同路径评价的作用、效能的前提，也是高校思想政治教育治理现代化的内在要求。高校思想政治教育治理质量评价根据评价进路的差异有正向评价和逆向评价之分。它们在内涵、机制、存在方式上都存在差异。

一 正向评价

正向评价遵循传统的评价路径，将思想政治教育治理的目标要求具体化为高校思想政治教育治理质量评价的指标体系，根据指标体系设置的标准和权重对高校思想政治教育治理状态进行评判。高校思想政治教育治理正向评价的实施步骤包括，选择评价主体、明确评价维度、设计评价指标体系、收集评价信息、作出质量评判、反馈调整结论等。

在评价主体选择方面，思想政治教育党政主管部门、高等院校和科研院所、政府数据统计机构、全国党建研究会等社会组织、用人单位都有可能成为高校思想政治教育治理质量正向评价的主体。必须根据评价的目的和侧重点选择适宜的评价主体，充分发挥评价主体的优势，规避评价主体的劣势，为评价结果的准确性、有效性提供评价主体保障。

在评价维度判断方面，必须遵循治理的内在逻辑，准确解析高校思想政治教育治理的维度构成，理顺维度间的相互关系，以及不同维度对高校思想政治教育治理整体的影响，根据评价的目的要求精确选择一个或多个维度作为评价的具体对象，增强正向评价的针对性和有效性。

在评价指标设计方面，基于对评价维度的准确选择，要将评价各维度的相应构成转化为评价要素，体现在高校思想政治教育治理质量正向评价的指标体系设计中，指标体系中的每一个指标组成和标准规定，都是对高校思想政治教育治理各维度相应构成要素的反应和要求，是对治理现状把握、健全完善、发展引领的基准。

在评价信息收集方面，高校思想政治教育治理质量正向评价以受评对象治理状态的信息输入、分析为基础，基本信息的收集必须遵循治理的基本原则，灵活选择信息收集的方法和手段，充分利用不同收集方式的优点和长处，做到信息收集的准确、高效、全面、及时，以确保作出评价结论依据的可靠性和可信度。

在作出质量评判方面，评价主体根据收集到的受评对象信息，遵照指标体系设置的规范标准，对受评对象的状况作出评价判断，这是高校思想政治教育治理正向评价的关键环节和核心步骤，正向评价的其他环节和步骤都围绕它展开。

在结论反馈调整方面，保障高校思想政治教育治理正向评价结论的客观性、公正性、受接纳性，是充分发挥质量正向评价治理功能效用的重要举措。治理质量评价的最终结论是客观性、公正性、受接纳性的集合，通过对评价结论的反馈，让包括受评对象在内的参与评价各方有表达对评价结果的看法和理解的机会与渠道，使评价主体可以兼听来自不同方面的意见和建议，根据实际情况实事求是地对评价结论作出调整，进一步提升评价结论的客观性、公正性、受接纳性。

选择评价主体、明确评价维度、设计指标体系、收集评价信息、作出质量评判、反馈调整结论构成了高校思想政治教育治理正向评价的基本过程，作为新的工作领域，这个过程的每一个环节本身又是一个需要不断研究、探索、深入把握的工作过程和系统，只有从局部到整体、从要素到体系构建完整全面的高校思想政治教育治理正向评价理论体系，才能指导高校思想政治教育治理正向评价的实践开展，在尚无思想政治教育治理正向评价实践先例的情况下，发挥理论的指引作用，推动实践的进行，并在评价实践过程中不断反馈调整完善理论，实现理论建构的螺旋上升。

二 逆向评价

逆向评价是相对于正向评价的一种评估评价方式。所谓高校思想政治教育治理逆向评价，是指不采取系统性、建构性的正向评价进路，即不将高校思想政治教育治理的目标要求具体化为高校思想政治教育治理质量评价的指标体系，而是以问题为导向，形成思想政治教育治理质量建设的"问题清单"，[①] 将问题的解决、改善、固化、恶化等状态，作为思想政治教育治理工作开展情况的判定依据而进行的高校思想政治教育治理质量评估工作。

（一）逆向评价的价值

高校思想政治教育治理逆向评价的价值体现在三个方面。第一，丰富高校思想政治教育治理评价的路径选择。之所以称为"逆向评价"，一个重要原因在于它对思想政治教育治理工作发挥建设作用的力量属性与正向评价不完全一样。高校思想政治教育治理正向评价，将思想政治教

---

① 王红霞：《法治实施反向评价初论》，《人大法律评论》2019年第1期。

育治理目标要求具体化为高校思想政治教育治理工作质量评价的指标体系,为高校思想政治教育治理设置了前行方向和校准标尺,通过正向评价的开展使受评对象实施备评、备查工作,以展示工作形象,发扬工作优势,通过问题反馈,推进整改落实,使受评对象加强工作弱项,补齐工作短板,让思想政治教育治理更好地符合标准要求,牵引与推动高校思想政治教育治理向前发展,其作用于思想政治教育治理工作的是牵引力与推动力的集合。逆向评价并不强调对符合目标要求的思想政治教育治理工作的评定,主旨也不在于扬优势、定优秀,而是聚焦高校思想政治教育治理存在的问题,通过逆向评价促使受评对象改进工作、解决问题,其作用于高校思想政治教育治理工作的更多是推动力。逆向评价以高校思想政治教育治理工作存在的问题为主线,以判定问题状态,推动问题改善、化解为基本要旨,作为高校思想政治教育治理工作质量评价体系的组成部分,丰富了思想政治教育治理质量评价路径,优化了高校思想政治教育治理质量评价体系构成。

第二,化解高校思想政治教育治理的真问题。问题的存在就是矛盾的所在,是事物处于失衡的状态。只有化解了问题,才能使事物保持良好的机能,做到高效运行,充分释放其效能作用。高校思想政治教育治理逆向评价围绕思想政治教育治理问题展开,通过揭示问题、判定问题的状态来评定思想政治教育治理工作的质量,具有极强的针对性和指向性。由问题倒逼思想政治教育治理的调整和改革,有助于跳出高校思想政治教育治理工作中的形式主义桎梏,对冲正向评价信息失真带来的影响。高校思想政治教育治理逆向评价使评价的结构扁平化,缩减了评价信息形成和传递的环节,愈加靠近高校思想政治教育治理的第一现场,有利于确保评价信息的真实性。

第三,助推高校思想政治教育治理体系现代化。思想政治教育治理现代化的核心是思想政治教育政策制度的健全完备和有效的贯彻执行。实现高校思想政治教育治理现代化,必须加强高校思想政治教育政策设计的研究,要以问题为导向,以高校思想政治教育政策落实为重点,突出实效和提升质量。[①] 同时,要将治理质量评价作为加强政策执行和实践

---

① 冯刚:《思想政治教育研究热点年度发布2019》,团结出版社2020年版,第11页。

改进的有效举措，建立新时代的思想政治教育治理质量观。① 高校思想政治教育治理逆向评价，以问题的呈现和改进为主旨，对接政策研究制定机制，有助于优化高校思想政治教育政策制度设计，对接政策实施保障机制，有助于推进高校思想政治教育政策制度的执行落实，是实现思想政治教育治理体系现代化的有效举措和重要环节。

（二）逆向评价的存在方式

存在方式决定了事物的呈现形态，以不同方式存在的事物，其功能作用发挥的形式可能也各异。根据评价问题来源的不同，高校思想政治教育治理逆向评价有嵌入式存在和独立式存在两种存在方式。

首先，逆向评价可以作为高校思想政治教育治理正向评价的一个运行环节嵌入式存在。思想政治教育治理正向评价大体由评价准备、评价实施、评价反馈三个环节构成，评价反馈环节包含评价信息反馈机制、评价意见反应机制、整改建设验收机制等。评价信息反馈机制可以将正向评价发现的问题反馈到受评对象，受评对象通过评价意见反应机制对问题进行改善或化解，再利用整改建设验收机制对问题解决的状态进行评判。从评价信息反馈到评价意见反应，再到整改建设验收，实际上可以看作逆向评价的整个运行流程。此时的逆向评价注重对正向评价检视出的问题整改后效果的判定，即正向评价发现问题，问题反馈，以评促改，对问题改进的检查核实。评价反馈作为高校思想政治教育治理正向评价的最后一个环节，可以采用逆向评价的方式来完成。

其次，逆向评价可以作为独立的评价方式存在。当逆向评价的问题并非源于正向评价的反馈机制，而是直接从高校思想政治教育治理实践中提取，或是属于高校思想政治教育治理实践与理论研究相互校检后的问题，此时的逆向评价与正向评价不存在关联性，它是独立的评价形态。当逆向评价作为单独的评价方式存在时，它与正向评价在评价范围上可能是点与面的区别。逆向评价围绕问题进行，是对高校思想政治教育治理的"点"评，正向评价一般针对高校思想政治教育治理的一个环节、一个领域，甚至是整体状态进行，至少是对高校思想政治教育治理一个方面的评判。这与逆向评价和正向评价的导向性紧密相关，逆向评价以

---

① 冯刚：《思想政治教育研究热点年度发布2019》，团结出版社2020年版，第112页。

问题为导向，正向评价以目标为导向，只有两者的结合，才能既有效解决问题，又向既定的目标和方向迈出坚实的步伐。那种只顾大目标却不解决现实问题的倾向，和埋头具体问题、忘记了大目标大原则的倾向都要克服和避免。① 所以，只有点面结合、正向评价与逆向评价有机配合，才是高校思想政治教育治理质量评价体系的更佳形态。

（三）逆向评价的实施机制

高校思想政治教育治理逆向评价的依凭是思想政治教育治理工作的问题清单，并非高校思想政治教育治理存在的所有问题都能成为问题清单中的问题。要将高校思想政治教育治理工作的问题转化为问题清单的问题，必须明确问题的来源和问题的选定标准，这是形成问题清单的前提。它们与问题状态的判定依据共同构成了高校思想政治教育治理逆向评价的运行逻辑。

首先，明确问题的来源是开展逆向评价的起点。高校思想政治教育治理质量问题生成的根本机制，是高校思想政治教育治理供给与高校思想政治教育治理需求间的矛盾运动，这决定了高校思想政治教育治理工作逆向评价的问题来源。高校思想政治教育治理的现实状况与党、国家、社会、个人对高校思想政治教育治理工作目标需求的差距和缺口，是高校思想政治教育治理质量问题的本质表现。在理论上，探寻思想政治教育治理现状与思想政治教育治理目标需求矛盾的方法路径，包括思想政治教育治理正向评价诊断、实践呈现、理论推演、理论与实践相互校检等，它们都有可能成为寻找逆向评价问题的方法和路径，但是，围绕前瞻性问题开展评价对思想政治教育治理质量建设发生牵引力，超出了逆向评价的内涵本意。为了保证评价结论的高信度和高效度，逆向评价主要针对有成熟理论支撑和充分实践条件，并已经过现实验证的问题进行，发挥推动后进发展的作用，而不是牵引先进先行先试释放示范带动的效用。所以，对于以独立形态存在的逆向评价，思想政治教育治理实践呈现和理论与实践相互校检，应该是寻找问题的主要方法路径。

其次，明确选定问题的标准是开展逆向评价的难点。问题作为高校思想政治教育治理逆向评价的指针，明确其选定标准与找到其来源同样

---

① 李忠杰：《全面把握制度与治理的辩证关系》，《经济日报》2019 年 11 月 20 日第 12 版。

重要，似乎更加困难。第一，高校思想政治教育治理工作的问题具有层次性。逆向评价是选择最小单元的微观层面问题，还是最大单元的宏观层面问题，或是中观层面的问题，直接影响评价的实施操作和实际效果。如果选择宏观层面问题可能因为宏大叙事而失去评价的意义，选择微观层面最小单元的问题可能因为事无巨细而缺乏操作性，选择中观层面问题就应该形成判定中观问题的基本标准，以保证评价既不失意，也确实可行。第二，高校思想政治教育治理工作的问题具有性质差别。思想政治教育治理有过程性问题和效果性问题之分，有制度协同问题、措施精准问题、规则缺失问题、体制机制问题、主体能力问题之别，问题的性质不同，解决问题的方式方法和难易程度就会各异，对评价判断的要求就会不同。哪一种性质的问题更适合进行逆向评价，以使评价的信度和效度更高，助推问题化解的作用更强，是值得理论推演论证和有待实践验证的课题。

最后，明确判定问题状态的依据是开展逆向评价的重点。高校思想政治教育治理工作逆向评价用问题清单代替指标体系，以问题解决程度为基本判准。思想政治教育治理工作问题的变化一般有解决、改善、固化、恶化四种形态，可以作为逆向评价的四种评价结论。这与正向评价中选优评价、合格评价、等级评价的种类划分有一定区别，很难将逆向评价纳入其中任何一类。而准确判断问题的状态是逆向评价能够顺利实施的关键所在。必须明确判定问题解决、改善、固化、恶化的基本依据，甚至需要配套确认问题改善程度的相关标准。事实上，根据问题性质的不同，判定问题状态的依据设置的难易程度也各异，比如，资金、师资等投入问题的改善标准很好明确，较好判定，效果、影响范围等问题改善程度的判定标准设置就比较困难，如何精准施策，优化设计问题状态判断的依据，也是高校思想政治教育治理逆向评价理论研究和事务工作需要不断克服和解决的难题。

第三节　高校思想政治教育治理的质量评价维度

评价维度是开展质量评价的角度或参数。评价维度具有层次性，评价维度选择的适宜是质量评价工作能够顺利开展的前提条件。高校思想政治教育治理质量评价也必须选择合适的评价维度。习近平总书记说："国家治理体系和治理能力是一个国家制度和制度执行能力的集中体现。国家治理体系是在党领导下管理国家的制度体系，包括经济、政治、文化、社会、生态文明和党的建设等各领域体制机制、法律法规安排，也就是一整套紧密相连、相互协调的国家制度；国家治理能力则是运用国家制度管理社会各方面事务的能力，包括改革发展稳定、内政外交国防、治党治国治军等各个方面。国家治理体系和治理能力是一个有机整体，相辅相成，有了好的国家治理体系才能提高治理能力，提高国家治理能力才能充分发挥国家治理体系的效能。"① 治理体系、治理能力、治理效能是理解国家治理的三个重要维度。它们从政策制度体系的形成，到政策制度体系的执行落实，再到政策制度体系的实际效果，整个政策制度体系效用实现流程来把握国家治理的运行逻辑和机制，是国家治理的灵魂所在。思想政治教育治理是国家治理的组成部分，从治理体系、治理能力、治理效能三个维度对思想政治教育治理进行审视，能够抓住思想政治教育治理的基本运行逻辑和核心运行机制。所以，在宏观上，高校思想政治教育治理质量评价也应该从治理体系、治理能力、治理效能三个维度展开，使高校思想政治教育治理质量评价工作真正遵循高校思想政治教育治理的内在机制和逻辑。

一 治理体系

治理体系是制度体系的有机集合，蕴含政策制度的层级构成、覆盖领域、相互关系及其形成的体制机制等基本内容。高校思想政治教育治理体系是高校思想政治教育政策制度体系的有机集合，涉及高校思想政治教育政策制度的性质类别组成、建规立制的水平层次、各领域环节政策制度的相互关系，以及思想政治教育的体制机制等。作为高校思想政治教育治理质量评价的重要维度，高校思想政治教育治理体系能够进一步细化构成，将质量评价落实到治理体系的关键环节。可以从治理的方式方法、体制机制、政策制度三个重要次级维度构成对高校思想政治教

---

① 《习近平谈治国理政》，外文出版社2014年版，第91页。

育治理体系展开评判,形成高校思想政治教育治理质量评价在治理体系维度的主要评价观测点。

(一)治理方式方法

治理方式方法是治理采用的手段和形式。现代化的治理方式方法强调简便、精准、稳定、开放、高效,它们是评判治理方式方法的重要依据。高校思想政治教育治理的方式方法多元多样,但是运用简便,突出精准,保持稳定,信息开放,追求高效,仍然是高校思想政治教育治理方式方法现代化的重要特征,也是评价高校思想政治教育治理方式方法的重要标准。

制度问题带有根本性、全局性、稳定性、长期性。国家治理体系的核心是国家制度体系,思想政治教育治理体系的核心是思想政治教育的政策制度体系。思想政治教育治理要依照中国特色社会主义制度展开,要体现国家制度和国家治理体系优势。[1] 高校思想政治教育政策制度是中国特色社会主义制度的重要构成,所以,建章立制仍然是高校思想政治教育治理最根本的方式方法。这也是将治理方式方法纳入治理体系评价维度的主要原因。在开展高校思想政治教育治理质量评价的过程中,围绕治理方式方法的评判必然涉及对治理主体建章立制的思想意识、建章立制治理方式方法运用概率等的评价判断,它与治理体系评价维度中的另一个次级维度治理政策制度的区别在于,强调将制定出台明确、清晰、稳定、精准的政策制度作为重要的治理方式方法加以运用,注重对政策制度作为治理方式方法的使用频率和重要性进行评判。它是对高校思想政治教育政策制度在形式上的判断,并不涉及种类属性、内容结构、质量效用等政策制度的实质性内容。对于高校思想政治教育政策制度的现实状态把握,是次级评价维度治理政策制度关注的焦点。由此可以看出,政策制度是贯穿高校思想政治教育治理体系始终的要素,但不同的次级评价维度强调了政策制度的不同方面,具有不可替代性。

(二)治理体制机制

高校思想政治教育治理体制是高校思想政治教育治理体系的组织形

---

[1] 冯刚:《推进新时代思想政治教育治理体系现代化》,《中国教育报》2020年3月19日第5版。

式、方式和组织结构，是高校思想政治教育治理制度形之于外的具体表现和实施形式。高校思想政治教育治理机制是高校思想政治教育治理体系各部分组成按一定方式相互联系、相互作用的机理。体制健全完善、机制高效顺畅，是新时代高校思想政治教育治理质量评价的重要标准。在全国高校思想政治工作会议上，习近平总书记指出，各级党委要把高校思想政治工作摆在重要位置，加强领导和指导，形成党委统一领导、各部门各方面齐抓共管的工作格局，呈现了形成党领导下多元主体参与的高校思想政治教育治理体制机制的要求。在全国教育大会上，习近平总书记指出，要深化教育体制改革，健全立德树人落实机制，加强党对教育工作的全面领导。突出强调了教育体制机制改革健全的重要性。在学校思想政治理论课教师座谈会上，习近平总书记指出，要建立党委统一领导、党政齐抓共管，有关部门各负其责、全社会协同配合的工作格局，推动形成全党全社会努力办好思政课、教师认真讲好思政课、学生积极学好思政课的良好氛围。从思政课角度再次对形成党领导下多元主体参与的思想政治教育治理体制机制提出了要求。习近平总书记关于思想政治教育的重要讲话精神，是高校思想政治教育治理体制机制改革创新的重要遵循，也是高校思想政治教育治理质量评价的不二基准。

为深入贯彻落实习近平总书记关于思想政治教育的重要论述，教育部等八部门联合发布了《教育部等八部门关于加快构建高校思想政治工作体系的意见》，明确了健全立德树人体制机制，贯通学科体系、教学体系、教材体系、管理体系，加快构建目标明确、内容完善、标准健全、运行科学、保障有力、成效显著的高校思想政治工作体系的目标任务。高校思想政治工作体系是高校思想政治教育治理体系的重要构成和具体化，《教育部等八部门关于加快构建高校思想政治工作体系的意见》必然成为高校思想政治教育治理体制机制评价的重要标准要求。

（三）治理政策制度

治理体系的核心构成是制度体系。对高校思想政治教育治理政策制度的现状把握、建设引领是高校思想政治教育治理质量评价的重要内容与功能作用。政策制度的判断分析需要从不同角度切入，包括政策制度的类型属性，即高校思想政治教育治理政策制度中法律法规、政策文件、工作规则等制度种类构成；政策制度的层级结构，即高校思想政治教育治理政策制度中国家层级制度规范、地方层级制度规范、高校层级制度规范等政策制度层级构成；政策制度的内容维度，即高校思想政治教育治理政策制度对思政课建设、日常思想政治教育建设、教师队伍建设、思想政治教育环境优化等高校思想政治教育治理不同领域、不同环节的覆盖情况和涉及范围。同时，要对不同类型、不同层级、不同维度的高校思想政治教育治理政策制度之间的衔接性、协同性进行分析把握，对高校思想政治教育治理政策制度的针对性、精准性进行研判。高校思想政治教育治理政策制度的质量影响到高校思想政治教育治理体系的水平层次，关涉高校思想政治教育治理能力的塑造，乃至于影响高校思想政治教育治理效能的最终释放，所以，在开展高校思想政治教育治理质量评价的过程中，必须对政策制度给予特别关注，了解高校思想政治教育政策制度的水平状况，是质量评价工作的关键所在。

二 治理能力

治理能力是运用政策制度处理各方面事务的能力。高校思想政治教育治理能力是运用高校思想政治教育政策制度处理高校思想政治教育各领域、各方面、各环节事务的能力。高校思想政治教育治理体系是一种客观的存在，而治理能力是这种体系和运用这种体系表现出的水平。[①] 政策制度必须得到运用和执行，才会真正发挥治理作用。"徒法不足以自行"，是对法之适用主体的强调，治理的政策制度要得到充分的贯彻落实，也必须有能够运用和执行政策制度的队伍治理。所以，在治理体系一定的情况下，影响高校思想政治教育治理能力的主要因素是队伍治理的能力。它既包括队伍治理整体的能力，也包括参与高校思想政治教育治理的每一个机构、每一个组织、每一个个人的能力。高校思想政治教育队伍治理的能力大小受到队伍的规模、结构、素质等因素的影响，它们是评判高校思想政治教育治理能力的重要维度。

（一）队伍治理规模

高校思想政治教育队伍治理的规模由处在各环节、各领域的高校思想政治教育队伍治理数量决定。一般说来，队伍治理的规模越大，呈现

[①] 李忠杰：《全面把握制度与治理的辩证关系》，《经济日报》2019年11月20日第12版。

的高校思想政治教育治理能力越强。对于队伍治理中的部分人员数量规模，高校思想政治教育的相关政策制度作出了明确规定。《新时代高等学校思想政治理论课教师队伍建设规定》和《普通高等学校马克思主义学院建设标准》都要求按照师生比不低于1∶350的比例设置思政课专职教师岗位，制订计划加快配齐建强专职教师队伍。《普通高等学校辅导员队伍建设规定》要求高等学校应当按总体上师生比不低于1∶200的比例设置专职辅导员岗位，按照专兼结合、以专为主的原则，足额配备到位。另外，《普通高等学校马克思主义学院建设标准》要求对马克思主义学院党政领导班子给予合理的职数配置，《高等学校思想政治理论课建设标准》要求配齐思政课教学科研组织二级机构的领导班子，班子成员不得兼任其他二级院（系）的主要负责人，间接对高校思政课教学科研组织二级机构的领导职数作出了要求，影响到高校思想政治教育队伍治理的具体数量。这些都是评判高校思想政治教育队伍治理规模的重要依据，是衡量高校思想政治教育治理能力的重要参数。高校思想政治教育治理强调多元主体参与，其质量评价应该突出多元主体的规模数量，对于队伍治理中尚没有明确数量比例要求的组织或人员，也应该根据高校思想政治教育治理的实际需要对其数量规模作出合理的评判，以明确不足，引领发展。

（二）队伍治理结构

高校思想政治教育队伍治理结构由多方面内容构成，涉及高校思想政治教育队伍治理的年龄结构、专业结构、学历结构、职称结构等，队伍治理每一个结构要素的实际情况都影响到队伍治理的能力水平，影响高校思想政治教育治理能力。高校思想政治教育队伍治理年龄结构要根据治理实际需要进行适当搭配，发挥老中青各年龄段的优势。老龄段队伍治理经验丰富，是传帮带的主要力量；中龄段队伍治理年富力强，是思想政治教育治理的中坚力量；青年段队伍治理充满生机，是思想政治教育治理的有生力量。高校思想政治教育队伍治理专业结构应该以马克思主义理论专业为主要构成，同时有管理学、心理学等相关专业背景的人员加入，以适应治理实践对相关专业知识的需求。高校思想政治教育治理追求精准有效，对队伍的学历结构和职称结构搭配也应讲究精准适宜，而非队伍的高学历、高职称占比越多就越好。高校思想政治教理的多方参与性和多环节性，意味着并非每一个参与主体都需要有高职称、高学历，并非每一个岗位都需要配备高职称、高学历的人员。在开展高校思想政治教育治理过程中，人适其岗、人适其位非常重要，高校思想政治教育队伍治理建设不能唯学历论、唯职称论，必须从治理实践出发，实现队伍治理学历、职称与治理需求的精准匹配。

（三）队伍治理素质

素质是对队伍治理的实质性要求。将队伍治理的规模和结构效应真正转化为高校思想政治教育治理能力的最直接依托是队伍治理的基本素质。基于多元主体参与的高校思想政治教育治理，对不同治理角色有不同的素质要求。在学校思想政治理论课教师座谈会上，习近平总书记对思政课教师提出了政治要强、情怀要深、思维要新、视野要广、自律要严、人格要正的"六要"期望，是对高校思政课教师的素质描述和强调。《普通高等学校思想政治理论课教师队伍培养规划（2019—2023年）》从理论轮训、示范培训、项目资助等几个方面对思政课教师队伍的素质提升工作做了规划部署。《新时代高等学校思想政治理论课教师队伍建设规定》则从职责与要求、配备与选聘、培养与培训、考核与评价等角度来保障思政课教师的素质水平。《高等学校辅导员职业能力标准（暂行）》从职业守则、职业知识等方面明确了高校辅导员的素质内容，并提出了高校辅导员的职业能力标准。《普通高等学校辅导员队伍建设规定》则从要求与职责、配备与选聘、发展与培训、管理与考核等角度保障高校辅导员的素质水平。它们都是高校思想政治教育治理能力评价的重要依据和准则。对于尚未明确素质要求的高校思想政治教育治理参与主体，应该尽快形成合理的素质标准，为治理质量评价提供遵循。

三　治理效能

治理效能是对治理实际效率和成果的呈现。高校思想政治教育治理效能是高校思想政治教育治理体系和治理能力有机结合运用形成的高校思想政治教育治理实际效率和成果。高校思想政治教育治理的强效能可以表现为治理状态的有序、治理机制的协同，以及治理带来的高校思想政治教育铸魂育人功能效用的强大。

治理状态的有序、治理机制的协同是高校思想政治教育治理效能在工作过程上的体现。使高校各项思想政治教育工作有规可循、有规必循、违规必纠、违者担责，形成高校思想政治教育治理的有序状态，是高校思想政治教育治理现代化的形态特征，是对覆盖思想政治教育工作各领域、各环节、各层次，彼此衔接协调、周转顺畅的政策制度体系的运行状态描述。治理机制协同是对高校思想政治教育工作多元主体、多元环节、多元方位协调配合，实现同向发力、合力育人的组织力描述。它们是高校思想政治教育治理质量评价的重要参数。

形成强大的铸魂育人功能效用是高校思想政治教育治理效能在最终工作目的上的体现。高校思想政治教育治理的目的是推动促进高校思想政治教育工作更好地落实立德树人的根本任务，培养更多的社会主义合格建设者和可靠接班人。无论是对治理体系的评价还是对治理能力的评价，最终的目的是要推动二者有机结合释放出强大的治理效能，充分发挥高校思想政治教育的功能作用。所以，治理效能是高校思想政治教育治理质量评价重要的标准依据，某种意义上甚至是终极的标准依据。

第四节　高校思想政治教育治理的质量评价方法

作为了解、掌握高校思想政治教育治理质量的手段与行为方式，评价方法的科学性与有效性将影响评价结论的科学性和准确性。评价方法的选用是决定高校思想政治教育治理质量评价关注点与结果呈现方式的重要因素。高校思想政治教育治理质量评价的方法具有多样性，还会随着科学研究和技术能力的发展变得愈加丰富，很难将可以适用于高校思想政治教育治理质量评价的所有方法一一列举，但对能够适用的部分方法做一简单论述并非不可，它们包括过程评价方法与结果评价方法、定量评价方法与定性评价方法、线下评价方法与线上评价方法。

一　过程评价与结果评价

治理过程对治理结果具有保障作用，治理结果对治理过程具有评判价值。高校思想政治教育治理过程与治理结果紧密关联，同时又是不同的实际存在。高校思想政治教育治理质量评价正是关照二者的相互关系，又基于评价对象的区分,有了过程评价与结果评价的方法之别。

(一)过程评价

过程评价是对高校思想政治教育治理经过的程序、步骤、阶段开展的评价工作。可以将高校思想政治教育治理过程评价分为背景描述、信息输入、信息处理、结果输出四个阶段,以信息的输入和处理作为过程评价的主要依凭。这里的信息具体指高校思想政治教育治理过程形成的各种资料。过程评价可以覆盖高校思想政治教育治理工作涉及的各个环节,包括政策制度制定实施过程、治理主体参与治理协同配合过程、治理工作的检查督导过程、治理信息的反馈调整过程等,它能够保证高校思想政治教育治理质量评价的整体性和系统性。[①] 通过对治理过程的把控评判,既可以找到治理效果好的理由,突出治理过程的长处与优点,也可以发现治理效果差的原因,呈现治理过程的不足和缺陷,为治理过程各环节的优化健全指明方向,划定着力点。高校思想政治教育治理过程评价应该注重治理工作流程的规范性、治理主体职责的清晰性、治理政策制度运行的协同性、治理过程环节的完整性、治理资源调配的精准性。过程评价是高校思想政治教育治理质量评价的重要方法,只有在每一次过程评价中彰显其特色,呈现其价值,才能使过程评价在高校思想政治教育治理质量评价的方法体系中赢得应有的位置,成为高校思想政治教育治理质量评价的重要手段和方式。

(二)结果评价

结果评价是对高校思想政治教育治理成绩和效果的评判。作为评价方法的结果评价与作为评价维度的治理效能评价既有联系也有区别。高校思想政治教育治理结果评价与高校思想政治教育治理效能评价的对象都是高校思想政治教育治理的实际成绩和效果。但是,结果评价是从评价方法的角度进行阐述,与过程评价方法对应,治理效能评价是从评价维度的视角进行分析,与治理体系、治理能力评价维度对应。结果评价有层次之分,高校思想政治教育治理的每一个领域、每一个环节、每一个过程都会产生形成一个结果,每一个领域、每一个环节、每一个过程

[①] 曹威威:《高校思想政治教育工作质量评价模式建构研究》,《思想教育研究》2018 年第 9 期。

产生形成的结果有机联系,共同造就了高校思想政治教育治理的最终结果。所以,高校思想政治教育治理的结果评价,既可以是对治理某一个领域、某一个环节、某一个过程所产生形成结果的评价,也可以是对治理某几个领域、某几个环节、某几个过程产生形成结果的评价,还可以是对高校思想政治教育治理最终整体结果的评价。当对治理部分领域、环节、过程结果的评价时,它是对高校思想政治教育治理该领域、环节、过程的质量评估;当对治理最终整体结果的评价时,它是对高校思想政治教育治理整体质量的判断和评估。既要发挥结果评价方法对高校思想政治教育治理不同领域、环节、过程的评价作用,也要发挥它对高校思想政治教育治理最终整体结果的评价作用,方能全面掌握高校思想政治教育治理的实际效果。

二 定性评价与定量评价

定性评价与定量评价是质量评价的常用方法,它们各有优势,可以互为补充。开展高校思想政治教育治理的定性评价与定量评价,可以从质和量两个方面综合掌握高校思想政治教育治理的现实状况。

(一)定性评价

高校思想政治教育治理定性评价是对高校思想政治教育治理作质的分析,运用比较、分类、归纳、演绎等逻辑分析方法,对评价所获得的资料进行观察和思维加工,进而对高校思想政治教育治理状态作出定性结论的价值判断。它更多依赖和利用评价主体的知识、经验。定性评价是教育质量评价的主要方法手段,在已有的思想政治教育质量评价实践中,定性评价也是主要的评价方法。所以可以预见,在未来的高校思想政治教育治理质量评价工作中,定性评价一定也是不可缺少的评价方法。定性评价方法可以应用于高校思想政治教育治理质量评价的不同环节和领域,比如可以对治理主体的素质和能力进行定性评价,对治理环境的营造情况作出定性评价,对治理政策制度的健全完善程度作出定性评价等。除此之外,定性评价方法还可以应用于对高校思想政治教育治理某一方面的状况评判,比如可以对高校思想政治教育治理的有序性进行定性评价,对高校思想政治教育治理的协同性作出定性评价,也可以对高校思想政治教育治理的开放性作出定性评价,对高校思想政治教育治理的多元参与性进行定性评价,还可以对高校思想政治教育治理的效能作出定性评价等。对高校思想政治教育治理进行质性分析评判是高校思想政治教育治理质量评价的重要构成。

(二) 定量评价

高校思想政治教育治理定量评价是采用数学的方法,收集和处理数据资料,对高校思想政治教育治理作出定量结果的价值判断。现代评价理论认为,凡是客观存在的现象,都有其数量方面的存在。[1] 但是,高校思想政治教育治理工作具有复杂性,其质量评价存在指标量化的难题。开展系统、科学的高校思想政治教育治理定量评价,必须在如何有效破解高校思想政治教育治理工作指标量化上下功夫。[2] 量化评价工具的运用为破解难题提供了可能。例如,模糊综合评价法便可能成为高校思想政治教育治理定量评价的工具。对模糊现象定量化、数学化处理的需求促使人们尝试运用精确的数学方式描述处理模糊概念,逐渐形成了模糊数学的理论和方法。模糊综合评价法以模糊数学为基础,应用模糊关系合成的原理,将边界不清和不易定量的因素定量化后进行综合评价。其基本思想是,评价由多方面因素决定的一项事务时,根据所确定评价因素等级标准和各级指标权重,对每一个因素进行单独评价,用隶属度描述各因素模糊界限并构造模糊判别矩阵,然后通过多层复合运算,对所有因素作出综合评价,最终确定评价对象所属等级。具体分为建立因素集、建立评价集、分配权重、建立评价模型等几个步骤。[3] 高校思想政治教育治理是复杂的系统集成,存在大量的模糊现象,可以运用模糊综合评价法对其进行定量评价,使高校思想政治教育治理质量评价的精准度和精确性得到提升。

三 线下评价与线上评价

线下评价方法与线上评价方法是基于评价工具运用差异形成的评价

---

[1] 糜海波:《师德的现代转型及评价》,南京大学出版社2016年版,第188页。
[2] 刘俊峰:《高校思想政治教育工作质量评价的几个关系》,《思想教育研究》2018年第5期。
[3] 王薇:《应用模糊数学方法构建学校教育质量评价模型的研究》,《教育科学研究》2011年第2期。

方法分类。它们与其他评价方法并不排斥，可以融合使用。

（一）线下评价

高校思想政治教育治理线下评价是不依托基于互联网技术的网络评价手段，采用走访、现场收集资料、扎根观察、当面问询、实地问卷调查等方式收纳整理高校思想政治教育治理的相关信息材料，并依据对信息材料的分析判断对高校思想政治教育治理质量作出评判的方法。线下评价法是质量评价的传统方法，具有能够掌握评价的第一手资料、收集的评价信息类型丰富、评价过程形象真实等优势。但是，高校思想政治教育治理是一个系统工程，存在参与主体多、构成环节多、覆盖领域广、资料信息多等评价难点，增加了线下评价的难度。为了全面掌握评价信息，必须广泛收集高校思想政治教育治理各参与主体产生的治理材料，有效归纳高校思想政治教育治理各环节各领域形成的治理信息，这必然要求将更多的人力、物力、财力投入高校思想政治教育治理线下评价的工作中，可能使高校思想政治教育治理线下评价的开展面临评价成本增加的难题。所以辩证审视线下评价，它是高校思想政治教育治理质量评价的重要方法，同时为了控制评价的成本支出，可以在线下评价的过程中引入线上评价等成本耗费相对较少的评价方法，在不丢失线下评价特点优势的情况下，尽可能降低成本支出，发挥其他评价方法的优势，实现高校思想政治教育治理不同评价方法的协同配合。

（二）线上评价

高校思想政治教育治理线上评价，是依托互联网平台技术收集高校思想政治教育治理的信息资料，进而对高校思想政治教育治理质量作出评估判断的方法。线上评价随着互联网技术的普及而出现，具有资料收集快速便捷、材料处理智能高效、信息分析系统精准等特点优势。随着网络技术在高校思想政治教育治理工作中的广泛运用，更多的高校思想政治教育治理事务通过网络平台进行处理，更多的高校思想政治教育治理行为成为网络行为，进而产生形成网络信息数据，这为开展高校思想政治教育治理线上评价创造了条件。当前，以大数据技术为代表的现代信息技术高速发展，为高校思想政治教育治理线上评价开拓了更广阔的空间。一方面，高校思想政治教育治理工作对网络信息技术的依赖性，意味着大量治理数据信息的产生和被捕捉，通过精确的大数据分析，可以为高校思想政治教育治理主体、环节、流程、元素进行数据画像，实现对高校思想政治教育治理过程的精准评价。另一方面，受教育对象日常行为对网络信息技术的依赖，同样会产生大量的行为数据，可以利用行为大数据分析，对受教育对象进行日常行为的数据画像。依据行为判断思想理论，日常行为数据画像即思想政治素养和道德水平画像，进而可以对高校思想政治教育治理的最终效果进行评判。

第十章

新时代高校思想政治教育治理的风险防控

高校思想政治教育治理的风险防控是推进思想政治教育治理现代化的关键一环,防控好坏直接影响高校思想政治教育的治理成效。当前,加强高校思想政治教育治理的风险防控是破解高校思想政治教育治理困境、强化国家治理现代化的题中应有之义。中国特色社会主义进入新时代以来,我国社会矛盾发生了深刻的变化。在全球化和社会经济转轨同步进行的背景下,我国社会风险错综复杂,呈现鲜明的"风险共生"表征。高校作为知识人才的聚集地,既是接受和传播马克思主义意识形态的主流阵地,同时也是受西方社会思潮冲击最强烈的平台。加强高校思想政治教育治理的风险防控,不仅能有效应对高校意识形态失语危机、安全事故失控局面、身心健康失调困境,而且能优化高校思想政治教育治理效能。高校思想政治教育治理的风险防控主要包括查找风险点、评估风险源、防控风险群三个环节。其中,查找风险点是风险防控的基础,它主要是探查风险的外在样态。风险评估是风险防控的桥梁,它发挥着承上启下的作用。它既是对风险点的拓展与延伸,同时也为风险防控提供了必要依据。风险应对则是风险防控的具体实施,它是在风险评估的基础上,对风险事件的有效规避和提前预防。

第一节 高校思想政治教育治理的风险点

"高校作为推动青年成长发展的主阵地、应对矛盾风险的最前沿,肩负人才培养、科学研究、社会服务、文化传承创新的重要使命,同时也是巩固和发展社会主义意识形态的重要战场"①,高校思想政治教育治理已成为中国特色社会主义治理体系和治理能力现代化中的关键一环。但随着全球化的高速发展以及面临社会转型期的现实局面,新时代高校思想政治教育治理面临着诸多的困境,承担着系列风险。这些风险点主要体现在意识形态的失语、安全事故的失控以及身心健康的失调等方面。因此,深刻认识新时代高校思想政治教育治理的风险表现,全面分析新时代高校思想政治教育治理的风险成因,有利于进一步推进新时代高校思想政治教育治理现代化。

一 意识形态的失语

高校是意识形态工作的前沿阵地。加强学校的意识形态工作,事关党对学校的坚强领导,事关全面贯彻落实党的教育方针,事关中国特色社会主义事业后继有人,更事关解决"培养什么人、怎样培养人、为谁培养人"的根本性问题。习近平总书记强调,高校是党的意识形态工作的前沿阵地,肩负着学习研究宣传马克思主义、弘扬社会主义核心价值观、培养德智体美劳全面发展的社会主义合格建设者和可靠接班人的任务。在纪念五四运动100周年大会上,习近平总书记特别指出:"青年的理想信念关乎国家未来。青年理想远大、信念坚定,是一个国家、一个民族无坚不摧的前进动力。"② 近年来,随着西方多元价值观念和社会思潮的侵袭,高校网络主流意识形态的话语权、主导权受到威胁与冲击,高校思想政治教育工作遇到了越来越多的阻碍与挑战。

(一)高校网络主流意识形态话语权的挑战

高校建构网络主流意识形态话语权,是遵循国家意识形态的根本要求。高校落实"立德树人"根本任务,引导高校大学生树立正确的世界观、人生观、价值观,坚定社会主义发展方向,才能准确、科学地表达主流意识形态话语权,牢牢把握住中国共产党在意识形态阵地中的领导

---

① 冯刚、梁超锋:《新时代高校意识形态安全体系构建的基本原则和重点》,《思想理论教育导刊》2020年第2期。

② 《习近平谈治国理政》(第三卷),外文出版社2020年版,第334页。

权、管理权,保障高校思想政治教育的政治性,从而进一步促进高等教育事业不断的健康发展。高校意识形态工作的关键性议题在于是否掌控网络主流意识形态话语权,本质上是否坚持马克思主义在意识形态领域的一元指导地位。习近平总书记提出:"宣传思想工作就是要巩固马克思主义在意识形态领域的指导地位,巩固全党全国人民团结奋斗的共同思想基础。"① 在网络时代,传统意识形态传播的方式发生改变,高校大学生通过网络形式充分而自由的表达观点,同时受西方非主流意识形态的灌输和影响,"他们对社会问题的认识不再单向度地依赖教育者的教育,思想认识和价值取向呈现多元化的特征"②,主流意识形态话语权认同感有被弱化风险,高校网络意识形态工作的话语权、主导权、领导权由此带来了"失语化""边缘化""淡薄化"的现实挑战。

首先,网络信息的多元化、碎片化影响高校网络主流意识形态的话语表达逻辑。网络时代信息接收、传输方式的巨大转变,深刻影响了高校大学生的学习方式和生活方式。学生大部分时间不是沉浸于学习的海洋和实践的乐趣中,而是被网络的消遣娱乐工具所占据,从而在高校中出现了大量的"手机控""网络虫"。这些大学生沉迷于网络虚拟世界,醉心于虚拟世界带来的精神愉悦和性情消费,深陷其中无法自拔,对于现实世界的社会关系却失去了应有的积极性,人与人之间、同学与同学之间、同学与老师之间的交流沟通渐行渐远,甚至成为最熟悉的陌生人。网络世界中碎片化和任意化的信息良莠不齐、错综复杂,这种网状结构化的特点破坏了传统主流意识形态宣传引导的整体性和系统性,使高校牢牢把握意识形态工作的主动权和领导权的难度增大。面对包罗万象的网络信息时代,大学生的系统思考能力、探索思考能力大打折扣,独立思考能力和批评精神在一定程度上被削弱,使他们在科学研究中作不出理性科学的解读和判断,在思想观念、价值判断等领域随波逐流。最后导致高校网络主流意识形态话语的表达逻辑受到冲击,高校网络主流意识形态的建构受到影响,主流意识形态面临失语的风险。

其次,多元文化价值取向挑战高校网络意识形态工作的话语权。在

---

① 《习近平谈治国理政》,外文出版社 2014 年版,第 153 页。
② 冯刚:《新媒体时代青少年思想政治教育的特点和规律》,《中国教师》2018 年第 7 期。

多元文化价值风起云涌的时代，五花八门的网络信息雪花纷纷，其中就包括一些反社会主义意识形态、反社会主义、反共产主义的话语表达和意志体现，这些不利于高校主流意识形态的话语逻辑诋毁、污蔑、消解着马克思主义意识形态和社会主义信念，通过迎合大学生喜爱的新颖方式和手段增强其注意力，一步步影响高校大学生主流意识形态的价值认同和道德行为，最终挑战高校网络主流意识形态的话语权、主导权和领导权。

（二）高校社会主义核心价值观培育和弘扬的挑战

习近平总书记在纪念五四运动一百周年大会上强调，青年是整个社会中最积极、最有生气的力量，国家的希望在青年，民族的未来在青年。高校大学生作为青年的一个极其重要群体，具有极强的可塑性，是建设社会主义现代化强国中最富有活力和最具有创造性的群体之一，也是"两个一百年"的参与者、见证者和直接受益者。2013年12月23日，在中共中央办公厅印发的《关于培育和践行社会主义核心价值观的意见》中，明确指出了培育和践行社会主义核心价值观的重要意义和指导思想，强调把培育和践行社会主义核心价值观融入国民教育全过程、落实到经济发展实践和社会治理中，并要求加强社会主义核心价值观宣传教育、开展涵养社会主义核心价值观的实践活动、加强对培育和践行社会主义核心价值观的组织领导。培育和践行社会主义核心价值观是高校意识形态工作的基本要求，也是高校思想政治教育的根本目标，不仅能够巩固高校意识形态主阵地，而且对增强高校意识形态的话语权、主导权、领导权具有深刻的意义。

新时代到来，高校在培育和弘扬社会主义核心价值观的过程中，遇到了不少挑战，既包括高校内部的，也有高校外部的。一方面，从高校自身来看：首先，高校开放的学术氛围激活了多元思潮，百花争鸣、百花齐放。多种思想交流碰撞，难免会有携带资本主义色彩的价值观念、社会思潮的涌入，让高校师生，尤其大学生群体受到非主流意识形态的影响，给高校意识形态工作中培育和弘扬社会主义核心价值观带来不同程度的挑战。其次，当代大学生接受革命历史和思想的熏陶相对革命年代变少，理想信念难以坚如磐石。在接触新鲜事物的过程中，一些大学生难以分辨主流意识形态和非主流意识形态的本质区别，导致一些资本主义不良思想侵入。部分大学生对中国共产党成长之路没有全面的了解，对"四个自信"缺失整体性的认识，极易受到历史虚无主义的侵蚀。另一方面，改革开放四十年来，中国社会主义事业发展迅速，世界处于百年未有之大变局，特别是当今所处的信息化时代，国内外意识形态的斗争呈现隐蔽化特点。网络时代不但给大学生提供了与外界交流互鉴的环境，同时也给西方别有用心的政治家或者舆论家提供了可乘之机。西方敌对势力借助互联网平台，用自身意识形态恶意歪曲、攻击中国优秀传统思想观念和先进的价值理念，给大学生社会主义核心价值观的培育与弘扬带来严峻挑战。

（三）高校大学生马克思主义信仰的挑战

信仰是人类特有的精神活动和最高层次的精神追求，也是支配人类行为最重要的精神力量。人不能没有信仰，一旦失去信仰，也就失去了精神家园。信仰能激发人的潜能，调动人的主体性、创造性、自觉性，凝聚推动历史前进的力量。马克思主义信仰是社会主义国家凝心聚力的重要精神力量，也是大学生培育和践行社会主义核心价值观的重要基石。历史经验证明，一个政党、一个民族，如果没有坚定的理想信念，就如同一盘散沙没有凝聚力，就会失去奋斗目标和前进方向。邓小平同志指出，"对马克思主义的信仰，是中国革命胜利的一种精神动力"[①]。习近平总书记同样强调马克思主义信仰对高校大学生理想信念培育的重要性，他创造性地将理想信念比喻成"钙"，强调没有理想信念，理想信念不坚定，精神上就会缺"钙"，就会得"软骨病"。高校大学生是中国共产党的后备坚强力量，在强调共产党人的理想信念时，也就要强调高校大学生的理想信念，习近平总书记对马克思主义信仰地位和功能的生动诠释，也就是对高校大学生马克思主义、社会主义、共产主义信仰的根本要求。加强高校大学生对马克思主义的信仰是树立正确世界观、价值观、人生观的根本遵循，也是高校思想政治教育治理的重要内容。

但是，当代社会思想文化多元化的变化对大学生马克思主义的信仰形成挑战。大学生面对变化，欠缺思辨思维，不能准确判断良莠，加之自我价值追求与现实竞争的落差，造成部分大学生对马克思主义产生审

---

① 《邓小平文选》（第三卷），人民出版社1993年版，第63页。

视目光。通过分析，高校大学生马克思主义信仰弱化主要体现在以下三个方面：一是信仰渐趋多元化、世俗化。伴随着大数据时代的来临，各类自媒体如雨后春笋般纷纷冒出，意识形态话语体系中的"去中心化"现象越发严重。中西方思潮在信息时代的交流碰撞，使得越来越多的大学生面对多元化的价值取向陷入迷茫。此外，社会物质财富的不断增长，使得诸如享乐主义、金钱至上、功利主义等世俗化信仰也有了可乘之机。由于大学生大多涉世未深，面对多元化、世俗化的信仰抵抗力薄弱，往往容易陷入其中。享乐主义、金钱至上等世俗化信仰，使得攀比之风盛行、奢靡消费比比皆是，许多家境一般的学生为此深陷校园贷的圈套。而功利主义意识的日益增长，使得部分大学生信仰目标选择趋于浮躁盲目，以为人民服务为借口，行谋取私利之实。二是信仰的非理性化、非科学化。马克思主义是科学的理论体系，这是大学生信仰马克思主义、相信马克思主义并将其作为人生行动指南的合理依据。然而在相当一部分大学生身上可以看到，他们对待信仰态度随意，追求潮流，人云亦云，缺乏对信仰的坚定性，缺乏对信仰选择的理性判断。还有些学生虽信仰马克思主义，但缺乏对马克思主义的基本认知和深刻理解，因而很难实现自我精神的超越。三是民族认同感受到挑战。尽管高校多年来始终坚持推进爱国主义教育，但在当代大学生中，因为境外势力的挑拨，仍有一小部分对民族问题认识不清，甚至出现错误言论。

高校大学生马克思主义信仰受到挑战带来的直接风险是巨大的。当代大学生是国家未来的栋梁，是社会主义事业的接班人，如果对坚定马克思主义思想的指导地位认同不足，将直接影响到中国特色社会主义道路的未来发展。从高校思想政治教育工作的实际成效来看，新时代高校思想政治教育工作治理仍旧任重而道远。

二 安全事故的失控

校园的安全问题与每个学生、每个老师、每个家长，甚至整个社会息息相关。高校是培养人才、输出人才、建设人才的重要阵地，担负着培养中国特色社会主义事业合格建设者和可靠接班人的重任。减少校园安全事故，建设平安校园，是构建高校治理体系和治理现代化的必然要求和题中之义。校园安全，不只是强调高校师生的生命财产安全，更注重高校师生的思想道德素养和心理健康安全,其主要特征体现于校内安全环境和校外安全环境以及健康的校园人际关系。从高校思想政治教育治理来理解校园安全事故的失控,是正确认识高校校园安全问题的重要途径,也是推进高校思想政治教育治理现代化的重要内容。

(一)物质财产方面的安全事故失控

物质财产是人类赖以生存的物质资料,是人进行生产活动的必需品。一旦失去物质财产,不仅影响大学生日常生活的供给、学习活动的供能,而且在一定程度上会造成大学生思想观念、价值取向、行为规范的扭曲和失范,最终影响其走上一条不归的道路。唯物史观认为,经济基础决定上层建筑。一定的经济基础会引起上层建筑思想观念、价值理念的转变,上层建筑又会反作用于经济生产活动。高校出现的物质财产方面的安全事故失控同样如此。如果大学生的物质财产发生安全事故,造成的不仅仅是高校治理方面的经济问题,而且涉及高校思想政治教育治理的意识形态问题。因此,表面呈现的是物质财产的问题,实际上关乎高校思想政治教育治理问题。

高校物质财产方面的安全事故失控问题主要涉及两个方面:一是部分高校学生财物失窃现象较为严重,尤其是搬入新校区不久的学生群体。部分高校由于学生数量、硬件设施等方面的存量与容量的矛盾突出,不得不急于让学生入住尚未完全竣工的新校区,这些新校区在校园安全防御方面还没有完全完善,比如学校围墙、寝室防盗网等;再加之新校区周边环境的复杂性,以及校区工作人员成分复杂,闲杂人员可自由出入校园,就给不法分子提供了可乘之机,学生手机、电脑、钱财、自行车等物质财产被盗现象频发。二是部分学生遭受网络诈骗、手机诈骗现象常见,特别是毕业生群体在求职应聘时受骗普遍。低年级学生刚刚步入大学校园,社会经验相对不足,自我防范意识淡薄,在面对有利益诱惑的网络诈骗时,缺乏理性的辨识力,极易上当受骗。同时,由于攀比心理和名牌效应,部分大学生形成了不理性的消费观念,为了奢侈品而提前消费,这就让网络借贷有了可乘之机。另外,大学毕业之际,就业形势严峻,毕业生急于找一份工作,极易被打着招聘幌子的不法分子骗取钱财。

(二) 人身安全方面的安全事故失控

大学生安全意识是大学生综合素质的一个重要内容。大学生初入校园，缺乏必要的社会阅历和社会经验，普遍存在安全意识淡薄、自控能力薄弱、思想观念单纯、自我防范能力不足等现象。当遇到人身安全问题时，往往防范意识不强，自我保护能力欠缺。同时，高校对人身安全风险的管控力度和管控范围也有欠缺之处，导致经常性的学生人身安全受伤害事件发生，极大损害了学生的切身利益。学生人身安全至关重要，不仅学生需要提高人身安全意识、增强人身安全的警惕意识和应急处理能力，而且高校也要防微杜渐，采取应有的措施。总的来说，这也是高校思想政治教育治理的主要内容。

校园人身安全方面的安全事故失控涉及诸多因素，大致可以分为交通安全问题、食品安全问题、消防安全问题、校园矛盾问题等。在高校内外发生的诸多安全事故中，交通安全问题最为严重，其主要发生在校外环境，但校内也有所体现，比如学生或者校外人员在校园内飙车，社会车辆在校园内不按要求行驶等；校外则主要体现在早高峰过马路、搭乘没有营业执照的黑车或者学生骑行自行车、电动车等，当然也有偶然事故的发生。食品安全问题不仅是社会的隐忧，也是高校安全事故的风险点，主要体现在消毒设备的合格与否、烹饪原料的质量问题、食堂工作人员的健康状态等。消防安全一直是高校安全事故中的重要防范点，比如校园内发生的火灾事故、校园踩踏事件等。在日常的学习生活中充电设备乱放、乱用、违规使用酒精炉、"热得快"、电吹风等电器，都是导致消防事故的潜在因素。校园矛盾也是值得关注的问题，学生与学生的矛盾、学生与老师的矛盾、学生与社会人员的矛盾，都是引起个体事件和群体事件的主要因素。校园矛盾的突出表现就是校园欺凌，这是一个世界性难题。目前披露的校园欺凌事件多发生于中小学，且形式多表现为物理欺凌，即校园身体欺凌、校园敲诈欺凌等。但事实上，大学的校园欺凌事件也相当之多，只是相较于心智发育不成熟之时的以力欺人，大学校园的欺凌事件更多可归类于校园网上欺凌、校园关系欺凌等。相较于中小学的校园欺凌事件，大学的校园欺凌事件更具隐蔽性，但其危害却有过之而无不及。总的来说，人身安全方面的安全事故涉及校园的每个角落，需要时时警惕。

三 身心健康的失调

一个真正意义上积极向上、健康有活力的人，不仅有身体机能上的健康状态，也在身体上和心理上同时保持健康向上的良好状态，并在纷繁复杂的社会中具有良好的社会适应能力和调节能力。身心健康是成长成才的前提，是事业成功的基础。习近平总书记高度重视心理健康教育工作，他在全国高校思想政治工作会上强调，要培育理性平和的健康心态，加强人文关怀和心理疏导。在党的十九大报告中，习近平总书记再次明确提出"加强社会心理服务体系建设，培育自尊自信、理性平和、积极向上的社会心态"[①]。当前，我国社会正处于快速转型期，社会结构、社会机制和社会观念都发生了深刻变化，社会上出现了社会矛盾突出、利益分化显著、价值取向多元、多元文化碰撞、社会失范严重等现象。在这一社会发展过程中，高校师生身心健康失调，主要表现为身体素质逐渐下降和心理问题日益增多。

（一）身体素质逐渐下降

古人云："体者，载智之车，寓才之所也。"意思是说，无论进行何种程度的体力劳动，或者是进行何种形式的脑力劳动，都必须有良好的身体素质作为基础。"身体是革命的本钱"。拥有健康强壮的体魄是作为社会存在的人进行社会生产活动的基本要求，也是作为历史主体的人进行生命延续的重要基础。随着素质教育的全面推进、终身体育理念的普及以及《全民健身计划纲要》的全面实施，"健康第一"的思想在学校逐步落实，大学生体质健康问题也越来越受重视。中国特色社会主义进入新时代，人民群众的物质生活条件发生了前所未有的变化，生活水平有了质的提高，从以往的"饱不饱""暖不暖"向现在的"好不好"转变。再加之，国家对高校日常经费的投入加大，高校大学生的营养状态得到了非常大的改善，身体形态也有了较大的发展。但是由于大学生沉迷于网络、手机，多为"宅男""宅女"，缺乏适度的体育锻炼和合理饮食，出现的身体健康问题也越来越多，大学生群体呈现出亚健康状态。不管是在高校组织的体育竞赛，还是在大学生体能测试中，都能体现出现阶

---

① 《习近平谈治国理政》（第三卷），外文出版社2020年版，第38页。

段高校大学生身体素质逐渐下降的现实。

(二) 心理问题日益增多

心理是一个人精神世界的真实写照，它从情感、情绪、性格、表情等方面生动地表现出来。随着社会生活节奏的加快，大学生因心理问题产生的安全事故频发。根据安全心理学的原理，导致安全事故发生的最重要的因素之一就是人，人的思想观念、人的情绪状态、人的性格特征等，都可能成为安全事故发生的诱因。人是感性的动物，能从感性的世界作出自己的情感判断、实施精神世界的指示活动。如果一个人不能好好地控制自己的情绪，不能牢牢地掌控自己的心理活动，产生易怒、易暴躁的情绪表现，这样就极易发生不可挽回的后果。因此，心理健康教育是高校思想政治教育的重要内容，是贯彻落实"立德树人"根本任务的应然要求。一个身心健康的大学生，是培养德智体美劳全面发展的社会主义合格建设者和可靠接班人的重要前提。随着社会经济的变迁和发展，高校大学生的心理问题日益突出，高校大学生的心理健康问题成为社会关注的焦点问题，也成为高校思想政治教育治理的核心议题，一旦大学生心理健康的防线突破，影响及后果极其严重。当前，大学生的心理问题主要是由内外环境的相互作用所决定的，与大学生自身的个性特点、家庭环境、大学学习和生活环境不适应、人际关系不良、升学压力、就业压力以及多元价值冲击等，有着密切的关系。比如，大学生具有强烈的自我意识，不仅在意外在的穿着打扮，而且关注内心世界的自我。当理想与现实发生冲突时，表现出孤僻、暴躁、愤怒等情绪，引起孤僻症、易怒症等心理问题；家庭教育方式、教育环境、情感表达以及经济状况与大学生的心理建设有着密切的关系，家庭教育方式的陈旧、家庭情感的缺失以及家庭经济拮据都会使大学生在成长过程中出现敌对、消极、自卑等心理问题；对大学学习环境和生活环境的期望值过高，与现实差别较大，也会诱发大学生产生不满、抱怨、报复的心理问题；在社会交际中，大学生群体与社会上各式各样的人员接触，难免会有多元价值观的碰撞，这样不好的情绪和价值观念也会灌输进大学生的头脑中，从而诱发不同的心理问题；当然，在大学生升学和就业的高压状态下，同样会由于过于焦虑而引发心理问题。

第二节 高校思想政治教育治理的风险评估

"风险评估是在风险识别的基础上对风险要素进行定性或者定量分析，进而对风险进行排序处理，以开展针对性的风险控制。"[①] 高校思想政治教育治理的风险评估是开展高校思想政治教育工作的重要环节，评估质量直接关系到新时代高校思想政治教育的科学发展。高校思想政治教育治理的风险评估主要包括风险识别、风险分析、风险评价三大环节。其中，风险识别是风险评估的前提和基础，它主要对高校思想政治教育治理范围内的危险因素和风险源进行辨识。风险分析是风险评估的核心，它侧重于确定影响高校思想政治教育治理效果的诱因。风险评价则是风险评估的硬性支撑，它通过对高校思想政治教育治理的风险分析结果与风险准则的对比，确定高校思想政治教育治理的风险等级，并以此判断是否需要采取风险防控措施及防控的优先次序。

一 新时代高校思想政治教育治理的风险识别

"风险识别就是发现、辨认和描述风险的过程。进行风险识别的目的在于：识别可能存在什么危险隐患，可能会发生什么危害事件。"[②] 风险识别是评估新时代高校思想政治教育治理的前提和基础。只有在精准识别的基础上，才能把大学校园中存在的日常风险和突发性事故的影响降到最低程度。高校思想政治教育治理的风险辨识过程，是高校思想政治教育治理主体在高校思想政治教育工作、课程、理论体系中，通过把握思想政治教育工作规律和学生成长规律，综合运用德尔菲法（专家调查法）、安全检查法、问卷调查法、CiteSpace 计量分析法等手段，发现风险项目、辨认风险危害要素和风险源，描绘风险要素特性，并输出风险清

---

① 高山、冯周卓、张桂蓉：《校园安全事件风险分析》，中国社会科学出版社2019年版，第47页。

② 高山、冯周卓、张桂蓉：《校园安全事件风险分析》，中国社会科学出版社2019年版，第11—12页。

单的过程。

（一）风险识别要素

识别高校思想政治教育的治理风险，是为了判断是否存在威胁，以及找出威胁因子和风险源。高校思想政治教育治理风险中，要识别的要素包括：危害要素和风险源、确定的风险事件、潜在的风险征兆。其中，危害要素和风险源是关键。在教育者、受教育者、教育环境中，辨识出源头类危害要素和衍生类危害要素是第一步。危害要素识别工作做好了，就能把引发高校思想政治教育治理风险的真正原因查找出来。反之，则会成为高校思想政治教育治理工作的掣肘。"事件"是风险的特性之一，一切风险皆由风险事件触发。所以，在高校思想政治教育治理风险的识别中，认识并发现给思想政治教育带来消极影响的确定性事件和潜在征兆是中心任务。

（二）风险识别原则

根据事物的普遍性和特殊性关系，可以把高校思想政治教育治理风险的识别原则归结为普遍性原则和特殊性原则。

1. 普遍性原则

作为中国特色社会主义教育事业的思想引领，高校思想政治教育治理风险的识别原则与高等教育、中小学教育在某些方面具有互通性。譬如，客观性、全面性、关键性、动态性、耦合性、科学性等原则就适用于不同层次、不同领域的风险治理。① 以关键性原则为例，高校思想政治教育治理风险的识别过程，不仅要筛查风险点，而且要及时发现可能影响风险点突变的因子。

2. 特殊性原则

一是预测性原则。预测性原则与思想政治教育治理的特殊性有关。一般来看，高等教育的效果能够通过各种方式进行量化，比如通过课程考试、实验设计等就可以反映出来。但思想政治教育则不同，它在教育效果方面具有复杂性、特殊性、隐匿性。所以，它的效果很难用单纯的课程分数加以判断。此外，在部分情境中，课程分数反而会与大学生的实际综合素质形成反比关系。所以，当高校思想政治教育治理效果与实

---

① 倪娟：《教育风险的识别、防范与治理》，《人民教育》2020年第8期。

际需要发生偏离的时候，我们往往很难识别是哪一方面或哪几方面的原因造成的。针对上述情况，就必须用预测性原则，来识别高校思想政治教育的治理风险。二是损失性原则。该原则的出现与高校对思想政治教育治理风险的认识有关。学界部分学者根据实在论风险和建构论风险观点，提出风险的本质是不确定性。这种不确定性往往包含了事件在未来时空范围内的可能性和事件本身给现实生活带来的隐患甚至是损害。因此，识别高校思想政治教育的治理风险要依据风险的不确定性本质，判断思想政治教育治理因本身的特殊性而可能造成的种种损失。

（三）风险识别方法

高校思想政治教育治理风险的识别方法是软性与硬性、定性与定量的有机统一。在高校思想政治教育传统方法的影响下，高校思想政治教育治理风险的识别方法可以归结为德尔菲法（专家调查法）、安全检查法、问卷调查法、CiteSpace 计量分析法等。其中，德尔菲法（专家调查法）在本质上是一种基于专家意见的反馈匿名函询法。运用该方法可以迅速、准确判断高校思想政治教育体系中存在的风险点和风险源。但不足的是，受到专家水平的限制，该方法具有很强的主观性。安全检查法则是辨识危害因素的"索引"。该方法在一定程度上确保了排查的全面性、广泛性，但受到规范、体制本身的局限，对风险的识别也会有所遗漏。问卷调查法和 CiteSpace 计量分析法则属于定量分析法。其中，问卷调查法是识别高校思想政治教育治理风险的常用方式。这种方式能较为准确地反映某一时段学科体系某一方面存在的问题。但美中不足的是，该方法需借助强大的人力资源和财力资源，是一种损耗较大的识别方法。此外，受到调查对象、问卷设计等因素的影响，该方法会出现一定的片面性和简单化倾向。为了化解这种困境，出现了以 CiteSpace 为代表的大数据识别方法。该方法利用科学计量软件 CiteSpace，识别关键词共现和聚类分析，不仅可以直观、准确识别风险点和风险源，还可以构建科学的知识图谱。

（四）风险识别程序

高校思想政治教育治理风险的识别是一个发现、辨认、描述、清单输出的完整流程。其中，确定高校思想政治教育治理风险的范围和对象是第一步。当前，高校思想政治教育治理风险的范围为国际、国内两大变局，治理风险的对象是各危险要素。因此，把握风险项目是识别高校思想政治教育治理风险的第二步。高校思想政治教育治理风险由危险要素、确定性的风险事件和风险征兆共同构成。源头类风险决定了高校思想政治教育治理成功与否。因而，归纳风险类别并凝练风险特质是识别高校思想政治教育治理的第三步。风险类别的归档和特质的辨识有助于明确高校思想政治教育治理风险的界限，为风险的识别方法提供可行思路。清单输出是识别高校思想政治教育治理风险的第四步。这一环节既是高校思想政治教育治理风险识别的输出，也是高校思想政治教育治理风险分析的输入。通过清单的制作，既为高校思想政治教育治理风险的识别提供了一个可量化的依据，也为风险分析提供了实际可行的标准和素材。

二 新时代高校思想政治教育治理的风险分析

"风险识别"过程只是"发现、辨认、描述"可能的风险点，并不涉及风险的成因。因此，在完成"风险识别"环节后，应当分析危害要素和风险源的成因，即风险分析，以便为后续的"风险评价"做好准备。"风险分析，就是考察每一个风险因素的可能性和后果，以便确定我们的活动和项目的风险水平。"[①] 作为高校思想政治教育治理的第二个子过程，治理风险的致因分析是高校思想政治教育治理评估的关键一环，这一环节发挥了承上启下的作用。与风险识别一致，高校思想政治教育治理的风险分析，涉及风险点、风险源、触发事件。不同的是，风险分析在此基础上增加了触发行为及传导路径要素，并侧重从环境和主体风险源出发，分析高校思想政治教育治理风险的发展阶段、运行机理以及内在张力。

（一）风险分析思路

不同于风险识别对危险要素的初步认知，高校思想政治教育治理风险的分析过程明显呈现出一定的逻辑脉络。大体看来，高校思想政治教育治理风险的分析由风险要素、风险源之间的张力以及风险的运行机理

---

① 高山、冯周卓、张桂蓉：《校园安全事件风险分析》，中国社会科学出版社2019年版，第17页。

共同组成。首先,风险分析将风险源、触发行为、风险点、传导路径等视为高校思想政治教育治理的关键风险要素。其中风险源是指高校思想政治教育治理风险存在和传播的源头。它包括确定性风险事件、引起损失的不确定因素、潜在事物或现象。触发行为则是风险引爆的"助燃器"。作为风险的阈值点,它不但能激活高校思想政治教育治理中潜在的风险因素,而且能将其变为实际的危险事件。风险点则是连接潜在风险源和外部环境的媒介、桥梁。在风险点的加强下,可能性风险在外部暴露并发生传导活动。传导路径则是高校思想政治教育治理风险中的线索。通过这一线索,风险源、触发行为、风险点得以串联起来,最终风险由量变生成质变、由静态转变为动态。其次,高校思想政治教育治理的风险主要由环境风险源和主体风险源引发。风险源之间的张力主要有两种类型:一是在外部治理中国际、国内风险源之间的矛盾斗争,如国际上西方思潮直接挑战马克思主义理论权威,造成意识形态失语。二是在内部治理中各个权力主体之间的利益冲突。如在高校行政管理和学术管理之间,存在行政权力与学术权力之间的对立现象。最后,从高校思想政治教育治理风险的内在机理来看,高校思想政治教育治理风险的运行,实际上是高校思想政治教育治理的风险要素的动态互动过程。它主要指在特定危险行为的触发下,导致风险点、风险源产生集群风险,进而通过传导路径不断延伸和扩散的过程。

(二) 风险引爆条件

任何风险的产生都受到内因和外因的双重影响,高校思想政治教育治理风险的产生也是如此。它既受到自身发展规律的约束,又面临来自外部环境的挑战。因此,大体可以从环境风险源和主体风险源两个层面,分析高校思想政治教育治理风险的引爆条件。

一是对环境风险源的分析。高校思想政治教育治理的环境风险源可归结为国内风险源和国外风险源。从国际环境看,经济全球化导致人们的生活方式和思想观念发生巨大转变。21世纪以来,在经济全球化浪潮的带动下,中国居民的物质财富不断积累,人们的生活方式逐渐由禁欲消费转向高品质消费。但当时国内落后的生产方式还难以满足广大人民群众对产品质量的追求。因此,当西方发达国家推出"先进的、有品质的"生活方式时,立即受到了人们的青睐和追捧,其中学生群体占据了很大比例。不仅欧美风格的服饰成为高校学生群体追求的时尚,而且肯德基、麦当劳、星巴克等"洋快餐",好莱坞等产出的国际大片充斥着校园。西方生活方式表象下隐藏的西方价值观念无疑成为冲击我国高校主流意识形态的重要因素。从国内环境来看,市场经济、改革开放、传统文化滞后、高等教育的社会化等因素共同促成了西方社会思潮对高校学生的影响。首先,市场经济的推行,一定意义上助长了功利主义和拜金主义的滋生,引发了一系列矛盾。如高校学生缺乏一定的社会责任感,对社会主义价值观念缺乏认同感等问题,给当代高校思想政治教育带来了诸多问题。其次,改革开放以来,实事求是、解放思想的观念在一定程度上促使当代高校师生去认识、了解西方社会思潮。再次,传统文化与现代化的冲突、马克思主义功能弱化与西方社会思潮观点新颖的鲜明对比,也使一些高校大学生对思想政治教育工作有所排斥。最后,当前思想政治教育工作面临一些新情况。如民办高校与公办高校的合并造成了不同性质、不同类别的高校学生在思想文化上的矛盾与冲突。

二是对主体风险源的考察。不同于环境风险源的客观性,主体风险源主要来自高校内部的治理风险。具体来看,教育主客体的局限和高校内部治理结构的失衡是诱发主体风险的关键要素。就教育主客体关系而言:一方面,思想政治教育主体、客体作用的发挥,受到主客观条件的制约。因此,无论是施教者还是受教者都无法掌握所有的思想政治教育知识和技能。正如马克思所言,"人们自己创造自己的历史,但是他们并不是随心所欲地创造,并不是在他们自己选定的条件下创造,而是在直接碰到的、既定的、从过去继承下来的条件下创造。"[1] 另一方面,思想政治教育主体和客体是两个互相变化的角色。没有永恒的施教者,也没有永恒的受教者。所以,受教育者或施教者都不可避免受到来自社会各方面的影响,其意识的多变性,势必给高校思想政治教育工作带来不同程度的影响。就高校内部治理的结构而言,高校内部治理结构既存在由各权力主体失调引发的学术权力地位边缘化和高校思想政治教育性质异化,也增强了人才培养、学术研究、财务管理和人事任命等各类权力运

---

[1] 《马克思恩格斯全集》(第十一卷),人民出版社1995年版,第131—132页。

行过程的不确定性。①

（三）风险分析方法

在高校思想政治教育事故的概率、分析原因、风险要素的影响下，高校思想政治教育治理风险的分析方法主要包括事件树分析法、因果分析法、根原因分析法、CiteSpace 计量分析法、智能算法分析。前三种属于定性分析法，后两种属于定量分析法。其中事件树分析属于事故概率分析范畴，是分析思想政治教育治理风险原因的前提。只有确定事故发生的可能性才能确认该事故能否构成风险。所谓事件树分析法，指的是按事故发展的时间顺序由初始事件开始推论可能的后果，从而进行危险源辨识的方法。这种通过时序逻辑建立的分析法，既可以定性地了解整个事件的动态变化过程，又可以定量计算出各阶段的概率，最终了解事故发展过程中各种状态的发生概率。因果分析法和根原因分析法则属于思想政治教育事故发生原因分析范畴。其中因果分析法是对风险原因的全面分析。因果分析通过结合"是/否"逻辑来分析结果，可识别出思想政治教育中所有相关的原因和潜在结果。因而，它能让人们更全面地认识系统故障。② 而根原因分析法则是对本质原因的分析，该方法尤为关键。根原因分析法又称损失性分析法。它是一项结构化的问题处理方法，旨在逐步找出问题的根本原因。而 CiteSpace 计量分析法和智能算法分析则是借助大数据和人工智能，把高校思想政治教育中存在的隐形风险明晰化。这两种方法的出现，在一定程度上减少了高校思想政治教育治理过程中风险的随机性和偶然性。

三　新时代高校思想政治教育治理的风险评价

继风险分析之后，高校思想政治教育治理进入风险评价阶段。从某种意义上讲，高校思想政治教育治理的风险评价是风险评估的核心环节。作为风险评估的第三个子过程，风险评价主要是将风险分析的结果与风险准则进行比对，以此决定风险等级或其大小是否在主体容忍的范围之

---

① 许迈进、章瑚纬：《高校内部治理风险的结构性探源》，《浙江大学学报》（人文社会科学版）2015 年第 3 期。

② 张增莲：《风险评估方法》，机械工业出版社 2017 年版，第 53 页。

内。它的目的是通过判断高校思想政治教育治理风险的损害程度来决定是否需要作进一步的处置以及处置的优先次序。对高校思想政治教育治理风险的评价来说，风险比较是关键要素。缺少"比较"，即使确定了风险原因和风险后果，也难以对新时代高校思想政治教育风险治理工作产生实质性影响。

（一）风险评价要素

高校思想政治教育治理风险的评价对象是风险后果或损害程度。因而，应当将反映高校思想政治教育风险后果的因素作为评价因子。高校思想政治教育治理风险的评价由风险带、风险等位线、风险等级等因素构成。其中风险带是风险评价的前提，它确定了风险评价的范围。按照风险的容忍程度和重要性，可以将风险带划分风险上带、风险中带、风险下带。如我们可以把高校思想政治教育治理过程中的环境作为风险带。其中国际环体位于风险上代，国内环体则处于风险中带。风险等位线则是风险评价的中介，通过不同风险等级数值，规定了风险评价的指标。在高校思想政治教育治理的风险评价中，风险等位线一般指风险的阈值点。"风险等级"是风险评价的关键，它确认了风险评价的结果。在高校思想政治教育治理的风险评级中，可以通过评分的方式来确定风险等级数量以及风险等级的范围。如对校园安全事故的风险评定，根据得分可划分为高、中、低三个等级。59以下为高风险，60—79为中风险，80分以上为低风险。

（二）风险评价流程

不同于风险识别和风险分析，风险评价旨在追求高校思想政治教育治理的质量。因而，为了确保风险评价的准确性，高校思想政治教育治理制订了一套包含风险准则、风险接受、风险容忍等要素的评价流程。其中，风险准则是评价风险重要性的依据，它是风险评价的第一步。从概念来看，风险准则是就特定业务过程中所出现的风险而建立的风险准则。风险接受是考察风险特征的重要表现，它是风险评价的第二步。作为"决定"的风险接受，它既可以经过风险应对，也可以不经过风险应对。风险接受的随意性，决定了风险接受要受到检测和评审。风险容忍是考察风险后果的标志，它是风险评价的第三步。不同于风险接受，风险容忍具有强烈的现实性。风险容忍通过风险应对，来确定治理风险是否在容受范围内。①

(三) 风险评价标准

高校思想政治教育治理风险的评价标准反映了人们对特定领域中思想政治教育风险后果及风险程度的全面性、科学性、准确性认识。因此，要精准把握高校思想政治教育治理风险，就必须制订科学、准确、有效的评价标准。新时代，高校思想政治教育治理风险的评价标准要坚持三个统一：一是一般性与特殊性统一的标准。一方面，作为国家治理现代化的组成部分，高校思想政治教育治理有着一般治理活动普遍存在的治理风险。这些治理风险大致可分为外生性风险和内生性风险、源头类风险和衍生性风险。另一方面，高校思想政治教育治理活动又不同于一般治理活动，它的治理风险是由主观的思想偏向和客观环境共同造成的一种危害。如西方社会思潮的误导和高校大学生群体思想价值观念的多元化共同促成了高校主流意识形态失语危机。二是实效性与有效性统一的标准。实效性与有效性是针对高校思想政治教育治理风险内容提出的二重维度。其中，实效性维度是对高校思想政治教育治理风险的定量性规定，它侧重于呈现治理风险的结果。而有效性维度则是对高校思想政治教育治理风险的定性判定，它侧重于对风险过程的把握。三是科学性与价值性统一的标准。一般而言，高校思想政治教育治理的风险评价只有把握思想政治教育规律，才能准确把握风险后果和风险等级，因而需要坚持科学性原则。另一方面，思想政治教育治理的风险输出在本质上又是一种思想损害。因而，需要坚持以价值为导向的评价标准。

(四) 风险评价内容

高校思想政治教育治理风险的评价，本质上是对风险识别和风险分析的概括与总结。它侧重于关注治理风险给高校思想政治教育治理工作乃至社会运行带来的消极影响。高校思想政治教育治理风险的评价主要包括对高校行政管理部门、师资队伍、环境、社会效益、受教育者、实施过程的评价。一是对政工队伍的评价。由党委领导的政工队伍，对学校思想政治教育负有重大决策和指导责任。对政工队伍的评价，首先评价学校党委班子在思想、组织层面的工作成效，其次考察学校思想政治

---

① 李存建主编：《风险评估：理论与实践》，中国商务出版社2012年版，第137页。

教育制度设定和执行力度，最后察看思想政治专职队伍的思想和组织建设。二是对师资队伍的评价。作为高校思想政治教育的主体资源，师资队伍直接决定了高校思想政治教育治理风险的危害程度。因此，师资队伍的评价应当包括理论知识和价值倾向。三是对高校思想政治教育客体的评价。作为高校思想政治教育治理的客体，当代大学生思想理论素养和实践养成的高低是判断高校思想政治教育治理成效最直观的反映。因此，要善于从上课出勤率、志愿活动参与次数等具体指标来评价。四是对高校思想政治教育治理的运行过程进行评价。评价高校思想政治教育治理的运行过程要看工作规划、实施步骤是否连贯，人员布局是否合理。五是对高校思想政治教育环体的评价。思想政治教育环体从范围来看可分为国际大环体和国内小环体，其中国内小环体又可分为校园环境和社会环境。对高校思想政治教育环体的评价不仅要全面，而且还要精准。因此，有必要在实际调研的基础上，认识环境与思想政治教育主客体的关联。六是对高校思想政治教育社会效益的评价。高校思想政治教育治理的社会效益是指高校思想政治教育治理的物质成果。这一成果能在一定程度上正确引导社会舆情的发展，提高高校思想政治教育治理工作的认可度。①

（五）风险评价指标体系

要对高校思想政治教育治理风险进行合理的评价，就必须建立一套评价指标体系。只有通过硬性的指标评价，才能发现高校思想政治教育治理的现实状态与理想状态的差距，明确高校思想政治教育治理改革的方向。在高校思想政治教育治理过程中，人文治理的特殊性，阻碍了高校思想政治教育的评价指标在治理风险的理论研究和实证方面的发展。如指标体系内容庞杂，指标实操性不强，缺乏可靠的数据支撑，导致指标评级体系难以客观真实地反映高校思想政治教育治理风险的危险等级。为了化解这种困境，一方面，我们要推动风险评价的定性指标朝民主化、法治化、高效化、协调化、制度化方向发展；另一方面，要引入可量化的指标，确保指标体系的科学性和准确性，如可以将评价指标与监控指

---

① 孙豫峰：《高校思想政治教育评估体系的创新维度》，《思想政治教育研究》2009年第1期。

标、预测指标协调起来。

(六) 风险评价方法

评价方法是解决思想政治教育治理风险的工具。在确定评价标准以后，评估主体就可以确定用什么手段、什么工具，才能准确认识教育客体、环境、实施过程、社会效益中存在的治理风险。与风险识别和风险分析的方法一致，高校思想政治教育治理风险后果的评价，也可依据功能和作用特点划分为定性、定量两大类。其中定性的方法主要有模糊目标检验法、比较法等，而定量方法主要有效益评定法、接受程度评定法等，此外还有定期评估和不定期评估等。以比较法和效益评定法为例，我们可以看到两种不同性质的方法对高校思想政治教育治理风险的影响程度。比较法是展现高校思想政治教育治理风险的有效方法。对治理风险而言，缺乏一定的比较就难以发现风险的后果和损害程度。运用比较方法来评价思想政治教育，就是在思想政治教育的主体和客体之间，驻地环境之间，教育过程、目标、内容、形式和效果之间，甚至教育单位之间进行共时性和历时性比较，并在比较、鉴别中确认和判定特定教育的质量和效果。[①] 效益评定法则是一种量化高校思想政治教育治理风险的方法。思想政治教育治理风险的大小、高低，可以通过确切、直观的社会效益进行评定。换言之，如果投入远大于产出，那么思想政治教育治理将面临较大的风险，如果产出远大于投入，那么思想政治教育治理风险等级较低，质量较高。

第三节 高校思想政治教育治理的风险应对

高校思想政治教育风险评估是一项系统工程。其目的是帮助有关各方正确认识高校思想政治教育的风险类型以及规避风险的方法，从而做到重视风险、预测风险、控制风险、减少或避免风险以及规避风险，提升思想政治教育的实效性。而新时代高校思想政治教育治理的风险应对，是基于风险评估的结果作出的一系列措施，力求在思想政治教育治理的

---

① 郭政、王海平：《思想政治教育评估标准和方法探析》，《南京政治学院学报》2001年第5期。

各个环节做好预防、处理和提升。但就其本质而言,思想政治教育治理是在国家治理体系中加入思想政治教育理念。对于新时代高校思想政治教育治理的风险应对,主要还是以学校教育特点为核心,开展风险应对措施。

一 事前预防

"事前预防"是关键。古语有云:"凡事预则立,不预则废。"道理很简单,就是告诫我们凡事都要做好事前准备,唯有充足的准备才能真正做到"以变应变"。事前预防,从词组的表面含义来看:"事"是事件的意思,在这里特指事故或灾难。"前"表示时间状态。"预防"一词出自南朝宋刘义庆的《世说新语·言语》,指预先做好事情发展过程中可能出现偏离主观预测轨道或客观普遍规律的应对措施。因此,高校思想政治教育治理风险防控的事前预防,简单来说就是通过事先行动或做好准备以阻止安全事故或灾难。一般来说,事前预防包含三大基本要素:设置预期目标、明确风险隐患、熟知应对举措。但在实际的思想政治教育风险管理实践中,通常会以主体角度来做好事前预防的准备,高校思想政治教育治理的核心在于人,发挥好人在事前预防中的关键作用意义重大,做到在管事的同时先管人。具体来说,可以包含以下几点。

(一)扛稳思想政治教育价值引领重任,规避意识形态失语

马克思、恩格斯指出:"一个阶级是社会上占统治地位的物质力量,同时也是社会上占统治地位的精神力量。"[1] 党的十八大以来,习近平总书记高度重视思想政治建设,事实上,随着改革的深入,加之各种错误思潮在大众思想领域的充斥,维护意识形态安全已成为国家必须重视、亟待解决的重大问题,甚至事关国家的长治久安。思想政治教育向来被视为"精神世界的改造工具",必须在这个特殊时期扛起价值引领的重任。就其方法而言,是开展一系列的理想信念教育、价值观教育来梳理主流价值观导向,提高对价值实现的自我认知,同时也要加强对社会责任感、诚信意识的培养,从而引导人们形成正确的价值观,实现思想政治教育的治理功能。就其实际内容而言,就是坚定社会主义核心价值观,

---

[1] 《马克思恩格斯选集》(第一卷),人民出版社2012年版,第178页。

以过去、现在、将来三大维度，讲好思想政治教育事迹，实现从国家、社会、公民角度的社会认同感。关键是要做好在社会主义核心价值观的传播过程中，思想政治教育所具备的"追根源、挖内涵、解内容"的治理功能，将核心价值观从源头讲清楚、在生活中找得到，由此便于大众接受。总的来说，唯有不断取得接受感、获得认同感，才能真正消弭西方多元价值观的冲击，立稳社会主义核心价值观的地位，有效规避意识形态的失语。

（二）构建思想政治教育动态开放机制，降低校园安全事故

校园安全事故的频发在一定程度上可以归结为一部分思想政治教育的责任，所以从思想政治教育治理角度而言，不断创新发展思想政治教育理念、方法和手段，降低校园安全事故也是其致力追求的目标之一。在信息化飞速发展的今天，应当构建思想政治教育动态开放机制，这里的"动态开放机制"有三大动态支撑：内容动态、数据动态、治理动态。其一，内容动态是指内容的可选择性。良好的思想政治教育效果，往往是一种显隐性教育的结合。社会现实要求大学生思想政治教育必须博采众长，高校也会通过参观考察、讲座、培训、现场交流会等形式，直接实现思想政治教育目的，但效果可能并不尽如人意。因此，动态的内容选择，往往会激发教育者和受教育者的积极性和主动性，所以，思想政治教育的具体内容应当是动态的，既包括教育者的动态选择，也包括受教育者的动态选择。其二，数据动态是指利用科技手段实时更新数据。高校要不断更新应用大数据分析和人工智能技术，从数据角度做好高校领导、教师、学生的思想政治收集和跟踪，为风险化解提供有力支撑，从而有效防范高校思想政治教育风险事故的发生。其三，治理动态是指实现协同育人机制。协同，是指采用整体思维模式，在育人过程中重点研究如何协调、合作，更好地发挥作用，从而达到 $1+1>2$ 的理想效果。简单来说，协同机制就是为了合作共赢。传统的思想政治教育已经无法充分调动学生个体的积极性，必然需要充分挖掘教育资源，并进行有效整合，协调各个系统、各个部门的人力、物力、财力等要素，促进部门、系统之间的协调，创新教学模式的同时最大化地发挥作用，同时对各个部门坚持做到教育风险责任落实到位，实现超前管控。

(三) 强化思想政治教育思想整合功能，追求身心健康发展

新时代是一个文化思潮的多元并存和激荡共生的时代，在这种时代大背景之下，必然会导致思想多元、价值多元和行为多元，从而必然也会对社会主流意识形态造成极大冲击，出现行为多向化。矛盾也会随之增长，社会治理难度不断加大。作为"生命线"的思想政治教育，有义务也有能力在此时发挥思想整合的功能，避免大学生在各类思想冲击之下丧失辨别能力，即通过对社会成员思想观念的分析来掌控各种社会思潮的方向，加之以宣传教育的手段传播社会主义核心价值观，从而整合多种思想或价值观念，形成社会主义意识形态的共识，维护社会秩序的良性运行，降低思想政治教育治理风险。

新时代思想政治教育的思想整合功能，除了上述多元文化的整合，还包含着对现代思想政治教育方法或手段的整合。要实现思想政治教育治理，必然要创新教育方式和效果。目前，显隐性结合的思想政治教育是最为合适的，即以显性教育直接宣传国家的大政方针，又将思想政治教育融入社会治理之中，融入国家和地方制度、文化、生活之中，在潜移默化和不知不觉中实现治理效果、达成治理目标，促进学生身心健康发展，从而降低思想政治教育治理风险。例如，利用融媒体和网络，既实现学生参与治理，又在平台治理的过程中融入教育，效果会更直接、影响更大。

二 事发预警

习近平总书记指出，要提高动态监测、实时预警能力，提高预测预警预防各类风险能力，全面提升防范应对各类风险挑战的水平。[①] 实现高校思想政治教育风险治理、防范化解重大教育风险和应对突发事件，关键在于对高校思想政治教育风险的早发现、早研判、早报告、早施策、早化解。这就需要做好风险管理策略、应用动态风险监控技术、启动灵敏预警机制。

---

① 习近平：《在省部级主要领导干部"坚持底线思维着力防范、化解重大风险"专题研讨班开班式上的讲话》，《思想政治工作研究》2019年第2期。

(一)采取思想政治教育治理"PDCA"风险管理策略

风险是动态发展变化的,这就要求风险监控也必须是动态发展的。为此,本书运用PDCA理论模型,构建规范的大学生思想政治教育风险监控的PDCA循环模式,从而保证大学生思想政治教育风险监控活动持续不断地进行、并且不断地得到完善。PDCA是英文Plan(计划)、Do(执行)、Check(检查)、Action(总结处理)四个单词的首字母缩写。PDCA循环模式根据计划、执行、检查和总结处理四个阶段可进一步细分为七个步骤。

首先,计划制定阶段。主要是确定大学生思想政治教育风险监控的目标和达成目标的解决方案。主要包括两个步骤:(1)确定大学生思想政治教育风险监控的目标。通过收集过去发生的所有事件记录情况资料,统计识别出发生事件的类别、危险源的类别及每一类事件出现的频数等。(2)规划达成目标的切实可行解决方案。另外,监控活动每一个步骤的内容必须具体,每项内容的人员、时间、所需财力等必须匹配。

其次,计划执行阶段。即严格依照计划执行大学生思想政治教育风险监控活动。团队负责人按照大学生思想政治教育风险监控计划,在明确团队的具体任务、人财物搭配、时间安排等的基础上,制订团队具体的行动方案。

接着,检查阶段。包含两个步骤:(1)检验合理度。主要检验风险识别、风险分析、风险应对方法是否与目标匹配,团队成员的互补性是否高,财物配备是否高效,时间安排是否合理,等等。(2)科学分析。分析大学生思想政治教育风险治理,识别风险源的类别、来源的效率性、定性、定量分析方法的有效性,分析结果的准确性,团队负责人的匹配性等,找出问题及原因,并及时记录。

最后,总结处理阶段。包含两个步骤:(1)提供解决方案。如大学生思想政治教育风险分析技术是否有效,如果无效或不适合,则重新选择合适、有效的风险分析技术;如果是团队成员的操作问题,则需对其进行培训或更换。(2)对没有解决的问题进入下一轮的计划、执行、检查和总结循环予以解决。通过PDCA的循环往复保证大学生思想政治教育风险监控持续进行,不断解决大学生思想政治教育风险问题,不断提高分析治理的效率,进而最大程度上消除危险源。

（二）应用动态的思想政治教育治理风险监控技术

对于大学生思想政治教育治理风险项目而言，风险监控就是跟踪已识别的风险，监视残余风险，识别新出现的风险，修改风险管理计划，保证风险计划的实施，并评估风险减轻的效果。它伴随着整个项目实施过程。实际上，风险监控是大学生思想政治教育治理风险管理的重要内容，一方面是对风险识别、分析和应对等风险管理的继续，另一方面通过风险监控采取的活动和获得的信息也对上述活动具有反馈作用，从而形成了一个动态风险管理过程。由于项目风险具有复杂性的特点，风险监控应该围绕项目风险的基本问题，制定科学的风险监控标准，采用系统的方法，建立有效的风险预警系统，做好应急管理计划。因此，在事发预警中，也应该对大学生在思想政治教育实践中形成的有效的监控方法和技术加以应用，其中包括：（1）定期评估。主要风险源、风险因素以及风险发生概率和后果可能会随着生命周期而变化，因此在进行风险监控的过程中，应对思想政治教育治理效果进行定期评估。（2）审核检查。作为监控风险的首选方法，从思想政治教育之初就应该进行监控，在治理过程中也要进行，而不是在思想政治教育治理告一段落之后再进行。检查是为了把来自各方面的反馈意见立即通知有关人员，一般以已完成的工作成果为对象，包括学校的各个部门，对应的各个班级甚至学生个人。（3）偏差分析。这是一种测量预算实施情况的方法，是将实际取得的思想政治教育治理结果量化，同最初计划的成果进行比较，确定思想政治教育治理在进度、效果方面是否符合原定计划的要求。（4）修改风险应对方法。风险无法全部识别，其后果也无法准确预料。所以，如果思想政治教育治理遇到未曾预料到的风险，或者该风险的后果比预期的严重时，则有必要重新研究并制订新的应对方法。唯有做好头尾的全套工作，全程、全方位监控，才能及时、有效且灵活的控制或避免风险。

（三）启动灵敏的思想政治教育治理风险预警机制

落实大学生思想政治教育治理的风险防范工作，首先要启用灵敏的风险预警机制，形成系统预警。风险预警机制的建立既要基于治理风险点的特征，又要把握好风险因素的变动趋势，通过评价各种风险因素与预警线偏离度的强弱，作为向决策层预警的依据。其实质是通过检测风险、评价风险、预测风险建立一套集监控、预测和响应在内的完善的系统预警机制，将治理风险防范于萌芽之中，化被动安全为主动安全。

完善的风险预警机制由人工预警研判机制和机器预警研判机制构成。思想政治教育治理工作的核心主体是人，因此在监测风险、评价风险的环节，需要相关思想政治教育治理风险研究方面的专业人员及治理主体等相关人员对风险萌芽态势进行专业评估，对监测信息进行真伪核查及初步研判，及时采取行动。此外，鉴于新时代高校思想政治教育治理风险的复杂性，常规的人工预警难免有所疏漏，因此，必须要完善大学生思想政治教育风险数据平台支撑机制，构建大学生思想政治教育风险点信息基础数据库，建立精准的机器预警研判机制。新时代高校思想政治教育治理的风险防控必须紧扣时代特征，充分利用先进的现代信息技术，对监测信息进行数据采集、数据挖掘和智能事件关联，在整合、分析风险信息的基础上，通过划定风险预警区间、设定风险预警信号，对风险发生概率及产生的影响进行准确判断。

三 事中处置

事中处置是核心。风险分析得再好，措施制定得再完善，现场没有执行也是不行的。习近平总书记指出，我们既要有防范风险的先手，也要有应对和化解风险挑战的高招。因此。面对高校思想政治教育治理中已达系统阈值的风险及难以预警的各类险情，事中处置尤为关键。

（一）组织预测小组，减少风险存量

关注风险点、减少风险源，减少危机发生的可能与概率。在新时代高校思想政治教育治理过程中，随着工作环境的变化，思想政治教育工作面临很多机遇和挑战。比如，工作地位"说起来重要，做起来次要"，即在言语上重视、工作上边缘化，这是由思想政治教育本身容易被忽视的特点决定的。此外，虽然习近平总书记高度重视思想政治教育工作，高校思想政治教育队伍也越发壮大，但是师资队伍专业化力量还是不足。与此同时，手段过时化、机制僵硬化风险仍然存在。做好风险量的摸底，才能在风险发生时做好下一步预测。针对已经发生的意识形态问题、校园安全事件，甚至师生身心健康问题等隐藏的思想政治教育治理风险，应该迅速组织预测小组。这是减存量的一种做法，对于高校来说，思想政治教育治理的主体和对象是治理可能存在的潜在风险,当风险问题发生时,当务之急就是减少其他风险再发生的可能,要把事情做在前头,避免各类风险同时发生,避免从一个风险扩大至多个风险逐步发生。因此,必须在一个风险问题出现时,做好应对处理。

(二)启动应急机构,控制风险增量

思想政治教育治理的风险防控,既要遏制风险源的增加,更要严控风险源的发生系数。比如,在处理部分院校盲目设置热门专业,追求噱头的现象,教育主管部门采取相应政策,对明显供过于求的热门专业进行限制招生,就属于控制风险增量的一种做法。在思想政治教育治理领域,就是控制风险的态势持续扩大,必须及时启动应急机构。一般来说,需要由学校相关领导、宣传部门、心理咨询部门、医务部门、保安部门、监测小组、评估小组组成的专业应急机构;需要完善装备、制订应急措施。既要出动高校突发群体性事件(比如校园安全事故)发生时需要的设备,如巡警车、医疗设备、保安装备等,又要及时对大学生进行正确的思想疏导,还要加强与学生家长的沟通,多管齐下。只有通过应急机构的多管齐下,才能及时、快速且高效地处理风险。

(三)开设心理咨询,严防风险变量

信息技术的高速发展带来了多元化的价值取向,面对众多的思潮,大学生思想上容易陷入困惑,从而引发一系列心理问题。因此,在大学生思想政治教育治理风险发生时,开设心理咨询是不可或缺的。咨询技术是思想政治教育工作者必备的技能,可以在一定程度上弥补现有思想政治教育方式方法上的不足,从而有利于严防风险变量。并非不要变量,而是对变量进行严格的审视研判和谨慎的风险评估。鉴于新时代高校思想政治教育风险多元、多样、多变,必须更加注意防变量。比如,学校教育教学新政策的出台和调整就是一个风险变量,其中教育风险系数比较大的,需要精准研判,及时封堵政策漏洞导致的理论与实践逻辑不一致变量。在学校开设心理咨询室,有助于学生、老师端正对待新政策的态度,面对可能出现的问题,进行多方面考虑协商,及时适应新政策。

四 事后恢复

高校思政教育担负着"为谁培养人、培养什么样的人、怎样培养人"

的重任。思想政治教育治理风险的事后恢复，既要消弭不良影响、防止风险再发生，又要继续肩负重任。这就需要不断寻找问题、解决问题，提高思想政治教育治理的时效性。目前而言，既要坚决落实马克思主义尤其是社会主义核心价值观在意识形态领域的领航功能，也要改进思想政治教育治理的工作队伍和工作方法，消除高校学科之间、部门之间的各种壁垒，建立协同育人机制。此外，还要在法律法规制度领域不断完善，力争营造一种更好的思想政治教育氛围。

（一）落实马克思主义在意识形态的领航功能

思想政治教育改革的最核心问题是落实国家制定的思想政治教育目标，将目标具化为具体方案或行动，让学生在显性、隐性教育中产生情感的共鸣，并且自觉接受价值导向，发自内心的认同。然而，做好思想政治教育治理风险的应对，从事后恢复的角度来说，最迫在眉睫的还是尽快稳住意识形态领域的主导功能。从这个意义上来说，需要构建思想政治教育协同创新的育人模式，只有各个参与部门协力合作，才能了解大学生对于个体存在价值、自身发展价值以及生活享受价值的态度，才能有效扭转思想政治教育效果不理想的状态。

"主流意识形态是凝聚不同阶级和阶层的'社会水泥'，统摄着其他意识形态和亚文化，构成了社会精神文化的主体结构和有机内核。"[1] 想要实现意识形态领域的有效治理，加强马克思主义主导意识形态建设，就必须筑牢社会主义核心价值观。对大学生而言，思想政治教育是在他们人生关键时期确立价值观的重要途径。在价值观领域，思想政教育治理就是既要随时代的发展和个体生存状态等一系列发展条件进行调整、变化，使之更好地发挥价值观的引领作用，也要重视对大学生规范性和限制性的引导，把大学生个体的个人目标和根本价值诉求放在重要位置加以考虑，而不是一味地强调思想政治理论课对大学生的影响力，只有这样，思想政治教育才能成为治理过程中最直接、最有效的手段。同时，思想政治教育才能真正成为传播我国社会主义主流意识形态的重要渠道、重要实践活动。

---

[1] 杨威：《社会控制视野中的思想政治教育》，《武汉大学学报》（哲学社会科学版）2012年第3期。

（二）发挥现代化治理因素对思想政治工作的倒逼机制

从现代化治理中的影响因子倒逼思想政治教育治理工作，切合思想政治教育治理的根本理念，是激励机制的一种。在前面，我们已经就思想政治教育治理的事前预防、事发预警和事中处置阶段作了相关行为介绍，在事后恢复阶段，必然是就在处理阶段暴露出来的师资或专业队伍问题以及可能影响下一步风险预防的评估体系加以完善，故而表现为两个方面。

一是建立一支理论强、专业精、素质硬的政工队伍。教育的成败事关中国特色社会主义事业的未来，高校思想政治教育更是重中之重。教育部等八部门在2020年4月发布的《关于加快构建高校思想政治工作体系的意见》中针对思政教育队伍建设提出了打造高素质的思想政治工作和党务工作队伍的要求。这就要求高校进一步完善党委统一领导工作，将师资队伍建设和政工队伍建设进行有机结合，使高校总体呈现教育、科研齐头并进的良性发展局面。政工队伍建设的重点在于选拔理论强、专业精、素质硬的政工人员，充分调动政工人员的工作积极性。一方面，要引入一定的良性竞争机制，使政工人员具备一定的危机意识，不断充实自身，以适应新形势、新变化带来的新挑战；另一方面，在政策上给予适当照顾，增强政工人员的职业认同感，以吸引更多优秀的人员加入高校政工团队。

二是进一步完善思想政治教育工作绩效评估体系。科学的绩效评估体系能有效激励教育工作者，改进教育工作质量，实现教育预期目标。高校思想政治教育工作的目标是培养政治立场坚定、知识储备丰富、实践能力较强的社会主义时代新人，因此，思想政治教育工作绩效评估体系要基于教育工作的实际成效设计评估标准，围绕认知目标、情感目标、行为目标对教育对象进行考察，以此促进高校思想政治教育工作的进一步发展。此外，强化思想政治教育的监督环节，以制度制约教育工作者的言行举止，营造良好的教学环境，使全体教育工作者自觉形成全员育人、全程育人、全方位育人的教学共识。切实改进工作作风，将集体利益置于个人利益之上，将德育目标作为个人的奋斗目标，使个人人生价值的实现与学校追求的培养"四有"合格人才的目标紧密地融合在一起，不断提高自身素质和工作水平，从而增强思想政治教育工作的针对性、实效性和吸引力、感染力，为人才培养和社会主义现代化建设服务。[①]

（三）提升思想政治教育在方法和制度上的治理实效

从事前、事中到事后，在思想政治教育治理风险中，我们已经基本了解并检验了目前的治理方法和体制设置。因此，在事后恢复阶段，我们有必要根据反馈结果及时更新思想政治教育的方法，不断完善思想政治教育治理机制。一方面，科学的思想政治教育内容和方法，可以降低治理风险，提高思想政治教育治理的实效性。在思想政治教育工作中，要善于结合教育对象的身心发展规律，设计合理的教学内容；要善于深入解读国家文件，以学生喜闻乐见的形式宣讲国家大政方针。改进高校思想政治教育工作方法，就要做到内容形式贴近时代、贴近实际、贴近生活。比如，以各个学院的基层党组织为领导，以辅导员和学生干部作为骨干成员，共同构建一个高效的信息收集机制，重点收集潜在的风险信息，针对风险问题，做好预防、预警和处理计划，从源头上阻断风险、从过程中降低风险。另一方面，健全高校思想政治教育治理的法律法规，既能防微杜渐，又能在法规层面提供衡量标准。高校思想政治教育的风险有多方面，要保证高校思想政治教育的外部环境，也要对高校思想政治教育内部作出相应的规范管理，校园制度环境包括学校内部的各种规章制度、行为规范、公约守则和建立在这些规章制度基础上的各种组织。政府应制定相应的法律法规，高校也要不断丰富校园制度的内容，二者都要准确迅速地把握时代脉搏，抓住历史机遇，及时准确地制定相应制度，为促进大学生的全面发展提供法律和制度保障。

---

① 魏明禄、丁烈云：《新时期高校思想政治教育风险及其规避》，《学校党建与思想教育》2009 年第 31 期。

第十一章

新时代高校思想政治教育的治理环境

人创造环境，同样，环境也创造人。① 环境是思想政治教育的基本要素之一。高校思想政治教育总是处在一定的环境之中，良好的治理环境对高校思想政治教育治理至关重要。进入新时代，要在推进国家治理体系和治理能力现代化的背景下，认识人与环境的辩证关系，从教育治理、高校治理入手，分析高校内部治理和外部治理结构，把握高校内部治理和内部环境、外部治理和外部环境的关系，准确理解高校思想政治教育治理环境的内涵。高校思想政治教育的治理环境，具有关联性、相对性和融合性三个特征，可从宏观、中观、微观三个层次和国家全局治理体系、现代化背景、网络时代背景三个视角加深理解。高校要统筹推进思想政治教育内部治理和外部治理，着眼学生全面发展的治理目标、整合内外资源的治理功能、强调合作协商的治理特性、促进协同育人的治理导向、完善制度体系的治理途径、提升执行能力的治理手段，为高校思想政治教育形塑良好的内部环境和外部环境。面向新时代，高校思想政治教育治理日益呈现内部环境与外部环境系统发展、整体发展、融合发展的态势，在全社会共同构建"三全育人"和"大思政"格局的背景下，高校、政府、社会要一起发力，树立中国特色、中西交融的治理理念，建立齐抓共管、多方共治的参与机制，形成功能完善、协同充分的运作机制，营造有利于高校思想政治教育创新发展、协同发展、持续发展的

---

① 《马克思恩格斯选集》（第一卷），人民出版社2012年版，第172—173页。

治理环境。

第一节　高校思想政治教育治理环境的内涵

高校思想政治教育治理环境的内涵，要在推进国家治理体系和治理能力现代化的背景下，把握人与环境的辩证关系，综合考察高校思想政治教育环境（包括内部环境与外部环境）、高校治理结构、内部治理与外部治理等概念和相互关系后作出界定。高校思想政治教育治理环境，即高校在统筹推进思想政治教育治理过程中，思想政治教育作为相对独立运行的系统或高校的一个子系统，其治理行为得以实施、治理条件赖以依存的环境，同样分为内部环境和外部环境，具有关联性、相对性和融合性三个特征。

一　高校思想政治教育的环境

讨论环境首先要把握人与环境的辩证关系。中国古代形成了以"天人合一"为核心的人与环境（自然）的观念，既承认环境对人的制约，强调尊重自然规律，又主张积极适应环境以寻求发展。如《老子》云："人法地，地法天，天法道，道法自然"；《管子》云："其功顺天者天助之，其功逆天者天逆之"。西方环境哲学中的自然观、环境观以人性的贪欲和物种的抽象平等为依据，彻底否定了人类中心主义的哲学范式。而马克思主义则是以历史辩证法、生产方式决定论、人的全面发展等原则建构唯物史观。[①] 马克思、恩格斯指出，环境的改变和人的活动或自我改变的一致，只能被看作并合理地理解为革命的实践。[②] 意即人与社会环境的关系是环境改变人和环境由人改变的统一，环境对人有塑造作用，但人也不是完全被动地由环境决定的，人可以发挥主观能动性改变环境。这就是"人创造环境，同样环境也创造人"的著名论断，也是新时代高校思想政治教育治理环境的研究基点。

[①] 王晓路、柴艳萍：《西方环境哲学与马克思主义唯物史观比较研究》，《科学社会主义》2017年第2期。

[②] 《马克思恩格斯选集》（第一卷），人民出版社2012年版，第134页。

按照系统论、协同论的观点，相对于社会其他构成单元或治理主体，高校可视为一个相对独立、功能完善的大系统，内部有许多子系统，在一定制度的规约和机制的协调下，协同开展工作，形成育人合力，履行高校的基本职能。思想政治教育就是其中的一个子系统。而思想政治教育虽然是高校事业发展总体框架下的一个子系统，但其本身就是一个庞大的体系，内含了类型多样、功能各异、关系复杂的系统，各系统又内含子系统和要素，构成了一幅交叉交错、铆合衔接、互相依存、彼此牵引的壮阔图景。高校思想政治教育是一个系统工程，虽然具有相对明晰的边界，但绝非封闭保守，而是有着很强的开放性，与外界环境、其他体系进行着大量的互动联系、信息交换，这种联系和交换呈现越来越活跃的趋势，对高校思想政治教育活动的质量、成效的影响也越来越大。在高校思想政治教育体系内部的各系统及子系统，更是不断地发生着融合、调整、进化、衍生。

高校思想政治教育的发展总是处在和面临一定的环境。思想政治教育环境是指环绕并影响思想政治教育活动开展和思想、行为形成、发展的一切外部因素的总和。[1] 环境是影响高校思想政治教育活动效果及师生思想与行为变化的外部空间，按照不同的分类方法，可分为宏观环境、中观环境、微观环境，自然环境、社会环境，物质环境、精神环境，政治环境、经济环境、文化环境，政策环境、保障环境，实体环境、虚拟环境等。高校思想政治教育环境亦可参照作如上分类。

二 高校内部治理与外部治理

党的十八届三中全会确立全面深化改革的总目标是完善和发展中国特色社会主义制度，推进国家治理体系和治理能力现代化。党的十九届四中全会通过的《中共中央关于坚持和完善中国特色社会主义制度 推进国家治理体系和治理能力现代化若干重大问题的决定》是其具体化和升级版。习近平总书记指出，国家治理体系和治理能力是一个国家制度和制度执行能力的集中体现。国家治理体系是在党领导下管理国家的制度体系，包括经济、政治、文化、社会、生态文明和党的建设等各领域

---

[1] 郑永廷：《思想政治教育学原理》（第二版），高等教育出版社2018年版，第280页。

体制机制、法律法规安排，也就是一整套紧密相连、相互协调的国家制度；国家治理能力则是运用国家制度管理社会各方面事务的能力，包括改革发展稳定、内政外交国防、治党治国治军等各个方面。国家治理体系和治理能力是一个有机整体，相辅相成，有了好的国家治理体系才能提高治理能力，提高了国家治理能力才能充分发挥国家治理体系的效能。①

教育作为社会的一个大的领域和系统，教育治理包括高等教育或高校治理日益受到重视和关注。高校治理是国家治理的重要组成部分，高校治理体系和治理能力现代化的水平对国家治理体系和治理能力现代化的水平有着重要影响。立足中国国情和中国高校传统，借鉴其他国家高校的经验，探索建立中国特色现代大学制度，促进高校治理体系和治理能力现代化，是推进国家治理体系和治理能力现代化的重要内容。从传统大学和现代大学的普遍现象来看，按照主体、内容、部位等的不同，高校治理结构可大致分为内部治理和外部治理。从高校内部治理和外部治理的关系来看，存在着间接影响和直接控制两种典型的基本结构，在实践中因各地、各高校的实际情况不同，还存在介于这两种基本结构之间的一些混合结构和亚结构，某种结构的独特性主要在于高校办学自主权、高校与政府的关系等方面。不断完善高校治理结构，处理好内部治理与外部治理的关系，为高校的健康持续发展营造良好的内部环境和外部环境，既是中国特色现代大学制度建立过程中旨在着力解决的关键问题，也是高等教育治理体系和治理能力现代化的重要标志。

高校办学的组织运行、经费筹措与分配、大学章程和规章制度的制定、人事权等构成了高校核心权力，围绕核心权力的治理权和治理范围，则构成了高校内部治理与外部治理的关系。从历史和现状来看，因传统和国情不同，高校核心权力的决定权、话语权或高校治理权，掌握在内部治理组织和外部治理组织的比重，各国具有较大的差异性。例如美国普遍采取间接影响的高校治理结构，由董事会领导治理，高校办学自主权较大，政府等外部治理组织对高校的影响小且间接；而受苏联经验影响较大的中国过去普遍采取直接控制的高校治理结构，高校办学自主权

---

① 习近平：《切实把思想统一到党的十八届三中全会精神上来》，《求是》2014年第1期。

较小，治理权主要集中在各级政府的教育行政部门。《中共中央关于全面深化改革若干重大问题的决定》指出：要深入推进管办评分离，扩大省级政府教育统筹权和学校办学自主权，完善学校内部治理结构。这为高校推动治理体系和治理能力现代化，正确把握内外部治理的关系指明了方向。就现阶段的中国高校而言，外部治理的任务更为艰巨繁重。高校外部治理的对象和目标，指向高校外部与高校办学直接、间接相关的主体，决定、影响高校重大事务决策的结构和过程，协调高校外部各治理实体关于资源、权力的配置、行使的制度安排、机制设计，这些和其他外部因素一道，构成了高校发展面临的外部环境。因此高校内部治理和内部环境、外部治理和外部环境，是既有联系又有区别的两对概念。

高校思想政治教育治理是高校治理的重要内容，同时存在于高校内部治理和外部治理过程中。高校思想政治教育治理是指高校在党的领导下，统筹谋划、系统推进思想政治教育活动，对思想政治教育活动相关的内部外部领导体制、运行机制、规章制度、资源配置等作出妥善安排。高校思想政治教育治理体系主要指一整套成体系的思想政治教育政策、制度、文件。高校思想政治教育治理能力主要指高校综合运用执行制度体系管理组织思想政治教育活动的能力。高校要统筹协调思想政治教育治理的内部治理和外部治理，为思想政治教育活动的有效开展营建良好的内部环境和外部环境。

三 高校思想政治教育的治理环境

马克思主义思想政治教育环境论运用马克思"社会存在决定社会意识"的唯物主义观点来理解思想政治教育环境与思想政治教育的一般辩证关系。思想政治教育依赖于经济基础决定的物质环境，遵循这种社会生产关系带来的决定性作用，同时开展对这一社会关系合理性与真理性持续认同的价值观教育，从而确立以这一经济基础为根本的精神环境与物质环境的相互统一。[①] 高校思想政治教育一方面要适应环境，重视环境对人的发展的影响，遵循环境变化的规律；另一方面要有意识、有目的、

[①] 冷雪梅：《思想政治教育环境与高校"形势与政策"课的功能定位》，《思想理论教育导刊》2014年第9期。

有计划地选择、利用、改造环境，使原先不利于高校思想政治教育的环境因素得以改变，从而营造整体上更为有利的环境。

高校思想政治教育治理的实施同样需要一定的环境作为条件和支撑。思想政治教育环境可以释义为，与思想政治教育活动相关联的、思想政治教育活动所赖以形成的外部条件的广泛而复杂的动态总和。[1] 参照此，高校思想政治教育治理环境，即高校在统筹推进思想政治教育治理过程中，思想政治教育作为相对独立运行的系统或高校的一个子系统，其治理行为得以实施、治理条件赖以依存的环境。在高校思想政治教育内部治理和外部治理的视域下，高校思想政治教育治理环境可对应地分为内部环境和外部环境，分别是高校思想政治教育内部治理和外部治理生发、作用的空间、场域。作为相对独立运行的系统，高校思想政治教育治理的外部环境主要是指高校外部与思想政治教育治理相关的主体、机制和相互关系等，包括政府、家庭、中小学、企业、社区、媒体、社会团体和其他社会力量。作为高校的一个子系统，高校思想政治教育治理的内部环境主要是指高校内部与思想政治教育治理相关的其他条线、系统、领域、板块，包括教学、科研、资产、后勤等协同运行的体制机制。

高校思想政治教育治理环境具有三个特征。一是关联性。如前所述，环境的分类方法有多种，对高校思想政治教育治理的影响程度也不同。高校思想政治教育治理环境不简单等同于人生存的自然或社会环境，而是与高校思想政治教育治理具有直接或较为直接关联性的环境因素，只有那些能够参与或影响思想政治教育的外部条件方可纳入，而不宜过于泛化。二是相对性。高校思想政治教育治理既可以作为相对独立的系统运行，又可以视为高校的一个子系统，因而其外部环境具有相对性，需要在具体分析语境和定位的基础上开展讨论，以避免混淆或错位。三是融合性。随着高校思想政治教育治理的水平和能力不断提升，高校内部与外部的相关主体、力量间联动协同越来越密切，内部治理和外部治理的界限也不再"泾渭分明"，在许多时候早已翻越了高校的有形"围墙"。要营造有利于高校思想政治教育治理的环境，在遵循一致的育人目标和

---

[1] 陈万柏、张耀灿：《思想政治教育学原理》，高等教育出版社2007年版，第220页。

价值导向的情况下，亦要通过高校和社会的共同努力，实现整体发展、系统发展、融合发展，以达到效益最大化。

高校思想政治教育治理环境存在的问题。高校思想政治教育治理作为一项系统工程，既服务社会，又需要社会支持，单靠学校的力量是明显不够的，在全面性、持续性、适配性方面也有短板。高校思想政治教育治理现代化需要有良好的内外环境，主要体现为高校内部体制机制的优化和高校、政府、社会新型关系的构建，高校思想政治教育治理当中许多工作的开展、许多关系的处理，都与之紧密相关。就高校内部环境而言，主要是党委统一领导、党政齐抓共管、职能部门牵头、其他部门协同、各方力量联动、评价机制完善的"三全育人"和"大思政"格局尚未真正确立，在体制机制上还存在梗阻和瓶颈。就高校外部环境而言，主要是高校、政府、社会新型关系的构建尚处在探索期、培育期，使高校思想政治教育治理的外部环境仍存在一些问题。例如，高校安全稳定工作中许多事项都必须通过建立顺畅的校地协同机制，与政府和社会力量联防联控联动方可奏效，而这种校地协同机制还不甚理想。体现在校园周边综合治理上，高校和地方公安、民宗、司法、市场监督管理等部门协同协作的制度机制尚未有效形成，造成一些涉校地、跨部门的事件、案件在处理过程中遇到困难或耗费了过多的沟通成本。又如，过去政府通过教育行政部门对高校实行管理和指导，但管得过多、统得过细，一些文件和要求对各类型、各层次高校的特殊性考虑不够周全，一定程度上束缚了高校办学自主权和创造性。而高校思想政治教育是做人的工作，最需要因事而化、因时而进、因势而新，"一刀切"的做法并不符合许多高校的实际情况。再如，2019年底以来发生的新冠肺炎疫情对经济社会运行造成巨大影响，也对大学生就业带来巨大困难，在这样的严峻形势下，单靠高校力量已无法按往年常规做法实现都就业、就好业，这就需要政府、社会的共同努力。在党中央、国务院的高度重视下，从国家到地方，各类就业利好政策频频出台，各类型企业克服困难提供就业岗位，为稳就业"保驾护航"，发挥了积极作用，但在政策落实落地、资源投放时效、人岗匹配精度、高校分类施策等方面仍存在一些问题。

第二节 高校思想政治教育治理环境的层次与体系

从高校思想政治教育环境的分类方法来说，高校思想政治教育治理环境也可进行多种分类。根据高校思想政治教育治理环境的内涵及其特征，在层次上着重考察宏观层次、中观层次和微观层次。同时，环境因素并非孤立存在，而是相互联系、彼此依存的一个体系，要以系统性、整体性、协同性发展的眼光看待高校思想政治教育治理环境，从国家全局性治理体系、现代化背景、网络时代背景三个视角来考察。

一 高校思想政治教育治理环境的层次

（一）宏观层次

第一，国内环境和国际环境。高校思想政治教育治理所处的宏观大环境，包括面向社会的国内环境和面向世界的国际环境。和谐稳定的国内环境与和平安宁的国际环境是中国特色社会主义事业发展的两个基本条件。高校思想政治教育治理的实施同样需要这样的大环境。当前，国内经济社会发展稳健，大局总体稳定，但疫情防控压力和经济下行压力叠加，政治安全、意识形态安全、生物安全等领域仍存变数。随着改革开放的持续深入，中国与世界的交往越来越绵密，来自国外的利益、制度和知识信息等多种因素通过各种渠道影响或者直接参与地方治理，并且成为推动地方治理创新发生和持续的重要变量。[①] 但来自国外的风险挑战也明显增多，局面更加复杂。这样的国内环境和国际环境对高校思想政治教育治理来说既是机遇也是挑战。

第二，宏观政策环境。高校思想政治教育治理的实施必须以遵守国家法律法规为前提，思想政治教育相关制度体系的制定完善也必须依凭国家法律法规体系。一个体系完备、实施高效、监督严密、保障有力的法律法规体系能为高校思想政治教育治理提供良好的宏观政策环境。党的十八大以来，党中央、国务院高度重视教育事业，把教育放在优先发

---

① 俞可平：《中共的治理与适应：比较的视野》，中央编译出版社2015年版，第117页。

展的战略地位，教育相关法律法规体系不断得到完善。教育、高等教育主要适用的教育法律、法规、部门规章、其他相关法律、文件、教育部令等法律法规，同样也适用于高校思想政治教育。此外，高校思想政治教育治理还有部分与本领域直接相关的中央和国家层面的政策、文件、制度，如2016年全国高校思想政治工作会议后发布的《关于加强和改进新形势下高校思想政治工作的意见》等，也是宏观政策环境的构成要素。

（二）中观层次

第一，本校环境。本校环境是指高校思想政治教育治理在本校所依凭的环境。思想政治教育作为高校的子系统，与其他子系统和元素间协同紧密，其发展亦受到高校制度环境、教学环境、科研环境、管理环境、人才环境、文化环境、资源环境等多种环境因素的影响，其中起决定性作用的是制度环境。高校对思想政治教育治理的认识程度、重视程度和投入程度，直接反映在相关制度体系上。制度体系的设计制定，主要由高校决策层以及代表学校履行治理职能的各党委、行政部门实施。例如学生工作部门要建章立制，履行在全校范围内统筹谋划、系统推进大学生思想政治教育的职责。制度体系的执行效能，则受到管理环境（主要是协作条件）的制约。党的十八大以来，高校围绕立德树人根本任务，不断加强思想政治工作，将党中央、国务院的相关决策部署落到实处，普遍建立本校的思想政治教育制度体系，健全绩效考核、反馈评价的办法与机制，思想政治教育治理在高校校内的环境日益得到改善。

第二，地区环境。地区环境是指高校思想政治教育治理在本地区所依凭的环境。高校治理权主要集中在各级政府的教育行政部门和高校。高校间因隶属、层次、水平、运行模式、资金来源等不同，与各级政府的教育行政部门的关系也不尽相同，但都在不同程度上受到对应上级教育行政部门的领导、管理或支持。高校思想政治教育治理应主动融入省市校共建等高校与地方政府的校地战略合作框架，积极争取有利政策和资源支持，主动承接或共同承担地方政府相关部门的工作和活动，服务地方经济社会发展，培养各类优秀人才，形成高校思想政治教育治理与地方政府良性互动的局面。

（三）微观层次

第一，本校基层单位或个体。高校思想政治教育治理在高校内部策划、实施、执行具体治理行为,都要落到基层单位或个体,例如院系、班级、学生组织、师生个人等。中央和国家层面、省市地方政府层面、高校校级层面的政策和制度要得到有效贯彻落实,必须依靠基层的扎实工作和师生个人的积极配合。基层应当树立起牢固的"四个意识",不折不扣落实上级决策部署、执行相关制度。同时,基层并不是单纯的被动执行者,而是应当发挥主观能动性,立足本校、本单位实际,对上级政策和制度进行细化安排和创造性落实,同时积极发挥建言献策、决策咨询作用。在高校进一步理顺校院两级管理体制、深化"放管服"改革、推动简政放权的背景下,作为二级单位的院系也要做到责权利平衡,探索更加切合本单位学科特点、专业特色的推进办法和实施细则。班级、团支部、党支部等作为学校治理的基本单位,学生组织作为连接学校和学生的桥梁纽带,师生个人作为各项工作的最终落脚点,也都应在高校多元主体参与"共治"的格局下发挥自我教育、自我管理、自我服务的作用。

第二,其他社会力量。马克思、恩格斯重视社会环境对人的成长的作用,他们指出,人天生就是社会的生物,那他就只有在社会中才能发展自己的真正天性。从社会学的角度看,思想政治教育社会学认为,思想政治教育和社会具有相互性,即思想政治教育与社会是两个相互区别又相互联系、相互需要、相互依赖的领域。[①] 高校思想政治教育治理因而具有开放性,与其他社会力量有直接或较为直接的联系,包括家庭、中小学、企业、社区、大众传媒、社会团体等。这些社会力量因某种关切与高校联结,对高校人才培养产生不同程度的影响,是高校思想政治教育治理不容忽视的利益共同体。家庭是高校思想政治教育治理的重要参与者,对学生的健康成长起到关键作用。高校思想政治教育和中小学校德育是循序渐进、螺旋上升的关系,高校要在大中小学德育一体化进程中发挥积极作用。企业既是高校治理的重要合作者,也是高校人才培养的主要出口,可对高校思想政治教育治理的效果作出评价。社区是高校思想政治教育治理中社会实践、志愿服务等工作项目和高校社会服务职

---

① 孙其昂、叶方兴:《思想政治教育社会学的理论探索》,河海大学出版社2016年版,第83页。

能发挥的主要场所之一。大众传媒是高校思想政治教育治理的主要载体，也构成其内部和外部传播媒介环境。各类科技、文化、艺术、慈善机构等营利性和非营利性的社会团体，可与高校产生有效互动，广泛汇聚社会资源助力高校思想政治教育治理。

二 高校思想政治教育治理环境的体系

马克思、恩格斯指出，我们所接触到的整个自然界构成一个体系，即各种物体相联系的总体。[①] 高校思想政治教育治理环境不仅有层次性，而且有体系性，即环境因素并非孤立存在，而是相互联系、彼此依存的一个体系。要以系统性、整体性、协同性发展的眼光，看待高校思想政治教育治理环境，成体系构建，体系化推动。这里所指的治理环境的体系，实际上也是从何出发、怎样认识、如何看待高校思想政治教育的总体治理环境，总的来说，要从国家全局性治理体系、现代化背景、网络时代背景三个视角来考察。

（一）国家全局性治理体系

从国家全局性治理体系的角度来看，高校思想政治教育治理从属于高校治理、社会治理、国家治理。从这个意义上说，高校治理、社会治理、国家治理是思想政治教育治理的外部环境，对高校思想政治教育治理的状况产生直接或间接的影响。高校思想政治教育治理的面貌与成效也会对高校治理、社会治理、国家治理产生直接或间接的影响。习近平总书记指出："推进国家治理体系和治理能力现代化，一定要解决好价值体系建构问题，尤其要加快构建充分反映中国特色、民族特性、时代特征的价值体系。"[②] 即要大力培育和弘扬社会主义核心价值体系与社会主义核心价值观。思想政治教育为国家治理提供内在的价值合法性基础，构筑主流价值体系，发挥着统一思想、凝聚共识的重要作用。要进行有效的社会治理和国家治理，首先必须达成价值共识。国家治理行为蕴含思想政治教育功能，思想政治教育行为也具有与生俱来的治理功能，国

[①] 《马克思恩格斯选集》（第三卷），人民出版社2012年版，第952页。
[②] 习近平：《完善和发展中国特色社会主义制度　推进国家治理体系和治理能力现代化》，《人民日报》2014年2月18日第1版。

家治理需要思想政治教育的参与和融入。党和国家必须最大限度地汲取和整合来自社会各方面的治理资源,最大限度地形成社会治理价值共识。①

从社会学的角度来看,社会治理是国家治理的子系统,思想政治教育是现代化社会治理的组成部分,社会治理是思想政治教育现代化转型的重要契机,二者目标一致,都是为促进人的全面发展、社会的发展进步,在价值同构、功能互构中实现更广泛的社会化。从功能性的角度来看,思想政治教育能够在政治认同、价值引领、动力激活、矛盾调和、社会稳定等方面发挥积极作用。有学者认为,思想政治教育是社会治理的重要方式,社会治理为思想政治教育有效开展创造良好基础。在社会治理中,要充分发挥思想政治教育的政治功能、经济功能和文化功能,推进社会治理顺利开展。② 社会治理是通过法律、道德、思想政治教育等多种手段协同推进的。有学者认为,社会治理既包括法律、规则、政策等硬规范,也包括习俗、舆论控制、思想政治教育等软治理。思想政治教育是社会软治理的重要手段。③ 在方式方法上,思想政治教育要以隐性的方式渗透到社会治理的各个环节,以人文关怀和心理疏导"软化"社会治理困境,不断提升治理主体化解社会矛盾、培育良好社会心态的有效性,为社会治理的生活实践转向奠定人心基础。④ 高校思想政治教育作为全社会思想政治教育的重要领域,思想政治教育学科作为马克思主义指导下的哲学社会科学学科群的重要学科,对培养社会主义建设者和接班人发挥着重要作用,也是高校治理、社会治理、国家治理的有益组成部分。社会治理为高校思想政治教育治理提供实践场域、创新沃土和环境条件,高校思想政治教育治理的面貌也会影响社会治理,尤其是社会治理当中的思想空间治理。

---

① 王莉:《国家治理价值体系建设中的思想政治教育功能研究》,《思想政治教育研究》2018 年第 5 期。

② 郑永廷、田雪梅:《社会治理与思想政治教育的发展》,《思想理论教育》2017 年第 6 期。

③ 宋劲松:《社会治理创新论域中思想政治教育软治理研究》,河海大学出版社 2018 年版,第 15—16 页。

④ 黄晓晔:《思想政治教育与基层社会治理》,东南大学出版社 2018 年版,第 105—106 页。

(二) 现代化背景

从现代化背景下考察，高校思想政治教育治理目标是实现治理体系和治理能力现代化，应当联系教育现代化、国家现代化和世界现代化的背景。从这个意义上说，教育现代化、国家现代化和世界现代化也是高校思想政治教育治理的外部环境。在教育现代化方面，思想政治教育治理体系和治理能力现代化应该走在教育现代化的前列，在整个教育工作中率先实现现代化。思想政治教育治理体系和治理能力建设既要寻求教育整体现代化的依托，也要能够在教育现代化过程中发挥出先导性、基础性作用。[①] 在国家现代化方面，高校思想政治教育治理要跳出思想政治教育和高校小系统、小环境，自觉置身于国家现代化进程中，履行培养社会主义建设者和接班人的责任，增强服务国家经济社会发展的能力。教育现代化首先要实现教育理念现代化，要不断更新教育观念，坚持以师生为中心，遵循教育规律、思想政治工作规律、学生成长规律，注重理论教育和实践活动相结合、普遍要求和分类指导相结合，提高思想政治教育科学化、精细化水平。在世界现代化方面，既要科学借鉴世界先进国家、先进高校的经验，如价值观渗透课程教育、思想政治教育隐性教育方式等，也要坚持思想政治教育的中国特色。建设中国特色社会主义，总任务是实现社会主义现代化和中华民族伟大复兴。中国的现代化有着社会主义的意识形态属性。这就要求高校思想政治教育治理必须坚持以马克思主义及其中国化最新成果为指导，筑稳筑牢主流意识形态，做大做强正面宣传教育。

(三) 网络时代背景

从网络时代的背景下考察，网络空间大大拓展了高校思想政治教育的治理环境。高校思想政治教育系统受到了外部环境的影响，网络空间消解了外部环境的唯一性，正是现实空间与网络空间的交融渗透，共同建构了高校思想政治教育赖以生存和发展的新时空环境。[②] 2018 年 8 月，

[①] 徐艳国：《思想政治教育治理体系和治理能力现代化探析》，《清华大学学报》（哲学社会科学版）2014 年第 3 期。

[②] 李颖、靳玉军：《网络空间视域下高校思想政治教育治理的创新发展研究》，《重庆大学学报》（社会科学版）2020 年第 3 期。

习近平总书记在全国宣传思想工作会议上指出，要营造风清气正的网络空间，科学认识网络传播规律，提高用网治网水平，使互联网这个最大变量变成事业发展的最大增量。① 党的十九届四中全会公报中提出，建立健全网络综合治理体系，加强和创新互联网内容建设，落实互联网企业信息管理主体责任，全面提高网络治理能力，营造清朗的网络空间。网上负面信息和国内外思潮对主流思想文化的冲击极大，网络空间治理已经成为国家治理、社会治理的一个重点。确保互联网可管可控，使互联网更加清朗、安全，为青少年营造一个风清气正、积极向上的网络空间，是网络空间治理的重要任务之一。在网络空间治理视域下探究大学生思想政治教育面临的新挑战、新内涵、新路径、新手段等问题，有利于高校、党和国家育人目标的真正实现。②

互联网已成为高等教育、高校思想政治工作所处的基本外部环境，这就是最重要的形势变化。③ 互联网对高校思想政治教育治理的影响是全面且深入的，而高校思想政治教育治理也深刻影响着互联网。高校网络思想政治教育是网络空间治理的重要组成部分，在网络空间治理中发挥着主流价值引领、网络舆论引导、社会心态疏导、服务大学生成长成才和满足其精神文化需求等功能。④ 高校要积极拥抱互联网带来的变化，主动适应变化着的互联网，牢固树立互联网思维，深刻洞察网上和网下思想政治教育的区别和联系、网络环境相较于其他思想政治教育治理环境因素的特殊性，把握互联网的阶段性特征和发展规律，提高运用网络实施治理的能力，促进高校思想政治教育治理与网络空间治理积极互动。既要强化阵地意识，制定完善网络管理的相关制度，落实网络意识形态责任制，筑牢师生的思想防线；又要强化正面建设，建好网络文化工作室，着力培育优秀内容，加强主流意识形态和先进思想文化的网上传播

---

① 《习近平在全国宣传思想工作会议上强调　举旗帜聚民心育新人兴文化展形象　更好完成新形势下宣传思想工作任务》，《人民日报》2018 年 8 月 23 日第 1 版。

② 杨晓茹、亢升：《网络空间治理视阈下大学生思想政治教育的审思》，《学校党建与思想教育》2019 年第 8 期。

③ 王洁松、刘群鑫：《论高校网络文化建设的时代意义》，《学校党建与思想教育》2019 年第 6 期。

④ 陈志勇：《网络空间治理背景下的高校网络思想政治教育应对》，《思想教育研究》2018 年第 12 期。

弘扬，引领社会思潮、凝聚社会共识，提升师生网络素养，培育校园好网民，为全网清朗化贡献高校力量；还要加强人才培养，发挥高校优势，在网络学科建设、网络基础研究、网络技术创新、网络文化繁荣等方面与网络强国战略同频共振。同时，随着以互联网为基础的现代信息技术快速发展，人工智能、区块链技术、大数据等在高等教育中的研究应用方兴未艾。高校思想政治教育治理可顺势而为，积极尝试新技术新应用，强化数据意识，充分发挥数据的统计、分析、调查、预测功能，提高治理的现代化、科学化、智能化水平。

第三节 高校思想政治教育治理现代化环境构建的实施路径

回顾改革开放40年来高校思想政治教育发展的历程，日益重视思想政治教育内部治理与外部治理，特别是注重为思想政治教育营造良好的内部环境与外部环境，逐步形成高校为主、政府指导、社会支持、内外联动、协同各方的制度和机制，是一条重要经验，也是展望未来可预期的基本趋势，同时为高校思想政治教育实现治理体系和治理能力现代化奠定了坚实基础。近年来，教育机制互联、教育功能互补、教育力量互动的学校、家庭、社会三结合的工作格局逐渐形成，全社会关心和支持高校思想政治教育的整体合力初步形成。[①] 在育人目标一致的前提下，高校思想政治教育治理的系统性、整体性日益增强，内部环境与外部环境日益呈现融合发展态势。高校、政府、社会要一道发力，树立中国特色、中西交融的治理理念，建立齐抓共管、多方共治的参与机制，形成功能完善、协同充分的运作机制，构建有利于高校思想政治教育创新发展、协同发展、持续发展的治理环境。

一 树立中国特色、中西交融的治理理念

中国地大物博、人口众多，地域、民族、语言、文化等差异性很大，

[①] 冯刚：《改革开放40年来高校思想政治教育发展的经验与展望》，《中国高等教育》2018年第Z2期。

要把国家治理好，难度极大。历史上虽有过中原王朝遭受外敌入侵或分裂割据的混乱时期，但"大一统"的国家格局在整个历史长河中始终占据主导地位，中华文明和正统文化的根脉不间断地延续了数千年。这在很大程度上归因于历朝历代在国家治理方面的探索、实践、总结、传承、发展，形成了中国古代的国家治理模式。

这一模式有三个鲜明特点：一是强调以民为本。包括养民、富民、惠民、安民等方略与举措，这是中国历代统治者治理国家共同推崇的基本指导思想，古代思想家对王权、国家、政权、民生等的辩证关系有过许多精辟阐发和经典论述。《尚书》就提出"民为邦本，本固邦宁"。二是德治法治并重。诸子百家当中，儒家和法家均注重治国之道的探讨，儒家主张以德治国、礼乐施政，法家主张以法治国、实行法治，根本的区别实则是在治国基调上，究竟以顺应民心民意还是以突出治理效能为优先。在德治与法治两种治理思想的实践上，既有成功的案例，也有失败的教训，单一的德治或法治已无法应对越来越复杂的治理局面。这促使统治者将两种治国思想结合、互补，发挥各自优势，实现治国的价值基础与制度保障相统一。与中世纪西欧基督教国家相比，中国古代选择了充分体现人文精神的道德法律共同治理模式，在古代官吏制约、基层社会治理两个方面有集中表现。[①] 三是基层自治治理。中国古代基层社会赖以维系的基础，是以血缘为纽带的宗亲观念和宗族体系。中国古代的乡村基层保持基本稳定，与官民协力、乡绅自治的基层治理模式密切相关。政府派驻的基层机构和官员通过某种方式实行组织管理，乡绅、长老等具有威望和资历的民间人士亦能在思想教化、维持秩序、协调矛盾等方面发挥重要的作用。这三个特点，时至今日仍有现实启示和发生土壤，是新时代形成中国特色治理理念不可脱离的考虑维度。中国古代的国家治理模式蕴含了古人的治国理念和治理智慧，已经成为中华优秀传统文化的重要组成部分，也为坚持和完善中国特色社会主义制度、推进国家治理体系和治理能力现代化提供了极为宝贵的镜鉴和有益的滋养。从思想政治教育治理融入国家治理、社会治理的契合性、相通性来说，

---

① 朱勇：《中国古代社会基于人文精神的道德法律共同治理》，《中国社会科学》2017年第12期。

中国古代国家治理思想和实践也提供了历史论据。

现代意义上的治理是作为公共管理领域的概念和理论，由西方学者率先提出的。随着中国经济社会发展的新需求不断涌现，各阶层、人群的利益诉求日趋多样，传统的以政府管理为绝对主导的模式需要科学吸收、借鉴治理理论中的合理元素，以适应新的形势。区别于传统的统治、管理，治理视域下最显著的理念转变就是从单一主体向多元主体的转变。在治理体制下，政府不再是行使公共权力的唯一主体，社会组织、企业、公民个人等都成为公共权力的共同行使者，小众群体、特殊群体、弱势群体的利益得到更多关注。主体多元化也带来手段多样化，不同主体有机会参与社会治理和国家治理，为治理引入更为丰富的关注点、兴趣点、创新点。但需注意的是，西方治理理论作为舶来品，在吸收借鉴时应注意结合国情科学分析、批判借鉴，其倡导的弱化政府作用、多权威主体的社会管理模式并不适合中国国情。西方国家推崇治理理念多是由于政治传统和文化环境，以及其表面上强调的"小政府、大社会、多主体"的"民主"治理结构所致。实际上，一些西方学者已对此有所反思，认为民主治理只适用于有限开放的社会，不适用于充分开放的社会。人类需要建构一种新的治理体系以取代民主治理体系。新体系包含民主内容，但不归结为民主。[①] 向多元主体共治转变的过程中，中国仍要坚持党的集中统一领导，以政府为最主要主体，发挥主导性、决定性的作用，而不能弱化，其他治理主体处于参与、补充的地位。这是由于中国共产党是最高政治领导力量，党领导下的政府是代表人民行使治理权的最主要主体，其他主体依据各自特点和优势发挥积极作用，实现全社会广泛参与和社会力量的必要补充。因此，要将中国特色、中西交融作为基本立足点，形成适合当代中国的现代化治理理念，并以此指导高校思想政治教育治理实践。

二　建立齐抓共管、多方共治的参与机制

就高校思想政治教育治理而言，政府教育行政部门和高校是最主要

[①] 张康之：《西方学者对社会治理过程中民主的反思》，《马克思主义研究》2007年第2期。

的治理权行使者，在指导思想上要坚持一元主导、多元并存，同时其他社会力量也越来越多地参与进来，形成齐抓共管、多方共治的参与机制。按照力量来源、行使主体、手段方式等不同，主要是以下五方面。

(一) 领导决策方

要落实党中央关于高校党建和思想政治工作的决策部署，在中央、地方均设有专门机构，形成自上而下、条块结合的机构系统，制定颁布全局性、整体性的方针政策，对各级各类高校实行政治领导和业务指导。中央设立教育工作领导小组，作为党中央决策议事协调机构，加强对教育工作的集中统一领导。在教育行政部门系统中，部委一级主要是教育部（主要职能司局为思想政治工作司），省、市一级设有教育工作委员会和教育厅、教育局（主要职能处室为思政处、宣教处等）。高校在上级领导下，实行党委领导下的校长负责制，加强党对高校的全面领导，通过党委常委会、校长办公会等决策议事机制统筹安排包括思想政治教育在内的各项事务。

高校内设必要的党委和行政部门，代表学校落实党中央、国务院的各项决策部署，执行上级的政策、文件、要求，并根据本校治理需要制定完善规章制度体系，是高校实施治理权的重要主体。党委部门包括党委办公室、组织部、宣传部、学生工作部、校团委等；行政部门包括学校办公室、研究生院、教务处、科研处、资产处等。高校思想政治教育治理在学校党委的统一领导下，由学生工作部等直接关联的职能部门牵头负责，各部门在"大思政"格局要求下和"三全育人"理念指导下分工协作，对思想政治教育治理作出相应贡献。

(二) 教育主体方

思想政治教育是以人为主体和对象的活动。教育者和受教育者是思想政治教育的基本要素和主体，两者之间的关系是思想政治教育的主要关系。高校思想政治教育治理中，高校校方、党委和行政部门、院系、教师是主要的教育者，学生基层单位、组织和个体是主要的受教育者，教育者和受教育者之间的关系同样是高校思想政治教育治理的主要关系。在高校思想政治教育治理中，最主要的教育者就是思想政治工作专门力量，即思想政治理论课教师、辅导员和党务工作者，这支队伍是高校思想政治教育的关键治理力量，也是高校思想政治教育实现治理现代化的主要依托。教育者贯彻落实党的教育方针，通过制度体系、执行机制、有效载体和科学方法，将教育内容灌输、传导至受教育者，从而完成经典样式的思想政治教育活动，这也是思想政治教育治理的主要实现途径。在实践中，教育者和受教育者的角色并非固定不变，而是在一定条件下可以互相转化、互换角色；教育者和受教育者之间的交流，也不再局限于单向灌输，而是灌输与疏导相结合，并且有越来越多的双向互动，采取更加贴近学生、具有时代感的新方法和新手段。

随着高校内部育人资源整合及外部联系的加强，教育者的构成日益多样化，例如班主任、研究生导师、本科生导师、科研助理、实验和技术人员、其他行政人员、"五老"同志（老干部、老战士、老专家、老教师、老模范）、校友、劳模、英模、来自企业的科研和创业导师等均可发挥独特的育人作用。同时，高校思想政治教育治理涉及的微观层次的基层单位，例如院系、班级、团支部、党支部、学生组织、宿舍，乃至师生个体等，是重要的教育者和受教育者集聚的组织形式，也是高校思想政治教育治理行为发生的主要微环境。思想政治教育各项工作要见真章、出效果，关键还是在于微观单位和个体的内化外化情况，要深入毛细血管、神经末梢，解决好"最后一公里"的问题。习近平总书记在全国教育大会上指出，要精心培养和组织一支会做思想政治工作的政工队伍，把思想政治工作做在日常、做到个人。[①]

（三）社会资源方

社会资源是高校事业发展尤其是人才培养工作不可或缺的。人的全面发展离不开社会环境所创造的良好物质条件和精神条件。马克思、恩格斯认为，社会关系决定着一个人能够发展到什么程度，如果这个人的生活条件使他只能牺牲其他一切特性而单方面地发展某一特性，如果生活条件只提供给他发展这一特性的材料和时间，那么，这个人就不能超出单方面的、畸形的发展。[②] 高校思想政治教育治理在社会治理中发挥重要作用，也可从社会大舞台中获取大量的资源，丰富思想政治教育的内

[①] 《习近平在全国教育大会上强调 坚持中国特色社会主义教育发展道路 培养德智体美劳全面发展的社会主义建设者和接班人》，《人民日报》2018年9月11日第1版。

[②] 《马克思恩格斯全集》（第三卷），人民出版社1960年版，第295页。

容。有学者认为,思想政治教育融入社会治理,要重视载体的选择和建构,以利于思想政治教育社会治理功能的发挥,主要包括文化载体、传媒载体和活动载体。[1] 高校要融通校园文化、家庭文化、军营文化、社区文化、网络文化等校内外多元文化形态,通过强化校地协同、校军协同,签订相关合作共建协议,主动对接、积极引入地方优质资源,广泛开展爱国主义教育基地、红色文化教育基地、创新创业孵化基地、教学实践基地、实习见习基地、社会实践基地等的共建共创,主动承接或共同承担地方教育部门、宣传部门、共青团等的研究课题、活动项目,引进先进人物、专业机构、高雅艺术、非物质文化遗产进校园对学生进行安全教育、国防教育、国情教育、职业教育、爱国主义教育和中华优秀传统文化传播等,吸引社会上具有教育情怀的人士共同设立人才培养"四特"项目(即针对特殊人群、特殊人才的特殊需求,提供特殊资源的定制化项目),吸引热心教育事业的企业和各类公益慈善团体一道设立助困基金来关心家庭经济困难学生,联合社会各界共同拓展就业市场,与社会宣传、新闻、媒体、文艺、出版等方面力量一道,在网上网下积极弘扬主旋律、传递正能量,努力为大学生健康成长营造良好的舆论环境等,这些既发挥了高校智力支撑和文化辐射带动作用,又合理打通运用了地方资源。

高校外部存在一个由多主体构成的利益共同体,主要包括校友、家长、相关企业及各界友好人士。这些主体因某种联系与高校紧密联结在一起,与高校荣辱与共、休戚与共,高校的发展进步与他们息息相关。处理好、发挥好共同利益方的关系和作用,是高校思想政治教育治理实施的重要环节,也有利于扩大社会治理资源的来源。校友是高校事业发展的重要支撑力量,在校生走出校门之后,高校人才培养也要自然延伸。高校要通过各地校友组织,扩大覆盖面,形成纵横交错、黏度稠密的校友网络,并通过学生工作部门、教育发展基金会、就业创业指导中心等部门积极对接、引入校友项目和资源,加持高校人才培养工作。随着家校协同育人的重要性日益凸显,高校要强化家校联系、家校协同,积极

---

[1] 陈燕:《思想政治教育社会治理功能研究》,中央编译出版社2019年版,第181—183页。

通报学校发展的最新动态，吸引家长关心、襄助学校事业发展，提高家长对子女思想、学习、身心健康等状况的知情度，交错协调好家校关系、校生关系，家校联手做好学生的思想引导和成长护航工作，发挥家庭在协同育人中独特而又不可替代的作用。企业尤其是重点用人单位，是高校人才输送的重要目的地，对高校人才培养质量给出重要评价参考，高校要通过多种形式的双向互动，稳固校企合作关系，促进人才培养模式更切合社会和企业的需求。在深化产教融合背景下，高校和企业要构建产教合作命运共同体，全面推行校企合作育人，树立命运与共的发展理念，实施互利共赢的发展战略，践行协同办学的发展模式。① 另外，高校开展国际合作办学的海外高校、与高校有历史渊源的前身校、姊妹校、高校创办者的直系后人、所在家族、理事会或基金会，以及高校师生或校友担任重要成员的学术团体、社会组织等，均可视为潜在可发挥积极作用的共同利益方。

（四）生态关联方

习近平总书记指出，青少年阶段是人生的"拔节孕穗期"，最需要精心引导和栽培。在大中小学循序渐进、螺旋上升地开设思想政治理论课非常必要，是培养一代又一代社会主义建设者和接班人的重要保障。② 高等教育是全学龄段教育体系中的高级形态、高级阶段，各学龄段教育相互之间并非孤立，而是具有教育意义上的生态关联性。高校思想政治教育和中小学校德育同样不是断裂、分离的，而是循序渐进、螺旋上升的关系。中小学阶段德育工作的效果，对高校思想政治教育有着直接的影响，需要有效构建青少年思想政治教育一体化建设，促进各学龄段德育和思想政治教育的精准衔接、精密配合。地方教育行政部门要加强高校和中小学校的育人工作阶梯式设计，遵循学生年龄增长、心智成长、道德发展的规律，以推动社会主义核心价值观在青少年群体中入脑入心为主线，明确各学段育人的着力重点，建立一体化培养机制和系统化全贯

---

① 赵军、夏建国：《产教合作命运共同体：新时代高校创新发展新取向》，《中国高等教育》2018年第19期。

② 习近平：《用新时代中国特色社会主义思想铸魂育人 贯彻党的教育方针落实立德树人根本任务——在学校思想政治理论课教师座谈会上的讲话》，《人民日报》2019年3月19日第1版。

穿机制，打造大中小学（有的地方包含中职教育，并延伸到幼教阶段）一体化协同育人环境。例如中共中央办公厅、国务院办公厅印发的《关于深化新时代学校思想政治理论课改革创新的若干意见》就对各学段思想政治理论课目标作出了界定，即小学阶段重在启蒙道德情感、初中阶段重在打牢思想基础、高中阶段重在提升政治素养、大学阶段重在增强使命担当。有的地方已制定出台大中小幼德育一体化文件，将社会主义核心价值观融入课程育人、实践育人、文化育人等思想政治教育实践活动中，明确相关的政策、制度和条件保障措施。有的地方试办九年一贯制学校，小学毕业后直升本校初中，施行一体化的教育，增强教育的连贯性。在这方面，高校也应积极作为，建立高等教育联动中小学教育、"大手拉小手"的制度，通过组织开展支教、共建、夏令营、大学开放日等活动，在中小学设立校外辅导员等项目，使大学知识教育、能力培养、思想政治教育前置化地影响中小学教育和中小学生。

高校思想政治教育治理体系和治理能力现代化离不开高水平的理论研究和智库参谋，这是高校思想政治教育治理生态圈不可或缺的组成部分。从国家到地方、到高校，对高校思想政治教育理论研究的支持体系不断完善。在课题和项目方面，国家层面的有国家社会科学基金青年项目、教育部人文社会科学研究专项任务项目（高校思想政治工作）、教育部思想政治工作精品项目、全国学校共青团研究课题等项目，省市级的有高校党建研究项目或基层党建创新项目、省级思想政治工作精品项目和研究课题、省市级社科基金项目等。不少高校也设立校级思想政治工作课题项目，鼓励专职人员以外的人员参与。在学术交流平台方面，高校思想政治教育类期刊群除刊发大量理论研究和实践经验文章外，还积极举办全国性行业论坛，促进同行交流。此外，中国高等教育学会思想政治教育分会、中国教育发展战略学会思想道德建设专业委员会等全国性学术团体通过召开会员代表大会、优秀专著和论文的评选与出版、全国性论坛等，积极推动理论研究、学科建设、课程建设、队伍建设。中国知识基础设施工程（知网）提供海量思想政治教育研究和学习资源。智库，即"思想之库"，是指由专家组成，为决策者在处理经济、社会、科技、军事、外交等方面问题时出谋划策，提供最佳理论、思想、战略、方法等的公共研究机构,是生产知识和思想的组织。[①] 中国特色新型高校智库是增强国家软实力、提升国家治理能力的重要力量。在智库建设方面,一些高校的全国重点马克思主义学院、思想政治工作研究院和政策研究室,不仅是本校重要的学科建设、科研教学、发展规划力量,而且作为智库积极服务国家和地方经济社会发展。一批思想政治教育学科学术型、实践型和"两栖型"专家学者入选马克思主义理论研究和建设工程首席专家、教育部高校思想政治工作中青年骨干队伍建设项目等,成为参与制定高校思想政治教育治理顶层规划、在全国范围内具有影响力、引领力的智库人才。高校应建立系统推进思想政治教育学科发展、理论研究的制度,加强中国特色新型智库建设,为党和政府提供有效的智力支持。

(五) 反馈评价方

随着高等教育的发展,质量越来越成为高等教育的生命线,质量评价不仅是工作评定和价值判断的明确任务,更是反馈和改进高等教育的重要方法,对于高校思想政治教育质量评价的要求和需求也在不断提升。[②] 高校思想政治教育治理要现代化,内在地要求思想政治教育评价现代化。高校思想政治教育治理的成效同样靠科学的反馈评价来评定判断,反馈评价既来自内部,也来自外部。无论把高校思想政治教育视为独立运行系统还是高校的一个子系统,从治理环境的视角来看,高校思想政治教育治理的评价主体主要是四类。

第一类是学生和家长。学生作为受教育者,是高校教育教学的"用户",对高校思想政治教育治理效果具有优先发言权。家长作为高校办学的共同利益方,也是最直接的育人成效关切者和评价者。而相当程度上忽视学生和家长对思想政治教育的反馈评价,也是长期以来高校的一个"痛点"。要建立学生和家长反馈评价制度,依托滚动调查手段、教学评价、校生沟通渠道和平台、学校与家长有效沟通渠道、学生组织等,动态掌握学生和家长的思想状况、意见建议,及时吸纳并改进工作。有的

---

① 靳诺:《中国特色新型高校智库的建设和发展》,《中国高等教育》2019 年第 20 期。

② 冯刚、严帅:《新时代大学生思想政治教育工作质量评价的方法和路径》,《国家教育行政学院学报》2019 年第 5 期。

高校实行学生代表列席校级决策议事机制、学生担任校长助理的制度、邀请家长代表担任校务委员会顾问等，就更为直接、扁平。

第二类是用人单位。包括各类政府机关、企事业单位、民营企业，以及升学高校，它们是学校人才培养"成品"的接收者，对学生的思想政治面貌、道德素养、知识积累、综合能力等具有较大发言权。要建立与用人单位定期、充分沟通的机制，经常性收集用人单位对于毕业生的反馈评价和对学校工作的意见建议，及时掌握各专业毕业生薪资水平、成长轨迹等数据信息，为学校学科设置、教育教学和招生工作提供决策参考。

第三类是相关领域的全国性、区域性竞赛、评比活动。无论是学生为主体参加，还是学校为单位参加，其成绩均反映了高校思想政治教育治理的水平和质量，进而反映了高校在这些竞赛、评比活动所代表的单项工作领域或整体性的国内位次。例如，中国国际"互联网＋"大学生创新创业大赛目前已经办到第六届，成为全国高校、大学生、创投届的最高规格赛事和投资交流盛会，大赛的成绩不仅反映了高校的综合实力和科技成果转移转化水平，而且是高校教育教学包括思想政治教育治理作用于学生综合素质能力的体现。又如，2018年，教育部将实施多年的辅导员工作精品项目"升格"为高校思想政治工作精品项目，入选项目不仅代表了本身的高水平，更是高校思想政治教育治理围绕"十大"育人体系、落实立德树人根本任务效果的标志。要建立有利于整合校内外资源、调动师生积极性的备赛参赛制度、项目培育制度和评价激励办法。

第四类是"双一流"建设指标体系。建设世界一流大学和一流学科，是中共中央、国务院作出的重大战略决策，也是中国高等教育领域继"211工程""985工程"之后的又一国家战略。建设一流、追求一流是中国所有大学的共同努力目标。习近平总书记指出，只有培养出一流人才的高校，才能够成为世界一流大学。必须牢牢抓住全面提高人才培养能力这个核心点，并以此来带动高校其他工作。[1] 第四轮学科评估以来，"人才培养"一级指标在指标体系中占有重要地位，深刻体现了"双一流"建设的新导向，也对高校思想政治教育治理提出了更高要求。教育

---

[1] 《习近平谈治国理政》（第二卷），外文出版社2017年版，第377页。

部发布的"双一流"建设监测指标体系、学科评估指标体系、年度绩效自评等评价体系当中，均将思政课程与课程思政、学生培养模式改革及成效、思想政治教育专门队伍建设、开展体育美育劳育情况等作为核心监测点，这是对高校思想政治教育治理面貌的直观展现。要建立跟踪研究"双一流"建设指标体系的制度，围绕提高思想政治教育在"双一流"建设中的贡献度，对标对表，不断加强重点领域重点项目的建设发展。

三 形成功能完善、协同充分的运作机制

要实现高校思想政治教育治理体系和治理能力现代化，高校除了立足本校强内功，还要放眼外部拓资源，要树立整体性、系统性、协同性的发展理念，将内部治理与内部环境、外部治理与外部环境有机融合起来，主动调动运用校内外一切参与主体和有利因素。在这个过程中，高校、政府、社会和其他主体都要强化"共治"的意识，具备"善治"的能力，达到"良治"的效果，而治理的制度要件完备之后，高效的执行能力、有效的执行机制显得非常关键。要形成功能完善、协同充分的运作机制，促进高校思想政治教育内部治理与外部治理同向同行，从整体上培育有利于高校思想政治教育治理的环境。

高校思想政治教育内部治理和外部治理虽有其相对清晰的内涵和相对明确的边界，但正在日益朝着相互融合、同向同行的方向发展，这是一个可喜的局面。其根本成因就是无论内部治理还是外部治理，两者的治理目标指向是一致的，即增强思想政治教育的针对性和实效性，努力构建"三全育人"和"大思政"格局，合力促进人才培养。从这个意义上来说，培养社会主义建设者和接班人是全社会的共同责任，"三全育人"和"大思政"格局并不限于高校内部，也不能只靠高校的力量，真正要形成这样的育人格局，必须靠全社会的共同努力，各方力量一道担负起育人责任。

（一）高校内部治理和内部环境

从高校内部治理来说，思想政治工作是高校一切工作的生命线，高校要努力为思想政治教育治理营建良好的内部氛围、环境和条件。高校要把立德树人的成效作为检验一切工作的根本标准，并把对人才培养成效的贡献度作为检验思想政治教育治理效能的重要标尺。思想政治教育

治理作为高校总体治理格局中的重要板块,要纳入高校办学治校、事业发展总体布局和规划,提上重要议事日程、纳入基本战略视野,与其他工作板块同部署、同落实、同检查、同考核。高明的高校领导首先是高超的思想政治工作者,而无论其党派、学科、是否"双肩挑"。要坚持并完善党委领导下的校长负责制,以班子建设带队伍建设,以能力建设强队伍建设,强调"党政同责、一岗双责",党委常委会、校长办公会等决策议事机制要经常性研究思想政治工作议题,党委书记、校长要带头重视、带头抓好思想政治工作,带头上思想政治理论课,带头推进思想政治工作贯穿教育教学全过程,为思想政治教育提供必要的条件保障。在制定大学章程和其他根本性的办学制度过程中,在编制学校"双一流"建设方案、"十四五"规划等关乎未来长远发展的重大战略计划时,要充分考虑并体现思想政治工作相关的制度、位置、分量,可单独制定思想政治教育的中长期发展规划。民办高校(含独立学院)的决策层(如董事会)要进一步增强"四个意识",在党建和思想政治工作上要进一步向中央要求对标、向公办高校看齐,着力补短板、强弱项、建机制、增力量。

要不断完善党委统一领导、党政齐抓共管、职能部门牵头、部门分工协作、全校共同参与的推进制度,改变过去以部门为主的条块分割,以事务和学生为中心,成立学生发展指导委员会、学生工作联席会议等统筹协调机制,形成定期召开全校思想政治工作会议、年度学生工作总结暨表彰大会、发布年度学生发展报告等常态化机制。要高度重视思想政治理论课的主渠道作用,促进思政课程、课程思政、日常思政协同发展,突出发挥"形势与政策"课描述外部环境、改善治理环境的独特功能。要把思想政治工作队伍建设放在突出位置,建立决策层经常性研究队伍建设的制度,配齐建强思想政治工作专门力量,广泛动员其他力量参与,创设更多更好的干事平台、发展路径、保障措施、激励机制。要坚持学生和教师两个群体的思想政治工作一体推进、齐头并进、相互促进,改变过去思想政治教育重学生、轻教师,导致一些高校教师思想言论、师德师风一度问题多发的不利局面,应成立党委教师工作委员会、教师工作部、教师发展中心等机构,专司教师思想政治工作,开展教师思想政治教育、政治理论学习、素质能力培训等工作。

在制度设计和执行过程中，要充分考虑思想政治教育相关制度的科学性、体系化、可操作性，要从过去的"软约束"变为"硬约束"，党建和思想政治工作要以一定的分值或比例，体现在高校对二级单位的年度事业发展总体考核办法中；要注重合理安排定性考察和量化考察，在绩效考核、人才引进、职称聘任、评优评先、督查督办等工作和环节中嵌入式地体现思想政治教育相关指标和要求，确保思想政治工作在学校各项工作中在场、在线。要健全思想政治教育评价指标体系，科学设计考察内容和评分标准，完善方式和流程，特别注重评价的结果要合理运用，以切实增强高校思想政治教育持续发展的内生动力。

要及时洞察信息技术发展趋势，充分运用新科技手段促知识迭代和本领提升，打造先进的协同办公平台、网上服务大厅、校园数据中心，在提升办公办事效率、优化再造流程的同时，也进一步强化了校、院两级思想政治教育治理主体和师生个体间协同协作，并借助对业务流产生的数据流、信息流进行教育大数据研究应用，实现第二课堂成绩单、志愿服务管理、辅导员测评等常规工作流程信息化和求职预测、学业预警、精准资助等进阶功能，不断拓展思想政治教育治理的增长领域和想象空间。

（二）高校外部治理和外部环境

从高校外部治理来说，高校和政府的关系，主要是治理权的归属、分配、行使，这是高校外部治理的要害问题。在具有中国特色的高校管理和办学体制下，政府（主要是教育行政部门，本章如无特指，均指市级及以上教育行政部门）对高校的管理指导，是国家所赋予的权力，在高校坚持党的领导、落实中央部署、确保办学方向、投入办学资源、给予业务指导等方面发挥了重要且积极的作用。要在坚持这一体制的前提下，正视长期存在的老问题和实践提出的新问题，结合全面深化改革和政府职能转变，优化政府对高校的管理途径和指导方式。要强化顶层设计，做好系统谋划，在国家和地方的法律法规政策层面不断完善制度体系，处理好落实标准的基准线、达标线和高位线之间的关系，为高校思想政治教育治理提供良好的政策环境。要稳步扩大省级政府教育统筹权，夯实省级政府履行属地管理职责的基础，教育部要切实下放必要的权力，省级教育行政部门要明确权力清单和责任清单，发挥好对属地教育系统包括高校的统筹协调、规划设计、资源配置等职能。

要改变过去管得过多、统得过细,从而一定程度上束缚高校办学自主权和创造性的弊端,深入推进高校治理改革,给高校更多灵活发挥的空间和校本化落实的余地;改变过去粗放有余、质控不足,从而一定程度上忽视过程跟踪和结果监督的弊端,深化工作部署和工作指导,除了下发通知、布置任务,要把更多注意力和精力放在对执行过程的指导和推动落实情况的督导上;改变过去只见共性、不顾个性的做法,除了面上作出所有高校普遍适用的制度安排外,还要针对不同属性、层次、类型、规模、水平的高校作出更切合实际、更符合高等教育办学多元化、多样性的安排。如在文件下发的同时,以一并提供研制说明、答记者问、操作指南、实施手册等形式深化基层对文件的理解认识,以配套自评指标体系、典型案例介绍等形式以树立鲜明的导向,增强基层贯彻落实的行动自觉和实施效果。全国 3000 多所高校可作多种分类,如"双一流"建设高校、其他部委属高校、地方高校(省属或市属)、民办高校(含独立学院)、高职高专院校,综合性大学、专业类大学、军队院校、民族院校等等,在工作部署推进过程中,同样的文件落实起来可能有明显的差别,因此在制定文件时就应考虑到这一点。

要把工作重心放在掌大局、把方向、守关口、求实效上,在抓总管总、统筹协调上提高层次水平,多搭建有利于系统提升高校和基层教育行政部门业务水平、履职能力的项目或平台,多创设有利于总结推广高校和基层教育行政部门好经验、好做法的交流机制。如在政策制定过程中,坚持"开门"施政,形成制度化的科学决策办法,以调研座谈、征求意见稿、专家咨询、网民来信等形式广泛听取高校、基层教育行政部门和社会各界的意见建议,提高决策的科学性、适用性。除了用好用足用活会议、文件、项目等传统工作方式外,要积极探索适应治理体系和治理能力现代化的新型工作方式,实现自上而下的"管理"和群策群力的"治理"相结合,如一些时限紧、任务重、应急性的项目可采取"招投标"推进模式,鼓励积极性高的高校自告奋勇、自愿承揽;一些需要重点推进、以点带面的工作可通过在典型高校召开现场推进会、案例研讨会等形式,将工作部署、经验交流和现场学习有机结合;一些具有前瞻性、先导性、探索性同时还需要稳中求进、不适宜立即大面积铺开的项目可采取试点模式,鼓励综合条件好的高校先行先试、积累经验,容许在小范围、可控情况下的试错纠错,最终形成成熟的模式推广复制到全国高校。要善用巧用督查督办的工作手段和方式,及时适时摸底排查区域内高校贯彻落实习近平总书记关于教育的重要论述精神以及全国高校思想政治工作会议、全国教育大会、学校思想政治理论课教师座谈会等重要会议精神的情况,就思想政治理论课教师、辅导员、党务工作人员的配备、专项补贴等"刚性要求"的落实情况开展专项督查,以外在压力促高校内在动力提升。要把完善评价办法和激励机制作为健全制度体系的应有之义和必行之举,以充分调动基层的积极性,为思想政治教育治理的可持续健康发展温养内生动力,制定任何政策均不能忽视这一点。

(三) 高校和政府联动

从高校和政府联动来说,双方要在达成高度共识、强化交流沟通的前提和基础下,围绕立德树人共同目标,努力保持步调一致、同向同行,促进高校思想政治教育外部治理和内部治理融合发展。

一方面,高校要积极主动。中国的高校是中国特色社会主义高校,担负着为党育人、为国育才的重任。高校要充分履行大学职能,主动融入大局,自觉把学科建设、人才培养、思想政治教育置于服务国家和地方经济社会发展的站位之中,在任何时候高校进行顶层设计、谋划布局事业发展,均不能脱离这个大局。高校在推进治理体系和治理能力现代化过程中,要在治理思路、治理目标、治理路径、治理手段、治理效能、治理评价等维度上,始终将关注、聚焦、投身、服务国家和地方建设发展作为出发点和落脚点,始终将国家和地方对高校提出的需求和期待作为制定政策的重要依据,始终将输送优秀人才的成效作为检验思想政治教育质量的标准,始终将办学要走出校园、办到中国大地、世界各地作为一项基本战略。

高校要改变过去被动等待政府"出招"的心理,转变姿态、转换思路,切实增强积极性主动性,不断提升高校思想政治教育治理在国家治理和社会治理中的显示度、贡献度。例如,高校党委行政要抓住每半年或每年例行向上级党委报告(或向同级党委通报)党建工作、人才培养工作、思想政治工作、意识形态工作、安全稳定工作等的契机,以文本材料或当面报告的形式向上级（或同级）报告（或通报）工作进展、存在问题、现实困难等情况，加强沟通、增进理解、争取支持。又如，高校要抓住与各级政府签订战略合作协议、共建产学研平台或研究院、设立智库、联合开展高层次学术研讨活动或投资贸易展会等重大契机，将思想政治教育治理相关的人才联合培养、实习见习、就业创业、国情和形势政策教育等内容纳入总体合作框架之中，以制度化形式体现在分解落实方案、时间表路线图当中。有的高校采取"一校对全省"模式，与本省所有地级市签订校地合作协议，并定期召开联席推进会议，共商校地合作大计，就是一种很好的校地联动协同形式。在具体的思想政治教育活动中，高校要主动对接各级政府，紧密衔接地方需求，避免"一头热"、多做"有用功"。如高校开展社会实践、志愿服务活动，就要建立以需求为导向的立项制度，在策划阶段就要精准掌握目的地、服务地的需求，按需设项、按需组队，对参与师生开展必要的培训，有条件的高校可设置学分选修课程，并将提供针对性强的调研报告、咨询建议等作为必要结果呈现，以是否切实助益地方需求、是否切实起到实践育人效用为考察此类思想政治教育活动成效的主要衡量标准。

另一方面，政府要科学作为。政府掌握着主要的国家资源和行政力量，依法行使政策制定权、资源分配权、教育管理权等，教育行政部门、人力资源和社会保障部门、组织部门、宣传部门、统战部门等与高校、高校思想政治教育均有着紧密的工作联系和业务指导、合作关系。一所高水平大学对于一个地区、一个城市的意义重大，有远见的地方主政者和城市管理者都会把大学放在优先支持的位置。各级党委和政府要将支持本地区高校办学作为关系到经济社会长期健康发展的决定性因素之一，纳入党委和政府主要决策议事机制的重要日程，定期研究、强化部署、协调矛盾、解难纾困。要与高校建立常态化联系沟通机制，主动关心高校办学情况，有的地方与在地高校建立主要负责人定期互访、定期召开联席会等制度。要时常关心高校意识形态工作和师生思想面貌，党委和政府主要负责人要多到高校调研、走访，定期进高校讲思政课，与师生面对面交流，宣讲形势政策、革命传统教育，宣介经济社会发展概貌、人才引进和创业投资政策等，有的地方安排政府相关部门负责人担任高校校外导师或思政课兼职教师。要制定、出台有效政策，在保障性住房、人才房、货币化补贴、高层次人才配套资助、吸引应届毕业大学生留在本地区的政策、大学生创新创业扶持等方面拿出切实管用的有力举措，为高校办学营造良好的条件与环境。政府宣传部门要强化社会主义主流意识形态建设，促进社会主义核心价值观深入人心，适时开展全国性、地区性、行业性的思想政治教育活动，如在各重要节庆日举办纪念庆祝活动，开展时代楷模、道德先锋、最美人物等评选活动等，与高校思想政治教育治理实践同频共振，巩固壮大正能量、主旋律。

（四）高校与社会互通

高校与社会从来都是紧密联系、不可分割的。马克思、恩格斯指出，人们的观念、观点和概念，一句话，人们的意识，随着人们的生活条件、人们的社会关系、人们的社会存在的改变而改变。[①] 社会治理环境是高校思想政治教育治理的外部依凭条件，青少年特别是大学生的整体思想动态和精神面貌，与国内经济社会发展、改革开放、宣传思想文化工作等大环境、大气候息息相关，呈同步起伏波动态势。思想政治教育是社会治理的一种方式、手段、途径、形态，即思想政治教育治理是一种对人的思想价值观念施加影响以实现政治权力的产生、变更与维护的精神性政治实践。[②] 促进高校与社会互通，提高高校思想政治教育治理与社会治理的融合度、衔接度很有必要。

从高校与社会互通来说，要构建双向互通加深度融合的格局。就高校—社会向而言，要充分认识高校思想政治教育特别是大学生的实践活动对外部环境的能动作用。马克思、恩格斯指出：生产者也改变着，他炼出新的品质，通过生产而发展和改造着自身，造成新的力量和新的观念，造成新的交往方式、新的需要和新的语言。[③] 高校大学生在现代中国历史上的许多转折点都起到了发时代先声的积极作用，例如在1984年国庆阅兵式后的群众游行中北京大学学生打出"小平您好"横幅，道出了全国人民的心声；又如在中国互联网三十多年的发展史上，许多具有标

[①] 《马克思恩格斯选集》（第一卷），人民出版社1972年版，第270页。

[②] 蔡如军、金林南：《试论现代社会的思想政治教育治理》，《思想理论教育》2018年第1期。

[③] 《马克思恩格斯选集》（第二卷），人民出版社2012年版，第747页。

志性意义的技术创新、应用创新、话语创新都发端于高校、肇始于大学生。高校思想政治教育服务国家和社会的能力和水平，是决定其资源获取能力的关键性因素。高校要转换思维，抛弃一味索取、惰于付出的旧思维，除了积极向社会争取办学资源、获取思想政治教育资源外，也要主动承担社会责任，聚焦社会对高校思想政治教育提出的需求和期待，大力向社会输送高校思想政治教育资源，这类资源往往蕴含和体现着高校特有的学术涵养、文化气息和精神内核，主要包括优秀人才的培养、良好社会风尚和精神气质的引领、学科研究和思想理论的成果、优秀的宣传思想文化作品、大学历史和校园文化对公众的教化、开展社会需要的相关项目活动等。

就社会—高校向而言，要形成全社会全力支持高校办学的局面。社会各界也要转换思维，抛弃急功近利、若即若离的旧思维，切实将高校思想政治教育视为关乎国家的希望、民族的未来的大事，主动承担起全社会共同育人的责任，大力向高校提供社会性的思想政治教育资源。这些资源往往是高校自身所不具备，而又是开展思想政治教育必需的，主要包括反映习近平新时代中国特色社会主义思想伟大实践成果的各类教育资源，有助于开展党史、新中国史、改革开放史、社会主义发展史宣传教育的各类资源，承载着中华优秀传统文化、革命文化和社会主义先进文化的各类资源，具体以多种形式的场馆、基地、纪念物、标志性建筑等为载体，以提供资金支持、物资捐赠、联办活动等为方式。不断涌现的体制内外的各种社会组织和社会团体，彰显出社会力量的回归与勃兴，更是成为国家与社会之间推动治理的中间层构造的载体，为各类治理主体合作治理提供和扩展了社会公共领域的范围。[1] 各类社会组织，尤其是行业协会商会类、科技类、公益慈善类、城乡社区服务类社会组织，在接受政府依法管理的前提下，也可以与高校合作开展活动。一些地方在政府相关部门的牵头指导和经费支持下，整合政府、高校、社会相关资源和力量，成立区域性的高校思想政治教育学术团体或协会，例如思想政治理论课研究会、辅导员协会等，在理论研究、队伍研修、交流研

---

[1] 李友梅：《中国社会治理转型：1978—2018》，社会科学文献出版社2018年版，第159页。

讨等方面发挥了积极作用。社会各类媒体媒介要在中央和地方宣传和网信部门指导下，多报道、多展示高校思想政治教育成果，以发挥其对于社会稳定、人才培养的重要作用和突出价值，大力树新风、树典型，倡导正气大义、抵制不良习气，发挥高校精神文化对社会的正向影响作用，减少负能量对高校思想政治教育效果产生的消减作用，提升社会各界对于高校思想政治教育的认同感、好评度，吸引全社会都来关心和支持高校思想政治教育。

依靠全社会共同来做思想政治工作，是我党思想政治工作的成功经验，也是思想政治工作的基本规律。[①] 就高校与社会、高校思想政治教育治理与社会治理深度融合而言，高校与社会各界均应摒弃"高校归高校、社会归社会"的割裂式旧思维，在保有职能范围内必要的独立自主外，自觉将内部治理与外部治理、内部环境与外部环境融通衔接起来，树立一体化育人思维，将"三全育人""大思政"格局理念拓展至全社会，拆除高校的有形围墙和无形围墙，使高校的思想政治教育课堂与社会大课堂在空间上打通、思想政治教育队伍与社会多元主体在力量上打通。同时，高校与社会在思想政治教育共同治理上不仅责任要共担，效益也能共享，这是构建双向互通加深度融合格局的价值一致性所在。思想政治教育的治理价值和治理成果虽然不一定直接表现为经济效益或社会效益，但正是通过作用于各个治理主体、进而通过治理主体的实践来产生和实现其价值和效益。通过对人的教化以及对社会矛盾的有效调适，思想政治教育可以促使人们形成一种健康的良好的社会关系。[②] 高校思想政治教育治理的效益不仅有助于高校围绕立德树人根本任务促进人才培养，从长远来看必将有利于国家文明程度和公民整体素质的提升、社会安定稳定、国家长治久安、改革开放的顺利推进，必将有益于实现中华民族伟大复兴的中国梦。

[①] 孙其昂：《论依靠全社会共同来做思想政治工作》，《河海大学学报》（哲学社会科学版）2004 年第 1 期。

[②] 李合亮：《解构与诠释：思想政治教育的基本问题研究》，人民出版社 2015 年版，第 128 页。

第十二章

新时代高校思想政治教育治理的发展展望

国家治理现代化是马克思主义国家学说的重要创新，表明中国共产党对治国理政规律的认识进一步深化，表明中国特色社会主义现代化建设进入新的阶段。在新的历史条件下，高校思想政治教育作为培养社会主义建设者和接班人的重要实践活动，强化高校思想政治教育治理的高度自觉，是加快推进国家治理现代化的必然要求。高校思想政治教育治理，绝不是国家治理现代化表述范式的套用，而是国家治理现代化对高校思想政治教育提出的新要求与高校思想政治教育改革创新内在需求的高度统一。国家治理现代化对中华民族伟大复兴具有重大的战略作用，这一战略目标的顺利实现需要广大人民群众形成强烈的治理共识，这正需要思想政治教育充分发挥凝心聚力的作用，为国家治理现代化和中华民族伟大复兴提供强大的思想保证。

第一节 把握新时代高校思想政治教育治理的发展规律

把治理引入高校思想政治教育，既是高校思想政治教育治理服务国家治理现代化和中华民族伟大复兴的需要，也是新时代高校思想政治教育运用治理理念和方式，实现高校思想政治治理现代化的迫切需要。自党的十八届三中全会提出"国家治理体系和治理能力现代化"以来，高校思想政治教育学界积极回应国家治理现代化的新价值，提出了一系列新理念、新观点。党的十九届四中全会明确提出推进国家治理体系和治理能力现代化的总体目标。总结国家治理现代化视域下高校思想政治教育治理的新理念、新观点，对标国家治理现代化总体目标和阶段性目标，把握新时代高校思想政治教育治理的发展规律，对于推进新时代高校思想政治教育治理现代化，推动国家治理现代化和中华民族伟大复兴具有重大的理论价值和现实意义。

一　新时代高校思想政治教育治理要在国家治理现代化视域下展开

党的十九届四中全会明确提出，"我国国家治理一切工作和活动都依照中国特色社会主义制度展开，我国国家治理体系和治理能力是中国特色社会主义制度及其执行能力的集中体现"[①]。思想政治教育工作之所以被称为党的一切工作的"生命线"，是由于思想政治教育形成和发展于党的发展历程中，贯穿于中国共产党治国理政的全过程。国家治理现代化涉及政治、经济、文化、社会、生态等诸多领域，相应的思想政治教育在党的思想政治建设、宣传思想工作、经济社会生活、军队建设、学校教育等方面都在发挥着不可替代的重要作用。这是由中国共产党的领导地位所决定的，也是中国共产党治国理政的政治优势。在国家治理现代化进程中，高校思想政治教育治理现代化呈现出不断加速的良好态势，《关于加强新时代中小学思想政治理论课教师队伍建设的意见》《关于加快构建高校思想政治工作体系的意见》等重要文件的颁布，标志着高校思想政治教育治理进入新时代。这些文件与党和国家提出的加快推进国家治理现代化的战略决策紧密相关，也提出了高校思想政治教育如何在国家治理现代化视域下展开治理的时代课题。

一是新时代高校思想政治教育治理要融入国家治理现代化。高校思想政治教育治理要与党的领导制度体系、人民当家作主制度体系、中国特色社会主义法治体系、社会主义先进文化制度体系等有机融合。比如，在与领导制度体系的融合方面，高校思想政治教育要加强对习近平新时代中国特色社会主义思想的学习、研究和宣传，不断巩固党执政的青年

---

① 《中共中央关于坚持和完善中国特色社会主义制度　推进国家治理体系和治理能力现代化若干重大问题的决定》，《人民日报》2019年11月6日第1版。

群众基础。在与民主制度体系的融合方面，把党和国家的意志转化为青年师生的实际行动，同时，把青年师生的政治意愿和诉求凝聚为政治共识。在与法治体系的融合方面，要树立依法办学的理念，坚持党委领导下的校长负责制，加强法治宣传教育，通过挖掘社会主义法治体系所蕴含的价值追求，不断丰富高校思想政治教育内容。在与文化制度体系的融合方面，进一步巩固马克思主义在意识形态领域的指导地位，推动社会主义核心价值观落细、落小、落实，引领和促进中国特色社会主义先进文化的发展，为国家治理现代化凝聚中国力量、中国精神。

二是新时代高校思想政治教育治理要服务国家治理现代化。进一步推动高校思想政治教育治理的成果尤其是高校思想政治教育的势能真正转化为推动国家治理现代化的效能。国家治理能力是国家治理体系在运行过程中的效能，决定这一效能的因素包括治理主体能力、治理活动过程、治理文化等。如何有效切入这些要素，进而提升国家治理能力，是新时代高校思想政治教育治理服务国家治理现代化的关键。在治理主体能力方面，党员领导干部在治理过程中所体现的素质和能力，直接决定着治理效果。就高校思想政治教育治理而言，辅导员、班主任、思想政治理论课教师、党务工作人员是治理主体，要持续加强这一队伍的治理能力建设，尤其是"政治要强"，有信仰的人讲信仰才有说服力，有治理能力的人开展治理实践活动才能有效。在治理活动过程方面，国家治理现代化是一个大系统，相对而言，高校思想政治教育治理现代化是一个独立的子系统，需要推进校内各单位、各部门之间的协同，推进学校与家庭、社会之间的协同，从而为高校思想政治教育治理现代化，包括国家治理现代化提供广泛而有效的治理实践过程支撑。在治理文化方面，国家治理现代化需要积极、向上的治理文化，思想政治教育是培育文化的重要途径，高校思想政治教育要推动师生治理理念和素养的提升，在师生层面最大程度的凝聚治理共识、形成"最大公约数"，这种治理文化对国家治理现代化的作用是最为持久的、深入的。

三是新时代高校思想政治教育治理要彰显社会主义制度优势。推进国家治理现代化的目的是发展和完善中国特色社会主义制度，为实现中华民族伟大复兴的中国梦提供强有力的制度保障。新时代高校思想政治教育治理，尤其要突出"四个自信"的宣传教育。将引导青年师生增强

"四个自信"作为新时代高校思想政治教育治理的目标指向，正视"中国之制"与"中国之治"的辩证关系，明确"中国之制"的科学内涵和实践要求并将其作为高校思想政治教育治理的重要内容，根据中国特色社会主义制度的不断完善与发展，不断提升高校思想政治教育治理的制度化水平，使高校思想政治教育治理更加规范有序。

二 新时代高校思想政治教育治理要推动思想政治教育学科发展

"问题是时代的格言，是表现时代自己内心状态的最实际的呼声。"[①] 思想政治教育学科不是"书斋里的学问"，思想政治教育学科直面任何一次社会变革，回应时代之问。从国内来看，我国正处于实现中华民族伟大复兴的关键时期，党的十九届四中全会提出，推进国家治理体系和治理能力现代化。从国际来看，人类社会正面临着前所未有的重大突发公共卫生危机，逆全球化思潮不断涌现，一些反华势力不断炮制"中国赔偿论""中国阴谋论"，中美贸易摩擦仍在深化，国际形势更加复杂严峻，网络舆论更加喧嚣无序。在当今时代，人类应当如何正确对待自然、社会、文化和人类自身，作为年轻人应当如何看待国内外形势、正确看待人类社会发展中所面临的诸多挑战，这些问题是时代问题，同时也正是思想政治教育学科需积极面对和解答的基本内容。"哲学家们只是用不同的方式解释世界，而问题在于改变世界。"[②] 高校思想政治教育是兼具"解释世界"和"改变世界"功能的实践活动，在国家治理现代化视域下，高校思想政治教育治理既要适应新时代、新形势不断完善学科体系，又要把落实好立德树人作为首要任务，为中国特色社会主义事业培养德智体美劳全面发展的社会主义建设者和接班人。

一是引导大学生运用马克思主义观察时代。正如习近平总书记所讲，高校思想政治工作必须要做到"因事而化、因时而进、因势而新"，在国家治理现代化视域下，高校思想政治教育学科发展要不断完善学科内在要素与结构，而且，要关注时代发展，回应时代问题，更好地引领大学生运用马克思主义观察时代。面对新冠肺炎疫情，中国人民在中国共产

[①] 《马克思恩格斯全集》（第一卷），人民出版社1995年版，第203页。
[②] 《马克思恩格斯选集》（第一卷），人民出版社2012年版，第140页。

党的正确领导下,展示出了中国特色社会主义的制度优势,"中国力量""中国精神""中国速度"也得到国际社会的普遍认可,世卫组织总干事谭德塞,以及诸多国外专家学者盛赞中国为世界疫情防控工作所作出的重要贡献,但这场不幸的事件仍成了无良的西方政治代理人的跨国信息集团煽动反华火焰的机会。高校思想政治教育学科发展要及时对这些问题进行科学剖析,引导大学生运用马克思主义正确看待当前国内外形势。

二是引导大学生运用马克思主义解读时代。按照传统思维,往往以"是什么""为什么""怎么办"的逻辑推进高校思想政治教育学科发展,但进入新时代,正确解读新时代、新形势下的新情况、新问题是高校思想政治教育学科发展的基本出发点,因此,新时代高校思想政治教育的发展逻辑,应该调整为新时代高校思想政治教育如何回应新时代新要求,如何培养更多德智体美劳全面发展的社会主义建设者和接班人,在这种发展逻辑和治理思维下,新时代高校思想政治教育才能更好地引导大学生正确解读时代。

三是引导大学生运用马克思主义引领时代。在国家治理现代化视域下,推进高校思想政治教育学科发展"不是一个理论的问题,而是一个实践的问题"[1]。以往,我们更多地关注学科内部因素的调整与优化,以及国内诸要素的认知和认同,通过引导人们对民族、国家、社会、政党等形成正确的认知和行为认同,进而达到教育人的目的。人是"类"存在,马克思主义更是具有世界性意义的社会存在,高校思想政治教育学科要放眼人类社会,不仅要引领大学生正确认识国内诸要素,又要引领大学生从建构人类命运共同体的战略高度科学认识人类社会、国际关系、意识形态较量等。

三 新时代高校思想政治教育治理要实现自身治理现代化

在国家治理现代化视域下,我们要明确思想政治教育与治理之间的辩证关系,思想政治教育不是依附于治理大系统的一个工具,而是相对独立且拥有自足的社会空间的社会实践形态。推进国家治理现代化,需要思想政治教育发挥引领思想、凝聚共识、整合资源等作用,需要党和

---

[1] 《马克思恩格斯选集》(第一卷),人民出版社2012年版,第134页。

国家，包括广大人民群众的正向激活与良好塑造。因此，思想政治教育与治理的有机融合，最终要落实于每个人的政治认知和认同，达到社会共同体的善治。在国家治理现代化进程中，出现的各种社会问题，尤其是意识形态问题，亟须高校思想政治教育的整体性、系统性、体系性回应。比如，青年师生对国家、民族以及中国共产党认同的弱化问题，个别青年教师和正处于价值观形成期的青年学生理想信念迷失的问题，高校思想政治教育治理协同机制问题，等等，这些问题的产生与复杂严峻的国内外形势、网络舆论环境等因素有着紧密的联系，传统的高校思想政治教育模式，已经很难应对这些复杂的问题，只有现代化、体系化的高校思想政治教育才能有效解决这些问题。要在国家治理现代化视域下，遵循系统化、制度化、效能化的原则，运用治理理念、思维以及现代化的方法手段，有力推动新时代高校思想政治教育治理现代化。

一是整体推进新时代高校思想政治教育治理现代化。在国家治理现代化视域下，从理论体系、实践体系、制度等方面整体推进新时代高校思想政治教育治理现代化。在理论体系方面，现代化的理论体系是推进实践体系、制度体系现代化的前提。对于高校思想政治教育而言，只有率先实现指导思想的现代化，率先实现思想政治教育工作者思想和素质的现代化，才能确保思想政治教育实践活动的现代化，最终落实好立德树人的根本任务。在实践体系方面，进入后疫情时代，高校思想政治教育治理实践体系受到更加复杂严峻的国内外形势、网络舆论环境的影响。新时代高校思想政治教育治理要适应后疫情时代的新形势，突破传统思维、观念和方法，要建立更为现代化的实践体系。在制度体系方面，新时代高校思想政治教育治理现代化的重点，是建立健全新时代高校思想政治教育治理制度体系。新时代高校思想政治教育治理要依照中国特色社会主义制度展开，"治理"意味着高校思想政治教育在中国特色社会主义制度保障下，加快建设高校思想政治教育的制度体系和体制机制，推进高校思想政治教育的规范运行。随着中国特色社会主义事业的发展，高校思想政治教育治理空间、主体、客体、手段也在发生的变化，这就需要不断改进和完善高校思想政治教育治理制度体系。

二是新时代高校思想政治教育治理要不断改革创新。互联网技术的深入发展为多元治理主体有效参与高校思想政治教育治理提供了更多有利条件。进入新时代,要勇于打破传统管理模式,避免高校思想政治教育治理主客体二元分立甚至二元对立的格局,运用治理理念和思维,利用互联网技术,协同多元主体,协调各要素,形成全员、全过程、全方位的高校思想政治教育治理格局。更为重要的是,高校思想政治教育要全面提升再生产知识、思想、理念等的能力,面对复杂多变的国内外形势,高校思想政治教育要具备教育环境适应和整体政策执行的能力,进而将中国特色社会主义制度优势和高校思想政治教育传统优势转化为培养德智体美劳全面发展的社会主义建设者和接班人的强大效能。

三是新时代高校思想政治教育治理要面向人的发展。培养全面发展的时代新人是新时代高校思想政治教育治理的价值旨归。党的十九届四中全会强调,"创新教育和学习方式,加快发展面向每个人、适合每个人、更加开放灵活的教育体系"[1],新时代高校思想政治教育要将满足学生成长成才需要为出发点和落脚点,按照"面向每个人、适合每个人"的要求,主动适应新时代新形势,遵循"三大规律",坚守促进人的自由全面发展的马克思主义创立初衷。

第二节　推动新时代高校思想政治教育治理的系统化发展

党的十九届四中全会提出,"加强系统治理、依法治理、综合治理、源头治理"[2]。高校思想政治教育是一项复杂的系统工程,既包括校内各部门、各单位之间的协同合作,又包括校内外家庭、学校、社会、政府之间的协同推进;既包括高校思想政治教育目标、主体、客体、内容等内部要素的调整与优化,又包括大中小学校思想政治教育一体化建设;既包括课堂教学建设,又包括宿舍、社团、网络等的建设;既包括思想政治理论课教师队伍建设,又包括党务工作人员、辅导员、班主任队伍

---

[1] 《中共中央关于坚持和完善中国特色社会主义制度　推进国家治理体系和治理能力现代化若干重大问题的决定》,《人民日报》2019年11月6日第1版。

[2] 《中共中央关于坚持和完善中国特色社会主义制度　推进国家治理体系和治理能力现代化若干重大问题的决定》,《人民日报》2019年11月6日第1版。

建设。在国家治理现代化视域下，高校思想政治教育治理要更加注重整体把握和系统治理，全面统筹各领域、各环节、各方面的资源和力量，推进理论武装体系、学科教学体系、日常教育体系、管理服务体系、安全稳定体系、队伍建设体系、评估督导体系、组织领导和实施保障等各个方面的系统设计。

"世界表现为一个统一的体系，即一个有联系的整体，这是显而易见的"[1]，从系统论的角度看，世界万物都处于相互影响、相互依赖、相互制约的动态的大系统之中。思想政治教育作为育人的实践活动，本身就是一个开放的大系统，在不断地与社会大系统交换知识、信息、能量等，使受教育者在与外界的这种动态的交换中，实现自我的调整和优化，并最终形成科学的世界观、人生观、价值观，这一过程不是简单的线性发展，而是非线性的、极为丰富的。思想政治教育治理系统化，遵循系统动态平衡的规律，强调各要素之间的整体协同关系，力求实现相关物质和能量的高效利用。在国家治理现代化视域下，推进思想政治教育治理现代化，要突出强调有机整体性和动态平衡性。思想政治教育是由系统内各个要素构成的有机系统，系统化的目标指向是使系统内的各要素协调运转、协同合作，实现整体大于部分之和的效果，充分发挥系统的整体效能。任何一个要素的缺失或失调会破坏思想政治教育这个有机整体的动态平衡性。思想政治教育系统在动态平衡中不断升级进化，进而推进思想政治教育治理现代化。相反，当思想政治教育系统中的各要素结构是落后的、失衡的，就会阻碍思想政治教育治理现代化进程。

治理是一个复杂的过程，对于高校思想政治教育治理而言，在新的历史条件下这种复杂性主要表现为，治理主体的多元化、内在构成的多样性、主客体互动的多层次性、新情况新问题呈现的涌现性、治理体系运行的非线性等。这意味着要自觉推进新时代高校思想政治教育治理的系统化发展。但目前仍有个别人片面依赖碎片化的实践路径，一味追求技术手段的改变，缺乏内容与形式、历史与现实、传承与创新的统筹兼顾。高校思想政治教育治理不是自然实现的过程，需要具备一定的条件，其功能才会充分发挥出来。治理是一种理念系统，要通过"构建系统完

---

[1] 《马克思恩格斯文集》（第九卷），人民出版社2009年版，第346页。

备、科学规范、运行有效的制度体系"①，要赋予治理很强的合理性，使其在具体实践中转化为有效的工具；治理是一种政策工具，治理的实施者或实施过程需要通过一定的程序获得必要的授权，使治理具备合法性；与传统管理相比，治理作为新的理念和制度设计，需要转化为实实在在的制度实践和多元治理主体的实际行动，才能最终取得效果。高校思想政治教育治理过程需要遵循国家治理现代化的规律性要求，尤其是思想政治工作规律、教书育人规律和学生成长规律，并获得治理客体的认同；通过必要的程序，获得高校思想政治教育治理的合法性授权，同时，通过马克思主义理论自身的发展和阐释，不断丰富合法性内涵，使用治理主体的权力和制度体系形成足够的规制效力；顶层设计和制度建设能够为高校师生提供明确的行为规范，实现从情感认同到行为认同的转变。在国家治理现代化视域下，推进高校思想政治教育治理系统化，应该从优化主体系统、调整内部要素、完善体制机制上下功夫。

一 优化主体系统，形成多元主体协同综合治理格局

高校思想政治教育的复杂性、系统性，客观上决定了需要最大限度地调动人的主体性能量，做到多元治理主体的优势互补、协同推进、形成合力。要立足高校思想政治教育治理的复杂性特征，运用系统化思维，超越简单化、碎片化的传统治理模式，优化高校思想政治教育各主体之间的结构与功能，避免令出多门、九龙治水、各自为战的非系统化局面，进而推动新时代高校思想政治教育治理的理论形态和实践模式的系统化建构。在国家治理现代化视域下，高校思想政治教育治理系统化主要强调多元主体协同育人机制的形成。协同育人机制的内涵十分丰富，既包括校内协同和校外协同，又表现为纵向协同和横向协同。校内协同要解决好学校内部的制度、部门、人际沟通合作问题，校外协同要解决好高校与中小学校、家庭、社会有效衔接问题；纵向协同要解决好层次和时间上的层级结构问题，横向协同要解决好结构和空间上的协同配合问题。

一方面，要加强校内各治理主体之间的协同。在高校，思想政治教

---

① 《中共中央关于坚持和完善中国特色社会主义制度　推进国家治理体系和治理能力现代化若干重大问题的决定》，《人民日报》2019年11月6日第1版。

育治理主体不仅包括宣传部、组织部、教师工作部等职能处室，还包括教学、科研、后勤、服务等多个部门，不仅包括思想政治理论课教师、辅导员，还包括领导干部、专业教师、后勤服务人员等，因此，要树立"大思政"思维，真正形成全员全过程全方位育人机制。全员育人着重强调全校所有人应树牢育人意识，挖掘所有岗位的育人要素，实现"人人育人"；全过程育人着重强调将立德树人根本任务贯穿于人才培养全过程，实现"时时育人"；全方位育人着重强调做好课内课外、校内校外、线上线下的思想政治教育，形成全覆盖、立体化的"大思政"格局，强调社会主义建设者和接班人的全面发展，实现"处处育人"。三者是辩证统一的，三者结合起来，集中体现了新时代高校思想政治教育治理的系统化发展方向。

另一方面，要加强校内外治理主体之间的协同。从全社会角度看，高校思想政治教育仅仅是一个子系统，要主动融入社会大系统，与家庭、社会、政府形成良好的互动关系，做到各尽其责，融合育人资源，加强交流合作，推动形成学校、家庭和社会教育协同育人机制。首先，要创造良好的社会育人环境，全社会要倡导社会主义核心价值观，传播正能量，减少社会不良风气对高校思想政治教育治理效果的负面影响。挖掘和运用全社会的育人资源，广泛开展新时代爱国主义教育，提高大学生社会实践、志愿服务、创新创业的覆盖面。其次，要充分发挥家庭教育的独特作用。家庭育人环境对人的性格、心理、思想、行为的影响是巨大的、长期的，高校与家庭要形成良好的互动关系，采取多种形式，有效调动家庭教育在高校思想政治教育中的积极作用。最后，各阶段之间需要形成良好的过渡和衔接，真正实现大中小思想政治教育的接力协同。

二 优化内部要素，推进各要素多维度的系统化治理

思想政治教育作为一个复杂的系统，由多个子系统构成，内容子系统的多样性、话语子系统的竞争性、载体子系统的技术性，决定着思想政治教育这一系统的复杂性。当前，要推动高校思想政治教育理论探讨和实践模式从碎片化转为系统化创新。

一是推进高校思想政治教育内容治理系统化。当前马克思主义指导地位不断受到冲击，高校思想政治教育遭遇的挑战更加严峻、肩负的任

务更加艰巨。由知识、观念、信仰等构成的高校思想政治教育内容系统，要及时适应全球化、信息化，包括此次新冠肺炎疫情对我国政治、经济、社会、文化等领域带来的深刻影响，紧紧围绕立德树人的根本任务，扩展和整合高校思想政治教育内容。从培养社会主义建设者和接班人的战略高度肩负起传道、解惑、授业的神圣使命，贯彻习近平总书记关于高校思想政治工作的系列重要讲话精神，落实"四有"好老师、"六要"、"八个相统一"等具体要求，坚持以习近平新时代中国特色社会主义思想铸魂育人。按照习近平总书记提出的要求，把中国特色社会主义取得的举世瞩目的成就，新时代中国特色社会主义思想，博大精深的优秀传统文化，在革命、建设改革过程中锻造的革命文化和社会主义先进文化作为高校思想政治教育内容的重要支撑。

二是推进高校思想政治教育载体治理系统化。载体是实现教育目标、完成教育任务、实施教育内容的关键要素，但载体不能离开主体的操作和应用而发挥作用。当前，随着5G、人工智能、大数据等科学技术的不断发展，高校思想政治教育载体不断更新升级，高校思想政治教育治理主体要及时掌握新技术并应用于实际工作中。互联网技术对高校思想政治教育系统的最大冲击是对于其载体的影响，这种影响有正面的，也有负面的。传统意义上，课堂教学和日常教育是高校思想政治教育的重要载体，但在互联网时代要树立系统化创新高校思想政治教育载体的思维，加强思想政治教育传统优势同信息技术高度融合，增强高校思想政治教育的时代感和吸引力；挖掘互联网领域的思想政治教育资源，发展高校思想政治教育新载体；加强线上线下一体化的高校思想政治教育，既要"键对键"，又要"面对面"，形成高校思想政治教育矩阵；引导广大青年师生自觉维护网络空间生态，正面发声，传播正能量，成为社会主义核心价值观的坚定践行者。

三是推进高校思想政治教育话语治理系统化。话语在高校思想政治教育治理中有着特殊重要性，意识形态领域的较量甚至斗争，其实质是话语权争夺。推进高校思想政治教育治理的系统化创新，要根据当代大学生的思想行为特点，整体推动高校思想政治教育话语方式、结构、内容、语境的创新。在推进高校思想政治教育话语治理系统化过程中，各主体要切实尊重和正确引导教育对象。理解、尊重、平等是调动思想政治教育客体主动性的重要前提。思想政治教育不是简单的政治宣传，要避免使用刻板的学术话语、政策话语、工作话语，更多地使用青年话语、网络话语、生活话语。但需要注意的是，话语转换或创新并不等于弱化思想政治教育话语的政治性，要在习近平新时代中国特色社会主义思想的指导下不断提升高校思想政治教育话语的思想性、亲和力和感染力。

三 完善体制机制，为实现治理系统化提供有力保障

系统化治理是一项持续性的实践活动，需要有完善的体制机制作为强有力的保障，实现高校思想政治教育治理的连续性和持续性。

一方面，完善高校思想政治教育治理系统化的体制。主要包括领导体制、组织体制等。(1) 领导体制：在优化高校思想政治教育治理主体系统的基础上，加强高校思想政治教育治理的顶层设计，坚持党对高校思想政治教育内容、载体、话语治理系统化的全面领导。校党委在全校思想政治教育治理中处于核心地位，并负有主体责任，要"建立党委统一领导、党政齐抓共管、有关部门各负其责、全社会协同配合的工作格局"[1]，坚决落实好党委意识形态工作责任制，坚持社会主义办学方向，落实立德树人根本任务。(2) 组织体制：在组织体制中要突出强调明确、优化和落实责任的重要性。划定高校思想政治教育治理界域，明确高校思想政治教育各类治理主体的职责和权力，使高校思想政治教育治理主体能够各尽所能、各司其职、各负其责，进而为高校思想政治教育治理系统化打造完善的组织生态。校党委宣传部门在全校思想政治教育工作的牵头部门，要明确全校其他职能部门的职责和权利，制定目标和任务。马克思主义学院是办好思想政治理论课的具体业务部门，要统筹推进思想政治理论课学科体系、教学体系、教材体系，以及思想政治理论课教师队伍建设。要明确不同职务、不同岗位的具体责任要求。协同好不同部门，协调好不同个人，统一思想、凝聚力量，明确目标、同向同行，形成人人有责、人人参与的高校思想政治教育组织形态。

---

[1] 习近平：《用新时代中国特色社会主义思想铸魂育人 贯彻党的教育方针落实立德树人根本任务——在学校思想政治理论课教师座谈会上的讲话》，《人民日报》2019 年 3 月 19 日第 1 版。

另一方面，完善高校思想政治教育治理系统化的机制。（1）协调机制：高校思想政治教育是由若干个要素构成的复杂系统，如果构成高校思想政治教育的各要素之间各自为政、各自为战，势必造成其治理的非系统化。（2）保障机制：打破固有体制机制的壁垒，充分整合校内外育人资源，统筹规划和推进高校思想政治教育治理，确保人力、物力、财力上的足够投入，为政策实施和制度安排提供强有力的支持。（3）监督机制：通过广大师生的监督反馈和专门机构的监督问责，不断强化新时代高校思想政治教育治理的协同性和整体性，为高校思想政治教育内容、载体、话语治理系统化打造良好的内部结构和外部环境。

第三节 完善新时代高校思想政治教育治理的制度化发展

党的十九届四中全会提出，坚持马克思主义在意识形态领域指导地位的根本制度，将"加强和改进学校思想政治教育，建立全员、全程、全方位育人机制"[1]纳入中国特色社会主义制度建设当中，并提出一系列新要求，为高校思想政治教育治理现代化指明了方向。党的十八大以来，以习近平同志为核心的党中央高度重视高校思想政治工作，召开全国高校思想政治工作会议、学校思想政治理论课教师座谈会、全国高校宣传思想工作会议等一系列重大会议，颁布《关于加强和改进新形势下高校思想政治工作的意见》《关于深化新时代学校思想政治理论课改革创新的若干意见》《关于加快构建高校思想政治工作体系的意见》等一系列重要文件，大力推进高校思想政治教育治理制度化。邓小平同志曾强调："不是说个人没有责任，而是说领导制度、组织制度问题更带有根本性、全局性、稳定性和长期性。这种制度问题，关系到党和国家是否改变颜色，必须引起全党的高度重视。"[2] 对于高校思想政治教育而言，制度化事关高校思想政治教育治理的根本性、全局性、稳定性和长期性。高校思想

---

[1]《中共中央关于坚持和完善中国特色社会主义制度 推进国家治理体系和治理能力现代化若干重大问题的决定》，《人民日报》2019年11月6日第1版。

[2]《邓小平文选》（第二卷），人民出版社1994年版，第333页。

政治教育治理理论思考和实践探索的成果固化、凝结，并转化为科学完备的制度体系，能够有力推进高校思想政治教育治理更具有权威性、稳定性、持续性、深入性。

"制度"是指在一定历史条件下形成的法令、礼俗等规范，制定法规，规定等。① 人是群体性的存在，也是社会关系的总和，人们在生产生活中必然要形成各种社会关系，这种社会关系需要秩序化和规范化，从而人类社会逐渐出现了制度。随着人类社会生产生活活动的不断丰富和扩大，人类社会的社会关系越来越复杂，制度在人类社会发展中的地位越来越重要。制度是规约人类生产生活活动、调控人与人之间关系的一种社会规范。人的社会关系不是简单的合作关系，还表现为冲突、竞争等不同形式，这就需要通过制度来规范人的社会关系，最终实现合作共赢，进而维护社会稳定，推进社会发展。规范性和指导性是制度的重要特征，制度作为一种社会现象，明确规定了人类社会中的每个成员应该做什么不该做什么，制度要求每个社会成员必须共同遵守，任何个人和组织都不能凌驾于制度之上，如果社会成员违反了制度就要受到一定的惩罚，在人类社会向现代化迈进的过程中，只有不断强化这种社会规范性，才能更好地调整人类社会关系。制度是治理本质的体现，对于高校思想政治教育而言，制度对其治理具有重要的指导作用。高校思想政治教育治理要依据相关的政策、法律、规章等制度来进行，制度不仅指导高校思想政治教育治理活动，同时也在约束高校思想政治教育治理主客体应该做什么不该做什么，这都充分体现了制度的指导性。政策、法律、规章的好坏决定着社会主义大学的办学方向和人才培养质量，推进高校思想政治教育治理现代化必然需要依据国内外形势和立德树人根本任务制定一系列科学有效的治理制度。

"制度化"是指全社会范围内的各要素不断有序化、规范化的过程。大多数学者从社会学视角理解制度化的概念，强调制度化属于社会学范畴，认为制度化是逐渐走向成熟的发展过程，制度化是一个持续的动态过程。对于高校思想政治教育而言，为了避免其治理活动的无序化、失范化，需要做到一切治理活动的有章可循。高校思想政治教育治理制度

---

① 《现代汉语词典》，商务印书馆1983年版，第1492页。

化是指高校思想政治教育治理制度运行模式和治理方式有序化、规范化作用的持续的、动态的实现过程。推进高校思想政治教育治理制度化是一项持续推进的长期过程。(1) 形成制度意识是前提：要推动全社会成员对高校思想政治教育治理制度的认同，从思想观念上不断深化认识，最终牢固树立起制度意识，自觉推动高校思想政治教育治理的有序化、规范化发展。(2) 健全制度体系是根本：一直以来，党和国家通过出台一系列政策、法律、规章等制度，在推动高校思想政治教育治理制度化进程中发挥了重要作用。正处于价值观形成关键时期的大学生需要通过制度的约束和规范，才能逐渐成长为社会人，新时代高校思想政治教育治理，要适应治理主客体的新变化新特点，建立健全相关制度体系，使高校思想政治教育治理有章可循、有据可依。(3) 实现以文化人是目标：以文化人以文育人，使广大社会成员自觉接受制度的规约，是思想政治教育的最高境界。要进一步注重制度文化的思想政治教育功能，让受教育者在潜移默化中受到制度文化的浸润、感染、熏陶，在文化滋养心灵、文化涵育德行、文化引领风尚中推进新时代高校思想政治教育治理制度化。

一　彰显法治精神，形成制度意识

法治的直接目标是使社会生活有序化、规范化，最终目标是保护公民的基本政治权利。法治既要规范、约束公民的言行，又要规定、制约政府的行为。法治是国家治理现代化的本质特征，推动国家治理体系和治理能力现代化，要遵循法治的根本原则。治理现代化就是从"人治"转向"法治"的过程，善治是治理的最佳状态，而法治是善治的基本要求，没有法治精神的培育与弘扬，就没有制度意识的形成，也就没有治理现代化。

一是要总结制度经验。总结经验是深化认识、把握规律和改革创新的前提。为了深化对高校思想政治教育治理制度的规律性认识，就要充分挖掘和研究高校思想政治教育治理制度经验，通过对好的经验的传承和已有智慧的借鉴，为新时代高校思想政治教育治理制度化提供内在动力。一直以来，党和国家高度重视高校思想政治教育治理制度化建设，尤其是党的十八大以来，在制度设计和安排上进行了诸多卓有成效的改革探索，制定实施了一系列政策、规章，有力推动了高校思想政治教育治理现代化，这一过程中积累了大量有益经验需要总结提炼，一些成熟的制度模式需要持续深入。当前，高校思想政治教育治理面对新情况新问题新特点，要认真总结和充分借鉴治理制度经验，分析存在的不足，深化规律性认识，深入推动教育主客体制度意识的形成。

二是要明确制度方向。政治性是思想政治教育的第一属性，需要坚持高校思想政治教育治理制度化的正确方向，制度的正确方向在这一过程中发挥着至关重要的作用。没有"良制"就没有"善治"。制度化本身就是使制度从不完善走向完善、从不成熟走向成熟的过程。在制度架构上，高校思想政治教育治理制度的顶层设计要突出制度体系本身的科学性和实效性，"良制"的主要特点是关注每个高校的工作实际，考虑每个受教育者的真实诉求，从这个角度来看，制度体系需要具有可操作性。在制度实施上，我们一直在强调制度化是持续性的动态过程，在制度的组织运行过程中，要根据实际效果对其进行不断的修订和完善，同时，要充分考虑制度自身内容的层次性和不同制度之间的有效衔接与协同。在制度评价上，要注重对制度效能的评估及反馈，促进高校思想政治教育治理制度化成果的不断巩固与提升。

三是要增强制度自觉。让治理主体的"制度自觉"推动高校思想政治教育治理制度化的"发展自觉"。首先，自觉做到与现有制度对标，党的十八大以来，党和国家对高校思想政治教育治理提出了一系列新任务新要求，涉及高校思想政治工作改革创新、思想政治理论课坚持"八个相统一"、"四有"好老师标准和"六要"的思想政治理论课教师队伍建设等，高校思想政治教育治理主体要自觉对应上述标准。其次，自觉做到与现有制度对接，新时代高校思想政治教育治理制度化，要与新时代发展要求、立德树人根本任务、学生发展需求相契合。高校思想政治教育治理主体要自觉树立法治信仰，严格遵守法律制度，推动高校思想政治教育治理相关法律法规的有效执行。最后，自觉做到与现有制度对位，新时代高校思想政治教育治理要立足高校思想政治教育治理在国家治理现代化中的战略地位，强化高校思想政治教育治理制度化的针对性，在积极应对机遇挑战和有效解决困难问题中完善新时代高校思想政治教育治理的制度化发展。

二 加强制度建设，健全制度体系

建立健全科学完备的制度体系是制度现代化的前提和根本。建立健全高校思想政治教育治理制度体系的基本思路是，在国家治理现代化视域下，遵循"三大规律"，既要出台原则性和灵活性相结合的高校思想政治教育治理政策，又要制定具有权威性和稳定性的高校思想政治教育治理法律、规章，最终建立健全层级衔接、层层递进、协调一致的新时代高校思想政治教育治理制度体系。

一是正确解读和坚决落实高校思想政治教育治理政策。高校思想政治教育相关的政策性文件的制定主体主要是中共中央、国务院、中共中央办公厅、国务院办公厅、教育部等，还包括一些省委省政府。相关政策文件如2004年由中共中央、国务院发布的《关于进一步加强和改进大学生思想政治教育的意见》，2017年由中共中央、国务院发布的《关于加强和改进新形势下高校思想政治工作的意见》，2020年教育部等八部门联合发布的《关于加快构建高校思想政治工作体系的意见》。此类政策文件在推进高校思想政治教育工作中发挥着极其重要的指导作用。高校思想政治教育治理政策作为党和国家的战略部署，需要做好政策解读和贯彻落实，决不能出现"上有政策，下有对策"的现象，也要避免"上下一边粗"的现象，要不断增强人们对党和国家政策的价值认同、行为认同。

二是推进政策精神转化为高校思想政治教育治理法律。政策精神是制定法律的重要依据，一方面要按照全面依法治国的精神，促进高校思想政治教育相关政策与法律的相互协调；另一方面要按照立法程序，及时有效地将政策精神上升为国家法律。《中华人民共和国高等教育法》是高校思想政治教育治理相关的重要法律遵循，它在1998年规定了"高校实行党委领导下的校长负责制"，并明确规定了党委书记和校长的工作职责，从而为坚持党对学校思想政治工作的全面领导提供了法律依据。在新的历史条件下，国家立法机关可以立足国内外形势和高校思想政治教育治理的实际需要，进一步强化高校思想政治教育的法律地位、任务、方针、原则等。

三是提升高校思想政治教育治理规章执行性和操作性。高校思想政治教育治理的规章制度，主要是指根据法律和国务院行政法规、决定等，教育部等在本部门的权限范围内制定的一系列规章制度，如《普通高等学校辅导员队伍建设规定》（教育部令第24号）、《普通高等学校学生管理规定》（教育部令第21号），以及非严格意义上的部门规章制度，但已相当于规范性制度，如2015年修订的《高等学校思想政治理论课建设标准》等。进一步提高此类规章制度的执行性和操作性是新时代高校思想政治教育治理制度化的重点，同时要加强规章制度与国家政策、法律的一致性，加强不同规章制度之间的功能互补，加强规章制度在地方的层级衔接等。

三 培育制度文化，注重以文化人

党的十八大以来，习近平总书记多次强调"以文化人""以文育人"。制度文化在高校思想政治教育中发挥着不可替代的重要作用，制度文化育人是高校思想政治教育"善治"的发展方向。制度文化育人的主要特征是渗透性，追求春风化雨、润物无声的育人效果。制度文化体现的是人们对某种规范和制度的认同和遵循。制度文化具有鲜明的价值导向，而且潜移默化地影响着人们的思维方式、行为规范和价值追求。制度文化对人的心理、人格、素质等的形成具有重要的熏陶作用，制度文化环境往往给人们形成一定的心理压力，使人们的言行受到一定的规范和约束，达到显性教育达不到的育人效果。通常人们在大家共同认同的制度文化环境中，更容易自觉遵守制度规范。因此，制度文化的价值最终体现为"化人"。高校思想政治教育要善于利用制度文化的思想政治教育功能，更加注重以文育人、以文化人。

一是挖掘制度文化育人功能。制度文化具有规范导向、激励引领、整合凝聚等功能。（1）规范导向：制度是规则和自由的统一体，两者并不矛盾，人们在制度规定的范围内，自由开展生产生活活动，促进自身的自由全面发展，维护社会的良好秩序。制度文化融入人类社会的各个领域，规范人们养成良好的道德品质和行为习惯，使人们自觉践行社会主义核心价值观。正确的制度文化促进人类社会朝着正确的方向努力，在我国，就是坚持中国特色社会主义制度文化，坚定"四个自信"。（2）激励引领：制度文化作为文化的一种形态，具有强大的精神力量，可以激发强大的向心力，使人们产生一种昂扬的斗志和奋发的进取精神。制度文化蕴含奖惩分明的原则，奖励让人们感受到尊重和肯定，惩罚让人们受到教育、引发思考。（3）整合凝聚：人类社会是由不同组织和个体组成的，难免存在一定程度的思想差异和利益冲突，只有通过共同的价值和规范进行调节整合，才能实现和谐共存。制度作为一种规范体系，可以有效整合社会资源，平衡不同组织和个体之间的利益关系，把矛盾和冲突控制在合理的范围之内。对于高校思想政治教育而言，可以通过制度文化整合凝聚所有有益于高校思想政治教育治理现代化的各种社会力量，形成巨大合力。

二是优化制度文化育人环境。一方面，要把社会主义核心价值观贯穿于高校思想政治教育治理制度化全过程。"要通过教育引导、舆论宣传、文化熏陶、实践养成、制度保障等，使社会主义核心价值观内化为人们的精神追求，外化为人们的自觉行动"[①]，使社会主义核心价值观的影响像空气一样无所不在、无时不有。另一方面，坚持依法治国和以德治国紧密结合。我国是有着两千多年人治传统的国家，推进全面依法治国将是一个漫长的过程，对于高校思想政治教育而言，其治理制度化不可能一蹴而就，而是需要循序渐进、持续深化的过程。

三是创新制度文化育人方法。为了增强制度文化的育人功能，需要不断创新制度文化育人的形式和方法，增强制度文化育人的时代性和思想性。在互联网时代，发挥信息技术优势，让更多的人在线上和线下主动参与制度的制定、实施、评价、修订全过程，激发人们自觉推动制度文化建设的积极性、主动性和创造性。制度文化宣传教育要落实、落细、落小，融入日常的生产生活，让人们在社会实践中感知它、感悟它。

第四节　增强新时代高校思想政治教育治理的效能化发展

党的十九届四中全会提出："把我国制度优势更好转化为国家治理效能，为实现'两个一百年'奋斗目标、实现中华民族伟大复兴的中国梦

---

① 《习近平谈治国理政》，外文出版社2014年版，第164页。

提供有力保证。"① 肩负培养社会主义建设者和接班人历史使命的高校思想政治教育，在推进国家治理现代化，促进中国特色社会主义制度优势转化为国家治理效能等方面发挥不可替代的重要作用，在国家治理现代化视域下，高校思想政治教育自身也面临着治理效能化的问题。效果和效能是两个截然不同的概念，效果是指"由某种力量、做法或因素产生的结果"②，效果侧重于结果的静态描述，或者说是反馈评价，高校思想政治教育效果是指高校思想政治教育的实然状态；效能是指"事物所蕴藏的有利的作用"③，效能侧重于事物蕴藏的功能与作用的动态描述，高校思想政治教育效能是指高校思想政治教育的应然状态。目前，管理学、政治学等学科经常使用"效能"一词。《关于培育和践行社会主义核心价值观的意见》提到"创新社会治理，完善激励机制，褒奖善行义举，实现治理效能与道德提升相互促进"④。2019年10月，党的十九届四中全会明确提出"国家治理效能"的概念，并阐述了国家治理现代化、社会主义制度优势与国家治理效能的内在关系，赋予"治理效能"更多的时代内涵，其中蕴含着提升思想政治教育效能，为中华民族伟大复兴提供强大思想保证的内在要求。

国家治理现代化与思想政治教育具有同构性。一方面，思想政治教育治理效能化有助于确保国家治理现代化的正确方向。思想政治工作是党的优良传统，长期以来，中国共产党将思想政治工作视为一切工作的"生命线"，在国家治理现代化进程中，思想政治教育政治效能的充分发挥有助于"坚持党的集中统一领导，坚持党的科学理论，保持政治稳定，确保国家始终沿着社会主义方向前进"⑤。在国家治理现代化视域下，思想政治教育要充分发挥在引导政治方向、坚定政治立场、约束政治行为等方面的积极作用，确保党和国家各项事业沿着正确的政治方向发展。

---

① 《中共中央关于坚持和完善中国特色社会主义制度　推进国家治理体系和治理能力现代化若干重大问题的决定》，《人民日报》2019年11月6日第1版。
② 《现代汉语词典》，商务印书馆2017年版，第1165页。
③ 《现代汉语词典》，商务印书馆2017年版，第1165页。
④ 《十八大以来重要文献选编》（上），中央文献出版社2014年版，第582页。
⑤ 《中共中央关于坚持和完善中国特色社会主义制度　推进国家治理体系和治理能力现代化若干重大问题的决定》，《人民日报》2019年11月6日第1版。

另一方面，思想政治教育治理效能化有助于增强国家治理现代化的发展动力。国家治理现代化不可能自然生成，需要借助人的能动作用凝聚磅礴力量、激活发展动力。要通过思想政治教育的政治效能、经济效能、文化效能、社会效能等，提升国家治理现代化的整体效能。国家治理现代化和任何事物的发展一样，需要经历量变到质变的过程，推进思想政治教育治理效能化就是量变的过程，当这种效能集聚到一定程度时就会释放出推动国家治理现代化的强大力量。

在国家治理现代化视域下，高校思想政治教育的应然状态是为推进国家治理现代化提供正向的动力和能量，为中华民族伟大复兴提供德智体美劳全面发展的社会主义建设者和接班人。高校思想政治教育治理效能化具有鲜明的特征。一是合目的性。在我国，高校思想政治教育的根本任务是立德树人，只有符合这一目的的工作成效才能纳入高校思想政治教育治理效能之中，那些与立德树人根本任务不相符的工作，不管工作成效如何，都不能称为高校思想政治教育治理效能。合目的性中蕴含着高校思想政治教育的价值追求，从不同的价值追求出发，其目的也会相差甚远。二是有效性。有效性是高校思想政治教育治理效能的根本特征，其他特征以这一特征为基础。在高校思想政治教育治理活动中，凡是实现预期目的的都是有效的，有效性越高治理效能就越高。在我国，培养社会主义建设者和接班人是高校思想政治教育治理的目的，只有实现这一目的才算有效的高校思想政治教育治理。三是整体性。高校思想政治教育治理效能化不是某一方面的具体功能和作用，而是把高校思想政治教育作为一个治理整体，推进高校思想政治教育治理主体、客体、内容、方式、评价等方面的整体效能化。既要考虑主体治理效能化，又要考察客体治理效能化；既要考虑内容治理效能化，又要考察方式治理效能化，进而推动高校思想政治教育治理整体能力和水平。四是持续性。高校思想政治教育是教育人的工作，人的性格、思想、心理、行为的形成和发展不是一蹴而就的，而是需要持续的发展过程。因此，真正意义上的高校思想政治教育治理效能化，一定是遵循"三大规律"，持续地、稳定地对人的自由全面发展发挥作用。五是时代性。高校思想政治教育治理效能化与时代性密切相关。新时代高校思想政治教育可以通过先进理念和方法论推进自身的改革创新。

一　坚持党对高校思想政治工作的全面领导

党的十九届四中全会提出，要"坚决维护党中央权威，健全总揽全局、协调各方的党的领导制度体系，把党的领导落实到国家治理各领域各方面各环节"①。中国共产党领导是中国特色社会主义制度的根本优势，加强和改善党对高校思想政治工作的领导又是党对高校思想政治工作提出的明确要求，推进高校思想政治教育治理效能化，要坚持党的全面领导，将党的领导贯穿于高校思想政治教育治理的全过程。

一是重视治理效能化的重大意义。只有推动高校思想政治教育治理效能化，才能更好地发挥高校思想政治教育的功能和作用，为实现中华民族伟大复兴的中国梦培养一批又一批德智体美劳全面发展的社会主义建设者和接班人。学校各级党组织要高度重视高校思想政治教育治理效能化在国家治理现代化进程中的重要作用，把推进高校思想政治教育治理效能化作为重大政治任务，破除旧的管理理念和模式，树立科学的治理理念，不断创新治理方法。

二是贯彻党全面领导的各项制度。长期以来，党和国家高度重视高校思想政治教育制度建设，出台实施了一系列政策、法律、规章等，尤其是党的十八大以来，习近平总书记就加强和改善党对高校思想政治教育的领导发表了一系列重要讲话，如习近平总书记在全国高校思想政治工作会议上提出，"高校思想政治工作，是党领导高校工作的具体体现，也是开展高校党的建设的重要抓手。各级党委要把高校思想政治工作摆在重要位置，加强领导和指导"②；在全国教育大会上提出，"党政主要负责同志要熟悉教育、关心教育、研究教育。要建立健全党委统一领导、党政齐抓共管、部门各负责的教育领导体制"③；在学校思想政治理论课教师座谈会上提出，"学校党委书记、校长要带头走进课堂，带头推动思

---

① 《中共中央关于坚持和完善中国特色社会主义制度　推进国家治理体系和治理能力现代化若干重大问题的决定》，《人民日报》2019年11月6日第1版。
② 《习近平在全国高校思想政治工作会议上强调　把思想政治工作贯穿教育教学全过程 开创我国高等教育事业发展新局面》，《人民日报》2016年12月9日第1版。
③ 《习近平在全国教育大会上强调　坚持中国特色社会主义教育发展道路　培养德智体美劳全面发展的社会主义建设者和接班人》，《人民日报》2018年9月11日第1版。

政课建设，带头联系思政课教师"①，高校党委要领会新精神，把握新要求。

三是推动高校党的建设纵深发展。坚持社会主义办学方向，落实立德树人根本任务，以全心全意为师生服务为根本宗旨，不断提高学校党委依法治校、科学决策的能力，充分发挥党员领导干部在高校思想政治教育治理中的模范带头作用。

二　提升高校思想政治工作队伍治理能力

高校思想政治工作队伍是推动高校思想政治教育治理效能化的关键，高校思想政治工作队伍治理能力和水平直接关系到高校思想政治教育治理效能化的程度。

一方面，用制度推动高校思想政治工作队伍建设。党和国家对高校思想政治工作队伍提出了一系列具体要求，概言之，思想政治工作不是任何人都能够做好，这就需要通过更加科学、精细的制度设计和安排，选拔出具备能够肩负起时代使命的思想政治工作人员。辅导员、思想政治理论课教师、党务工作人员不同于其他专业教师，首先"政治要强"，以坚定的理想信念为核心的政治素养是高校思想政治工作队伍首要素养，但政治素养很难通过一次考核或在短时间内显现出来，这就需要我们的竞争选拔机制更为科学和精细。另外，优秀的队伍应该处于持续动态的完善状态，对于高校思想政治工作队伍而言，应该建立健全"有进有出，可上可下"的准入和退出机制，竞聘与流动机制，增强高校思想政治工作队伍的自我完善能力和内在发展动力。在组织运行方面，要从国家治理现代化视域，思考和研究高校思想政治工作队伍自身的治理效能化问题。打破传统管理模式，从管理转向治理，整体推进高校思想政治工作队伍的治理机制、治理原则、治理方法等的相互协调和规范运行，生成科学有效的队伍治理模式，进而规范和约束高校思想政治工作人员的言行，更好地发挥高校思想政治工作队伍的功能和作用。在自我发展方面，

---

① 习近平：《用新时代中国特色社会主义思想铸魂育人　贯彻党的教育方针落实立德树人根本任务——在学校思想政治理论课教师座谈会上的讲话》，《人民日报》2019年3月19日第1版。

队伍是每个个体所组成的有机统一体，每个个体的自我发展有利于队伍的生命力。制度的出发点和落脚点是塑造人、完善人、发展人，要通过制度设计和安排促进高校思想政治工作人员的自我提升和发展。注重制度实施的效能，引导辅导员、思想政治理论课教师、党务工作人员在培养社会主义建设者和接班人的伟大事业中实现自我价值，促进自我提升和发展。

另一方面，推动高校思想政治工作队伍建设的专业化。治理是一个专业性很强的理念和实践问题，只有专业化的高校思想政治工作队伍才能够推动高校思想政治教育治理效能化。在国家治理现代化视域下，高校思想政治工作队伍建设"必须以人才培养质量提升为核心，以思想政治教育科学发展和思政学科长远建设为重点，以大学生思想政治教育实效为依托，坚持以人为本的价值理念"[1]。高校思想政治工作队伍作为思想政治教育学科的骨干力量，贯彻落实好国家治理现代化对新时代高校思想政治教育提出的新任务、新要求，加强高校思想政治工作队伍自身建设，遵循"三大规律"，不断提升培养社会主义建设者和接班人的专业素质和能力，推动高校思想政治教育治理效能化。

三 注重高校思想政治教育治理效能评价

高校思想政治教育治理效能评价是对高校思想政治教育治理效能化的过程和结果的判定，包括评价、反馈、优化等环节。高校思想政治教育治理现代化以培养德智体美劳全面发展的社会主义建设者和接班人为时代使命，以实现人的自由全面发展为最终目标。高校思想政治教育治理效能评价，要紧紧围绕这一时代使命和最终目标。

一是实现评价方法的科学化。正如习近平总书记所强调的，"从根本上解决教育评价指挥棒问题，扭转教育功利化倾向"[2]。高校思想政治教育治理效能评价，要坚持去功利化、去形式化、去简单化，避免

---

[1] 冯刚：《治理视域下高校思政队伍专业化建设的理论与实践》，《学校党建与思想教育》2020年第9期。

[2] 《习近平在全国教育大会上强调 坚持中国特色社会主义教育发展道路 培养德智体美劳全面发展的社会主义建设者和接班人》，《人民日报》2018年9月11日第1版。

片面追求指标化、随意化、主观化，切实关注和评价高校思想政治教育治理的实际效能。在评价方法方面，要充分考虑高校思想政治教育治理效能评价的客观性、全面性和发展性，综合考虑定性与定量、过程与结果、全面与重点相结合的评价方法。在评价标准方面，形成梯队化、差别化的高校思想政治教育治理效能评价标准，使各高校在推进思想政治教育治理过程中精准对标工作，找到自身的差距，最终有效解决问题。

二是设置评价主体的合理化。评价主体的合理设置是高校思想政治教育治理效能评价过程的关键。在国家治理现代化视域下，新时代高校思想政治教育治理注重多元主体协同综合治理，涉及多个主体，因此，高校思想政治教育治理效能评价主体也需要相应地进行调整和完善。在传统管理模式下，往往是采用自上而下的方式开展评价工作，即高校思想政治教育的评价主体是领导者、教育者，缺乏同行之间的横向评价和自下而上的逆向评价，同时还存在横向、纵向、逆向评价主体的协同配合问题。在高校思想政治教育治理效能评价主体设置中，既要考虑上下互动又要考虑纵向和横向的结合，既要考虑点面结合又要考虑一元与多元的结合，进而构建相互制约、相互监督、协同配合、综合评价的治理效能评价格局。

三是注重评价结果的导向性。评价不是目的，而是实现目的的手段。要充分发挥评价指挥棒作用，在持续动态的评价中，促进高校思想政治教育治理活动的不断完善。在评价过程中注重评价、反馈、优化、再评价、再反馈、再优化之间的有效衔接、完整循环，注重激发高校思想政治教育治理各要素的自我完善动力和内在发展动力。

"为人民服务，为中国共产党治国理政服务，为巩固和发展中国特色社会主义制度服务，为改革开放和社会主义现代化建设服务"[1]，是时代赋予高校思想政治工作的使命任务。在国家治理现代化视域下，高校思想政治教育治理要遵循国家治理现代化的思维和逻辑，依照中国特色社会主义制度展开，彰显中国特色社会主义制度的优势，推进高校思想政

---

[1] 《习近平在全国高校思想政治工作会议上强调　把思想政治工作贯穿教育教学全过程　开创我国高等教育事业发展新局面》，《人民日报》2016年12月9日第1版。

治教育系统内部要素的优化和变革,进而更好地融入和服务于国家治理现代化,为国家治理现代和中国民族伟大复兴培养德智体美劳全面发展的社会主义建设者和接班人。

参考文献

一 中文著作

陈万柏:《思想政治教育载体论》,湖北人民出版社 2003 年版。
陈万柏、张耀灿:《思想政治教育学原理》,高等教育出版社 2007 年版。
陈燕:《思想政治教育社会治理功能研究》,中央编译出版社 2019 年版。
冯刚:《改革开放以来高校思想政治教育发展史》,人民出版社 2018 年版。
冯刚:《思想政治教育研究热点年度发布·2019》,团结出版社 2020 年版。
冯刚:《探索思想政治教育发展的内生动力》,人民出版社 2017 年版。
黄健荣等:《公共管理新论》,社会科学文献出版社 2005 年版。
黄晓晔:《思想政治教育与基层社会治理》,东南大学出版社 2018 年版。
李友梅:《中国社会治理转型:1978—2018》,社会科学文献出版社 2018 年版。
《马克思恩格斯选集》(第一、二、三、四卷),人民出版社 2012 年版。
《毛泽东选集》(第一、二、三、四卷),人民出版社 1991 年版。
《普通高校思想政治教育课程文献选编(1949—2003)》,中国人民大学出版社 2003 年版。
邱伟光、张耀灿:《思想政治教育学原理》,高等教育出版社 1999 年版。
沈壮海、佘双好:《学校德育问题研究》,大象出版社 2010 年版。
《十八大以来重要文献选编》(上),中央文献出版社 2014 年版。
《十八大以来重要文献选编》(下),中央文献出版社 2018 年版。
《思想政治教育学原理》(第 2 版),高等教育出版社 2018 年版。

宋劲松：《社会治理创新论域中思想政治教育软治理研究》，河海大学出版社 2018 年版。

孙其昂、叶方兴：《思想政治教育社会学的理论探索》，河海大学出版社 2016 年版。

习近平：《干在实处　走在前列——推进浙江新发展的思考与实践》，中共中央党校出版社 2006 年版。

习近平：《决胜全面建成小康社会　夺取新时代中国特色社会主义伟大胜利——在中国共产党第十九次全国代表大会上的报告》，人民出版社 2017 年版。

习近平：《青年要自觉践行社会主义核心价值观——在北京大学师生座谈会上的讲话》，人民出版社 2014 年版。

《习近平谈治国理政》（第二卷），外文出版社 2017 年版。

《习近平谈治国理政》（第三卷），外文出版社 2020 年版。

《习近平谈治国理政》，外文出版社 2014 年版。

《习近平新时代中国特色社会主义思想三十讲》，学习出版社 2018 年版。

习近平：《在全国组织工作会议上的讲话》，人民出版社 2018 年版。

习近平：《在哲学社会科学工作座谈会上的讲话》，人民出版社 2016 年版。

《习近平总书记系列重要讲话读本》，人民出版社 2016 年版。

《现代汉语词典》，商务印书馆 2017 年版。

杨东平：《2035：迈向教育治理现代化》，人民出版社 2019 年版。

俞可平：《治理与善治》，社会科学出版社 2000 年版。

俞可平：《中共的治理与适应：比较的视野》，中央编译出版社 2015 年版。

郑永廷：《思想政治教育学原理》（第二版），高等教育出版社 2018 年版。

二　中文期刊报纸

蔡如军、金林南：《试论现代社会的思想政治教育治理》，《思想理论教育》2018 年第 1 期。

曹威威：《高校思想政治教育工作质量评价模式建构研究》，《思想教育研究》2018 年第 9 期。

陈晶：《"效力"盲区 VS 尺度偏颇——浅析多元情绪下舆情处置的能力困境》，《传媒评论》2019 年第 5 期。

陈永福、陈少平、魏金明：《高校危机管理视阈下的网络舆情引导与处置机制研究》，《思想教育研究》2011 年第 11 期。

陈志勇：《网络空间治理背景下的高校网络思想政治教育应对》，《思想教育研究》2018 年第 12 期。

陈志勇：《自媒体环境下高校社会主义意识形态话语体系建构》，《思想理论教育导刊》2019 年第 12 期。

成黎明：《论高校综合改革≠……》，《大学教育科学》2016 年第 2 期。

程天君、陈南：《中国教育现代化的百年书写》，《教育研究》2020 年第 1 期。

褚宏启：《关于教育治理的几个关键问题》，《人民教育》2014 年第 22 期。

褚宏启：《教育治理：以共治求善治》，《教育研究》2014 年第 10 期。

代玉启：《思想政治教育参与社会治理的路径优化》，《思想理论教育》2017 年第 6 期。

邓海龙、徐国亮：《国家治理现代化视域下思想政治教育效能的理论意涵与提升路径》，《思想教育研究》2020 年第 4 期。

董媛媛、刘海贵：《网络媒体环境下网络舆情引导和管理机制》，《西南民族大学学报》（人文社科版）2012 年第 8 期。

冯刚：《改革开放以来高校思想政治教育政策设计与发展展望》，《国家教育行政学院学报》2018 年第 9 期。

冯刚：《改革开放以来高校思想政治教育质量评价的回顾与思考》，《教学与研究》2018 年第 3 期。

冯刚、梁超锋：《新时代高校意识形态安全体系构建的基本原则和重点》，《思想理论教育导刊》2020 年第 2 期。

冯刚、史宏月：《思想价值引领在国家治理现代化中的功能研究》，《思想理论研究》2020 年第 2 期。

冯刚：《思想价值引领在国家治理现代化中的功能研究》，《思想理论教育》2020 年第 2 期。

冯刚：《思想政治教育工作质量评价的时代特征》，《思想教育研究》2018 年第 5 期。

冯刚：《推进新时代思想政治教育治理体系现代化》，《中国教育报》2020 年 3 月 19 日第 5 版。

冯刚、王振：《以文化人在国家治理现代化中的价值意蕴》，《北京大学学报》（哲学社会科学版）2019 年第 6 期。

冯颜利：《系统掌握新时代的科学思想方法与工作方法》，《马克思主义研究》2019 年第 7 期。

付安玲：《社会治理视域下思想政治教育的价值及其实现》，《思想教育研究》2015 年第 10 期。

顾明远：《试论教育现代化的基本特征》，《教育研究》2012 年第 9 期。

韩兆柱、翟文康：《西方公共治理前沿理论述评》，《甘肃行政学院学报》2016 年第 4 期。

黄艳：《新中国成立 70 年来高校思想政治理论课政策发展特征探析》，《大学教育科学》2020 年第 2 期。

金鑫：《思想政治教育的社会治理功能》，《人民论坛》2012 年第 29 期。

靳诺：《中国特色新型高校智库的建设和发展》，《中国高等教育》2019 年第 20 期。

李辉：《新时期高校思想政治工作"三个规律"的内在逻辑》，《中国高校社会科学》2017 年第 3 期。

李立国：《大学治理的内涵与体系建设》，《大学教育科学》2015 年第 1 期。

李彦磊：《公共治理思想在高校思想政治教育中的运用》，《人民论坛》2015 年第 29 期。

李颖、靳玉军：《网络空间视域下高校思想政治教育治理的创新发展研究》，《重庆大学学报》（社会科学版）2020 年第 3 期。

刘俊峰：《高校思想政治教育工作质量评价的几个关系》，《思想教育研究》2018 年第 5 期。

刘文博、刘吉：《人工智能时代高校思想政治教育面临的变革与挑战》，

《学校党建与思想教育》2020 年第 13 期。

刘志：《高校思想政治工作体系构建的瓶颈及超越》，《思想理论教育》2019 年第 12 期。

龙静云：《道德治理：国家治理的重要维度》，《华中师范大学学报》（人文社会科学版）2015 年第 3 期。

卢岚：《社会治理视野下的思想政治教育若干问题研究》，《理论与改革》2016 年第 1 期。

罗仲尤、刘克利：《思想政治教育意识形态属性探析》，《思想理论教育导刊》2013 年第 10 期。

骆郁廷、项敬尧：《论新时代思想政治教育创新发展的基本遵循》，《思想理论教育》2018 年第 1 期。

秦在东、王昊：《社会治理的理论创新及其对思想政治教育管理创新的启示》，《湖北社会科学》2015 年第 7 期。

沈千帆：《"00 后"大学生的群体特征及教育策略》，《学校党建与思想教育》2019 年第 24 期。

侍旭：《高校思政教育也应有"供给侧改革"思维》，《光明日报》2016 年 3 月 16 日第 16 版。

孙其昂、张宇：《论思想政治教育与治理——基于"推进国家治理体系和治理能力现代化"》，《思想政治教育研究》2015 年第 2 期。

陶思亮：《高校治理视域下德育工作创新发展探析》，《思想理论教育》2017 年第 3 期。

陶志欢：《当前思想政治教育质量提升困境及其应对》，《中国青年社会科学》2020 年第 1 期。

万光侠、韩升：《新时代社会主义核心价值观制度化的马克思主义政治哲学阐释》，《马克思主义研究》2020 年第 4 期。

汪玲、张斌：《思想政治教育的社会治理功能分析》，《求实》2014 年第 9 期。

王红霞：《法律实施反向评价初论》，《人大法律评论》2019 年第 1 期。

王洁松、刘群鑫：《论高校网络文化建设的时代意义》，《学校党建与思想教育》2019 年第 6 期。

王莉:《国家治理价值体系建设中的思想政治教育功能研究》,《思想政治教育研究》2018 年第 5 期。

王琪:《高校突发事件网络舆情管理机制的探究和建立》,《新闻研究导刊》2019 年第 20 期。

王学俭、阿剑波:《思想政治教育治理现代化的内涵、特征与发展路径》,《思想理论教育》2020 年第 2 期。

王莹、孙其昂:《近年来思想政治教育治理研究综述》,《教育评论》2018 年第 1 期。

吴德星:《整体性治理理论与实践启示》,《学习时报》2017 年 11 月 27 日第 2 版。

吴艳东:《思想政治理论课教师务必善于运用"底线思维"》,《思想教育研究》2014 年第 11 期。

吴正国、侯勇:《新时代高校思想政治教育制度化建设探究》,《思想教育研究》2019 年第 9 期。

习近平:《关于坚持和发展中国特色社会主义的几个问题》,《求是》2019 年第 7 期。

习近平:《坚持历史唯物主义不断开辟当代中国马克思主义发展新境界》,《求是》2020 年第 2 期。

习近平:《切实把思想统一到党的十八届三中全会精神上来》,《求是》2014 年第 1 期。

习近平:《完善和发展中国特色社会主义制度　推进国家治理体系和治理能力现代化》,《人民日报》2014 年 2 月 18 日第 1 版。

习近平:《向国际人工智能与教育大会致贺信》,《人民日报》2019 年 5 月 17 日第 1 版。

习近平:《胸怀大局把握大势着眼大事　努力把宣传思想工作做得更好——在全国宣传思想工作会议上的讲话》,《人民日报》2013 年 8 月 21 日第 1 版。

习近平:《用新时代中国特色社会主义思想铸魂育人　贯彻党的教育方针落实立德树人根本任务——在学校思想政治理论课教师座谈会上的讲话》,《人民日报》2019 年 3 月 19 日第 1 版。

《习近平在北京市八一学校考察时强调　全面贯彻落实党的教育方针　努力把我国基础教育越办越好》,《人民日报》2016年9月10日第1版。

习近平:《在庆祝全国人民代表大会成立60周年大会上的讲话》,《人民日报》2014年9月6日第2版。

《习近平在全国高校思想政治工作会议上强调　把思想政治工作贯穿教育教学全过程　开创我国高等教育事业发展新局面》,《人民日报》2016年12月9日第1版。

《习近平在全国教育大会上强调　坚持中国特色社会主义教育发展道路　培养德智体美劳全面发展的社会主义建设者和接班人》,《人民日报》2018年9月11日第1版。

《习近平在全国宣传思想工作会议上强调　举旗帜聚民心育新人兴文化展形象　更好完成新形势下宣传思想工作任务》,《人民日报》2018年8月23日第1版。

习近平:《在网络安全和信息化工作座谈会上的讲话》,《人民日报》2016年4月26日第2版。

习近平:《在知识分子、劳动模范、青年代表座谈会上的讲话》,《人民日报》2016年4月30日第2版。

《习近平在中央政治局第十七次集体学习时强调　继续沿着党和人民开辟的正确道路前进　不断推进国家治理体系和治理能力现代化》,《人民日报》2019年9月25日第1版。

习近平:《中国共产党领导是中国特色社会主义最本质的特征》,《求是》2020年第14期。

项久雨:《品读"00后"大学生》,《人民论坛》2019年第9期。

肖唤元、秦龙:《论大数据与意识形态治理》,《社会主义研究》2016年第2期。

徐国民、马娜:《用坚定的政治信仰筑牢共产党人的思想根基》,《思想理论教育》2019年第7期。

徐艳国:《思想政治教育治理体系和治理能力现代化探析》,《清华大学学报》(哲学社会科学版)2014年第3期。

徐勇、吕楠:《热话题与冷思考——关于国家治理体系和治理能力现代化的对话》,《当代世界与社会主义》2014年第1期。

许耀桐:《国家治理现代化理论的创新成果》,《中国社会科学报》2020年6月18日第1版。

杨威、董婷:《思想政治教育体系与国家治理现代化建设》,《思想理论教育》2020年第2期。

杨威:《社会控制视野中的思想政治教育》,《武汉大学学报》(哲学社会科学版)2012年第3期。

杨威:《思想政治教育：文化意识形态治理的重要方式》,《思想教育研究》2014年第11期。

杨晓茹、亢升:《网络空间治理视阈下大学生思想政治教育的审思》,《学校党建与思想教育》2019年第4期。

尹中华、赵建有:《高校网络舆情管理如何一步到位》,《人民论坛》2019年第15期。

俞可平:《治理和善治：一种新的政治分析框架》,《南京社会科学》2001年第9期。

俞可平:《中国治理变迁30年（1978—2008）》,《吉林大学社会科学学报》2008年第3期。

袁贵仁:《深化教育领域综合改革 加快推进教育治理体系和治理能力现代化》,《中国高等教育》2014年第5期。

张怀民、陈锐:《治理视阈下高校思想教育管理的困境及其破解》,《学校党建与思想教育》2017年第14期。

张建东、邓倩:《思想政治教育治理：国家治理现代化的重要维度》,《思想理论教育》2016年第2期。

张康之:《西方学者对社会治理过程中民主的反思》,《马克思主义研究》2007年第2期。

张雅光:《发达国家网络谣言综合治理机制及其借鉴》,《理论导刊》2016年第5期。

张铮、凌争:《突发事件中网络谣言的治理》,《国家行政学院学报》2015年第4期。

郑永廷、田雪梅:《社会治理与思想政治教育的发展》,《思想理论教育》

2017年第6期。

《中共中央、国务院发出〈关于进一步加强和改进大学生思想政治教育的意见〉》,《人民日报》2004年10月15日第1版。

《中共中央、国务院印发〈关于加强和改进新形势下高校思想政治工作的意见〉》,《人民日报》2017年2月28日第1版。

周立军:《创新社会治理背景下思想政治工作协调功能研究》,《领导科学》2015年第20期。

朱勇:《中国古代社会基于人文精神的道德法律共同治理》,《中国社会科学》2017年第12期。

后 记

党的十九届四中全会通过的《中共中央关于坚持和完善中国特色社会主义制度 推进国家治理体系和治理能力现代化若干重大问题的决定》指出，坚持和完善中国特色社会主义制度、推进国家治理体系和治理能力现代化，是全党的一项重大战略任务。推进国家治理体系治理能力现代化是当前中国社会发展的时代主题和重要内容。治理现代化的持续推进涉及中国社会发展的方方面面，思想政治工作作为党和国家事业发展的生命线，内含于治理现代化的整体方略之中。在治理现代化视域和背景下，提升高校思想政治教育治理水平和治理能力是推动新时代思想政治教育创新发展的必由之路。

本书由北京师范大学思想政治工作研究院院长冯刚教授、南华大学党委书记高山教授负责全书策划和框架设计。全书具体分工如下：绪论（冯刚）、第一章（成黎明）、第二章（张智）、第三章（史宏月）、第四章（刘文博）、第五章（白永生）、第六章（刘俊峰）、第七章（高会燕）、第八章（梁超锋）、第九章（张智、严帅）、第十章（高山）、第十一章（王洁松、姚祖婵）、第十二章（金国峰）。冯刚、高山、张智、黄秋生、周江平、梁超峰、史宏月等负责统稿，朱宏强、刘嘉圣、王莹、徐文倩、徐硕、黄渊林等负责相关资料和文献收集整理。

本书的编撰除了参考经典著作外，还参考了大量专家学者的研究成果，在此深表感谢！本书涵盖了学理研究、案例分析、经验总结和实际应用等领域,由于时间有限、涉及面广,不足与局限之处在所难免,敬请各位专家、读者批评指正。

作　者

2021 年 2 月